教育部高等学校高职高专广播影视类专业教学指导委员会
主持与播音专业"十二五"规划教材
丛书主编　毕一鸣

节目主持

（第二版）

吴洪林　著

中国广播影视出版社

图书在版编目（CIP）数据

节目主持 / 吴洪林著. -- 2版. -- 北京：中国广播影视出版社，2019.8

教育部高等学校高职高专广播影视类专业教学指导委员会主持与播音专业"十二五"规划教材 / 毕一鸣主编

ISBN 978-7-5043-8323-5

Ⅰ．①节… Ⅱ．①吴… Ⅲ．①节目主持人－高等学校－教材 Ⅳ．①G222.2

中国版本图书馆CIP数据核字(2019)第144971号

节目主持（第二版）

吴洪林 著

责任编辑	任逸超
封面设计	嘉信一丁
责任校对	张 哲

出版发行	中国广播影视出版社
电　　话	010－86093580　010－86093583
社　　址	北京市西城区真武庙二条9号
邮　　编	100045
网　　址	www.crtp.com.cn
电子信箱	crtp8@sina.com

经　　销	全国各地新华书店
印　　刷	河北鑫兆源印刷有限公司

开　　本	787毫米×1092毫米　1/16
字　　数	380(千)字
印　　张	21
版　　次	2019年8月第2版　2019年8月第1次印刷
印　　数	5000册

书　　号	ISBN 978-7-5043-8323-5
定　　价	56.00元

（版权所有　翻印必究·印装有误　负责调换）

教育部高等学校高职高专广播影视类专业教学指导委员会
主持与播音专业"十二五"规划教材

顾　问

　　王铁城　　中央人民广播电台　　播音指导

　　吴　郁　　中国传媒大学播音主持艺术学院　　教授

编审委员会名单

　　王建国　　主任委员　　广播电影电视管理干部学院副院长　　教授

　　陈信凌　　副主任委员　　南昌大学传媒与社会研究所所长　　教授

　　陈　龙　　副主任委员　　苏州大学凤凰传媒学院副院长　　教授

　　毕一鸣　　委员　　南京师范大学新闻与传播学院副院长　　教授

　　布和温都苏　　委员　　呼和浩特民族学院副院长　　教授

　　董广安　　委员　　郑州大学新闻与传播学院院长　　教授

　　高晓虹　　委员　　中国传媒大学电视与新闻学院院长　　教授

　　蒋贻杰　　委员　　广西职业技术学院教务处处长　　教授

　　梁小庆　　委员　　中央广播电视大学音像出版社社长　　教授

　　刘民朝　　委员　　中央电视台办公室主任　　高级编辑

　　王诗文　　委员　　安徽广播影视职业技术学院院长　　教授

　　谢晓晶　　委员　　北京电影学院副院长　　教授

　　张瑞麟　　委员　　中央广播电视大学图书馆馆长　　教授

　　郭卫东　　秘书长　　广播电影电视管理干部学院教务处处长　　教授

　　覃晓燕　　秘书　　广播电影电视管理干部学院教务处副处长　　副教授

序

　　21世纪，人类社会进入了信息时代与知识经济时代。在这个飞速发展的时代里，经济全球化与文化多元化已经成为不可阻挡的历史潮流。随之而来的是跨文化传播在全球的迅速兴起，而影视艺术作为当今世界影响力最大的艺术创造和文化传播方式之一，在跨文化传播中具有最广泛的观众群和覆盖面。

　　随着广播影视事业在全国的迅速发展和产业属性的显现，对广播影视人才的需求也越来越大，近年来，我国广播影视类专业高等教育取得了长足的发展，为广播影视系统输送了大量的人才。随着广播影视行业的迅猛发展，社会对广播影视类人才提出了更高的要求。进一步深化人才培养模式、课程体系和教学内容的改革，提高办学质量，培养更多的适应新世纪需要的具有创新能力的广播影视高素质人才，是广播影视教育的当务之急。

　　作为广播影视教育的重要环节，教材建设肩负着重要的使命，新的形势要求教材建设适应新的教学要求。高职高专教材应针对高职高专学生自身特点，按照国家高职高专教育的特点和人才培养目标，以应用性职业岗位需求为中心，以素质教育、创新教育为基础，以学生能力培养、技能实训为本位，使职业资格认证培训内容和教材内容有机衔接，全面构建适应21世纪人才培养需求的高职高专广播影视类专业教材体系。广播影视类专业教学指导委员会组织编写的规划教材，主要包括影视动画、影视广告、新闻采编与制作、主持与播音、电视节目制作、摄影摄像技术等专业系列教材，本系列教材的出版，必将对高职高专广播影视类专业的人才培养和教育教学改革工作起到积极的推动作用。

  本系列教材的出版，得到了教育部高等教育司领导、国家广播电影电视总局人事司领导及行业专家的大力支持，得到了国内众多同类院校的大力协助，在此对他们表示衷心的感谢！同时，也希望广大师生和读者给我们提出宝贵意见，使教材更加完善。

  教育部高等学校高职高专广播影视类专业教学指导委员会主任委员

王建国 教授

前言

张仲年

一

众所周知，20世纪80年代初，中央电视台决定将《为您服务》栏目设为固定栏目，并设立固定的节目主持人。1983年1月1日，《为您服务》闪亮登场，立即成为大受观众欢迎的电视节目。《为您服务》的节目主持人成为中国电视史上第一位主持人。她就是从播音员靓丽转身的沈力。

沈力认为，主持人应该主动参与节目，全面深入掌握节目内容，通过富有鲜明个性的语言风格，"面对面"地和观众交谈。主持人的个性与他所主持的栏目的个性应该是一致的，服务性节目的主持人应该和蔼可亲、平易近人、真诚朴实，成为观众的知心朋友。[①]

这也许是节目主持在中国成为一门专业的开端。很清楚，沈力短短的几句话，却涉及了节目主持的职责、形象设计和语言技巧等许多理念问题。而研究这些问题，包括各类不同节目的主持方式与技巧就是节目主持专业的任务。经过将近30年的蓬勃发展，中国节目主持已经形成庞大的队伍。节目主持教育从1995年上海戏剧学院首次开办节目主持专业以来，已有二百多所高校开办了节目主持专业，蔚为大观。

正是在将近30年实践的丰厚基础上，通过15年节目主持专

[①] 引自互动百科：http://www.hudong.com/wiki/%E6%B2%88%E5%8A%9B

业教育的探索，这本名为《节目主持》的全国统编专业教材问世了。它的问世是一个重要的标志。它标志着中国节目主持专业产生了自己的比较系统完整的理论和训练体系。在这一方面，我们可以自豪地说，在全世界范围内，中国处于领先地位。

《节目主持》教材分为"基础篇"和"综合篇"，共设十章，论述了节目主持的理念、节目主持的思维特征与技术技巧等。内容全面，符合对教材的科学性、完整性和系统性的要求。由于节目主持是一门实践性为主的专业，本教材突出了实训的元素和方法，并采用了大量成功的案例。检验一本教材的可行性，除了理论的阐释必须科学与普适以外，更重要的是能够总结出实施这些理论观念的方法与技巧，也就是基本的专业知识与技能。本教材将节目主持分解为十大要素：人事叙述、情理议论、娱乐场面、物件运用、语体风格、语境选择、节奏掌控、镜头感觉、态势语言和空间处理，应该是完整有效的。一个具有节目主持素质的学生，经过这十大元素的系统训练，一定能具备节目主持的能力，很快在荧屏上崭露头角。上海戏剧学院和全国众多高校培养的节目主持人，都已经充分证明了这一点。

曾经有人质疑，认为"主持无专业"。

百度百科的条目中写道，专业是指人类社会科学技术进步、生活生产实践中，用来描述职业生涯某一阶段、某一人群，用来谋生，长时期从事的具体业务作业规范。

华东师大高教研究中心的学者薛国仁，通过整理教育论著，将较有代表性的关于专业的定义归为四类，并综合这四类专业定义的优缺点，提出了一个定义："专业是指根据学科分类和社会职业分工需要，分门别类进行高深专门知识教与学活动的基本单位。"

学界普遍认为，这个专业定义既有高深专门知识教与学活动的属性，又具有分门别类地进行这种活动的基本单位的属性。[①]

曾经有人认为，节目主持完全不需要进入高校培训。

---

① 引自互动百科：http://www.hudong.com/wiki/%E6%B2%88%E5%8A%9B

前　言

节目主持面对成千上万甚至数以亿计的观众和听众，要准确无误传播与沟通，不是靠所谓的"天才"就能够应付的。节目主持所需要的能力与技巧，只有通过专业院校的不断总结和整理，才能把一代又一代节目主持人的优秀传统和经验整合并上升为系统化的可以传授的东西。所有准备进入这个行列的青年人，都应当在专业院校中通过学习打好基础。以前在走江湖式的舞台演出中，艺人全靠师傅言传身教，在实践中跌打滚爬。这样做人才成功率是相当低的。高尔基说过："天才好比良种马，必须学会驾驭它。如果把马缰绳胡拉乱拽，良马也会变成劣马。"[①]

所以，从事节目主持的教师或学生，你们倾心的节目主持是一门方兴未艾、具有新增长点的专业，它不仅包括电视、广播，更包括网络和新媒体，它拥有最广大的观众。你们的表现会影响到一大群不同国度、不同地域、不同民族喜爱你们的人。本教材就是让你们对先前成功的节目主持人所积累的经验有清晰的了解，对他们创造的各种技能技巧可以全盘继承，这将为你们今后在主持工作中进行创新打下扎实的基础。

二

根据美国著名教育理论家欧内斯特·L.博耶提出的"内涵丰富的主修专业"理论，建设一个新学科，下面三个基本问题必须搞清楚。那就是：

"本学科要考察的历史和传统是什么？本学科所包含的社会和经济意义是什么？本学科所面临的伦理和道德问题是什么？"[②]

节目主持是党和人民的宣传员，是社会的公众形象，是百姓的朋友。节目主持艺术是传播的艺术，是沟通的艺术，是边缘的艺术。根据培养目标的要求，节目主持专业的课程设置具有政治性、新闻性、艺术性、边缘性和修养性五大特点。要科学地有序地合理地安排教学进程，要架构完整有效的课程体系，特别是主干专业课程。节目主持学不应归类于"语言学"，我以为归类于"人类表演学"更为适宜。

---

① 转引自［苏］格·克里斯蒂：《斯坦尼斯拉夫斯基学派演员的培养》，中国戏剧出版社1985年版，第2页。

② ［美］欧内斯特·L.博耶：《关于美国教育改革的演讲》，教育科学出版社2002年版，第64页。

"人类表演学"是西方创建的新学科，它的工具"是来自不同学科的不少社会科学，特别是社会学、历史、性别研究、心理分析、符号学、博弈论、大众文化研究、传播学等"。著名学者理查德·谢克纳把人类表演学划分成五个门类：审美表演、社会表演、大众表演、仪式表演和游戏表演。他指出，社会表演就是日常生活中的表演。"社会表演要求每个人要根据自己的社会角色，设计自己的形象、服装，规定的行为方式。""就好像好的演员、舞蹈家、音乐家是可以训练出来的，好多社会表演家也是训练出来的。"

　　节目主持就是社会表演家。社会表演家的表演是什么呢？谢克纳认为，"每当一个事件发生或者还没有发生，权威常常会有一个说法来解释事情的合理性。这个'叙事'和现实是会有一定距离的，试图用叙事的方式来控制现实就是我所谓的表演性。"谢克纳说的跟节目主持的职责何等相似乃尔！

　　我们十余年来不断探索借助审美表演的方法和手段来训练学生的社会表演。同时借助镜头，进行传播学的教授。正像本教材中强调的："职业主持始终将传播性作为自己的本质特点。"那么这是否跟我前面所说的节目主持归类于人类表演学相悖呢？不。节目主持有很多特性，它的理论基础应当是许多学科的交叉融合。人类表演学跟传播学是它最重要的支柱。在培养节目主持人的高等教育中，完备的训练体系更多脱胎于人类表演学。正如理查德·谢克纳所言："人类表演学作为一种研究的学科，教育或训练人们既要学会利用表演性的行为，又要学会质疑表演性的行为。"[①] 节目主持人培养既要利用戏剧表演的训练手段解放学生的自发性和表现能力，又同时进行主持技巧的训练，破除戏剧表演的非生活化。正是在是又非是的复合训练中造就出不同于演员的电视节目主持人。

　　节目主持的核心，似乎用演播艺术来概括更为准确。节目主持是在镜头前、话筒前的一种演播艺术。"播"是播讲，"演"是指一种有变化、有

---

① 本文中理查德·谢克纳的论述均引自《人类表演学的现状、历史与未来》，《戏剧艺术》杂志2005年第5期。

发挥、有过程的动态。所以，主持人的演播就是一种有动态过程的当众播讲。

正确的演播状态对于节目主持的重要性在于它对节目的驾驭起决定性的作用。节目主持的任务，是完成节目制作整个流水线生产的最后一道工序。这是最关键的一道工序。因为节目主持直接面对观众，能否使半成品成为合格品或优等品，完全掌握在他手中。主持人接的是最后一棒，他必须要掌控好这一棒，驾驭好这一棒。什么都好就是状态不好，所有人的努力将白费。主持人是节目的演播主人。训练学生把握演播状态，是教学中核心环节。

本教材从以下三个层次进行主持人的演播状态的训练：心理情感的运动状态、态势语言的行动状态、现场发挥的能动状态。这被称为演播的"三动"状态。

配合演播状态的培养，进行对工作十分有用的三稿训练：背稿（锻炼记忆，不依靠提示器）、腹稿（胸有成竹）、喉稿（出口成章）。三稿训练为的是让学生具备"会说、善问、能播"的看家本领。这也是主持人角色职业素质最突出的部分。

当然，节目主持跟戏剧学院、电影学院表演系培养的演员存在根本区别。

确实，有不少节目主持，特别是文艺节目主持，是从演员转行过来的。他们大都多才多艺、风采过人。会表演使主持人更具表现力，也增强了主持人的荧屏魅力。

然而，节目主持不是演员，他们之间最大的区别在于，演员是角色扮演者，他的任务是创造他人的艺术形象。节目主持是自我形象的塑造者。工作性质决定他必须把自我形象转化为"公众形象""栏目形象"，为广大受众所接受、所欢迎。

在外表形象上，演员的要求同主持人的要求也有一定的区别。主持人的形象要亲切大方、气质宜人，让人看来顺眼舒服。不需要像演员那样英俊漂亮、十分个性化。

在内在的要求上，演员有剧作家提供的剧本和台词，他主要在如何理解与表达上下功夫。节目主持大都要靠自己编词、自己说话，许多时候靠现场出口成章即兴发挥。所以，他必须具有厚实的文学基础和出众的口才。最有说服力的例子，是白岩松在2010年亚运会开幕式上的直播。白岩松说："那天太忙了，我没有时间准备晚上的开幕式，反而也会逼着你彻底放松，就是聊天了。之前我们准备的那些东西，就在现场去卖好了。""我在开幕式直播解说前就想好了，一场两个半小时的开幕式，大家想听什么我就说什么，提供资讯给他们。我还特别提醒自己，该说话的时候说，不该说的时候坚决不说——把我当观众时候的种种期待放到开幕式里头，避免以往的那种抱怨和尴尬。解决好这两个问题就行了。"①结果白岩松的解说把观众征服了，人们纷纷转频道，从央视一套、五套转到新闻频道。同样一套直播画面，白岩松此次的解说，更多的是在讲"白话"。复旦大学新闻学院副教授洪兵指出："在新中国60年的历史上，在这样的大型活动直播中，像白岩松这样相对低调、平实的解说还是第一次。孙玉胜曾说用了十年改变中国电视的语态，白岩松这次的解说是又一次成功的实践。"白岩松自己也承认，作为亚运会转播垄断媒体，像这次的直播竞争在中央电视台系统内，的确是"开天辟地头一回"。②

三

在十多年的节目主持教育实践中，我们侧重从以下一些内容来挑选和培养学生：

形象、形体——嗓音、语音——语流、语感——敏捷、敏锐——文笔、文采——多才多艺。

具体说，节目主持如能具备以下素质，将能比较好比较快地培养成才：

1. 形象大方亲切悦目，上镜出挑耐看。眼神和善纯净有魅力。身材匀称。举止灵活宜人。

---

① 张英：《"我声音干嘛要高一点啊"——白岩松的"编外"直播》，《南方周末》2010年11月17日。
② 张英：《"我声音干嘛要高一点啊"——白岩松的"编外"直播》，《南方周末》2010年11月17日。

2. 语音标准（或无突出的难改的毛病），表达清晰流利，语词生动，富有表现力，让人爱听。能即兴朗读各种文稿。

3. 声音舒适顺耳。如能动听感人则更佳（须通过电声）。

4. 具有较好的文化素养和比较广泛的知识，求知欲强。

5. 具有一定的新闻意识，关注时代、关注现实关注百姓。对生活充满热情。

6. 思维敏捷，勤于思考，会发问、敢追问，富有是非感正义感。

7. 善于与人交流，比较懂得人的心理，感觉灵敏，能艺术地作出反应。

8. 写作通畅简练，具有一定文采。叙事条理生动。

9. 能表演。

当然，以上素质全部优秀的人是凤毛麟角，恐怕当今中国最优秀的节目主持，都尚未达到。但应有半数以上的素质达到优良和优秀的人，才有可能在荧屏上光彩照人。

以上几点中，最引发争论的是第9点。我们发现很多人常常凭概念认为，主持人一旦会表演，就势必糟糕。因为主持人"不应该也不允许有任何表演，他们必须是真实的"，"任何表演——不管是'有分寸的表演'，还是'适度的表演'，都只会导致不真实的感觉。"

其实，表演有广义和狭义之分。在英语中，演员的表演通常使用 Acting 这个词。它本义中有"替代"的意思。在当代社会，表演已经有了新的含义，更广泛的含义。文明社会要求每一个人在不同的场合，扮演不同的社会角色。而广义的扮演，英语中使用 Performing，它的本义是"履行"的意思。在家中，我"履行"爸爸的角色；在学校，我"履行"学生的角色；在电视台，我"履行"主持人的角色……

进行表演训练，并不表明我们赞同"主持人是表演者"或"无角色表演"的观点，也不说明我们同意"主持人不是表演者"的论断。这个问题还需要更多的主持实践来检验。我们开设表演课目的是帮助开发学生的潜能，帮助他们更好地"履行"主持人的职责。

我们对主持人的表演课进行仔细地研究，认为表演课主要任务是解放学生的身心，使学生当众或在镜头前能放松自如，建立自信。同时，通过体验别人或角色的情感，扩大自己情感领域，学会真诚地在节目中表达自身情感的方法。对于主持人来说，与观众交流是他最主要的手段。而表演课中对相互交流的反复训练，有助学生"真听真看真思考"，能正确感受对方，产生"互动"，锻炼准确灵敏的反应能力。掌握交流的技巧，学会如何向观众开放自己的心灵，对于主持人是非常重要的。

表演训练帮助学生建立跟文学思维不同的动作思维，对于电视来说，是微相表情动作的表现力。主持人不仅仅在演播室工作，他会出现在各种不同的场合。动作思维可以迅速让他找到最有表现力的体态、手势和得当的表情。并能作出恰当的动作反应。

应当指出，我们并不要求别的院校培养节目主持的时候，也必须开设表演课。我们是在进行探索，相信各校都会找到自己的培养方法。

节目主持是门新兴学科。从理论到实践，都不断在成长，以走向成熟。有许多问题争论激烈，尚无定论。这本教材是现有经验的概括，它将会在使用中继续发展与完备。相信再过几年，新的修订版就会面世。

上一世纪的未来学家预测，节目主持在 21 世纪将是最热门的职业之一。

既然是最热门的职业，就会有最热门的专业教育。最热门的专业教育，就要求有最高的教学水准。

当节目主持人难，培养节目主持人更难。

在新世纪中，我们将继续思考，不尽地追求！

2011 年 1 月 24 日于新加坡改定

(作者为上海戏剧学院原副院长、教授、国家级突出贡献专家、博士生导师)

目 录

绪　论　主持人在节目中究竟创造了什么 ·· 1
　电视的特性 ··· 1
　节目的特征 ··· 3
　主持的特点 ··· 4
　人的特质 ·· 6
　主持的艺术，艺术的主持 ·· 8

上学期·基础篇　节目主持的元素构成

第一章　节目形态组合篇 ·· 14
　第一节　节目的五大特征 ·· 15
　第二节　节目形态的五组基素 ·· 17
　第三节　节目形态感的展现 ·· 26
　第四节　节目形态的综合演练 ·· 37
　思考题 ·· 38

第二章　主持状态构建篇 ·· 39
　第一节　主持的当众状态 ·· 39
　第二节　主持状态的演播 ·· 43
　第三节　演播的三大创造力 ·· 47
　第四节　主持状态的综合演练 ·· 66

思考题 · · · · · · 69

第三章　创造融合形象篇　　　　　　　　　　　　70

第一节　节目主持的整体形象 · · · · · · 70
第一节　节目主持的个性形象 · · · · · · 73
第三节　节目主持的形象经营 · · · · · · 92
思考题 · · · · · · 104

第四章　节目主持要素篇　　　　　　　　　　　　105

第一节　人事叙述要素与演练 · · · · · · 105
第二节　情理议论要素与演练 · · · · · · 107
第三节　场面娱乐要素与演练 · · · · · · 109
第四节　物件运用要素与演练 · · · · · · 111
第五节　语体风格要素与演练 · · · · · · 112
第六节　语境选择要素与演练 · · · · · · 114
第七节　节奏掌控要素与演练 · · · · · · 115
第八节　镜头感觉要素与演练 · · · · · · 117
第九节　态势语言要素与演练 · · · · · · 119
第十节　空间处理要素与演练 · · · · · · 120

下学期·综合篇　节目主持的文本创作

第五章　思维路径心智篇　　　　　　　　　　　　124

第一节　节目主持人的一心多用 · · · · · · 124
第二节　多角度思维与多层面思维 · · · · · · 126
第三节　发散思维的三大特性 · · · · · · 130
思考题 · · · · · · 134

第六章　主持行为表现篇　　　　　　　　　　　　135

第一节　现场驾驭的自主掌控 · · · · · · 138
第二节　现场演播的即兴组织 · · · · · · 148

第三节　驾驭空间与掌控演播 …………………………………… 163
　　第四节　节目主持的包、托、接、送 …………………………… 170
　思考题 ……………………………………………………………… 180

第七章　文本样态案例篇 …………………………………………… 181
　　第一节　有文本样态的背稿节目创作
　　　　　　——解读主持人董卿在有文本节目串联中的再创造 …… 183
　　第二节　半文本样态的腹稿节目创作
　　　　　　——解析主持人王冠、马聪在节目对话中的现场驾驭 …… 200
　　第三节　无文本样态的喉稿节目创作
　　　　　　——解构主持人董卿在节目演播中的即兴主持 ………… 237
　思考题 ……………………………………………………………… 248

第八章　主持段子演练篇 …………………………………………… 249
　　第一节　节目主持段子案例 ……………………………………… 255
　　第二节　节目主持段子演练 ……………………………………… 271

第九章　媒介人格魅力篇 …………………………………………… 273
　　第一节　节目主持人与情感 ……………………………………… 273
　　第二节　节目主持人与情操 ……………………………………… 274
　　第三节　节目主持人与情绪 ……………………………………… 275
　　第四节　节目主持人与意志 ……………………………………… 276
　　第五节　节目主持人与自我 ……………………………………… 278
　思考题 ……………………………………………………………… 281

第十章　讲述中国故事篇 …………………………………………… 282
　　第一节　董卿全新讲述中国故事 ………………………………… 282
　　第二节　再造语言，讲好中国故事 ……………………………… 294
　思考题 ……………………………………………………………… 312

后论　主持人是节目文本样态的创作者 …………………………… 313

绪 论

主持人在节目中究竟创造了什么

"电视节目主持人"这七个字意味着什么？

电视节目主持人这个称谓，我们常讲、常说；

电视节目主持人这个称呼，我们说惯了、说顺了。

如果我们深入仔细地品味这一称谓，也许我们能获得一种更新的感觉；

如果我们逐词逐句地体味这一称呼，也许我们能获得一种更深的感悟。

我们现在就依照"电视——节目——主持——人"这原本的七个大字而读解开来；

我们现在就按照"电视的特性"、"节目的特征"、"主持的特点"、"人的特质"这排列的四个方面而谈开去……

电视的特性

当你走进一个普通农民家，也许家里的一切是那样的简朴，而唯独电视机却摆放在一个显要的地方；

当你购置了一套新房，尽管方方面面你都想精心设计，然而，一个不可或缺的设置，那就是如何将大彩电搁置在一个显赫的位置上。

这个方方正正的"魔盒"，为什么让城里人、村里人有着如此的重视？

这个方方正正的"魔盒"，为什么又有着如此的魅力吸引着城里人、村里人？

电视，是英文 television 的译名，tele 表示"远"，"远距离"。vision 是"视"，"视力"、"视觉"的意思——电视即可见远距离的景物。[①]

[①] 壮春雨：《电视节目学概要》，浙江大学出版社 2001 年版，第 1 页。

谁"可见"？当然是人。

人，总有着一种天性，他们不满足于听到什么，他们更想要看到什么。

白天上班，听到××省的一个副省长被判了死刑，晚上回家立刻打开电视，看到关于他被审判的新闻图像时，心里想："哟，长了副憨厚老实样，原来是个贪官呀，活该！"

坐在班车上，车厢里的收音机又传来云南发生地震的消息，到了办公室看到报纸上有一则消息报道，还附上了一张现场照片，心里总感到不满足，下班回家再看电视时，心里想："哟，房子全倒了，他们怎么过冬呀，明儿寄几套衣服去！"

其实，老百姓自己知道，这不是在看电视时"正在审判"，这也不是在看电视时"正闹地震"，但正是这电视，此时让老百姓的心理得到一种身临其境的现场感觉，获得了一种视觉上直接的满足。

——这就是电视的图像画面给观众带来的"现场感"。

水均益站在快艇上为观众直播主持中国运动员乘国产飞机穿越大桥桥孔的现场报道："500米、100米，穿越桥孔成功啦！"电视机前的观众获得成功的消息是与现场的观众、现场的主持人同时看到；

倪萍在中央电视台演播大厅直播主持"申奥晚会"，当萨马兰奇宣布是"北京"时，现场的倪萍与嘉宾忘情地拥抱，电视机前的观众与家人动情地欢跳。主持人和现场嘉宾以及电视机前的观众是一起看到揭晓，同时得以知晓的。

尽管老百姓知道自己不是在直播的现场，但是，老百姓知道自己所看到的一切都是发生在现时现刻。快捷、全面的电视现场直播使电视机前的观众获得一种心理上和视觉上的同步满足。

——这就是电视的现场直播给观众带来的"现时性"。

现场感与现时性就是指空间的临场感和时间的同步性。①

电视特性的直观性，是让我们的电视观众不仅能听到，而且还能用自己的眼睛直接看到事情发生的过程。

顺应于观众天性的这种直观性，以让我们的老百姓在看电视时，能直接产生一种空间临场感和时间同步感而获得一种审美的愉悦和天性的满足。

这就是电视的特性——强烈的现场感与视觉的直观性。

---

① 毛时安：《叶惠贤主持艺术论集》，上海三联书店1992年版，第67页。

节目的特征

什么是最好的节目？

当你去问一些主持人什么是最好的节目？也许你会得到这样一个答案：我们的受众喜爱看的节目，那就是最好的节目。

当你去问一群老百姓什么是最好的节目？也许你将得到这样一种回答：我们能准时坐在沙发上看想看的节目，就是最好的节目。

那最好的节目就是观众的"期盼"与"期望"——期期都在盼，期期都在望。

节目的"节"既指"段落"，又指各段之间相连的地方。

节目的"目"既做眼睛又指观看，还有大项中分小项的含义。

——一段段的竹子、一个个的竹节便是形象的感受。

——节目就是以一定的时段来表现一定内容的那种形式。[①]

让观众期盼与期望的节目，让一段段的节目吸引着观众的眼球在观看，这恰恰是成功地激起了电视机前的观众最大的心理欲望和行为参与。

加拿大文学博士麦克卢汉在《传播工具新论》中明确指出："最有影响力的电视节目应该是那些包含了须由观众完成的过程的状况。"

这种"须由观众完成的过程的状况"，就是要让观众产生心理上的参与"状况"，就是要让观众从行为上参与到节目中来的"状况"，这样，才能产生"最有影响力的电视节目"。

正由于节目有着这种参与性的特征，那么如何让观众从心理上、行为上参与起来呢？这就产生了与"参与性"相顺应的节目"形态感"。

有节目主持人就有主持人节目。

在当今的电视节目中大多数节目都属于主持人节目（当然还有播音员节目、纪录片节目以及影视剧节目等）。

作为主持人节目的内容，它每次播的选题一般是不重复的；

作为主持人节目的形式，它每次播的形态却是相对不变的。

——"形式也是内容"，这就成了主持人节目的鲜明特征，而这种特征更展现出节目形态的独特性和相对稳定性。

[①] 壮春雨：《电视节目学概要》，浙江大学出版社2001年版，第6页。

不同类型的节目，有着不同的节目形态；

相同类型的节目，节目形态又各有不同。

少儿节目的《大风车》与青年节目的《幸福快车》各有各的形态，各开各的车。

中央电视台崔永元主持的《实话实说》与上海电视台和晶主持的《有话大家说》同是谈话节目，形态各不一样，南腔北调，各自弹唱。

节目形态决定着节目的形象；

节目形态支撑着节目的成活率。

没有一个优秀的主持人能在一个糟糕的节目中有出色的表现；而一个具有独特形态感的节目往往会托起一个主持新秀。

具有形态感的节目，才能使主持人节目千姿百态；

具有参与性的节目，才能让主持人节目充满活力。

让节目一段段、一节节地吸引着观众；

让观众一周周、一期期地盼望着节目。

这形态感就是属于主持人节目的原本必须，

这参与性就是出于主持人节目的形态必然。

构思奇特，意境独到，求异创新，稳中有变，这是构建节目形态的最高追求。

要让观众在节目中有一定量的行为参与，要让观众对节目激发起最大量的心理参与，这便是构建观众参与性的最美体现。

这就是节目的特征——独特的形态感与观众的参与性。

主持的特点

我们的观众常常会问起：会议上有主持，寺庙里有住持，那节目中要一个主持干什么？

我们的主持人也常常会问起：自己是干主持的，那我究竟在主持什么？

《辞海》上讲，主持就是负责掌握和处理。①

如果会议开得松松散散，平平淡淡，那么要你主持干吗？

如果寺庙搞得有章有法，有理有节，这样的住持肯定会受到"香客"的欢迎。

我国第一位电视节目主持人沈力在《谈主持人的个性形成》中指出："主持人的

---

① 《现代汉语词典》，商务印书馆1983年版，第1510页。

最高任务是驾驭节目，要做到能把节目掌握在自己手里，胸有成竹，运用自如，真正起到'主宰'和'灵魂'的作用。"①

我国著名综艺节目主持人叶惠贤在《主持艺术论集》中说："主持人是在主持时要渲染主题、调节气氛、主宰节奏、代表观众愿望的人。"②

显而易见，主持人的最大作用就是驾驭节目。

干主持就要会驾驭，就要懂得一整套如何去驾驭节目的技能技法。

正如张锦力在《解密中国电视》中强调的："合格的主持人对节目作用不是简单地连接，而是对节目本身的一种协调、引导和加工。主持人要能把节目中的转折、高潮、冲突、变化有机地串成一根线，主持人知道在节目的什么时候起承转合、什么时候承上启下、什么时候发问、什么时候提醒、什么时候设计高潮、什么时候展现矛盾和冲突。总之，主持人的最主要作用是要给节目发展进行铺垫，要制造一种非常吸引人看的氛围。作为一名主持人，其最本质的要求就是在节目中必须有创造性地表现和发挥，应该驾驭节目而不是被节目驾驭，否则，何来'主持'之说？"③

驾驭性，就成了主持的一大特点。

作为节目主持，主持是应对节目而驾驭的；

作为电视节目主持，那节目主持是定性在"电视"这一定类上而定位操作的。

这里的"电视"，既含电视机上的荧屏，也指小小的摄像机前面的镜头。

既然主持面对"电视"而操作，这种电视节目主持方式，既要面对电视摄像机，又要面对现场的嘉宾观众，更要面对电视机前的广大观众。那么，这种"面对"就使电视节目的主持具有"当众性"。

主持是个职业。

任何具有"当众性"的职业，都有着属于自己的职业状态。

任何生活中的原生态都不能替代具有当众性的职业状态。

空中小姐在客机上彬彬有礼、笑容可掬。

护旗战士在升旗时威武挺立、雄姿焕发。

生活中的主持人，他们尽可坐卧说笑、吹拉弹唱，而面对着摄像机的主持，面对着嘉宾的主持，面对着电视机前观众的主持，主持人就必然有着属于这个职业的状态。

---

① 沈力：《话说电视节目主持人》，北京文化艺术出版社1989年版，第4页。
② 叶惠贤：《主持艺术论集》，上海三联书店1992年版，第130页。
③ 张锦力：《解密中国电视》，中国城市出版社1999年版，第159页。

从沈力的《为您服务》到王小骞的《为您服务》，从张悦的"下厨房"到刘仪伟的"下厨房"；

他（她）们能得到各个不同时期段的观众认同和喜爱，主持人的职业状态是获得成功的一个重要而有力的支撑点。

状态感，就成了主持的又一大特点。

驾驭节目与主持状态，这是在主持操作中必需的职业要求和职业规范。

一个电视主持人在主持节目时，要寻找到属于这个节目的最佳整体状态去驾驭这档节目，这将更好地体现"主持"的操持作用与职业魅力。

这就是主持的特点——职业的状态感与操持的驾驭性。

人的特质

也许你从我们的观众中会听到这样一种议论："没有主持人的节目照样好看，有些主持人特没劲。"

也许你从我们的主持人里又会听到这样一种声音："主持人，重点在后边那个'人'字。"

那么，属于主持人的这个"人"的特质究竟是什么呢？

主持人，这"人"的含义不单单是指能制造工具并使用工具进行劳动的高等动物，"人"又是指一种人才的含义。像领导人、经理人、发言人、公关人等，这些人是一种人才，这种人必须具有属于他们的责任和能力。

"没有主持人的节目照样好看。"这话是对的，像"火山爆发"呀，"警察抓小偷"呀，这些纪实片节目，观众特喜欢看。那么，要你主持人干什么？要的就是让主持人来吸引更多的观众而使节目更好看！

那么，这个"人"靠什么去吸引？

不靠脸蛋，不靠发型，不靠服饰，就靠主持人的一张嘴——把话说好、把话说深、把话说妙。

由于电视的特性——直观性，我们的观众特别看重这个"人"的表达能力——出众地说、出色地说、出彩地说。

由于电视的特性——现场感，我们的观众特别看重这个"人"的现场发挥能力——即兴地说、应变地说、当下地说。

开场白介绍，主持人要说；一对一采访，主持人要说；一事一议，主持人要说；当众对话，主持人要说；收场语总结，主持人要说。

主持人是用自己的话语与观众面对面、心贴心地直接叙述的。

主持人是直接与观众沟通交流来表述思想和表达情感的，主持人是直接感受现场语言环境、遣词造句、妙语生辉而对受众产生吸引力的。主持人的个性风格，个性形象，都是这个"人"在节目的交流沟通中——说出来的、问出来的、议出来的。

说话，是思想的一种外化；

说话，是智慧的一种外延。

一个主持人能把话说好、说深、说妙，其实都是这个"人"的修养展现与人格流露。

倪萍说："艺术家之间最后拼的是什么？拼的是道德，拼的是文化。"

马季讲："艺术最后的竞争一定是人格的竞争。"

人格，词典上讲，人的性格、气质、能力等特征的总和。

人格，也就是个人行为特质表现相当统一与固定的组合形式。

真诚地说话，真诚地待人是个人行为特质。

真诚地说话，不是今天说了，明天就不说了；真诚地待人，不是今年真诚待人，明年就不真诚待人了。

个人行为的特征上升为人格特征，就必须有统一性和固定性。

著名传播学家施拉姆在他的《传播学概论》中说得很清楚："所有的电视都是教育的电视，唯一的差别是它在教什么。"

作为干主持的这个"人"，一旦建立起人格感，那么，在他（她）的传播中就会表现出对人们的关怀、对人生的关注、对人性的弘扬而给予受众以生存的思考，生命的感悟，生活的愉悦。

这样的"人"在传播中，将更展现出性格、气质、能力等多方面综合形象的人格特征。

干了几十年的电视节目主持人赵忠祥颇有感慨地说："主持人最能博得观众喜爱的就是人格上的魅力。"

这就是作为"人"的又一特质——健全的人格感。

直叙性给了干主持的这个"人"展现把话说好的最大沟通空间，人格境界的提升又将支撑着这个"人"，在把话说好的最大沟通空间中显现出更大的人格魅力。

这就是干主持的这个"人"的特质——健全的人格感与沟通的直叙性。

总而言之，"电视节目主持人"这七个字读开来、谈开去，从原本的意义上让我们体味到：

——电视的特性是强烈的现场感与视觉的直观性；
——节目的特征是独特的形态感与观众的参与性；
——主持的特点是职业的状态感与操持的驾驭性；
——"人"的特质是健全的人格感与沟通的直叙性。

主持的艺术，艺术的主持

任何艺术形式都离不开形象的描绘与塑造，形象性是艺术的基本特征。

一提到形象，人们脑子里就会冒出什么"靓"呀，"帅"呀，"俊"呀，"酷"呀等这些让人心醉的字眼来；

一问及什么是节目主持人形象，那可谓是众说纷纭，莫衷一是，各说各的词、各有各的理。

当中央电视台名牌节目《正大综艺》播满二百期时，当主持人杨澜功成身退而程前来了之后，《正大综艺》为程前热热闹闹地轮番寻找着女搭档。

先是上海东方台清秀可人的袁鸣小姐，后是舌战狮城、锐气逼人的姜丰小姐，一而再，再而三，最后，让精巧招人的王雪纯小姐与程前配档。

正如《正大综艺》亮相始初，当杨澜主持时，也曾选择两三回搭档，最后杨澜小姐与赵忠祥确定搭档，继程前与王雪纯后又由张政与吉雪萍担纲主持。

且不说这三对主持的功过褒贬，单从《正大综艺》编导们如此精思悉心地"选择"与"搭配"的这一现象，正说明"节目主持人形象"已成了编导与观众们所关注的一大话题。

一者认为，谁主持节目谁就是节目主持人的形象。

一者认为，节目所需要的形象就是节目主持人的形象。

两者都不能说是错，两者都没有说得全。

前者所说，"谁主持节目谁就是节目主持人形象"。其实，这是指主持人的本体形象。之所以称之为"本体"，从狭义上讲，是指主持人本来的、本身的形象，是自己的爹妈给的形象，是原本长啥模样就是啥模样的形象。

后者所说，"节目所需要的形象就是节目主持人形象"。其实，这是指节目的主体形象。之所以称之为"主体",是指事物的主要部分,节目的类型、节目的形态、节目的风格构成了节目的形象。节目主持人是由节目与主持人两个部分所组成,对于主持人来讲,节目的形象是主要的,也是重要的。

从表层直观的角度来看节目主持人形象,便包括主持人的本体形象与节目的主体形象这两个形象。

主持是门艺术,艺术要创造形象。那么,从深层艺术的角度来讲,什么是严格意义上的节目主持人形象呢?

用公式表示:

主持人本体形象+节目主体形象=节目主持人整体形象。

——主持人本体形象与节目主体形象融合出的整体形象就是节目主持人的形象。

——整体形象的最高呈现就是节目主持人的个性演播形象。

大家都知道,美国著名华裔电视节目主持人宗毓华,她之所以能成为美国三大电视网的唯一华裔节目主持人并赢得"美国十大杰出妇女"的殊荣,其中一个很重要的原因是由于她在节目中融合出一个特定的具有东方女性恬静、文雅、大方而富有魅力的节目主持人整体形象。

一者,宗毓华虽然长得十分漂亮,但与那些见惯了的西方明星相比,却毫无那种令人讨厌的妖艳和造作之态。她黑黑的头发、颀长的身材、淡淡的口红、长而黑的睫毛,得体而又端庄的衣着仪表,显得朴实而又温文尔雅。

二者,宗毓华不同于那些咄咄逼人、说话尖刻的美国同行,她有自己独特地把握节目基调的演播风格——全神贯注、诚挚真实、轻松自如,善于以事实说话、以情动人。

传播学家罗伯特·奥尔伯曾这样评论宗毓华:"应该承认,广播公司的老板对找一个迷人的年轻人当主持人,比找一个对新闻的安排取舍有自己独到见解的严肃的新闻记者更感兴趣。然而,我不得不说,宗毓华她是这样的全面,既有美丽的外貌又有动人的语调,更能对重大复杂的新闻事件进行独特的分析和阐述,以至我们很难给她一个单一的名称来体现她的全部才能,她是一个完美的形象。"

从这一评论中我们可以看到:

"既有美丽的外貌",这是宗毓华的本体形象——黑黑的头发、颀长的身材、淡淡的口红、黑长的睫毛,得体而又端庄的衣着仪表,显得朴实而又温文尔雅;

"又有动人的语调,更能对重大复杂的新闻事件进行独特的分析和阐述的演播风格",这是宗毓华对节目主体形象的理解和把握——全神贯注、诚挚真实、轻松自如,善于以事实讲话、以情动人。

"我们很难给她一个单一的名称来体现她的全部才华，她是一个完美的形象"，这就是宗毓华创造出的融合的节目主持人整体形象，而宗毓华的整体形象已表现出了最高层次的个性演播形象。

然而，就在宗毓华的"完美形象"达到一个稳定的巅峰阶段中，于1994年5月19日傍晚电视黄金时段，美国哥伦比亚广播公司的电视网播出了由宗毓华主持的新闻专题节目《美国观察》，闹出了"中国间谍报道"的风波，宗毓华在报道中说："根据我的估计，在这些通过合法途径进入美国的中国人当中，每八个人就有一个人是潜伏着的间谍人员。"宗毓华的这一报道，使自己站到了生她、养她、教育她的族裔的对立面。众多华人社团要求宗毓华本人在新闻节目中澄清事实、公开道歉，挽回对华人形象的负面影响。

华人社区本来将这个每天在电视屏幕上谈笑风生的女性，视为融入美国主流社会的样板，视为凭艰苦努力取得巨大成功的骄傲，现在却不得不向她宣战。

也许这篇报道不是宗毓华本人撰写的，也许这种观点不是宗毓华本人的看法，但是，作为一个主持人，一个华裔主持人，她在华裔这个群体中已是人心失尽。

尽管宗毓华播出了一则声明，说明自己是无意的，愿意表示遗憾和抱歉，但是，事过一年，宗毓华新闻主播职位被美国哥伦比亚广播公司所解除。

尽管宗毓华本人形象还存在，尽管那档晚间新闻节目形象还存在，但是，宗毓华的节目主持人形象已黯然而去。

宗毓华借此机会，闭门反思，重新修炼。在1998年与纽约一家公司签约并和她的丈夫共同主播一个新闻节目。

当美国总统克林顿与女实习生莱温斯基的绯闻闹得最凶猛的时候，宗毓华又千方百计抢先采访到莱温斯基本人并进行了独家报道。新闻播出后，又引起了受众对节目主持人宗毓华的关注。但愿宗毓华在荧屏上呈现的是一个成熟、公正、负责的节目主持人形象。

崔永元在《实话实说》中呈现出了一个整体融合的个性演播形象并得到全国观众的赞赏，这是个不争的事实；而在《小崔说事》以及《电影传奇》中却不尽如人意，也许是存在节目形态的问题，也许是存在创作状态上的问题，但崔永元在这两档节目中没有创造出"融合的形象"、没有呈现出"整体的形象"，而让人感到遗憾，这也是个不争的事实。

李咏在《幸运52》中的形象有着不一般的"幸运"，在《非常6+1》中有着不一般的"非常",正是李咏在两个节目中先后创造了"融合"的形象,呈现了"整体"的形象,当你一周中轮番观看这两个节目时,你都会同样获得一种欣喜和满足。

创造出一个节目主持人整体形象的实质就是一个融合的过程;

创造融合就是呈现出节目主持人整体形象,就是呈现整体融合的个性演播形象。

从这个意义上讲,主持艺术就是一种创造融合的艺术。

一个节目主持人应找到主持人本体形象与节目主体形象的准确而有效的定位,以便于呈现节目主持人整体形象的融合度与含金量,这样,才能有利于真正意义上的节目主持人形象的完成和完善乃至完美。

——创造融合就是展现节目主持人的整体形象;

——整体形象的最高表现就是节目主持人融合的个性演播形象。

节目主持人的整体形象,这是主持艺术的一个重要理念;

节目主持人的整体形象,这也是创作流程的一个战略手段;

节目主持人的整体形象,这更是主持人在创作道路上应有的目标追求。

上学期·基础篇

节目主持的元素构成

主讲教师的话

——艺术教育的可贵就在于把系统的理念分解成可训练的基素

第一章

节目形态组合篇

一个演员，不一定要求他会创作一个剧本，但是他必须能选择剧本。

一个电视节目主持人，不一定要求他会创意一个节目，但是他必须能选择节目。

一个聪明的电视节目主持人，应该善于选择一个既适合自己又能让观众喜爱的节目，这是取得成功的一个重要环节。

要能够选择节目，就要学会读解节目，这种选择、这种读解，就是一种自我定位。

不熟悉大海，你又怎么能去远航？

当我们打开一本杂志翻阅目录时，映入我们眼帘的首先是一个个栏目。

就拿《青年一代》杂志来看，全篇目录上有十四五个栏目：《缤纷都市》《青春绿洲》《校园调色板》《多情的季节》《心理博士信箱》，等等。

每月一期，每期的栏目基本固定，每一个栏目每期登载两三篇文章，每一个栏目的编辑都按照各自栏目的定位去组织文章，选择发表。

例如，《缤纷都市》栏目：

◇大上海的"外来女婿"们

◇南京有了专职的配装师

例如，《多情的季节》栏目：

◇傲慢女孩的爱情烦恼

◇忏悔赎不回纯洁的恋情

每个栏目独立一统，各个栏目相得益彰。

由于节目主持人传播方式的推出，使得我们的电视节目形成了栏目化。也就是说一个电视频道由若干个栏目所组成。

每一个电视台每一天要播出十几个小时，甚至二十四小时的时间长度；这样的时间长度将有二三十个栏目来支撑播出。

如果对应地放大了说，一本杂志就相当于一个电视专门频道；

如果对应地放小了说，一个频道中的某一个栏目就相当于一本浓缩的杂志。

在一个频道所拥有的栏目中：

有的栏目是属于播音员节目；

有的栏目是属于电影、纪录片、电视剧节目；

而更多的栏目则属于主持人节目。

第一节　节目的五大特征

主持人节目就是主持人所主持的节目样式的专业名称。对应主持人创作活动的规律并供其操持的节目就是主持人节目。

主持人节目的特征：

其一，时间的固定性：节目的时间长度要固定，节目播出的时间要固定，使观众加深对节目的印象以便适时收视；

其二，受众的对象性：节目"为什么人播"要定位准确，以特定的观众作为收视的目标，使节目拥有属于自己的观众群；

其三，内容的规定性：节目要按照一定之规来完成内容表述，不适合栏目的要求即使再精彩的题材也必须舍弃，使栏目始终给人一种稳定持续的收视需求；

其四，形式的参与性：节目要呈现出让观众参与进来的形式，要形成传受互动，使主持人与观众形成双向交流；

其五，节目的整体性：节目的构成铺排合理，配置得当，形成一个完整的系统，使节目在严谨中呈现个性。

我们都熟知的中央电视台名牌节目《东方时空》是一档新闻性的主持人节目，首播于1993年5月1日。

早期的《东方时空》节目是由"东方之子""时空报道""音乐电视"和"生活空间"四个板块组成。

应该说，自《东方时空》开播后，以它丰富多彩的内容和节目的实效性、采访对象的权威性赢得了观众的青睐。

然而，三年后，当《东方时空》播出1000期时，节目组将曾经对推动流行音乐创作做出贡献的"音乐电视"板块忍痛割爱，并换补了一个"面对面"的3分钟板块：

"东方之子"——"时空报道"——"音乐电视"——"生活空间"
　　　　　　　　　　　　　　　　　　↑
"东方之子"——"时空报道"——"面对面"——"生活空间"

应该说,《东方时空》是一档新闻性的主持人节目,而"音乐电视"这个子栏目则属于音乐类节目,撤去"音乐电视"换上"面对面"这是主持人节目在理论上成熟的开启,在操作上自觉的始动。

"东方之子"的新闻人物;

"时空报道"的新闻事件;

"面对面"的新闻评说;

"生活空间"的新闻故事。

这样更突出了《东方时空》的新闻专题性,更突出了《东方时空》的节目总体风格,更突出了《东方时空》的栏目整体性。

——《东方时空》尽显主持人节目的五大特征。

时至 2000 年 11 月 27 日,《东方时空》在传播的形式上进行了重大改版,以全新的形态呈现在电视观众面前。

《东方时空》分为日常版与周末版。

先来看看《东方时空》日常版(周一至周五):

"传媒连接""直通现场""面对面""百姓故事"。

"直通现场"强调记者的现场报道和强烈纪实性镜头语言,侧重展现新闻现场的过程、细节和相关背景,以区别于原"时空报道"平铺直叙式的报道;

"面对面"是老版《东方时空》中,主持人面对电视机前的观众进行话题评论的小栏目,新版中借用其名作为新闻人物专访节目的名称,并赋予其新的含义,主持人与采访对象面对面专访,突出人物的新闻含量,达到人物的社会代表性和新闻性共同传播的目的,摆脱原"东方之子"选题范围狭窄的局限;

"百姓故事"则是在原"生活空间"的基础上进行的革新,以突出时代感,加强新闻性、加大信息量,突出其文化和精品特色,其子栏目在定位于"讲述老百姓自己的故事"中,突出"讲述平常人的不平常事"。

再来看看《东方时空》周末版(周六、周日):

"世界""纪事""直播中国"。

早间电视新闻栏目在周末或周日做新闻增值和衍生服务,已成为国际传媒的惯例。

"世界""纪事""直播中国"新闻专栏是根据观众的收视需要,设计出有别于平日样式的周日特别版,符合观众对《东方时空》的收视习惯而推出的三个风格各异的新闻专栏节目。

"世界"则对本周国际新闻提供深加工服务,体现规模效应,为国家外交大局服务;

"纪事"则是一个经典的老百姓故事,突出其文化和精品特色;

"直播中国"通过直播报道的魅力牵动从自然、地理、人文、民生的角度报道中国,认识中国。

从《东方时空》的原创初版到千期改版直至 2000 年新版操作的全过程中,我们可以清晰地看到主持人节目五大特征的理念原则行动的实践意义。

尽管新版《东方时空》还需要磨合,还需要整合,尽管新版《东方时空》今后还会改版,还会再以"新版"亮版,但是,我们完全有理由相信,《东方时空》节目以及一切属定的主持人节目,在含规律的创作、操作中定能走向更高层次的自由。

——一个电视节目主持人要学会读解节目就必须首先理解属于主持人节目的五大特征。

第二节 节目形态的五组基素

任何一个具备了五大特征的主持人节目总是以一种形态呈现在屏幕上而展现在受众面前。

——五大特征是指主持人节目内涵的组成和界定;

——节目形态专指节目外部形状的构成和表现。

在中国电视节目主持人发展史上,有这样一档主持人节目载入了史册:

1996 年 7 月 1 日晚 7 点 47 分,中央电视台《生活》节目首次与观众见面。

"她"的主持人以一种轻快的步伐带领观众走入"生活";

"她"的语言生动亲切,内容平易近人,形式轻松活泼;

"她"运用调查手法,真实地记录和感悟生活里的学问;

"她"紧跟时代步伐,及时发现日常生活中新的起点,贴切地消解人们的困惑;

"她"及时揭露经济生活中的误导和欺诈,与人们一同求索;

"她"带给生活中的观众创意实感和奇思妙趣;

"她"展现了大千世界的文化奇观、风土人情，与观众一同品味生活；

"她"提出全方位和实实在在的服务，把握着时尚生活的脉搏；

《生活》真正进入了人们的生活……

《生活》节目播出仅半年之多，就在中央电视台第二套经济、生活、服务频道中收视率稳步上升，直至前茅。

社会各界反映越来越强烈，与此同时，全国各地：北京、天津、四川、云南、江苏、山东、内蒙古自治区等省市台相继推出"生活频道"或"生活服务类节目"与中央电视台《生活》栏目相呼应，悄然形成了一股新的不可忽视的电视节目制作潮流。

为何一档节目的诞生，会获得如此规模的反响？

因为，《生活》栏目的成功，在很大程度上归功于节目形态的成功。

——构建富有形态感的主持人节目，这是节目主持人与主持人节目不断求得发展，不断取得成功的一个重要创作理念。

主持人节目形态的构成

要构建富有形态感的主持人节目，就必须读解一个主持人节目的形态是怎样构成的。

主持人节目形态由五组形态基素综合构成：

第一组：节目的定位基素；

第二组：节目的画面基素；

第三组：节目的包装基素；

第四组：节目的观众参与基素；

第五组：节目的主持样式基素。

在五组形态基素中第一组是主持人节目形态内在规定的必须性基素，其余四组为主持人节目形态外在表现的选择性基素。

第一组：节目定位基素的七个定向：

收视对象、栏目内容、每次播选题、定时、定期、定量、主持人。

在形态构建的五组基素中，第一组节目定位基素是首要的，因为节目定位的准确与否是关系到栏目成败的关键，节目定位基素的七个定向在形态上讲似乎是无形的，然而在一个整体频道中我们更明显地看到七个定向有形的存在。

收视对象定位是最先确定的一项基素，是属于战略性决策，因为"为什么人播"是一个首要问题，栏目的收视对象一旦定位后一般不会有更大的变化，收视对象的定位既要摸准时代的脉搏又要在制作节目中时刻想着特定对象的要求,使节目保持稳定的受众群和收视率。

栏目的内容、每次播选题和主持人这三个定位基素是节目的灵魂。栏目内容是指为什么人播什么内容的定向,既然栏目已经对象化,那么内容就必须具有对象性,要为收视对象设置规定性的内容;栏目内容确立定向后又是以每次播的选题来体现,每次播的选题又必须符合栏目内容的规定性范畴,不是什么内容都作为选题往每次播的节目里填装;这样的栏目定位后,这样的内容定位后,那么由什么样的主持人来担纲操持便显得尤为重要,只有得体的主持人才能使节目呈现整体性。三个基素支撑着收视对象的定位。

定时、定量、定期这三个定位基素是属于频道中节目编排的定向因素。多长时量的节目?在什么周期、什么时档播?是每周次播?是每日次播?是隔天次播?首播时?重播时?本频道时?它频道时?这些都要精心考虑、细心安排。定时、定量、定期这三个定位基素以利形成受众的收视习惯和扩大收视效果。

——节目定位基素是主持人节目形态内在规定的必须性基素;

——节目定位基素的七个定向是一个也不能少。

第二组:节目画面基素的七个符号:

图像、同期声、画外音、音乐音响、字幕、图表、特技。

电视节目的灵魂是信息和思想,电视节目的信息和思想是通过画面呈现在观众面前的,电视节目的画面呈现是这七个传播符号所构成的。

今天承载信息的符号形式,从单一走向多样,从平面走向立体。那么,信息结构的立体性已成了电视媒体在传播信息过程中的一个重要课题。

信息的立体性造成了信息表现方式的多元化,而电视节目的信息立体性将要求最佳声画组合,要求自如地运用素材图像、同期声、画外音、音乐音响、字幕、图表、特技等综合化传播符号,对呈现在画面中的信息作全方位地再现。

在节目画面基素的七个符号中,图像与同期声这两个传播符号往往是紧密相连的,是支撑节目画面的主体。其他五个传播符号需要精心选择:什么时候出画外音、出音乐音响?什么地方用字幕、用图表、用特技?这些运用都是传播符号之间的一种声画配置关系。电视画面的综合化传播符号并非是多种单一传播符号的简单相加,而是作为一个整体对各种单一传播符号的充分涵化,这种涵化的程度越高,电视画面的符号总体特征就越有特色,节目形态就越加鲜明。

像改版后由侯耀华主持的《东芝动物乐园》节目,在叙述动物的资料图像中,当动物交往时运用了人物对话画外音，动物嬉闹中运用了短语字幕，动物追跑中运用了音乐音响，动物生长期中运用了图表数字，画面衔接中运用了转页、卷页、飞页、拖尾等特技，让画面更显鲜明生动，使节目更添幽默风趣。

图像、字幕、图表、特技属于视觉形象；

音乐、音响、同期声、画外音属于听觉效果。

——节目画面基素是主持人节目形态外在表现的选择性基素；

——传播符号的综合化要求最佳声画配置，以求最佳视听效果。

第三组：节目包装基素的七个手段：

片头、片尾、片花、标识、宣传片、演播室内外空间、主持人静动状态。

节目的包装是指节目形态的识别系统，是指节目最外部的表现特征。

电视节目的"包装"是对画面结构与形式所具有的潜力与张力的挖掘和扩展，是对电视节目整体视觉冲击力的加大和增强，是对电视节目的信息深度和主题高度的提炼和升华。[①]

电视节目"包装"的表现形式着力体现在对片头、片尾、片花、标识、宣传片及演播室内外空间、主持人静动状态的制作和选择上。

片头——有电视栏目片头和节目板块片头，又称大片头和小片头。

片头是整个电视节目内容或节目板块内容的高度集中和体现，象征着电视节目的整体形象或节目板块形象。能够引领观众通过片头直接了解电视节目主题或节目板块的内容的设置和风格的展现。

片头是由名称、字幕、画面和音乐所组成。[②]

《东方时空》节目的大片头极其成功地被老百姓所接受，那由远而近滚动的画面，那倍感亲切的清晨旋律，那让人浮想的飞翔在蓝天白云下、穿越长城、跨越黄河的和平鸽。然而，2000年改版的《东方时空》把这老片头一齐改掉了，老百姓不接受，老百姓觉得拿掉老片头就不是《东方时空》了，结果老片头重新回到《东方时空》的岗位上。

一曲京韵大鼓风格的片头歌曲，让《曲苑杂坛》先声夺人。碰上节目改版，导演汪文华有意换掉这歌曲而去征求同行、观众的意见。异口同声，内容可调置，片头歌曲不能变。现如今，人们一听到"相声、小品、魔术、杂技"歌曲时，心里就明白《曲苑杂坛》马上就开始了。

[①] 苏小妹："电视节目包装基本技法"，载于《中国广播电视学刊》2001年第9期第58页。
[②] 苏小妹："电视节目包装基本技法"，载于《中国广播电视学刊》2001年第9期第58页。

我们之所以从"包装"的片头谈起，是因为无论对于片花、片尾还是宣传片来讲，片头都具有一定意义上的代表性。

片花——以生动活泼、节奏鲜明，别具一格的画面，短暂的插入节目片的中间部分或段落之间①，是电视节目视听形象精彩浓缩的典型体现。

片花是一种由画面、字幕、语言、音乐构成的识别标志。

片花有电视频道片花和电视节目片花。

片花的画面，往往由代表性的符号，一个情节片段或一个精彩的镜头而构成，②它丰富了栏目的片头设计，使栏目的定位语与饱含视觉冲击的画面有机地结合起来。在不同或相同内容的段落间使用片花，可以达到有机转换、承上启下、调整节奏、烘托气氛、深化主题的作用。

中央电视台《生活》节目的片花运用可谓达到极致，以其亲切、生动、贴切的语言表述方式、配以现代的多层次画面组合而形成《生活》栏目片花的总体风格。

如主体板块片花定位语："生命不息，共创美好生活。"

如小板块"背景"片花定位语："说身边事，听家常话，背景为您打开生活问号！"

同样精彩的《幸运52》的片花：李咏一个"手指钓钩"的画面，一句"谁，都有机会的"话语，为整个节目画龙点睛，妙不可言。

片尾——作为电视节目"栏目"的结尾，意味着"栏目"内容的结束。

片尾在一个节目的结构中，有着举足轻重的地位，好的结尾，可以达到意犹未尽，魂牵梦绕的效果。③

片尾，除了必须挂出制作单位和制作人员名单外，画面还可以有多种表现形式。

自然式结尾：干净利落、浑然一体。结尾处可营造出一个煽情点，可留下一个进展悬念，可成一个圆满成功的结局。

回顾式结尾：回顾节目中精彩或动人的片段和镜头。

预告式结尾：将下一期节目中的精彩片断或情节的镜头，以设置悬念和提出问题为主要手段，吸引人们的关注。

歌曲式结尾：用与节目的内容和主题相吻合的MTV作为结尾，优美、生动、声情并茂。

---

① 苏小妹："电视节目包装基本技法"，载于《中国广播电视学刊》2001年第9期第58页。
② 苏小妹："电视节目包装基本技法"，载于《中国广播电视学刊》2001年第9期第58页。
③ 苏小妹："电视节目包装基本技法"，载于《中国广播电视学刊》2001年第9期第57-58页。

题板式结尾：提出问题，请观众来信、来函竞猜或回答，寓教于乐，重在传递。

组合式结尾：将多种形式结尾组合在一起综合使用，活力四射，丰富多彩。

如中央电视台《今日说法》采用节目自然结尾（叠加演职员名单）+题板；

如北京电视台《东芝动物乐园》采用节目自然结尾+下一期节目预告+广告+MTV（叠加演职员名单）；

如中央电视台《艺术人生》采用节目自然结尾+片花+预告+题板（叠加演职员名单）。①

宣传片——是相对电视节目（栏目、频道）的宣传、预告和推广而设计制作的电视片段。②

宣传片有频道宣传片、节目（栏目）宣传片、主持人宣传片等。

宣传片多采用原节目中最为精彩、最有代表性的画面，叠加一些符号、词组或句子组合而成，并配以精美和谐、言简意赅、极富预告性、煽动性的解说词，阐明节目主题、内容和风格。

宣传片主要宣传的是节目的宗旨和思想、预报节目的内容。宣传片可以使观众提前做出选择和准备，是节目提高收视率最直接和最简要的途径，宣传片对于一个电视节目来讲，是包装的一个组成部分，不可或缺。

如中央三套"天女散花"的文艺频道宣传片；

如中央二套赵赫等主持人的《经济半小时》节目宣传片；

如湖南卫视一个接一个的主持人在长幅横移中亮相的主持人宣传片。

标识——电视的标识是识别一个电视创作集体的电视视觉形象相对固定的标志。

放在屏幕左上方的是台标或频道标识。

放在或流动在屏幕左下角的是节目的标识。③

电视标识从表现形式上可以由字母、数字、动物、图形或吉祥物等多种形式组合而成，形式单纯、醒目、个性化和富于代表性应该是电视标识的特点。④

所有电视台在屏幕左上方都设置了个性化的台标，大凡节目也都有了标识，中央电视台《生活》节目在左下角不断隐现出方块"生活"字样，就连老牌《东方时空》节目在原有的"一只眼睛"的图样中又加上了"东方时空"四个字，以利醒目。

频道标识往往是一系列频道宣传片的最后定格形式。

---

① 苏小妹："电视节目包装基本技法"，载于《中国广播电视学刊》2001年第9期第57-58页。
② 苏小妹："电视节目包装基本技法"，载于《中国广播电视学刊》2001年第9期第58页。
③ 苏小妹："电视节目包装基本技法"，载于《中国广播电视学刊》2001年第9期第58页。
④ 苏小妹："电视节目包装基本技法"，载于《中国广播电视学刊》2001年第9期第54页。

CCTV—3是综艺频道,在一系列舞蹈画面组合的结尾处,定格于红绸缎组成的"3"字形特写图形;

CCTV—8是电视剧频道,用早年旧式自行车、老电唱机、爬过老家具的瓢虫等一系列画面的剪辑,定格于胶片组成的"8"字形,作为电视频道的标识。

台标是固定的、稳定的;

频道标识、节目标识是流动的、滚动的。

演播的多空间与主持人的静动态——演播的多空间和主持人的静动态是节目形态的重要组成部分,这两个包装基素又是紧密相关的。

演播的多空间有两个层面:

其一指演播空间在外部形式上有室内演播空间、外景演播空间和室内与外景交替演播空间:

像上海东方电视台访谈节目《猜猜谁会来》节目,主持人与嘉宾在一桌二椅的演播室来展示节目的背景空间,让呈现出的演播空间具有一种稳定性;

像中央电视台《当代工人》节目,每一期节目都选择一个工厂的实景来展示节目的背景空间,让呈现的演播空间具有一种真实性;

像中央电视台《正大综艺》节目是由室内固定演播室与外景现场两大空间交替展现节目的空间形态。让呈现的演播空间具有灵活性、拓展性,是对固定演播空间的一种外延的伸展。

其二指演播空间在内部处理上的多景区互为背景的借景使用:

像中央电视台《生活》节目的室内演播空间是一个固定的大背景,在大背景中又设置了多个景区,主持人在演播桌前、主持人在竹叶座椅前、主持人在节目标识前、主持人在门外进入演播室内,这样营造一种新颖的演播室氛围,展现一个既统一又有变化的演播空间。

主持人的静动态是指主持人坐姿、站姿、走动姿的选择和运用。

主持人传统的姿态一种是坐着不动,一种是站立到底。从"包装"的意义上讲,结合演播的多景区空间将站姿、坐姿、走动姿综合起来,产生画面空间的张力而对观众形成醒目的吸引力。

像中央二套经济生活服务频道的《轻风车影》节目。主持人在演播室的后景区先从汽车的座椅上走出,绕着汽车作开场白,再走到演播室中景区沿着金属栏杆呈弧线横行移动,边走边说导视语,然后进入演播室前景区大彩电旁"一桌二椅"的节目嘉宾处。等到节目结束时,主持人从"一桌二椅"旁站立起来绕着金属栏杆再走到汽车旁完成结束语，画面流动得体，别具一格，让人耳目一新。

"八宝箱"为人所重视，里边的宝贝固然贵重，而外面的箱子同样珍贵。

演播的多空间组合、多景区使用与主持人站、坐、走动姿的换位运用，拉近了演播室与观众的心理距离，增强了画面运动的张力。

演播的多空间和主持人的静动态这两个"包装"基素既增大了节目的信息量，又对于节目形态和内容传达都起到动感沟通的吸引作用。

——节目包装基素增强节目形态的识别系统；

——节目包装基素突显节目最外部的特征表现。

第四组：节目的观众参与基素的七种方式：

嘉宾直接参与、现场无嘉宾参与、观众直接参与、现场无观众参与、受众间接参与、直接、间接综合参与、远程嘉宾直接参与。

主持人节目的一个重要特征就是要有参与性，设计什么样的参与样式，对构成节目的形态有着至关重要的作用。

这七种参与样式在设计选用中关键是如何搭配：

像中央电视台《读书时间》节目选用了现场无观众参与+嘉宾直接参与；

像中央电视台《当代工人》节目选用了现场无嘉宾参与+现场观众直接参与；

像中央电视台《健康之路》节目选用了嘉宾直接参与+受众间接参与（受众运用网上信箱参与）；

像中央电视台早期的《天涯共此时》节目就选用了单一的受众间接参与（受众运用来信来函参与）；

像中央电视台2002年《全国青年歌手大赛》特别节目就选用了直接与间接综合参与。现场有观众参与，现场有嘉宾参与（歌手嘉宾、评委嘉宾、素质评委嘉宾、监赛评委嘉宾、领队嘉宾），还有受众用手机短信来提问评委以及预测选手的间接参与等等，可谓将参与样式全方位使用而达到极致。

像中央电视台《东方时空》子栏目"时空连接"节目就选用了远程嘉宾直接参与样式，这种将不同空间的嘉宾通过卫星传递在同一时间连接在同一个节目画面中的远程嘉宾的同步参与，丰富了参与样式，拓展了观众参与空间，将参与理念的现场感、现时性推到一个更新层次。

——参与的样式直接关联着节目形态的构成；

——参与样式的搭配运用又直接关联着节目内容的设置。

第五组：节目的主持人组合基素的七个样式：

单人男性主持、单人女性主持、双档男女主持、双档同性主持、三人男女主持、三人同性主持、四人及四人以上群体主持。

既然是主持人节目，就必须要有主持人来主持，那主持人组合的样式就显得尤为重要。

主持人组合的方式不是任意选择，必须从节目的内容出发，来确定主持人组合样式，来构成节目的形态，来增强节目的传播效果。

比如说，中央电视台的《幸运 52》节目，这是一档游戏性的大型竞猜节目，按惯例大型的节目以双档男女主持为宜。《幸运 52》节目开始由李咏和桑潇男女双档主持，但是后来由李咏单档主持更能表现节目的内容，更能展现主持的风格，更能体现创意的初衷；

比如说，北京电视台《东芝动物乐园》节目，后面连续三次改版都运用了男女双档主持。但是，在老百姓心中一致得到认同的却是早期的王刚单档主持；

比如说，中央电视台的《开心辞典》，最早的主持人选择中国台湾歌手黄安以及后来的体育解说员黄健翔双档男性主持，最后选择了王小丫与李佳明双档男女担纲，《开心辞典》让观众开心了，让参赛者开心了，让节目组开心了；

比如说，中央电视台的《为您服务》节目，由肖薇、王小骞双档女性主持，一对姑嫂拉家常，为节目大为增色；

比如说，上海电视台智力竞猜节目《财富大考场》由刘仪伟和李彬双档男性主持，两条汉子左右开弓，使节目在紧张的竞猜中又带来许多风趣和幽默；

比如说，上海电视台综艺擂台赛节目《五星奖》早期男女双档主持受到观众欢迎，五年后主持人组合样式改为一男二女三人主持，一女主持代表挑战方，一女主持代表卫冕方，男主持做中间裁判，既让老节目增添了新形态，又同样得到老观众群的大加赞许。

单人有男单主持、女单主持；双档有男女主持、双档男性主持、双档女性主持；三人组合有一男二女主持、一女二男主持，还有三人女性主持、三人男性主持。

——不同的搭配，不同的选择，共同的是增强节目的传播效果。

——主持人组合的样式是主持人节目形态的一个重要组成部分。

在五大组 35 个基素中——

之所以第一组节目定位基素是主持人节目形态内在规定的必须性基素，是因为这种规定性要求任何一个节目必须是按照定位去对位，必须是按照七个定向的规定去对位，是在五大组形态基素中占居首位的，是形态构建中属于战略性的。

之所以第二组节目画面基素、第三组节目包装基素、第四组节目的观众参与基素、第五组节目的主持人组合基素是属于主持人节目形态外在表现的选择性基素，关键是二、三组声画与视听如何去选择搭配，关键是四组 28 个基素如何去选择各组横向与各组纵向之间的组合搭配。

五大组 35 个基素仅仅是一种归纳，时间在延续，空间在变化，只有归纳不断，才能发展不断……

第三节　节目形态感的展现

五大组基素左右上下相关相连，最终构成两大节目形态的表现样式：板块型主持人节目与网线型主持人节目。

板块型就是把若干个板块，系统而又完整地衔接在一起的节目样式。

网线型就是把每次播的话题以多条线交织串联来完成主题任务的节目样式，亦称非板块型节目。

我们从板块型节目和网线型节目中可以看出它们之间的区别，在对位于五大组形态基素的共同组合中，关键是对第三组包装基素的选择和运用。尽管板块型节目和网线型节目的形态对于节目包装基素都具有选择性，但是节目包装基素对于板块型节目更多的是在板块与板块衔接处如何选择运用，而对于网线型节目则更多的是在节目画面的展现中如何选择运用。

我们从板块型节目和网线型节目的两大形态中又可以看到，尽管它们的形态各具自己的独立性，但是，这两种形态又往往在相互之间建立着两种关系：

一种关系是在板块型节目形态中，尽管它的形态是由主持人与大片头或小片头或片花将几个板块衔接串联，但是，一进入某一块板中则是以网线型的形态呈现操作。像《东方时空》是一档板块型节目，但一进入"东方之子"中，一进入"时空连接"中，主持人便与现场嘉宾进行网线型的交流沟通，我们把这种形态亦称之为板块网线综合型节目。

还有一种关系是在网线型节目形态的呈现中，节目内容是按照一个个单元顺序组织操作，各单元衔接处是由主持人用语言交代转换，没有运用鲜明的大片头或小片头或片花衔接串联，我们把这种形态亦称为隐性板块型节目。比如像中央电视台《非常6+1》综艺竞技节目。

——我们从两大节目形态与两大关系的建立中可以总括出四种节目形态：板块型、网线型、板块网线综合型、隐性板块型。

——我们在板块型、网线型、板块网线综合型和隐性板块型四大节目形态的呈现中可以看出，如何与节目形态的五组基素有机建立组合关系，有机配置声像比例，有机组织视听效果，这将使四大节目形态呈现得多彩多样。

我们强调要从富于形态感的节目出发，有了节目形态又何以为"富于形态感"的节目呢？

提起我国电视节目，人们极容易联想"克隆"二字。

一个稍有影响的节目推出以后，各电视台竞相模仿："电视玫瑰热""电视竞猜热""综艺明星热"……

中央电视台节目主持人崔永元对电视节目"克隆"现象一针见血地指出：电视"克隆"现象已经走到了极致，而且一个比一个俗。"克隆"也有一条"食物链"：美国人"克隆"北欧国家的，日本人"克隆"美国的，中国港台"克隆"日本的，内地再"克隆"港台的，但是这样"克隆"来的节目，原来节目的灵魂没有了，充其量也只是三流以下。这种商业操作的电视"克隆"现象绝不能占据中国电视的"主流"。

基于中国的人口之多，中国的电视频道之多，面对受众兴趣品位的提高，电视节目要不间断地拓宽其表现形式，要不间断地让电视节目创新出新，这样的节目才能占据中国电视的"主流"，这样的节目才能立于"永不衰败"之地。

——任何一个电视节目总是以一种形态呈现；

——任何一个成功的电视节目总是吸收了其他节目形态的成功基素而呈现出综合型特征；

——任何一个独特的电视节目总是表现出让人意想不到的高招和让人赞叹叫绝的亮点。

所谓节目的形态感，就是指让节目在诸多基素的综合中所呈现出的形态具有一种独特感。

节目的形态感，就是要成形有招。

我们已经知道电视节目的四大基本形态：板块型、网线型、板块网线综合型和隐性板块型。我们再细心地将四大形态进行比较，我们就会发现一个现象：除了单一性的板块型节目外，隐性板块节目是以网线型进行操作，板块网线型节目的表层是板块型，而板块中又以网线型进行操作，网线型成了四大节目形态的主体形态。

先谈谈"单一性"的板块型节目——

作为单一性的板块型节目,在形态体现上比较清晰单纯,关键在于板块与板块间的衔接。

所谓单一性板块型节目,是指主持人在节目中只完成开场白和结束语以及板块间的串联词的表述任务,又称之为串报类节目。

单一性的板块型节目有三个衔接法:主持人与节目片头衔接法、主持人与板块片头衔接法、主持人与节目片花衔接法。

这三个衔接法既可独立使用又可综合运用。

像中央电视台《曲苑杂坛》节目就属于单一性板块型节目,它运用主持人与节目大片头、小片头衔接法;

像中央电视台早期的由文清、赵琳主持的《生活》节目也属于单一性板块型节目,它运用了主持人与节目片花和板块片头衔接法。

再谈谈网线型节目——

作为主体形态的网线型样式,在节目操作上比较丰富,关键在于多线条的组织和选用。

网线型节目有三条串联线:主持人与人事叙述线、主持人与情理议论线、主持人与场面娱乐线。

既然网线型样式作为节目的主体形态,那么这三条串联线相互关系的构成,对呈现节目的形态感就显得特别重要。

今天,电视传播栏目化已成了发展的新方向;

今天,电视传播媒介产业化、娱乐化已成了发展的新浪潮;

今天,集新闻、教育、服务、娱乐于一体的综合性电视栏目已成为传播的新趋向。

媒介产业化、娱乐化,就是媒介的运作日益企业化,媒介日益注意商品的包装,这种包装就是将信息和娱乐结合起来,用娱乐来包装新闻,以吸引受众的注意力。

节目的形态感要成形要有招,在构成节目主体形态的网线型样式的三条串联线中,人们对于"人事叙述线"与"情理议论线"有着明晰的认同和运用,而对于"场面娱乐线"与其他两条线的相互关系如何去认识并操作便成了节目形态感的关键之所在。

大家都知道:

——人事叙述线的所指是人物的讲述和事物的表述;

——情理议论线的所指是理性的评议和情感的抒发。

那场面娱乐线的所指呢？

娱乐——使人快乐而感到有趣。

场面娱乐线的所指有三个层面的指向：第一层面——娱乐的种类样式，第二层面——娱乐的手段运用，第三层面——娱乐的点子创意。

——娱乐的种类样式：有游戏类节目、竞赛类节目、文艺类节目、综艺类节目等。

如果从场面娱乐线的娱乐种类样式这一层面来操作，那么三条串联线的主次关系决定着一档节目的类别性。

以场面娱乐线为主的，那就是娱乐类节目；

以人事叙述线、情理议论线为主的，那便是新闻类节目或社教类节目以及访谈类节目。

如果以场面娱乐线的娱乐种类样式为主的层面来操作，那么三条串联线的有机关系决定着一档娱乐类节目形态感的完整性。

节目主体形态的网线型样式是由三条串联线所构成的。娱乐类节目既然以场面娱乐线为主，那么人事叙述线和情理议论线就应为辅，这便是三条串联线整体性的有机关系。然而在娱乐类节目的实际操作中，主持人往往注重了场面娱乐线单元程序的操持，而忽略了人事叙述线和情理议论线的存在及其作用，使节目的形态感失去了完整性。

失缺了三条线的完整性，就失缺了节目的形态感。

——娱乐的手段运用：有音乐、歌舞、戏曲、小品、物件选择、道具设置、悬念铺排、情节故事、风趣语言、游戏活动等。

如果从场面娱乐线的娱乐手段运用这一层面来操作，那么将决定着以人事叙述线和情理议论线为主的新闻类或社教类以及访谈类节目形态感的出彩性。

往往对于以人事叙述线和情理议论线为主的新闻类节目或社教类节目以及访谈类节目而言，似乎场面娱乐线失去了存在的意义，然而，正是场面娱乐线的娱乐手段运用对这两大类节目形态感有着奇妙无比的作用。

上海台的《相约星期六》是一档游戏竞赛性对话节目，男女谈爱情观、男女择偶速配。六男六女分性别按号码对面坐开。

《相约星期六》区别于其他同类节目的一个形态特点是，运用了面具、道具的手段——每一位到场女嘉宾是戴着面具入座，让男嘉宾"不识庐山真面目"，随着女嘉宾的自我介绍，随着主持人"爱情"话题的沟通，随着男嘉宾投送玫瑰花束的多少，一层层铺排、一步步铺垫再去掉面具，揭开面纱，露出女嘉宾真面貌，环环递进，引人入胜；

《相约星期六》节目形态的另一个特点是，运用了游戏竞赛的手段——围绕一个"爱情心理测试"的话题，按参与者每人脖子上所戴花环数的多少而获得第一发言权来接受主持人的提问和心理专家的测试，话题展示得生动、话题展开得深入。

悬念铺排的设置和游戏竞赛手段的运用形成了《相约星期六》区别于同类节目的一个形态特色，使《相约星期六》出智出彩。

还有北京电视台《第7日》新闻述评节目、上海台《体育天天快评》节目中主持人风趣幽默语言的手段运用；

还有中央电视台服务类《生活》节目、《为您服务》节目中的题板道具的手段运用；

还有中央电视台法制类《周末案件分析》节目、湖南台《情感》节目中的悬念铺排及故事包装手段运用；

……

让场面娱乐线中的娱乐手段运用到以人事叙述线和情理议论线为主的新闻类或社教类以及访谈类的节目形态中，将更能感受到出情出智出彩的作用。

——娱乐的点子创意：有逆向法、连环法、嫁接法、系列法、互动法、混合法等。

如果从场面娱乐线的娱乐点子创意这一层面来操作，那么将决定着以场面娱乐线为主的娱乐类节目形态感的新奇性。

娱乐点子创意，就是求异，就是创新，就是让节目与众不同，就是让观众有耳目一新之感，就是让观众感到出奇、有趣、好看。

节目要有形态感，就是要有"金点子"。

我们来看看六大"金点子"创意法。

娱乐点子创意之一：逆向法

上海电视台《智力大冲浪》是一档老牌的益智性游戏竞猜节目，一般的竞猜题不是主持人口头播讲就是大屏幕播放猜题图像，而《智力大冲浪》节目恰恰反常规地创意选用本节目的四位主持人扮成角色，运用小品的文艺样式让观众猜题。每一期不同的竞猜题，主持人都扮成不同的角色，来演绎一段不同的小品；主持人跳进跳出，角色变来变去，竞猜题多姿多彩，观众有兴有趣。

七年多来，这种与众不同的竞猜节目形态感，一直让观众感到新鲜有趣，一直让节目雄居排行榜首。

中央电视台的《幸运52》节目一经出台便受到观众的欢迎而成为全国优秀游戏竞猜节目。任何一档电视节目的出台都想把节目做得优秀而赢得更多的企业厂家来购买本节目的广告时段。《幸运52》节目组反其道而行之，巧用猜题目得"商标"、猜"商标"得奖金，猜"产品价格"得产品来构建整个节目形态。一档节目有一二十个商标，一个商标要呈现一二十次数。作为一个经济生活频道的《幸运52》节目，既让节目宣传了产品，又让老百姓熟悉了产品，更让厂家心甘情愿掏钱亮相自家的产品商标，可谓一举多得。

这"商标"的金点子构成了《幸运52》独特的节目形态感，这具有独特形态感的《幸运52》在游戏竞猜节目中独树一帜。

逆向法就是要在创意上充分发挥逆向思维的优势，就是要在另辟蹊径中寻找到反差极大与众不同的新视角。

——逆向法往往是让节目的形态感出奇求异的新招。

娱乐点子创意之二：连环法

中央电视台的《开心辞典》节目之所以让人开心，不仅仅是现场产生参赛选手让人开心；不仅仅是王小丫的音容笑貌让人开心，最重要的是"家庭梦想"让全家开心，让全场观众开心，让电视机前每一个家庭开心。

"家庭梦想"构成了《开心辞典》节目独特的形态感。一人参赛，全家得奖；祖辈想要的东西，父辈想要的东西，小辈想要的东西；一辈一档竞猜，三代三档相扣；一档连着一档，有难借助求救；一步一档为营，胜败环环相连。

"家庭梦想"的这个金点子构成了《开心辞典》节目的独特形态感，让人感到新，感到趣，感到特有的期盼感。

上海东方台的《财富大考场》是2002年推出的一档益智性竞猜节目，谁也没有料到《财富大考场》能节节攀升成为上海近期娱乐栏目收视率的领路人。不仅仅是由单档女性主持换成的双档男性主持；不仅仅是由李彬、刘仪伟这一对活宝整齐划一的外部造型动作的夸张搭配；更重要的是富有人性化的竞赛奖励规则和公益性的爱心救助善举，刺激着参赛选手，激励着百位竞争伙伴，吸引着电视机前的普通百姓。

"人性化的竞赛奖励规则"和"公益性的爱心救助善事"构成了《财富大考场》节目独特的形态感：六名决赛者轮番竞猜做答，每一轮的王者有权点名淘汰任何一个得分比自己少的人出局，这个人可以是得分最低的人，也可以是得分离自己最近的人；然而，每一轮淘汰出局者必须把自己所得的分，送加给本轮幸存的任何一个竞赛选手；随着每一轮次的递增，每一道答题分值急剧加大；比赛层层深入，竞猜轮轮紧张，强者弱者瞬间骤变，王者不慎顷刻下马；过五关、斩六将，最后的王者一分值一元钱，又将拿出一半作为"爱心救助"。

富有独特形态感的《财富大考场》节目考验着每一个赛者，启迪着每一位观众——有才识、有智慧的人才有资格拥有财富。

连环法是支撑起节目内部结构的主体，构思奇特，布局缜密，层层相关，环环相连……

——连环法往往是形成游戏竞赛类节目形态感的妙招。

娱乐点子创意之三：嫁接法

中央电视台的《曲苑杂坛》栏目自开播以来一直吸引着广大老百姓，栏目中播出的每一个节目以它独有的表现样式而形成《曲苑杂坛》的鲜明形态感：相声用MTV形式来表现，京韵大鼓用舞伴唱的形式来表现……

上海电视台的《缤纷音乐》是介绍老通俗流行歌曲的一档文艺栏目，舞台中央是一支庞大的管弦乐队，歌唱演员一改扭来扭去、跳东跳西的态势动作，而用庄重、深情、朴实、大方的演唱状态，让一曲曲耳熟能详的老流行歌曲，在体现一首首歌词背景的舞美环境的烘托下，在一排排管乐、弦乐的伴奏声中得以全新演绎……

嫁接法让传统与现代嫁接，让民俗与西洋嫁接，让不同艺术形式之间得以天衣无缝地合情合理地嫁接；

嫁接出的节目让老观众看得有味，让新观众觉得有趣；

——嫁接法往往是形成文艺类节目形态感的强招。

娱乐点子创意之四：系列法

上海台名牌综艺节目《五星奖大擂台》1997年4月至今，已开办整整五年了。

五年来，"五星奖"不仅开创了双休日综艺节目的收视黄金时段，而且成为普通市民参与数量最多，最受欢迎的节目之一。

《五星奖》开办五年，有4万名普通市民报名参赛。是什么样的高招产生时间如此之长，人数如此之多的吸引力——是富有节目形态感的系列法。

一档节目有六大类单元，每一个单元的一个奖项蝉联十次擂主便夺走奖杯；而这个奖项从此不再设立，再从这个单元中设立一个新的奖项，进行新的一轮十个回合的争夺赛，如此延续，直至长久。

如《青春风采》单元系列：先设置"人民警察之歌"奖项，一轮十个回合完成后，继之"武警战士之歌"，再之"海陆空战士之歌"，再之"白衣天使之歌"，再之"绿衣天使之歌"，再之"城市美容师之歌"……

在54种比赛单元中，既有展现中老年人风采的"常青"系列，也有面向小朋友的"少儿"系列，而"真美风采""全能奶奶""家庭跳舞机""残疾朋友唱歌"等系列的加入，更是让各个年龄层的市民"应有尽有"。系列还在继续，"五星奖"将属于五星级……

中央电视台开办十多年的《正大综艺》节目，虽已不如开办初期一枝独秀时那样引人注目，然而2002年《正大综艺》栏目制作播出的12集"中国西部系列"节目却让人眼前一亮，让人感受到兴奋。

《正大综艺》在保持节目原有定位、风格和板块结构的基础上，深入西部采风，搜集珍闻趣事，加以形象化的表现，使之不留痕迹地替代原有的世界各地的见闻，将"走进西部"用系列化的金点子，分12集创意体现，还将有"云南专集""广西专集"……

系列法将用每一省的每一专集来反映那里丰富的经济、地理、人文、景观等知识而吸引着观众；

系列法将在每一集节目中利用当地老百姓制造的稀罕物品，利用当地的独特风景，利用当地的民间舞蹈作为素材来提出问题让嘉宾抢答。这样的答问过程更让观众产生了兴趣感，系列化让《正大综艺》又火了一把……

系列法具有悬念性，让观众产生期盼性，让节目产生长效性；

——系列法往往是让节目的形态富有期盼感的一个高招。

娱乐点子创意之五：互动法

中央电视台《挑战主持人》是一档知识性较强的竞赛节目，21世纪一出台，便成了一档在全国较有影响的节目。尽管是一档竞赛节目，不靠高奖金刺激，不靠大明星炒作，靠的是以智对智，以心动心的节目形式的"互动"。

参赛选手现场的主持，现场的叙述，由现场观众的"收视率"多少而分高下，又由现场观众的点评褒贬而论优差。

参赛选手"点击名人"的提问，由现场观众按键计分来确定"话题"是否有效，又由现场观众按键得分来评估采访的结果优劣。

报名参赛由你、现场打分由我，你来挑，我来战；挑出气氛，战出亮点；挑战主持人，越战越有劲，越挑越好看。

安徽电视台《金点子行动》节目，把参赛能手的生活"小发明"带到现场。门、窗、开关、小铁锁，都是与老百姓的生活息息相关的小发明、小创造。同一类型、不同的发明，由现场观众问成本、谈实用、论功效，评出发明能手；精巧耐用，经济实惠的"金点子"让观众得到智慧，让生活质量得到提高；《金点子行动》让发明者行动，让老百姓心动。

互动，既要让节目"形"动，又要让观众"心"动，互动，让电视走向平民，让节目变成"知己"；

——互动法往往是节目形态感富有亲和性的力招。

娱乐点子创意之六：混合法

2000年前后，欧美各大电视台掀起了一股"真实电视"的热潮。（又称"真人秀"节目）20世纪末，始于荷兰的《老大哥》（Big Brother）成为"真人秀"节目始祖，其后美国福克斯电视公司推出的《诱惑岛》（Temptation Island）、法国电视台推出《阁楼故事》（Loft Story），一时间，"真人秀"几乎成为西方世界最火爆的电视节目。

如"真人秀"始祖《老大哥》。"老大哥"（Big Brother）这个节目的名字出自乔治·奥威尔著名小说《1984》中的一句话："老大哥在看着你呢。"

基本游戏规则：6名青年男性、6名青年女性选手共同生活在一个特制的有着花园、游泳池、豪华家具的大房子里，大家共享一间卧室、一套起居室和卫生间等。摄像机一天24小时记录他们的一举一动。在共同生活的85天里，选手们每周六要选出两个最不受欢迎的人。而每天守候在电视机前的狂热者们则用声讯电话，在这两人中选出一个他们最不喜欢的、最没人缘的选手出局。挺到最后的选手可以得到2.5万美元的奖金。

由美国哥伦比亚广播公司（CBS）于2005年5月开始推出的传播范围最广的《生存者》（Survivor）节目中，16名参赛选手被送到一个相当偏僻、没有任何人烟的荒岛参加"生存者"游戏。在漫长的四个多月时间里，他们无法得到外界的帮助，不能依靠现代的文明技术条件，经受热带风暴的洗礼，克服热带雨林的种种障碍，靠一双手来搭起遮风避雨的小屋棚，靠吃海边捡来的贝类、丛林中的野果和树上的小虫充饥……最后一位获胜的"幸存者"可得到100万美元的巨额奖金。《生存者》节目被《时代》评为2000年最佳电视节目之首。

如《学徒》（The Apprentice）曾被评为美国最火的电视节目。共有2700万美国电视观众收看了这部"真人秀"节目的结局篇，创下美国电视的又一收视纪录。

这是一档没有固定剧本的系列"真人秀"。节目共有16名参赛者，8男8女分成两组，到纽约来面对美国地产大亨唐纳德·特朗普的挑战，大家轮流担任团队领导，每一周分别做一个诸如卖矿泉水或出租房子的项目，输掉的一方中会有一位对团队最没贡献的成员被"炒掉"，最后胜出的一位则可以得到一年的合约，在唐纳德·特朗普旗下的某个公司担任"学徒"。

2001年7月，四川电视台等媒体联合举办了一场名为"走进香格里拉"的野外生存活动。

《走进香格里拉》节目要求仅带有10根火柴和10天干粮的18名志愿者在海拔4000多米的香格里拉生活30天。主创人员告诉他们东方在哪里，然后18人被分成太阳和月亮两组向不同方向前进，在规定时间内拿到摄制组预先放置的东、南、西、北四站牌，然后按规定走过全程，获胜小组的前三名可以实现自己的一个心愿。

《走进香格里拉》第一轮播出效果：湖南台收视率为17%，西安台收视率为11%。

2002年《美国偶像》节目播出第一季，经过主办电视台福克斯大力宣传，全美年轻人趋之若狂，疯狂参与，到2003年已如日中天，迅速成为美国电视界的新贵，一跃成为收视率第一的电视节目。

2005年皆脱胎于《美国偶像》的湖南卫视《超级女声》节目程序与其有着惊人的相似。

《美国偶像》节目分为三大部分：

海选阶段：以纪录片方式跟踪拍摄并展开细节，充分体现海选中各种歌手的个性与表现，选手表演之前的态度和表演之后的行为，成为节目的亮点，评委的尖刻与选手毫不嘴软，甚至出现大骂评委的情形，特别突出平民选手的参与性。

淘汰阶段：其主要内容就是一个一个向选手宣布晋级抑或淘汰，向观众展示选手的情绪、心理活动与变化，其重点在于突出比赛的残酷性，选手晋级的艰难与成功的不易，其重点也并非"比赛"本身。

决赛阶段：使用了大量的短片回顾选手的参赛历程，及其他选手的表现等，突出选手从"平民"成长为"明星"之路的坎坷与艰难。是无数人的失败才成就了最后的王者，他所得到的任何奖励都是公平与合理的，"比赛"再次成为配角和延续悬念的工具。

对于《美国偶像》来说，选秀比赛的本身，即整个比赛的过程已经成为一个载体，装载的是来自不同地区、不同背景、不同肤色的选手们的奋斗历程，看《美国偶像》就像看一个人的奋斗史和成功史，这是一个真正"以人为本"的节目，而不是一个简单的比赛。其背后蕴含的理念就是只要通过自己的努力，加上天分就能成功，实

现自己的梦想。

真实电视节目并不是近两年才兴起的一种节目样式，对这种节目名称众口不一。有叫"真实电视"、有叫"真人秀"、有叫"游戏秀"、有叫"真实肥皂剧"、有叫"创构式纪录片"、有叫"纪录片式的肥皂剧"。

没有一个令人信服的定义，对这种节目有一种观点较为认同：大虚拟空间的非虚拟操作是"真实电视"节目最核心的问题。

真实电视节目基本采用了纪录片的手法，有真实的人、真实的场景和情节，但同时还有游戏活动、竞技比赛，有参赛者室外剧、有现场主持人、记者采访，有演播室脱口秀式访谈……

简言之"真实电视"包括三个方面内容：规则等于内容、志愿者加环境等于情节、编辑方式等于效果。

为什么"真实电视"能引起全球如此轰动？从富有独特的节目形态感来讲，关键是混合型成了这个全新节目电视样式的特征。

我们可以说，"真实电视"节目是一个画面优美的纪录片，也可以说它是一部富有情节冲突的电视纪实剧，还可以说它是一个生动活泼的游戏节目；

我们可以说，"真实电视"节目是一种集纪录片、游戏、益智、戏剧、竞技、新闻脱口秀等多种风格而融知识性、娱乐性、可视性等功能为一体的混合型节目。

这种"混合型"的节目形态，打破了传统自然类和人文类纪录片的界限；

这种"混合型"的节目形态，使节目结构更加开放，使情节更加复杂；

这种"混合型"的节目形态，既反映和记录生活的原生态，又有人为设置的游戏规则，深入私人生活和人性深处，使节目更具现场感。

——混合法往往是节目形态感具有悬念性的强招。

让场面娱乐线中娱乐点子的创意，运用到以场面娱乐线为主的娱乐类的节目形态中，将更能感受到出新、出奇、出趣的作用。

从上面的阐述中，我们更应明确，电视传播的新闻功能、教育功能、服务功能和娱乐功能，这四大功能一个都不能少，关键是四大功能在传播上综合性的运用已成了新的趋向；

从上面的阐述中，我们更应明确，作为主体形态的网线式的人事叙述线、情理议论线、场面娱乐线这三条串联线一条也不能少，关键是场面娱乐线多层面的认知及其功能的强化，已成了新的走向。

从上面的实例中，我们不难看出好些个节目都是从国外引进移植的，而我们只是把它们本土化了，引进的都是优秀的节目，看中的都是独特的形态感；

从上面的实例中，我们不难看出被老百姓公认的节目都是成功的节目。成功的节目都具有独特的形态感，关键是要有刁钻的金点子视角。

电视界的竞争推出了一系列电视新理念，也催生了一大批令人耳目一新的电视新节目。

变趋同思维为求异思维，

变静态思维为动态思维，

变单向思维为多元思维，

变封闭思维为开放思维。

——那电视节目的形态感才能别有匠心，别出心裁，别具一格，别开生面。

第四节　节目形态的综合演练

有这样一则演练：

演练的名称：《自选节目读解》。

每次演练为五评：主评、点评、自评、短评和总评。

当场观看一档主持人节目带后——

一个主评者：自选节目者进行10分钟有备的主评，

三个点评者：对主评者的评述进行3分钟即兴点评，

三个自评者：对节目带进行3分钟即兴的自我评论，

十个短评者：对节目、对主评者进行一句话短评，

一个总评者：老师对全过程主讲总评。

每一次演练轮番更换、循环评述。

演练要求：

每一位自选节目的主评者，必须对演播背景墙、演播桌、演播道具进行设置和布置；

每一位评论者都必须带着状态当众评论交流，要自信、要流畅；

每一位自选节目者根据自我定位的类型而选择一类节目；

每一位自选节目者又以演播主人身份组织、串联好读解的全过程；

每一位自选节目者在演练后作全过程记录存档。

每位同学每次都有不同形式的评论；

每位同学每次都将得到轮番锻炼。

——增强每一位学生读解节目的主持意识与专业眼光。

节目是主持人赖以生存的空间，主持人同节目有着相互依存、密不可分的关系。

没有一个优秀的主持人能把一个糟糕的节目操持得很出色；同样，一个独特的节目让一个糟糕的主持人来操作也无法出彩。

只有从富有形态感的节目出发，我们主持人的创作才能有的放矢；

只有从富有形态感的节目出发，我们主持人的创作才能高屋建瓴。

思考题

▲ 从电视节目主持人这一称谓中，谈谈你对电视的特性、节目的特征、主持的特点、人的特质四个层面的理解。

▲ 为什么说电视节目主持艺术是一门创造出主持人与节目整体融合的个性演播形象的艺术？

▲ 节目以民为本、主持人以"人"为本，你是怎样理解的？

▲ 什么是电视节目主持人？请运用实例谈谈你的感想。

▲ 电视节目主持人的文化准备与文化驾驭的重要性及其相互关系是什么？

▲ 节目定位基素的七个定向是什么？谈谈相互之间的关系？

▲ 节目包装基素的七个手段是什么？对节目外部表现特征的意义是什么？

▲ 谈谈主持人与人事叙述线、情理议论线、场面娱乐线相互关系的构成对呈现节目形态感的重要性是什么？

第二章
主持状态构建篇

应该说，由赵忠祥与杨澜主持的《正大综艺》节目在中国电视节目主持人发展史上留下了辉煌的一页。

一男一女，一老一少，一个稳沉、睿智，一个活泼、聪慧，只要他俩站在一起，立刻就生动起来，节目也同样生动起来。

在20世纪90年代初期，在中国电视节目主持人诞生的十个年头，人们之所以评价这一对主持人为最佳黄金搭档，一者不能不归功于《正大综艺》的节目形态，再者不能不归功于赵忠祥与杨澜在操持节目中展现出的最佳的一种状态，这种主持状态，我们称之为——演播状态。

第一节 主持的当众状态

一提到演播，人们往往会把目光聚集在这个"演"字上，因为"节目主持人要不要表演"这是理论界长期以来一直有争论的焦点问题。

一种观点：主持人要坚决杜绝表演，一表演就虚假；

一种观点：主持人不可能没有适度的表演；

一种观点：主持人该表演的就表演，不该表演的就不要表演。

如何分辨？

如何明确？

如何认同？

其一，要明确"电视节目主持人要不要表演"，就要弄清楚主持人在镜头前、话筒前的当众状态是什么。

每当主持人拿起话筒走到镜头前：

——一种新鲜感促使自己的注意力在高度集中；

——一种兴奋感促使自己的想象力在思维转动；

——一种真诚感促使自己的感受力在充盈展现；

——一种自信感促使自己的表现力在潜心涌动。

这就是电视节目主持人在镜头前、话筒前需要呈现的当众状态，这种当众状态也是电视节目主持人的一种创作状态。

应该说，这种镜头前、话筒前的当众状态与主持人在生活中的状态是两个无法等同的状态。

如果说，主持人可以用生活中的状态代替镜头前、话筒前的当众状态而出现在荧屏上，那主持人也就没有高低优劣而言，忽视了这一点，也就抹杀了作为电视节目主持艺术的特质与属性。

也许大家还记得，王刚在2001年元旦主持的《朋友》节目中，请来了赵忠祥作为"中心朋友"，而把中央电视台的主持人倪萍、周涛、张政、杨澜、黄健翔等人作为"朋友"请到了现场。当王刚请各位主持人谈谈在与赵忠祥共事中留有什么印象时，大家七嘴八舌，争先恐后。有的嬉闹着说，有的尖刻着说，有的说中做鬼脸，有的说中大笑不止……这一伙主持人一改他们在各自节目中给观众留下的那种形象和印象，好像都变了一个模样似的，而唯独王刚"与众不同"。

因为，这些主持人他们今天是以嘉宾的身份亮相，在现场都是以生活中的状态展现在大家面前，尽管大家都是干主持的，而今天节目中的主持人只有王刚一人，他呈现出的就是一种镜头前、话筒前当众创作的状态。

其二，要明确"电视节目主持人要不要表演"，就要弄清楚主持人呈现在镜头前的当众创作状态，应具有哪些艺术的特质？

我们可以清楚地看到：注意力、想象力、感受力和表现力，新鲜感、兴奋感、真诚感和自信感，这些都是电视节目主持人获得当众创作状态所具有的艺术特质。

我们同样清楚地看到：主持人的当众状态所具有的这些艺术特质与影视话剧演员的表演艺术的创作基素有着共同、共通之处。

我们更应该清楚地看到：一个主持人要从生活状态转换到荧屏上的当众创作状态，就必须掌握属于与演员表演所共同的、共通的、共用的这些表演基素。

其三，要明确"电视节目主持人要不要表演"，就要弄清楚主持人与演员的职业任务有什么本质的区别？

我们来区分比较一下：

演员能扮演各种正、反、老、少的人物形象，这些形象是可以多变的，主持人是呈现一种融合的个性演播形象，这种形象是具有稳定性的；

演员是"忘我"的，用"我就是"来扮演；主持人是"有我"的，用"我就在"来操持；

演员在表演中是假戏真做；主持人在演播中是真事实播。

演员是"当众的孤独"，是生活在舞台空间的"四堵墙"里，进行角色与角色之间面对面的交流；主持人是"孤独的当众"，是驾驭在镜头与话筒前的演播空间里进行传者与受者之间面对面的沟通。

演员演出一个剧目是可以多次性的；主持人完成每次播的节目是一次性的。

尽管主持人与演员有着共同的、共通的、共用的创作特质，但由于职业任务有着本质的区别，所以主持人不是演员，主持人不是在表演。

其四，要明确"电视节目主持人要不要表演"，还要弄清楚"社会表演"与"戏剧表演"这两者"表演"的内涵是什么？

既然主持人不等同于演员，那主持人就不是在表演，这是针对"戏剧表演"这一层面的概念所界定的，如果我们再从"社会表演"这一层面的概念去研究，那将得到另一种诠释。

纽约大学表演研究系创始人之一、戏剧人类学带头人理查德·谢克纳教授在他的一本重要著作《在戏剧和人类学之间》里对"表演研究"有着创导性的理论发展，他所指出的"表演"包括远比戏剧更广泛的人类活动。这种大表演概念包括戏剧、舞蹈、仪式及日常生活四大类。也就是说传统概念上的戏剧表演只是人类大表演概念中的四分之一。①

谢克纳的高足、上海戏剧学院孙惠柱教授在这一理论上又著写了《社会表演学导论》一书。孙教授明确指出，社会表演是特定人物，在特定时间、特定地点所作出的对特定观众有可能产生影响的行为。

社会表演既是一门艺术，又是一门技巧。因为作为社会的人，人们在生活中有着不同的身份，展现着人的"各面"：一个老教师，他同时有着丈夫、父亲、朋友等不同的身份——在学生面前他要为人师表，在孩子面前他是慈爱的父亲，在妻子面前他是体贴的丈夫，在朋友面前他是坦率的友人，这许多"面"的综合，组合了一个多元的"他"。

在各种身份下，在各种情况下，他的表现必定有着各个"面"的不同，这些不同

---

① 理查德·谢克纳语，引自《人类表演学的现代、历史与未来》，载于《戏剧艺术》杂志 2005 年第 5 期。

就是作为特定的社会角色的表现——即"社会表演"。

所以，每一种职业都有符合其特有身份的特定的社会表演：

法官的社会表演是为了肃穆气氛；

乞丐的社会表演是为了博得同情；

促销员的社会表演是为了增加销售量；

竞选者的社会表演是为了争取更多选票。

社会表演学是西方近十年来刚刚兴起的新学科，但发展迅速、流行甚广；

都市空间、媒体时代，几乎所有的人都要表演——在别人面前展现自己的才能、形象和魅力，因为信息社会的媒体使一切社会现象都成为表演。

"社会表演"与"戏剧表演"的最大区别就在于社会表演是塑造自己的某种形象而不是戏剧人物的扮演。

主持人是属于社会人，从"社会表演"概念而论，主持人需要社会表演。

综上所述：

我们从"戏剧表演"角度，认同了电视节目主持人不是演员，他不担负创造戏剧人物的任务，他不扮演任何人物，所以，主持人不是在表演；

我们从"社会表演"角度，认同了电视节目主持人又属于一个社会人，他每天面对大众，他又需要进行社会表演；

我们从"状态表现"角度，认同了电视节目主持人是通过面对镜头，面对话筒来展现自己的才华、形象和魅力，他又必须表现出一种职业的当众状态；

我们从"艺术特质"的角度，认同了电视节目主持人当众创作状态中的艺术特质与演员的表演艺术，又有着共同的、共通的、共用的表演创作基素。

从四个角度的认同中，我们可以得出这样一个结论：

——电视节目主持人只有拥有并掌握属于表演艺术的特质基素来支撑起当众的创作状态，才能在镜头前、话筒前完成每次播的主持任务。

应该说，"节目主持人要不要表演"，这是一个老问题，这是个大问题，这也是一个简单的问题。

说它是老问题，因为中国电视节目主持人诞生后就一直不断地提出这个问题；

说它是大问题，因为问题老是在争论就变大了；

说它是个简单的问题，因为只要抓住了实质，给它准确地定位一个专业称谓的术语，问题就简单多了。

既然我们从四个角度的认同中对"主持人要不要表演"得出了一个长长的结论，

我们就来精炼概括，我们就来术语定论。

——主持人不是在表演；

——主持人是在演播。

第二节 主持状态的演播

我们先从"演播"这两个字的本义来读解：

单从"演"字讲，《辞海》上是指一种有变化，有发挥的动态过程。

单从"播"字讲，《辞海》上是指传播。

播音员、主持人都是做"传播"的，传播是具有当众性的。

播音员传播的语言样态是播报式，这是属于一种"报告式"的传播，《现代汉语词典》里报告是指"把事情正式告诉群众"。报告式强调"正式"及面向众人的特色；

主持人传播的语言样态是播讲式，这是属于一种"告知式"的传播，《现代汉语词典》里告知是指"告诉使知道"。告知式既可以是大众传播，也可以是人际传播。

由此可见，演播是电视节目主持人富有动态过程的、有变化、有发挥的当众性地播讲。

也就是说，这演播具有当众性，是主持人在镜头前、话筒前、面对现场观众、面对电视机前的观众进行当众地播讲；

也就是说，这演播指主持人在进行播讲的过程中要有所变化、要有所发挥，是富有动态过程的。

那么，我们就从"演播"这个专业术语定位的内涵来论证：

其一，关于主持人"要不要表演"，争议的焦点是针对"要不要戏剧表演"这一层面而言的，从"演播"这个词以及与其相近的"演讲"、"演说"的近义词中，我们明显看到，演播、演讲、演说都有一个"演"，但是这个"演"，都不扮演任何人，这个"演"，都不担负扮演戏剧角色的任务。

——"演播"作为专业术语明显不具有"戏剧表演"的含义；

其二，从演播以及演讲和演说的行为主体而言，主持人是在特定的时间和特定的地点所作出的对特定观众有可能产生影响的特定的人，作为"社会人"的主持人，他是面对社会大众进行传播的，要"做出对特定观众有可能产生影响的"播讲，那主持人的"演播"就更需表现、更需"社会表演"。

——"演播"作为专业术语更显"社会表演"的含义；

其三，从演播的行为空间而言，特别具有当众性，演播的行为空间是在镜头前与话筒前当众展现才能、形象和魅力，演播更符合在镜头前、话筒前的工作性质。

——"演播"作为专业术语更能强调主持人在镜头前、话筒前需要一种当众的创作状态。

其四，从演播的行为对象而言，正因为是当众性的播讲，在演播过程中就要以有所变化、有所发挥的语言来吸引现场的观众与电视机前的观众，这正符合演播的叙述要求。

——"演播"作为专业术语更能突出当众播讲的叙述性。

演播作为主持艺术专业术语，既指出主持人不是在"戏剧表演"，而是要有"社会表演"；又指出当众性的播讲既需有一种创作状态，更要有一个有变化、有发挥的表现过程，这演播有着完整意义的涵盖。

——"演播"这一专业术语是合理的科学的。

我们都知道，在主持圈里还流行着这样一种观点："文艺节目主持人需要表演，而其他类型的节目主持人不需要表演。"这种观点是把"关于要不要表演"中的第三种主张："该表演的就要表演，不该表演的就不要表演，"给具象化了。

这种既有具体的肯定，又有明确的否定的观点，对于主持人来讲会产生误导而走进误区。

一问："该表演的就要表演，不该表演的就不要表演。"那么，什么是主持人该表演的？什么又是主持人不该表演的？没有限域，也就没法操作，此观点有模棱两可之嫌；

二问："文艺节目主持人需要表演，其他类型的节目主持人不需要表演。"那么，既肯定了一类主持人需要表演，又明确了另一类主持人不需要表演，然而，不管做哪一类节目，大家都是干主持的，如此区分让人左右为难，此观点有自相矛盾之感。

我们从主持人节目的角度来谈主持人演播的两大样态。

主持人演播包括：静态节目演播与动态节目演播。

何为静态节目演播？

——是指主持人以站坐姿为主的、现场不带观众群的节目演播样态。

何为动态节目演播？

——是指主人以走动姿为主的、现场带有观众群的节目演播样态。

这样的划分既全面地涵盖节目主持人与主持人节目在实际操作中的现状，又完整地符合"主持人是在演播"的理论定性。

其一，我们来看看两大类划分的共同点：

不管主持人是在静态节目中演播还是在动态节目中演播，其本质都属于"主持人是在演播"的这一定性。也就是说，不管是静态节目还是动态节目，主持人都需要具有一种当众创作状态，都需要具有呈现这种当众创作状态的艺术素质——注意力、想象力、感受力和表现力，有机感、自信感以及新鲜感、兴奋感和真诚感，这都是共同的、共通的、共用的。

其二，我们来看看两大类划分的关键点：

静态节目演播与动态节目演播的关键点就在于节目现场带不带观众群和主持人对站坐姿与走动姿主次关系的选择运用。这两者各自之间有着互为关联的对应作用。

我们知道，电视节目主持人要出现在荧屏上，要面对大众，这就具有了"当众性"。

我们先来看看"节目现场不带观众群"与"主持人以站坐姿为主"的互为关联的对应关系：如果节目现场不带观众群，那么，主持人的"当众性"是面对电视机前的广大观众而产生的，这种"面对当众"是一种虚拟的，是主持人面对镜头的眼神光来表现的。这种属于对象感的眼神光不可能在镜头前有过多的移动，也不需要主持人表现出大幅度的现场走动，主持人的演播只能也应该选择坐姿或站姿来完成这种虚拟的面对当众的样态来演播。

——这种演播当属静态节目演播。

像中央电视台敬一丹的新闻类主持人节目《焦点访谈》、上海电视台陶淳的法制类主持人节目《案件聚焦》；

像中央电视台王小骞、肖薇的生活类主持人节目《为您服务》、上海电视台海燕的文艺类主持人节目《今日娱乐》。

如果现场不带观众群而把嘉宾请到节目现场进行一对一或一对儿的访谈与采访，那么，主持人既要和现场的嘉宾进行面对面的沟通，又要与镜头里虚幻的观众进行面对当众的交流，同样的道理，主持人不可能出现大幅度的走动，主持人的眼神光也不应该完全脱离镜头而游动，主持人的演播只能也应该选择坐姿或站姿来访谈，并与现场的嘉宾和虚幻的观众进行沟通交流。

——这种演播仍属静态节目演播。

像中央电视台倪萍的社会平民访谈节目《聊天》、上海电视台吉雪萍的文艺明星访谈节目《猜猜谁会来》；

像中央电视台钱婧的医学健康节目《祝您健康》、上海电视台叶蓉的经济人物专访节目《财富人生》。

我们再来看看"节目现场带有观众群"与"主持人以走动姿为主"的互为关联的对应关系：

如果节目现场带有观众群，那么节目现场往往会设置嘉宾的出场，而主持人的"当众性"就只能绝大部分地面对现场的嘉宾和现场的观众群进行沟通，同时，也只能较少部分的眼神光面对镜头里虚幻的观众进行交流。这样的演播样态，决定着主持人既要有一定量的坐姿和站姿，更要有大量大幅度的走动姿来与现场的嘉宾、观众进行沟通交流而完成主持任务。

从外部表层讲，现场选择带有观众群，这便是节目形态的一个重要组成部分，这也是一个节目内容所展现的一个重要部分，主持人必须通过大量大幅度的走动与现场交流、沟通让现场观众谈谈看法、亮亮观点，因为现场的一大群观众，不仅仅是听、是看，更是重要的参与者。

从内在实质讲，主持人既要面对现场的嘉宾，又要面对现场的观众群；既要流畅地对话，又要即兴地应答；既要有机地履行节目的流程，又要对突发场面进行有效的主控。

无论从主持人的注意力、想象力、感受力，还是从主持人的新鲜感、兴奋感、真诚感、自信感，这些当众创作状态的艺术素质来讲，对于主持人演播中的心理承受力和外在控制力以及整体表现力在质感、量感、动感、分寸感的外化上都得以深化、力化、重化、强化。

——这种演播当属动态节目演播。

像中央电视台崔永元的谈话类节目《实话实说》、中央电视台李咏的游戏类竞猜节目《幸运52》、中央电视台马东、陈蓉的益智性竞技节目《挑战主持人》、中央电视台大料、花椒的生活类竞技节目《满汉全席》、湖南电视台何炅、李湘的娱乐类节目《快乐大本营》。

节目主持人与主持人节目实际操作的现状，证明了静态节目演播与动态节目演播的客观存在。

其三，我们来看看两大类划分的独特点：

静态节目演播和动态节目演播，不是按所谓的"节目类型"与"主持人类型"划分，而是以节目主持人与主持人节目在演播层面里静、动样态的内涵所定论的。

从传统习惯来讲，节目主持人与主持人节目分为新闻类、社教类、综艺类三大类型。

从当今现状来看节目主持人与主持人节目又分为新闻类、科教类、生活服务类、经济信息类、娱乐类、体育类、少儿类和谈话类八大类型。

我们从上述的主持人静态演播的节目实例中可以看出：《焦点访谈》节目属于新闻类，《案件聚焦》节目属于法制教育类，《为您服务》节目属于生活服务类，《今日娱乐》节目属于文艺娱乐类，《聊天》节目属于社会平民谈话类，《猜猜谁会来》节目属于文艺明星谈话类，《财富人生》节目属于经济类，《祝您健康》节目属于生活类的……

——不同类型的节目中都可呈现出主持人的静态演播。

我们再从上述的主持人动态演播的节目实例中可以看出：《实话实说》节目属于谈话类，《幸运52》节目属于游戏竞技类，《挑战主持人》节目属于益智竞技类，《满汉全席》节目属于生活竞技类，《快乐大本营》节目属于综艺娱乐类……

——不同类型的节目中都可呈现出主持人的动态演播。

我们可以看到，因为在不同类型的节目中，主持人都可呈现出静态演播或动态演播，所以，主持人的静态节目演播与动态节目演播不是以节目主持人和主持人节目的"类型"来划分，而是以节目主持人和主持人节目在演播中静、动样态的内涵所定论的。

"该表演的就要表演，不该表演的就不要表演"与"文艺节目主持人需要表演，其他类型的节目主持人不需要表演"，其观点抹杀了各类电视节目主持人都具有"演播"这一主持艺术的共性特质，而重要的倒是我们的电视节目主持人更应懂得如何明智地对静态节目演播与动态节目演播进行对位的选择。

我们有了一个统一的认同，我们便有了在操作上的一种自觉。

"演播"理论的涵盖科学地、全面地给予静态节目演播和动态节目演播的理论支持。

第三节 演播的三大创造力

一个优秀的电视节目主持人不管是面对静态节目的演播，还是面对动态节目的演播，都要具有一种积极的、饱满的、灵动的演播状态。

何为演播状态：

演播状态是主持人在操持节目中的创作活动，这种创作活动既要呈现出一种镜头前、话筒前当众的创作状态，更要表现出一种由现场灵动的创作状态而产生的演播创造力。

也就是说，主持人的创作状态包括两种状态：

一种是镜头前、话筒前的当众状态，这是基本的创作状态；

一种是演播现场的灵动状态，这种创作状态能产生演播的创造力。

演播状态便是当众状态与现场灵动状态以及演播创造力的统称。

所谓"活动"，是指为达到某种目的而采取的行动。[①]

那么，演播状态这一创作活动，在基本的创作状态上所表现出的由现场灵动的创作状态而产生的演播创作力是：

——由心理情感的运动状态而产生情中说的演播创造力；

——由态势语言的行动状态而产生动中说的演播创造力；

——由现场发挥的能动状态而产生听中说的演播创造力。

我们就通过三个主持人现象来分述灵动的"三动"状态与演播的"三说"创造力：

心理情感的运动状态——情中说

"徐俐现象"

徐俐是第一个通过卫星走向世界的中国电视节目主持人，徐俐的形象鲜活、生动、明快、干练，她以极富魅力、充满朝气的荧屏形象，向全世界展示了一个中国电视人特有的卓尔不群的气度和风采。

徐俐为了主持好《中国新闻》，她曾仔细观摩了一些被普遍推崇的西方大牌新闻主持人的节目录像带，她看懂并发现了他们的状态和秘诀。这种状态和秘诀直接表现为一个"新闻人"在播讲新闻中的强烈投入。

徐俐认为，新闻虽有它自身的播讲要求，但荧屏上的状态，就是自身对工作的投入状态，而这种投入正是播好播活新闻的关键。如果不去用心体验记者采编感受和新闻事件中"人"的活动，那么，节目播出的效果就会出现两张皮：新闻是新闻，播讲是播讲，二者无法糅合，捏不到一块儿。

徐俐认为，现场画面之间需要主持人去过渡，但对此不能只作客观的转述，主持

---

① 引自《现代汉语词典》，商务印书馆1983年版，第509页。

人也应是现场画面中的"一部分",而播讲时的语气、节奏和基调都应与现场画面紧紧相连,使之浑然一体,如果不投入,恐怕很难寻找到与现场画面相适应的较为生活化的心理状态。

徐俐说:"每当走到镜头前,我就兴奋。"

——感人心者,莫先于情,有声语言,言为心声。

——这种全情地投入节目,这种全情地拥抱荧屏,就是使主持人的心理情感始终处于一种运动状态而产生情中说的演播创造力。

我们知道,语言它担负着交流思想与交流情感的双重任务。

——主持人在用语言清楚地表述思想的目的主要是通过对语法逻辑的强调。

——主持人在传达情绪情感的任务则是对语气语调的运用。

从表述思想目的的语法逻辑来看——

语法逻辑的强调具体体现于停连与重音;

停连是指停顿和连接,有停顿、有连接才能更好地表述达意。那么,停连的位置如何解决?

重音是指着重强调的词或词组,任何一个语句里都有重音。那么,重音的强调又如何确定?

从传达情绪情感任务的语气语调来讲——

语气语调的运用具体体现于语速的快慢、音量的大小、音调的高低、力度的强弱这四大基本技能和上行语势、平行语势和下行语势的语调走向。

语速的快慢是指既能说得快,又会说得慢,既要快而不乱,又能慢而不断;

音量的大小主要是靠气流的大小变化来进行控制的,强大的气流冲击声带,音量就会增大,反之气流减弱,音量自然就会减小;

音调的高低取决于声带的拉紧与放松,声带拉伸变薄音调就高,声带放松变厚音调就低;

力度的强弱是指吐字力度的强弱变化,强弱变化的控制在于气息与唇舌齿牙的配合,强似斩钉截铁,铿锵有力,弱如和风细雨,拂面而来。

语调的走向我们称它为语势。语势可分为上行语势、平行语势和下行语势。

上行语势一般可以表现欣喜、欢乐、轻松向上的情绪;

平行语势一般可以表现平和、安详、冷漠的情绪;

下行语势一般可以表现庄重、沉痛、愤怒的情绪。

那么,这四大基本技能在实际操作中语气语调的快与慢、大与小、高与低、强与弱又如何得以准确而适度的体现？

那么，这三种语势在语调走向的实际运用中又如何合规律而得体的展现？

这几许"技能"的运用，这几多"如何"的把握，将自始至终在"为什么人说——说什么——怎样说"的演播贯串线中时时、处处得以展现；而在演播贯串线中得以展现的原动力正是来自于主持人由心理情感运动状态而产生"情中说"的这一演播创造力。

在执行演播贯串线"为什么人说——说什么——怎样说"时，在把握语法逻辑与语气、语调的技能运用来清楚地表述思想目的与准确地表达情感任务时——都要由主持人"心理情感的运动状态"来支撑，由"情中说"来体现。

在背稿式的实际操作中，对于用来表达情绪情感任务的上行语势、平行语势、下行语势的语调走向的技巧运用，由于时间的宽裕，主持人对稿件串词可做充分的节目准备，可做细腻的技巧处理，而在背稿式、腹稿式、喉稿式综合使用的三种方式的实际操作中，主持人要有针对性地提问，要恰到好处地议论，要见什么人说什么话、要听什么话议什么事，像这样的语言表达方式毕竟不是绘画绣花，不可能每一句话都严谨工整；是运用上行语势呢？是运用平行语势呢？还是运用下行语势呢？不可能都调配安置得那么准确到位；这只能在表达中由主持人的心理情感运动状态的总体感受来支持着语流曲线的起伏变化。

面对主持人节目的实际情况，单一性背稿式节目的份额量不在多数，而背稿腹稿式、腹稿喉稿式、背稿腹稿喉稿式的节目份额量越来越大，这对于一个优秀电视节目主持人来说在表达中要获得心理情感的运动状态——情中说就尤为重要。

何为心理情感的运动状态？

——是指主持人在履行演播贯串线中，运用语言技巧对表达"说什么"时而同步表现出一种心理情感不断发展、变化状态的这一创作活动。

——这种状态的创作活动将产生"情中说"的演播创造力。

这种心理情感的运动状态——情中说，是主持人对语言表达技巧的扎实掌握、更是主持人对表现心理情感的厚实运用。

心理情感运动状态的内在所指就是：全心投入——感受语境——瞬间反应；

心理情感运动状态的外部表现就是：以气托声——以情带声——以韵传声。

这种心理情感的运动状态——情中说，将使主持人在履行演播贯串线"为什么人说——说什么——怎样说"的任务中，让发声与发音、表达与表现，更为传真、传情、传神，更能入耳、入脑、入心。

心理情感的运动状态——情中说，是电视节目主持人演播状态创作活动中首要的创造力。

态势语言的行动状态——动中说

"李咏现象"

在"2000年中国电视节目榜"的颁奖晚会上，亮相还不到一年的《幸运52》节目，一举夺得三项大奖——"年度电视节目奖""最佳游戏节目奖""最佳游戏节目主持人奖"。

李咏是幸运的，李咏在《幸运52》节目中出场亮相就得到全国老百姓的喜爱；

李咏是特别的，李咏在《幸运52》节目中与众不同的一招一式、一举一动，赢得老百姓的特别认同。

节目开始时，李咏便从坐满人群的观众席中如火如风地疾步出场；让选手答题时，李咏的眼中闪亮着期盼获胜的目光；一个单元结束时，李咏右臂一挥冲着镜头出击重拳；打开获胜奖品的大门时，李咏快步举手如数家珍地激情介绍；当竞猜商标时，李咏走到台口彬彬有礼地用标准式的礼仪身段将观众请上台；当最后的冠军产生时，李咏又将手中的猜题卡抛向上空，在花雨中和冠军紧紧拥抱……

一招一式特别潇洒，一举一动特别得体，李咏特别风格的态势语言让《幸运52》节目特别出彩，特别出众。

心理学家彼得罗夫斯基说过："人们不借助词语而运用手势、表情、体态、目光甚至交流者的距离，也可以进行交际。当传达情绪、情感、心境时，这种交际在这些情境中就表现得特别突出。"

——主持人李咏在《幸运52》节目中特别突出的一举一动，一招一式，就是电视节目主持人在展现态势语言时特别要具有的一种行动状态。

我们知道，人们常以手势、表情、体态等"非语言手段"来配合嗓音语言的表达。这些"无声的语言"，语言学界称之为"态势语言"。

长期以来，人们忽视了对态势语言的研究，这不能不说是一个很大的缺憾。到了20世纪70年代，美国著名传播学著作《人体语言》一书问世，人们才开始认识到人体语言的存在及其在传递信息中所不可忽视的作用。

长期以来，我们的主持人缺乏个性美，尽管原因是多方面的，但主持人缺乏自觉运用态势语言的意识，不注重发挥自身态势语言的特点，这是个重要的原因。

有传播学者认为，在面对面的信息传递中，35%是通过嗓音语言获得的，而65%则是通过态势语言获得的。

更有学者认为，从态势语言获得的信息超过65%。

电视节目主持人是在镜头前、话筒前的一种演播艺术。

电视节目主持人是通过嗓音语言与态势语言的相互作用，相互配合来取得最佳的演播效果，来满足受众视觉和听觉的需要；

电视节目主持人离开了态势语言，势必有悖于视听艺术的规律，是不完善不成功的传播，缺乏态势语言的主持人，也就失去了演播状态的魅力可言，那就成了名副其实的"传声筒"。

态势语言既有着伴随性又有着独立性。

态势语言有着表示的作用：点头表示着满意和同意；

态势语言有着表露的作用：表情表露着喜怒和哀乐；

态势语言有着表意的作用：在特定的语境中双手滚动，既是车轮滚滚，亦可示心绪烦躁。

要让主持人能够在"动中说"，那主持人在展现态势语言时必须要有一种行动状态。这种行动，既指具体的举动和走动，又指实现某种意图的活动状态，而这种举动和走动的行动状态更应该是得体的又是有机的。

何为势态语言的行动状态？

——就是主持人以手势、眼神、体态等手段借助嗓音语言来加强表情达意时而同步表现出一种态势语言得体又有机状态这一创作活动。

——这种状态的创作活动将产生"动中说"的演播创造力。

态势语言的行动状态涵盖两个层面：态势语言的得体展示与行动状态的有机展现。

其一，态势语言的得体展示：

态势语言包括目光语、表情语、手势语、体姿语。

主持人的目光语，要心中有人，才能目中有情，有神的眼睛，才能让观众感受到一份真诚、一份实意。

主持人的表情语，要有丰富的情感色彩，或微笑或高兴，或坦然或惊讶；喜、怒、哀、乐的面部表情要随着节目氛围而富于情绪的变化。

主持人的手势语，要用加强性手势来辅助传递一种情感，要用描述性手势来描绘事物的大小、形式、方位来加强一种张力。

手势语一者是情感符号、一者是形象图解。

主持人的体态语，要站有站相，要坐有坐相，站时腰板挺直而不拘谨，坐时端正前倾而不懈怠；站、坐、走、动要和谐舒展，要有一种向上的感觉。

主持人态势语言的展示切忌散乱、多余、花哨，关键要合拍、得体。

其二，行动状态的有机展现：

主持人的生活状态不等于镜头前的创作状态，主持人屏幕上的举止也不同于生活中的无拘无束；

主持人态势语言的运用不单纯是"外部动作"的展示，主持人的一招一式、一举手、一投足都不应是机械的行动，这种行动既要来自现场的感受和判断，又要符合生活的逻辑和规范，更要给观众的视觉感受带来一定的美学信息，所以主持人的这种行动状态更应该是有机的展现。

态势语言的得体展示与行动状态的有机展现组成了主持人态势语言的行动状态而产生"动中说"的这一演播创造力。

我们来看一看：

王刚在主持《东芝动物乐园》节目中出了一道竞猜题——"北京昆明湖畔的天鹅被人开枪打死，是哪一所大学的同学们自发组织起志愿者队伍进行轮换看护？"当一位观众正确回答后，主持人王刚当场当即挥起右手高举头顶做出开枪的手势，口中应声一句："'砰'！完全正确！"话声刚落，全场响起爆发性的掌声。

按常规，主持人说上一句："回答正确。"这便完成了提问后的应答任务；

按常理，主持人也可议论上一句："是啊，我们中国农业大学的同学们，用自己的行为来保护人类的动物，体现出当代大学生的精神风貌，可钦可佩！加十分！！"这也同样顺情合理并显主持人的应答智慧；

然而，此刻王刚展现出的态势语言的神来之笔又蕴藉着多少可喻而不可言的理性张力，给观众的心灵深处带来多大的现场震撼啊！

这是一声正义的枪响，是对残杀天鹅罪恶枪声的以正克邪的回击；

这是一声褒奖的枪响，是对当代大学生爱护动物的高尚行为的大加赞赏；

这是一声满意的枪响，是对现场观众正确答题的欣喜判定。

真可谓"一石三鸟"。王刚态势语言行动状态的有机展现妙不可言！

我们再来看一看：

王小丫在主持《开心辞典》节目中，每当一位选手登场，她都从"考官椅"上走下来与选手握手，用手示意选手入座，然后自己再坐回原位，这种"握手迎接"的态势语言，一下子拉近了主持人与参赛选手两者的心理距离；

王小丫在主持《开心辞典》节目中，每当一轮答题结束，她都从"考官席"上走下来与观众挥手致意再潇洒地走出考场,这种"挥手示别"的态势语言又给观众产生等待王小丫下一轮上场的期盼感。

每一位参赛选手在准备做答时,心里总是紧张的,王小丫用面带笑容的态势语言介绍比赛规则并与选手聊一聊在场的爸爸、妈妈、哥哥、姐姐和亲朋好友,让选手紧张的心理情绪得到缓冲;

每一位参赛选手面对现场观众在思考答案时,注意力总是难以高度集中的,王小丫用鼓励的眼神光等待选手的回答,激发选手的思考,给选手带来自信。

选手答对了,王小丫挥出果断的手,借助嗓音语言给选手赋予一种动力的肯定,让选手感受到能战胜下一道答题的信念;

选手答错了,王小丫富有情感的手,借助委婉的语言,给选手充满一种同情的理解,让选手感受人间自有真情在的感动。

《开心辞典》何以开心?让考过关的和未考过关的选手只要和王小丫面对面,不仅仅是面对答题,而是面对王小丫满脸灿烂的微笑、深入人心的眼神光、富有奇特魅力的手势语,更像面对一位指挥家,指挥着出题的节奏韵律,指挥着答题的心理情绪,让人交流得开心,让人沟通得开心。

王小丫态势语言行动状态的有机展现,充满着沁人心脾的人情味,为节目增辉,给自己添彩。

我们同样再来看一看:

王小骞与肖薇在主持《为您服务》节目中,她俩眼神光的对视,她俩面部情的传递,她俩手势语的互动,把每一个旅游景点描述得活灵活现,似乎这一对"姑嫂"都曾到此一游,让电视机前的观众有身历其境之感。

王小骞、肖薇的态势语言行动状态的有机展现,使《为您服务》节目产生清新的吸引力。

我们还要看一看:

水均益在主持《东方时空》节目中,他擅长运用长句式进行时事叙述议论。一个点头,一个摇头,一个肯定的目光,一个疑问的目光,一个冷峻的表情,一个深思的表情,加上双手在胸前的情感比画,都随着他身躯的呼吸运动在前后高低起伏变化,使之与内容吻合,与口气吻合,与情绪吻合,使之产生一种独特的"水均益风格"。

水均益态势语言行动状态的有机展现,使《东方时空》节目产生浓烈的感染力。

尽管王刚、王小丫是在动态节目演播中,尽管王小骞、肖薇、水均益是在静态节目演播中,只要他们的行动状态是有机的展现而产生这种"动中说"的演播创造力,就能有助于电视节目主持人的演播状态产生亲和力、吸引力、感染力而形成一种独特的风格。

态势语言的行动状态——是小试"举止"，得体有机的"动中说"——是大显"身手"。

态势语言的行动状态——是从训练中来，得体有机的"动中说"——是从创作中出。

一个电视节目主持人想要呈现出有机得体的行动状态而产生"动中说"的演播创造力：

——就必须要有感受的行动，要有判断的行动，要有逻辑的行动。

其一，要有感受的行动——列宁曾经说过："物质作用于我们的感觉器官而引起感觉。"人们常说："眼睛是心灵的窗户。"其实，何止是眼睛，人的耳、目、鼻、舌、手、身各种感觉器官都是"窗户"，透过这些"窗户"，人类才能了解和认知各种事物。人在活动中，每时每刻都在不断地感觉中。感觉的正常，保证了人的一切活动的正常，感觉失调，势必造成人的活动失调。但是，人们在日常生活中却很少自觉地留意自身的感觉，即便感觉了，往往也是随即忘掉。然而，作为一个电视节目主持人却不能对演播现场的一切漠然处之，他只有对播讲稿，人与事以及主持情境作深切的感受后，他又能对自己嗓音语言的表达作具体的感受时，他的态势语言才能敏捷地感受出有机的行动状态。

这种自觉的感受的行动是一种创作活动，只有这种时时刻刻地感受的行动，才能展现出主持人行动状态的有机而产生"动中说"的创造力。

其二，要有判断的行动——人在感觉和感受中，往往又受到自我主观状态的影响，这在很大程度上又影响着对事物感觉和感受的正确性、清晰性及敏锐性，这就需要主持人在感觉和感受中进行判断的行动。主持人对采访对象的一切举止言谈，以至一个细微的眼神、一个模糊的沉吟、一个极小的停顿，在感觉、感受中都要做出正确的判断，为态势语言的行动提供可靠的心理依据。

这种瞬间的判断的行动是一种创作活动，只有这种在感受中的判断的行动，才能展现出主持人行动状态的有机，让"动中说"更显创造力。

其三，要有逻辑的行动——有两个指向：

一指分寸感，因为主持人的演播有动态节目演播与静态节目演播，由于静态节目演播是主持人以坐站姿为主，现场不带观众群，而动态节目演播是主持人以走动姿为主，现场带有观众群，那么，动态与静态演播空间关系的大与小，就制约着主持人态势语言运用的强与低、重与轻、多与少，有逻辑的行动，就有主持人动、静态演播的分寸感。

二指合理性，因为主持人在态势语言的运用中往往会出现两种幼稚的现象，在静态演播中天天做"广播操"，在动态演播中便得了"多动症"。

所谓"广播操"，就是单手左一下、右一下，双手合一下、分一下，头脑低一下、抬一下，身体倾一下、仰一下，一段说完嘴再抿一下。

所谓"多动症"，就是一脸的眉飞色舞，双手的大刀阔斧，全身的活蹦乱跳，一段说完还一个劲儿地对着镜头笑一笑。

这种程式化的"广播操"，这种熟练工的"多动症"，不得不引起我们的重视。

有了逻辑的行为，就有了战胜两种幼稚病的"克星"。

逻辑行动的分寸感与合理性，就是让逻辑的行为既要符合生活常态的规律，又要让态势语言渗透出一种美学信息。只有这种合规律的逻辑的行动，才能展现态势语言的行动状态的有机，才能让"动中说"更具有创造力。

没有创作，态势语言的运用只是平淡的，甚至是大体相同的；

有了创作，"在动中说"的创造力是活鲜的，更能有助于风格的形成。

由态势语言行动状态而产生的动中说，就要有感受的行动，要有判断的行动，要有逻辑的行动，在自觉感受的行动中，要有瞬间的判断行动，而产生合理的逻辑行动。

实例就是最好的佐证：

——李咏的"拥抱"，起初没有，是后来创作出来；

——王刚的"枪响"，是感受地、判断地、逻辑地瞬间产生的，如果"枪口"对准猜中的选手，那就违反了逻辑性；

——王小丫的态势语言充满了奇特的魅力，如果主持人失去了判断的行动，那魅力将大打折扣；

——王小骞、肖薇的主持给人带来清新的亲和力，嗓音语言是一功，态势语言又是一功，如果没有对"为您服务"的感受的行动，节目又怎能天天吸引着观众？

——水均益时事新闻播讲状态，形成了属于自己的风格，有机的行动状态是获得成功的关键所在。

态势语言的行动状态，一要得体，二要有机，关键是在动中说。

态势语言的行动状态——动中说，是电视节目主持人演播状态创作活动中必要的创造力。

现场发挥的能动状态——听中说

"叶惠贤现象"

上海电视台于1984年推出了一档《卡西欧家庭演唱大奖赛》节目，每周赛一次，年底总决赛。

由于是现场直播，谁都不知道这样的家庭比赛会变成个什么样子。

因为，赛场上的变化是无法事先预料的，因为，参赛家庭会怎么回答问题也是不可能未卜先知的，于是，领导审稿的有关规定由此被突破了，于是，主持人没有串联稿打底，要现场编词，要即兴发挥由此而开启了。

——叶惠贤即兴地主持了《卡西欧家庭演唱大奖赛》；

——《卡西欧家庭演唱大奖赛》造就了叶惠贤。

在一次比赛中，一位女婿带着丈母娘上台了。谁知，他把预定曲目临时改成了《再见吧，妈妈》。怎么串？怎么接？主持人叶惠贤灵机一动，不慌不忙地对那女婿说："嗳，这就是你的不对喽，可不能有了丈母娘，就再见吧，妈妈。"一句话，把全场观众给逗笑了。当这位女婿选手深情地唱完这首歌，主持人又即兴补了一句："看来，你对妈妈还是感情依旧，好！"观众为之掌声响起。

在一次比赛中，一位名叫揭五一的少数民族女营业员上场了，她紧张得头也不敢抬，连话音都在打战。怎么应接？怎么交流？主持人叶惠贤瞬间想到参赛选手是一位"最佳营业员"，曾学得一手哑语，立马上前给她打了一段哑语，意思是"我来买件背心"，一下子把她给逗笑了，两人就用哑语对起话来，紧张气氛一扫而光，当主持人把哑语意思解说给观众听时，观众为之哄然大笑。

《卡西欧杯家庭演唱大奖赛》引起了轰动，一时间，风靡上海，影响全国，各地电视台都竞相举办这类大赛。

男女老少，大街小巷，满城都在议论"卡西欧"，其收视率创下了历史最高纪录。

大年三十，当全国各地电视台都在转播中央台《春节晚会》节目时，唯独上海台在直播《卡西欧杯家庭演唱大奖赛》的总决赛节目。

数以千计的信雪片般地飞向上海电视台，叶惠贤上下班受到热情的人群围观，走到大街上，连司机们都会停下车来，冲着叶主持大喊："卡西欧！"

上海电视台于1990年又推出了《今夜星辰》综艺节目，叶惠贤即兴主持艺术又达到了一个更新的高度。

叶惠贤深有感触地说："成功主持中的'即兴'，会在整台节目中产生不同寻常的魅力。'即兴'是在主持中对现场周围所发生的乃至可能发生的一切所做的能动的、机敏的、善解人意的，即在情理之中又在意料之外的一种充满奇趣异想的反应。"①

叶惠贤颇有深情地说："主持人的'即兴'是一种瞬间艺术，连一秒钟的停顿都不能有。说错了，君子一言，驷马难追。说慢了，机会稍纵即逝，不能重来。我把它称之为'喉稿'，意即需要脱口而出，连腹稿都来不及打，而且语言又必须是高质量的，既要承上启下，流畅贴切，又要诙谐幽默恰到好处，确实难度不少，这全凭主持人的知识积累、文化素养、舞台经验和临场发挥。"②

要让主持人能做到在听中有这种反应，能做到在听中临场发挥，能做到听中说，那主持人的现场发挥必须要有一种能动的状态。

何为现场发挥的能动状态？

——能激活主持人在临场应变、即兴发挥中不断出彩出智的一种积极、兴奋、敏感状态的创作活动。

——这种状态的创作活动能产生"听中说"的演播创造力。

即兴主持是衡量节目主持人是否出色的重要标志之一。

主持人不管在新闻性节目中，在社教性节目中，在娱乐性节目中，只要采访、只要提问、只要评述、只要议论，都需要临场应变，都需要现场发挥，都是在即兴主持。

主持人往往拿到的节目稿，有的只是一些大纲要领，只是提出对串词长短的要求，对提问角度的要求；有的甚至压根儿就没有节目稿，只是一张节目单，告诉你是什么晚会，上什么节目，有哪些演员，一切都让你即兴主持。

即兴主持，对于一个缺乏艺术功底和文化素养的主持人来说，那是一种危险的陷阱，一旦掉下去就再也爬不上来；

即兴主持，对于一个具备了丰厚的艺术功底和文化素养的主持人来讲，那又是一种成功的阶梯，敢于攀登、不断攀登，就能到达主持艺术光辉的顶点。

即兴主持不能出错、出丑；

即兴主持必须出智、出彩。

即兴主持的出智出彩有三个层次的追求：

——即兴主持中出通顺、出流畅，是第一层次的追求，给人的听觉感受是绘声绘色，对答如流，这是低层次的表现；

——通顺、流畅中出幽默、出情趣，是第二层次的追求，给人的听觉感受是借题

---

① 叶惠贤：《荧屏瞬间》，上海人民出版社1998年版，第1、2页。
② 叶惠贤：《今夜星辰》，上海三联书店1992年版，第326页。

发挥、妙语如珠，这是高层次的表现；

——幽默、情趣中出见解、出哲理，是第三层次的追求，给人的听觉感受是画龙点睛、意犹未尽，这是最高层次的表现。

有的主持人在每次即兴主持中绘声绘色、对答如流，就是不出幽默、不出情趣，更不用说出见解、出哲理，这只能打75分；

有的主持人在每次即兴主持中，既能绘声绘色、对答如流，又能借题发挥、妙语如珠，但就是出不了见解、出不了哲理，这可以打上85分；

有的主持人在每次即兴主持的演播中，既能绘声绘色、对答如流，又能借题发挥、妙语如珠，还能画龙点睛、意犹未尽，这就要亮出95分。

出智出彩的三个层次在即兴主持中既能独立展现，又可综合体现。

主持人在即兴主持的出智出彩中，不可能句句都是最高层次的，但是，每次成功的即兴主持至少应有两三句"闪光的语言"、"经典的语言"能给观众留下深深的记忆和回味。

叶惠贤便是属于这种即兴主持的集大成者：

——在1994年上海市庆祝"五一国际劳动节"群众歌会直播节目中，来自上海各条战线，各个系统的歌队坐满了环形看台。

拉歌正在进行中，主持人叶惠贤总觉得今天晚会提供的串联词套话太多，气氛上不去。

由于晚会是现场直播，加之中央领导到场，串联词都是经过严格审定的，于是，叶惠贤便向在场的市府副秘书长提出了要在两次群众拉歌后增加两段即兴的串词。

我们就来看看第二轮拉歌结束时，叶惠贤与资深女主持李培红的即兴评说——

李：老叶，第二轮拉歌结束了，你又有什么新的感觉？

叶：应该说，我又有了新的感受，我觉得他们之所以唱得这么好，他们不仅是用嘴在唱，而且是用心在唱。

（这一段即兴评说，大多数主持人都能够说得出来，而且，说到这儿即兴串词也可以打住，再接下一个节目的固定流程，但这只做到了出通顺、出流畅，是第一层次的。）

李：你看到他们的心了吗？

叶：应该说看到了。首先唱的是海港工人，他们唱的是《我们走在大路上》，我们看到了他们跟党走的决心。

李：第二唱的是机电工人。

叶：他们唱的是《机电工人之歌》，你可以看到他们对本职工作热爱的责任心；还有我们建材工人唱的是《党啊，亲爱的妈妈》，看到了他们对党的忠心；我们还看到航天工人献给蓝天的红心，教育工作者献给下一代的爱心。（掌声响起）

（这一段即兴评说，是高层次的评说，说出了五个一连串的"决心""爱心""红心""忠心""责任心"，通顺、流畅中出情趣又显幽默；这一段即兴评说不是大多数主持人都能说得出来的，即便说出来，往往也会就此打住，更何况全场的掌声又在响起。然而，叶惠贤的高明之处就在于后面这一段即兴串词。）

李：那么，听了房产工人的唱呢？

（全场突然鸦雀无声，观众似乎在期盼着主持人再带来一种更大的冲击力。）

叶：我想，（非常激动地）听了房产工人的演唱，电视机前的观众、收音机前的听众，每个上海市民都会增强住进新房的信心！①

（这最后一段即兴评说，使整个现场的笑声、掌声、欢呼声汇成一片，主席台上有的领导甚至欠起身来以示祝贺。叶惠贤这一段即兴评说，把一个"解决住房紧张"的社会问题有机地与房产工人的演唱结合起来，恰到好处地当着市府领导与全上海市民的面，充满信心地提出来，这奇峰突起的神来之笔，在借题发挥、妙语如珠中提出了见解，阐释了哲理——只要有信心，新房子会有的，让全场观众有了一种从未有过的心灵震撼和充满信心的心理期盼，把一个电视节目主持人讲述老百姓自己的故事的职业使命感和公众形象展现得扎实而又丰满。这最后一段即兴评说，画龙点睛，意犹未尽，不是一般主持人都能说得出来的，这是最高层次的。）

——在即兴主持中出通顺、出流畅；在通顺、流畅中出幽默、出情趣；在幽默、情趣中出见解、出哲理；这是一个优秀电视节目主持人在每次即兴主持的演播中出智出彩的终极追求。

一个优秀的电视节目主持人要在每次即兴主持中展现出智出彩的能力，就必须要具备一种能动的创作状态。

即兴，按《辞海》的解释为：根据当前的感受而发。

"能动"，按《现代汉语词典》的解释为：指主观自觉努力和积极活动。

---

① 叶惠贤：《荧屏瞬间》，上海人民出版社1998年版，第89页。

要想具备能动的创作状态那主持人必须做到：

——要心态自信让即兴自觉起来；

——要欲望兴奋让应变敏感起来；

——要感受快捷让思路活跃起来；

——要倾听专注让发挥积极起来。

其一，要心态自信让即兴自觉起来——

即兴主持不是一件容易的事，要即兴，就等于主持人自己挖了一口井，让自己跳下去，爬不上来是悲剧，爬上来就是喜剧，我们要的就是主持人一定要爬上来的自觉的能动状态。要达到这种自觉的能动状态，首先，主持人在心态上要有自信心，要自己相信自己，自己承认自己，要有自己激励自己的力量，要有自觉的能动状态。"自信能生二百年，会当击水三千里"，任何一个成功的人，都是心态充满自信力的人。

那种患得患失，浮躁慌张，装模作样，刻意取悦的心理障碍是不可能让主持人的心态建立起自信；

而这样一种从容不迫、潇洒自如、胸有成竹的自信心态，实际上是主持人一种文化的准备，一种底蕴的流露，这样的心态就更有自信，主持人对"即兴"就会喜好，就会主动，就有了对"即兴"的自觉信念。

正如著名主持人李咏深有感触地说："我可以说一些信口开河的话，但这些信口开河得打好底稿，你看我好像是很现场、很即兴地在发挥，其实我早就贮藏好了几种办法用来应付现场。"

正如当今最具魅力的日本电视节目主持人米诺蒙塔自信地说："我主持任何节目，自己从来不需要预先写好什么台词，但在节目的准备过程中，我却要花上比其他人多出十倍的时间和精力。"

自觉属于能动的一种状态。

所以，主持人要心态自信，让即兴自觉起来。

其二，要欲望兴奋让应变敏感起来——

应变是应付突然发生的情况；

敏感是指生理上或心理上对外界事物反应很快。

主持现场往往有好多情况是突然发生的，是不可预知的，现场嘉宾的答问和提问也往往是难以料算的，这就需要主持人的应变要有一种敏感的能动状态。

要让主持人的应变敏感起来，那主持人的演播就决不应该满足于说"现成的话"、说"硬背的词"，而应该对即兴主持有着一种强烈的创作欲望，并且，这种欲望又是高度兴奋的。

因为当一个主持人对"即兴"的创作欲望处于高度兴奋时,他的感觉和感应对于"应变"将处于一个最为敏感的反应。

敏感属于能动的一种状态。

所以,主持人要欲望兴奋,让应变敏感起来。

其三,要感受快捷让思路活跃起来——

所谓思路是指思考的线索,而活跃是指活泼、积极、蓬勃、热烈之意。

要即兴主持,主持人的思路必须活跃,要思路活跃,主持人的感受必须特别快捷。

在快节奏的问答中,在即兴的有感而发里,主持人稍有点滴的"打顿""卡壳",都会明显地暴露在众目睽睽之下。因此,没有时间允许主持人深思熟虑、精雕细刻、悉心推敲。既要对答如流、流畅应对,又要诙谐幽默、调节氛围,更要富有哲理、让人回味,主持人的出彩出智必须感受快捷。

这里的感受,在很大分量上是对现场语境的快捷感受。什么人、什么时间、什么环境以及说的什么话,这就是现场语境,是主持人语言活动的环境。

正如叶惠贤经验之谈,一个歌唱家在演唱,台侧的主持人可以从十个角度去捕捉灵感:晚会的主题与节目的关系、演唱者的装束、演唱者的表现、演唱者的背景、演唱歌曲的背景、歌词的内容、观众的反映、此节目与下节目的关联,等等。①

这种捕捉灵感,就是主持人的感受快捷。

主持人只要感受快捷,就能让思考的线索更加活跃,主持人的思路活跃了,就能在"刹那间"捕捉到现场的那些最有价值、最为活鲜、最能闪光的东西。

活跃属于能动的一种状态,所以,主持人要感受快捷让思路活跃起来。

其四,要倾听专注让发挥积极起来——

所谓有发挥是把内在的性质或能力表现出来,而积极则是一种进取的,努力的状态表现。

既然是"发挥",就总有一定的前提条件和客观因素作导引,来让主持人进取的,努力的"积极"表现,这种"积极"的表现是有方法的,是能操作的。

我们可以清晰地看到,这种引导"发挥"的前提条件和客观因素,在很大分量上就是现场嘉宾所答问的内容和表述的话语,这种"积极"表现的可操作的方法就是主

---

① 郑可壮:《叶惠贤主持艺术论集》,上海三联书店1992年版,第3、4页。

持人专注的倾听。

也就是说，主持人要专注地倾听现场嘉宾所说的话，才能使临场发挥积极起来。

专注的倾听，是真听、善听、会听，只有在这样的听中才能说出更新的话，倾听越专注，主持人的发挥越积极，发挥越积极，主持人越能碰撞出智慧的火花。

积极属于能动的一种状态。

所以，主持人要倾听专注让发挥积极起来。

——自信与自觉、兴奋与敏感、快捷与活跃、专注与积极，这些都是对主持人能动状态的全部构成，也是对主持人能动状态的有力支撑。

王刚在《东芝动物乐园》的现场发挥之所以精彩；李咏在《幸运52》的现场发挥之所以出色；王小丫在《开心辞典》的即兴主持让人感到好看；崔永元在《实话实说》的即兴主持让人得以叫绝，是因为他们的状态都在自信与自觉地"能动"，都在兴奋与敏感地"能动"，都在快捷与活跃地"能动"，都在专注与积极地"能动"。

面对任何一个被观众所认同的具有临场应变的即兴发挥的主持高手，你都会从视觉感受上和听觉感受上鲜明地感受到这些活鲜的状态在"能动"。

现场发挥的能动状态，关键是在听中说。

要想现场发挥，就要有能动的状态，因为，有了能动的状态就能产生"听中说"的创造力，专注的倾听是现场发挥的统帅动力。

"倾听专注让发挥积极起来"将起到统驭作用——将调动欲望兴奋让应变敏感起来，将调动感受快捷让思路活跃起来；而"心态自信让即兴自觉起来"是对"倾听专注让发挥积极起来"的心理支持。

现场发挥的能动状态——听中说，是电视节目主持人演播状态创作活动中的重要创造力。

"三动"状态及其演播"三说"的相互关系

董卿在央视春节联欢晚会一亮相，便得顶级专家、高层同行及全国广大观众的好评与赞赏。

董卿往那镜头前一站，还没开口，就散发着一种吸引人的力量，而立马让观众从心底里产生对她的一种信赖和期盼："她肯定又给我们带来一个精彩的节目！"

——这就是她拥有了在镜头前的一种基本创作状态；

董卿一开口，她的情绪、情感，她的眼神、面容，让"情中说""动中说"，入你的耳，入你的心，产生一种心贴心的交流与沟通："她说出的话咱观众就爱听！"

——这就是她拥有了灵动的"心理情感的运动状态与态势语言的行动状态"所表

现出的演播创造力。

坦率地说，董卿在"春晚"的主持中，还没有完全发掘出她的潜能，因为充其量这又是属于"背稿串报"。

然而，董卿在"青年歌手大奖赛"的决赛中，她面对十五位选手的现场对话采访，在极有限的时间里，每一次对话，抓住一个角度，完成一个闪光点，让十五个回合表现得既丝丝入扣又多姿多彩，更营造了"紧张比赛"以外的、十分得体的一种智慧的情绪氛围。

——这就是她拥有了灵动的"现场发挥的能动状态"所表现的"听中说"的演播创造力。

董卿以专注倾听让发挥积极起来，在统率着节目的驾驭、统率着节目的演播。

演播状态在董卿身上得以完整的自觉体现，因为董卿在上戏"主持专业"的毕业论文就是"论主持人的倾听"。

正如"2004年度最佳电视主持人"专家评语所云："初登央视春节联欢晚会舞台的她，用淡定的美丽和亲切的态度让观众感受到了一阵清新而不失绵厚的依依杨柳风。事实上，这不是我们第一次领略这个女孩的精彩，在火爆申江的《相约星期六》、2001年转战央视的《魄力12》以及2004年'青年歌手大奖赛'的舞台上，观众早已被她如西湖般的灵秀、外滩似的优雅、紫禁城般的从容大气所征服。这个女孩，正用勇于放弃和接受挑战的态度，一步一步地向事业高峰不断前行。"

至于主持人周涛，她的形象是美的、她的嗓音是美的、她的语音也是美的，如再顶上"演播状态"这一功，周涛的主持将更完美。

有了心理情感的运动状态，主持人在演播中就能叙之以事，晓之以理，感之以情，达到——情中说；

有了态势语言的行动状态，主持人在演播中就能恰如其分，恰如其形，恰如其美，达到——动中说；

有了现场发挥的能动状态，主持人在演播中就能一触即发，一吐为快，一鸣惊人，达到——听中说。

现场灵动的"三动"状态产生演播"三说"的创造力。

一个电视节目主持人要想获得创作活动的演播状态，就必须具有现场灵动的"三动"与演播"三说"的创造力。

应该说，在"三动"状态中，心理情感的运动状态和态势语言的行动状态，这两种是有内在联系的，是相辅相成的，对于主持人来讲，是大多数人都能具有的，是易得的；

应该说，在"三动"状态中，现场发挥的能动状态，它与前两种虽有关联，但更具有相对的独立性，对于主持人来讲，有的人有，有的人就没有，是难得的。

前二者是基础，后一者是升华。

当一个主持人拥有了前两种状态及其演播创造力，他便获得了主持人的一种基本演播状态。

当一个主持人要获得最佳演播状态，他必须要修炼自己，提升自己，必须要拥有现场发挥的能动状态及其听中说的演播创造力，从最佳的演播状态创作活动来讲，这才是一个健全的电视节目主持人。

一旦走进最佳演播状态创作活动，那现场发挥便具有一种综合性，在操作上将糅合前两种状态，使三者形成一个相促相进的关联系统。

有的主持人，或者说有不少的主持人，一辈子都未升华到现场发挥的能动状态，更不具有"听中说"的演播创造力了，但是，作为一个严格意义上的节目主持人又必须一辈子去执着地追求。

易得的，理所当然要不断完善；难得的，更应该通过刻苦训练去寻求。

主持人的主持任务就是要完成每次播选题的主题；

演播贯串线就是对什么人说——说什么——怎样说。

如何完成主持任务，执行演播贯串线，关键就是主持人是否获得进行创作活动的最佳演播状态。

心态决定状态，状态产生创造力。

你具备了心理情感的运动状态、具备了态势语言的行动状态、你又具备了现场发挥的能动状态，你便有了在情中说、在动中说、在听中说的演播创造力，你就获得了一个电视节目主持人的最佳演播状态。

——谁获得最佳的演播状态，谁就获得最美的主持境地。

何为最美的主持境地？

就让我们在描述中来感受一下吧！

在驾驭节目的演播创作中：

——他有功力，在语言交谈中通顺流畅，绘声绘色，观众听起来都是他自己的话，而且有他自己的情感和态势，犹如身临其境，潇洒自如；他又能控纵有度、亦张亦弛、不作无聊的插科打诨，而是随机生发，切合题意，犹如一棵主干坚实的大树，被点缀得枝繁叶茂，华彩斐然。

——他有能力，在现场交流中操纵场面，显出一种高屋建瓴、游刃有余的气势，用一些随手拈来，看来仿佛是不经意的而且往往是富有生活情趣的精炼语言和细小动作，把观众巧妙地吸引过来，纳入到节目要求的构架框范中，获得驾驭节目的场面效应。

——他有魔力，把现场的嘉宾与观众，原来拘谨的变得不拘谨了，原来讲不出话的能讲出很好的话了，原来没有意思的语言显示出意思来了，原来直露的进程变得闪发光彩、生气勃勃了，而观众也常常被他主持的场面所感染，被吸引到情境中去，感到贴近和亲切，由认同而产生极大的心理愉悦。

——有功力地情中说，有能力地动中说，有魔力地听中说，你就能成为节目的灵魂主宰，你就能成为观众的知心朋友，你就能成为传播的精神偶像，最美的主持境地，让你美不胜收。

这种境地是每一个严格意义上的电视节目主持人理应追求的，不懈追求的；

这种境地是属于任何一个获得最佳演播状态的电视节目主持人的。

"三动"状态及其演播"三说"的创造力是电视节目主持艺术的创作灵魂；

"三动"状态及其演播"三说"的创造力是完成主持任务、执行演播贯串线的最核心的创作活动。

一个优秀的电视节目主持人，应该通过系统的专业训练，全面获得由心理情感的运动状态——情中说、态势语言的行动状态——动中说和现场发挥的能动状态——听中说所形成的最佳演播状态，在属于自己的主持人节目的创作活动中，直面受众群，天天、周周、年年讲述着老百姓自己的故事，讲述平凡人的不平凡的故事，去交流并沟通着老百姓心灵的时空……

第四节 主持状态的综合演练

人，一旦"当众"就需要呈现一种"状态"。

演播的"当众性"是面对镜头、面对话筒；

演播的"当众性"是面对现场的观众、面对电视机前的观众。

主持人，只要"面对"就需要有一种当众的创作状态。

这种当众的创作状态，有的主持人有，有的主持人没有。

没有的主持人，就可以通过上表演课进行要素训练来获得这种当众的创作状态。

表演有要素训练课、单人小品演练课、片断表演课、大戏排演课。

面对主持艺术专业的学生就是要通过那些与主持艺术共通的、共同的、共用的表演要素的训练来支撑起主持人在镜头前与话筒前当众的创作状态。

上海戏剧学院陈茂林教授总结归纳出这样一组表演要素训练：

无实物注意力练习：

每人弯坐着：刻字、磨刀、捏泥人、配钥匙。

每人蹲跪着：修车、电焊、修木桶、炸炒米。

每人站立着：炒菜、插花、熨衣服、熬中药。

在演练中要有顺序性、逻辑性，掌握质感、量感、分寸感，集中注意，发挥想象，锻炼记忆，培养信念。

无实物感觉练习：

视觉练习：放风筝、捉蟋蟀、断电修电表。

听觉练习：半夜闹耗子、有贼偷东西、山里找水源。

嗅觉练习：香、臭、腥、菜烧"糊"了、有毒气体。

味觉练习：喝水、喝酒、喝咖啡、喝可口可乐。

触觉练习：抚猫、烤火、夏天冲凉、冬天洗衣服。

在演练中要真听、真看、真感觉、真思考，五觉练习先分项练后综合练，五官以眼为主，检验真实的标准，全靠一双眼睛，培养对物体的信念和感受能力。

——动作证实练习

以三个互不联系的动作组合成一个行动过程：

蹲——爬——跳、掷——抓——敲、

踢——躺——滚、摔——跨——趴。

——物件证实练习

以一件物件用做多种用途并通过动作完成一个简单的行动：

一张报纸、一条毛巾、一个圆筒、一只匣子。

——环境证实练习

以代用教具通过动作、行动、行为来证实一个环境：

椅子、圆柱、长方柱、台阶、栏杆。

——语言证实练习

以三个且有关联的语气词组合成一个简单的故事讲述：

等着吧！……天哪！……喔！

是吗？……快看！……来吧！

坏啦？……什么？……没戏了！

在以上四组演练中进一步发挥想象，增强感受，培养信念。

——节奏速度练习

在不同速度的音乐旋律中击掌、走路、变换位置，符合轻、重、缓、急的音乐节拍，在演练中培养感应能力和自我控制力。

小品练习：

在规定的情境中单人完成一个带有事件性质的有机行动：

——成语小品

棋高一着、一波三折、歪打正着、阴差阳错

一物降一物、柳暗花明又一村、搬起石头砸自己的脚。

——物件小品

一本照相册、一枚戒指、一盒录音带

一本集邮簿、一把雨伞、一套军训服[①]

在以上两组小品演练中，将全身投入，习惯于当众性、感受集体控制力、使自我的行为与表达更为有机。

这样的训练，学生特有兴趣，长进也特快。

——注意力、想象力、感受力、交流感、表现力、新鲜感、兴奋感、真诚感、自信感，主持人拥有了这些表演要素就能支撑起镜头前与话筒前进行创作的当众状态。

正如上海戏剧学院副院长、著名教授张仲年先生所指出："我们对主持人的表演课进行仔细研究，认为表演训练的主要任务是解放学生的身心，使学生当众在镜头前能放松自如、建立自信。同时，通过体验别人或其他社会角色的情感，扩大自己情感领域，学会真诚地在节目中表达自身情感的方法。对于主持人来说，与观众交流是他最主要的手段，而表演课中对相互交流的反复训练，有助学生'真听、真看、真思考'，能正确感受对方、产生互动，锻炼准确灵敏的反应能力。掌握交流的技巧，学会如何向观众开放自己的心灵，对于主持人是非常重要的。表演课帮助学生建立跟文学思维不同的动作思维，对于电视来说，是微相表情动作的表现力，主持人不仅仅在

---

① 引自于陈茂林教授的表演教学大纲。

演播室工作，他会出现在各种不同的场合。动作思维可以迅速让他找到最有表现力的体态、手势和得当的表情，并能做出恰当的动作反应。"

正如上海戏剧学院 1995 级首届电视节目主持人本科班学生陈蓉在上海电视台《智力大冲浪》节目组实习时所谈道："通过台里实习，表演训练对主持节目太重要了。我想我们上表演课并不是让大家都去演戏。通过表演要素的训练，最重要的是让状态有自信、自如、自控的能力。这样当你拿着话筒、当你站在观众面前时，你就不会失去自信，可以完全自如地应付现场的反应。上表演课其实更是学习一种感觉，学习一种镜头前状态。主持是需要状态的。当众的创作状态是至关重要的。这种状态是要表演要素来支撑的。你所展示的不仅是生活中完全自然的你，总是需要稍加修饰，表演训练可以帮助你去达到这种创作状态。"

陈蓉现在供职于上海东方电视台，是上海戏剧学院"主持艺术"专业研究方向首届文学硕士毕业生，获得金话筒提名奖、全国百优奖、金鹰节全国十佳主持人大奖以及 2004 年度全国最佳电视娱乐主持人奖。

说到底，表演要素训练，就是打破心理上某一种"自卑"，打破生活中所谓的一种"自尊"，而获得镜头前、话筒前当众创作的一种心态；

说到底，表演要素训练，就是解放心理、解放肢体、解放自己，而获得镜头前、话筒前当众创作的一种欲望；

说到底，表演要素训练，就是让主持人在镜头前、话筒前进行演播时而呈现出的一种当众创作状态。

思考题

▲ "演播"的实践意义是什么？
▲ 什么是静态节目演播和动态节目演播？举例说明。
▲ 主持人要在即兴主持中出彩出智应有哪三个层次的追求？
▲ 电视节目主持人演播状态的构成及其相互关系是什么？

第三章 创造融合形象篇

第一节 节目主持的整体形象

节目主持人整体形象的实践意义

主持人的本体形象融合节目的主体形象呈现出节目主持人的整体形象。

创造出融合的节目主持人整体形象在主持艺术的实践中有三大作用：

大者，用于一档新节目的推出之前——必须定位；

中者，用于节目的更换主持人之际——必须改版；

小者，用于操持节目自我完善之中——必须整合。

——我们先来谈谈在策划、创意、推出一档新节目之前，必须要找准主持人本体形象与节目主体形象的有效定位，以利节目主持人整体形象的一次性成功。

关键是定位必须准确。

主持艺术是一门不允许失败的艺术，特别是一档新推出的节目，一开始就不被受众群所接受，那将是两败俱伤：节目没人看，主持人也起不来。特别是新面孔的主持人，一旦在新节目中失败了，往往别的节目组的编导也不敢再启用你，你想东山再起，那可难啦！

推出新节目，必须一次性成功。

上海戏剧学院电视艺术系于1995年创办了首届电视节目主持人专业本科班。

当大二下学期时，上海电视台与《正大综艺》电视节目制作公司联手推出一档观众参与极强的综艺竞技节目《五星奖》。

这是一档全新的90分钟的大型综艺竞技节目，编导力推新人，选中该班吉雪萍和王梓两位同学。

选中吉雪萍、王梓上节目这是件好事，这是该班的学生第一次上节目，谁都想成功，要是失败了怎么办？

首先，研究《五星奖》节目的主体形象是否成型？

通过对节目稿的主题立意、板块结构、表现手段进行论证，认为这是一档收视面广、观众缘多、参与性强、节目形态独特、节目形象远景看好的一档上海人喜闻乐见的优秀节目。

结论——节目具有的主体形象不可多得。

其次，再研究二位主持人的本体形象是否对位：

吉雪萍和王梓是"金童玉女"型的主持搭档，面对老年人参赛队，可称其为爷爷、奶奶；面对大学生参赛队，可称其为同学、朋友；面对小朋友参赛队，可称其为小弟弟、小妹妹；二人组合极有亲和力。加之，二人又是班上的高才生，具有驾驭节目的潜能。

结论——主持人具有的本体形象不可不上。

再者，上海电视台和《正大综艺》公司有着实力雄厚的制作群体，上海戏剧学院领导打破二年级学生不得外借之例，决定吉雪萍、王梓担纲主持《五星奖》。

样带录好后，院、系领导又对主持人的演播状态与节目形态如何整合提高又多次和编导及主持人沟通交流；

节目播出后，收视率居高不下，《五星奖》成为上海滩上的名牌节目，吉雪萍、王梓这对新生代主持人成功地呈现出了《五星奖》的节目主持人形象，他俩创造了融合。

两年半后，大学毕业了，吉雪萍分配到中央电视台《正大综艺》节目组并与张政搭档主持，王梓考上美国纽约大学攻读研究生。

后来，《五星奖》换了几拨主持人，尽管后来者有不菲的表现，但人们至今还津津乐道地谈论着、眷恋着这首对"金童玉女"在《五星奖》中所留下的节目主持人形象。

——我们再来谈谈在一档节目更换主持人之际，必须要重新改版，让新上任的主持人本体形象在新的节目主体形象中创造融合，以利改版后的节目主持人整体形象圆满性的成功。

关键是换人时要改版出新的节目主体形象。

正由于主持人节目有着长期性、固定性和反复性，所以，节目不可不改版，但是，又不能经常性地改版，稳中有变，这是一条规律。

作为一档正常播出的节目，如果称得上是一档好的节目，理论上讲不应该轻易换人，如果是主持人因特殊原因离开岗位，或是编导选中更好的人选来替换原主持人，那节目的主体形象必须在不违背创意宗旨定位的前提下对空间背景、画面组织以至节目内容、结构流程的表现形态进行改版，以打破受众原有的习惯性的视觉定势，让其在新的节目主体形象中产生新鲜感，以利对新主持人创造融合的整体形象的同步认同。

王刚主持的《东芝动物乐园》让老百姓喜爱上了动物，让老百姓更喜爱上了王刚。

王刚要离开《东芝动物乐园》主持岗位时，节目组选中了上海东方电视台著名节目主持人袁鸣小姐在《东芝动物乐园》原封不动的演播厅接替主持。

袁鸣小姐的形象纯情可人，主持圆熟老练，理应受到观众的欢迎。

然而，不到一个月，报界评论——《东芝动物乐园》怎么啦?!

所谓"怎么啦?!"就是节目收视率有所下降。

应该"怎么办?!"《东芝动物乐园》编导们立即将节目的空间背景重新布局：给袁鸣设置专用的演播台，将原先一字排开的长条形嘉宾席改换成单个形散状排列的嘉宾席，演播室地面中央增添一座立体节目标识。袁鸣小姐一会儿站立在演播台旁叙述，一会儿又穿插在嘉宾席中点评，一会儿又绕过演播厅中央立体标识与现场观众对话。空间走动，游刃有余，交流沟通，驾驭自如；在全新的"动物园"大布景的陪衬下，主持人的操作流程给观众耳目一新之感，现场的人气旺盛，节目的收视率上升。

一年签约期满，报界又发表评论："袁鸣小姐圆满完成《东芝动物乐园》主持任务。"

当《东芝动物乐园》的主持棒由著名相声演员侯耀华接手后，节目组的编导们又在节目的画面组织上进行改版：让一个全新的运动中的小松鼠片花贯穿全片，让原先的画外解说改换成画面动物之间的角色对话，并适时打上议论性的话语字幕，引起观众的情趣，引起观众的沟通，引起观众的新鲜感。

《东芝动物乐园》节目每更换一次主持人，编导们便有意识、有目的、有准备地进行改版，每一茬主持人都是在改版后新的节目主体形象中以风格各异的节目主持人整体形象赢得了《东芝动物乐园》稳定受众群的喜爱。

——我们更要谈谈主持人在操持一档节目中，要不断完善自己就必须将本体形象与节目的主体形象不时地进行自我调节整合，以利节目主持人整体形象的持续性成功。

关键是不时地自我调节整合才能使整体形象得以融合。

节目之所以为主体形象，是另一部分留给本体形象的主持人来创造。

正因为是创造，主持人的本体形象从狭义上讲是指主持人运用本来的、本身的形象去进行创造，从广义上讲又涵盖主持人运用演播状态在节目主体形象中进行的创作活动，而主持人不时地自我调节整合便贯穿在创造融合的整体形象过程中。

上海有一位卓有成就的主持人，在她主持的晚间新闻性节目中不断地挑战自我，她在本体形象的定位上，从原先认为"自己的形象代表着一个政府"而自我调节到"自己的形象代表着一座城市"的这一层面上，使荧屏整体形象的亲和力更富有魅力，更受到上海市民的认同和喜爱。

还有一位播音员出身的主持人，在一档新推出的"民生新闻"节目中，以她清秀的形象以及扎实的播讲功底，使播出的节目一开始就获得较高的收视率。她寻找差距，自我调节，将头、眼、身、手、情运用得更加准确、生动，使态势语言的行动及其动中说状态提升到更为有机的层面，使主持人说新闻的风格与节目主体形象进一步吻合，更增添了整体形象的光彩，并带动了节目组搭档们的自我调节，得到了制片与编导们的大加赞赏，使稳定的受众群更爱听、更爱看。

——准确定位，使新推出的节目主持人整体形象一次性的成功；

——有效改版，使更换上的节目主持人整体形象圆满性的成功；

——自我调节，使操持中的节目主持人整体形象持续性的成功。

第二节　节目主持的个性形象

创造融合就是展现节目主持人的整体形象；

整体形象的最高表现就是节目主持人融合的个性演播形象。

——大凡成功者，无不表现出节目主持人形象的个性化：

一提到主持人的名字，就会联系到他（她）所主持的节目；一提到节目，就会联想到这档节目的主持人名字。

像王志与《面对面》、张越与《半边天》、崔永元与《实话实说》、李咏与《幸运52》、王小丫与《开心辞典》。

他（她）们创造了融合；

他（她）们展现了节目主持的整体形象；

他（她）们表现出节目主持人形象的个性化。

美国著名节目主持人亨特利初到美国全国广播公司时，被认为是继爱德华·默罗而后的"新默罗"。于是，他想知道是否应像默罗一样对着镜头抽烟，以强调与默罗的一致。但他的制片人鲁文·弗兰克告诉他："你面临一种选择，你既可以做第二个爱德华·默罗，更可以成为一个亨特利，但第一个亨特利更重要，你应该有属于自己的个性。"[①]

美国《60分钟》节目的6个主持人都是名闻世界的记者，是著名的电视明星，他们每个人在节目中都有鲜明的个性风格。有的以锲而不舍的采访作风而闻名，有的以敏锐的洞察力和分析力而著称，有的主持节目风趣横生、幽默深刻，有的主持节目热情奔放、彬彬有礼……《60分钟》节目总编导善于用人，让他们在节目中充分发挥个人魅力，使节目的声誉与威望经久不衰。[②]

——主持人与节目相对相应的个性化是综合一体的。

——节目主持人形象的个性化是富有创新的、具有魅力的一种相对稳定的特性形象。

如何获得节目主持人个性化形象呢？有六个方面：

其一，要有得体的形象气质。

——形象是指人形成的固有的长相以及发式造型和服饰穿戴。

——气质是指人的相当稳定的个性特点以及一种风格、气度的表现。

形象气质通俗地讲，就是什么模样给人什么样的感觉印象：

白岩松给人"书卷气"的感觉印象，敬一丹给人"大姐大"的感觉印象，王小丫给人"众家妹"的感觉印象，李咏给人"大精灵"的感觉印象。

作为节目主持人个性化形象气质，关键要得体，要得节目主体形象的"体"。

——作为得体的形象气质，也就是指符合节目形象所需要的主持人形象气质。

电视节目主持人的形象气质已上升为具有独立的审美价值。

形象气质绝不是单一地指一般意义上的外貌形象美，但基调必须是亲善的、舒雅的、顺眼的。属于主持人形象的这种"美"，越来越多地被受众所接受。属于这种"美"的主持人形象，根据不同节目形象的基调而呈现出各不相同的气质。匪气的、凶气的、怪气的、妖气的应予杜绝。

有人气质是雅气的，有人气质是朝气的，有的给人憨气的感觉，有的给人灵气的感觉——主持人形象气质与节目形象相吻合，就有利于节目主持人个性形象产

---

① 徐德仁、施无权：《时代明星》，复旦大学出版社1990年版，第37、88页。
② 徐德仁、施无权：《时代明星》，复旦大学出版社1990年版，第37、88页。

生和谐感。

由于电视荧屏是横向扫描的缘故，往往使人的脸形在荧屏上变胖变宽。主持人在荧屏上不胖不瘦，那生活中他一定偏瘦。所以，主持人的脸形要有轮廓感。换句话说，主持人的脸形要"紧"，上镜就会让受众看得舒服。脸庞太饱易胖，颧骨太高显硬，腮骨太大会凶，鼻子太塌没立体感，牙齿太露无亲切感。主持人的脸形具有占据荧屏的轮廓感，便能产生对观众的注意力，让观众觉得耐看。

对于节目主持人形象的个性化的形象气质来讲，主持人的自我长相与节目形象相适应固然重要，那主持人的发式造型、服饰穿戴的模样与节目形象相吻合也同样重要。

倪萍成功地主持了娱乐类《综艺大观》节目，她在主持节目中，将长发高高盘起，时而时尚职业套装，时而传统无袖旗袍，给人一种高雅、大方、富有东方美的形象气质，与节目形象十分得体；

赵琳成功地主持服务类《生活》节目，她在主持节目中，选用现代感的短发造型，着起女性套装，时而红色、时而素色，给人一种生动、清秀、富有时代感的形象气质，与节目形象十分得体；

戏剧舞台上有一句话，宁可穿破，不可穿错。

节目主持人个性形象的形象气质具有一定的稳定特征，服装可以变，配饰可以换，但是作为定位后的发式造型，不要轻易改变，更不要随意改换，要保持得体的形象气质基调的稳定性。试想一下，在春节晚会上，赵忠祥可以穿中山装，可以穿西装，也可以穿唐装进行主持，如果赵忠祥剪成一个"小平头"出现在观众面前，那又是一种什么感觉呢?！

正如中央电视台少儿节目主持人鞠萍姐姐所说的："如果让我在牛仔裤、紧身衣和宽松肥大的服饰中选择，我选择后者，这倒不是牛仔裤、紧身衣没有美感，而是对于幼儿教师缺乏实用性。要给孩子们做示范动作，穿着紧绷的服装，自己会感到不舒服，孩子们看了也会觉得吃力。冬季，我喜爱穿五彩缤纷的毛衣，夏天，我喜欢穿漂亮的丝绸衫或裙子，我觉得这样是美的。节目的性质决定了我的服饰不应和其他播音员一样，如果我也穿一身西装，端坐在屏幕前恐怕不会为孩子们喜欢。"

有趣的是，鞠萍姐姐有一次曾改装易饰，把头发烫了起来，从而引起孩子们的不满。小朋友们在写给鞠萍姐姐信中说："我看到你烫的头发很伤心，在我心中，你是我姐姐，是永远不会像我妈妈那样，要烫头的。"后来，鞠萍"妈妈"的形象又改回成鞠萍"姐姐"的形象了。

正如苏联的一位儿童节目主持人,她一直没有离开过这一心爱的岗位,她说过这样一句话:"任何时候,如果我的发型服饰吸引了小朋友们的注意力而不听我的讲话,我宁愿换掉。"

作为节目主持人个性化形象服饰穿戴的色彩与演播室背景的冷、暖色调也有着紧密的关联。背景是冷色调,主持人的服装穿戴应该是暖色调,而背景是暖色调,主持人的服装色调便有着宽泛性。

项链、戒指男生不宜用,女主持可以戴。戴时宜小不宜大、宜少不宜多、宜细不宜粗;如果一位女主持的脖子上戴着一条又粗又大的金项链,手指上再戴着三枚钻石戒指,您瞧,这主持人像个什么人?

作为节目主持人个性化形象的主持妆同样必不可少!

主持人化妆的目的,在于使容貌形象焕发精神光彩,更显一种气质,主持妆要注意到与光的关联、室内与室外的重与轻、晚会节目与其余节目的浓与淡。总之,主持妆不是戏剧妆,不能浓妆艳抹,应该轻描淡写。

——模样长相、发式造型、服饰穿戴、化妆打扮都直接关系到节目主持人的形象气质;不同的节目形象需要不同的相对应的主持人形象气质。

中央电视台海外中心举办的2002年首届全国电视主持人形象设计大赛,对于每一位参赛的主持人和参观的主持人,都有不同程度的警醒和提高。

他们发自肺腑地说:

——"美是一种和谐,主持人和造型师之间的默契也是一种和谐,我遗憾的是明白得太晚了。"

——"作为主持人,我原本想法是打扮得美一些,对得起观众,可是对服饰的刻意要求造成观众对我本身的忽略,是不能容忍的失败。"

——"通过参赛,我明白了一个道理:缤纷是美丽的,简单也是美丽的,色彩本身是丰富的,但并不意味着把所有的色彩都集中于一身才称丰富。"

在这里,我们要呼吁更多地培养和挖掘具有文化张力、审美个性的电视节目造型师的诞生和提升。

形象气质是构成主持人个性气质的一个基础;

要获得节目主持人形象的个性化,首先要有得体的形象气质。

其二,要有贴切的嗓音音色。

——所谓嗓音,是指人说话的声音。

——所谓音色，是指人不同的说话声音。[①]

每一个人说话所发出的声音是有区别的，这都是由音色的不同而造成的。

在生活中往往有这样一种现象：当你面对某一个歌唱家或某一个话剧演员在听他说话时，由于他的嗓音音色特别与众不同，特别吸引你，你就会更多地注意他漂亮的嗓音而分散了对他所说的话的注意力。

然而，一个主持人在节目中与嘉宾交流，与电视机前观众沟通，是在说话，是在交谈，无须那种富有金属色彩的、极其浑厚的、特别明亮的嗓音音色。因为，人在日常生活中很少接触到有这种嗓音音色讲话的人，一听到这样的嗓音音色感到很特别，会产生距离感，影响了说话的亲切感，分散了听话的注意力，有鹤立鸡群、居高临下之感。

在生活中往往还有这样一种现象：在一个办公室里，你天天与一个同事谈话聊天，你很熟悉他（她）的嗓音，在门外叫一声，你都能知道他（她）是谁。有一天，他（她）打电话到你家里，你却猜不出他（她）是谁？恍然大悟后，你会感到，生活中的嗓音怎么和电话里的音色不一样呀！

然而，一个主持人在屏幕上是通过"麦克"说话的，电子传播会改变主持人的嗓音音色，会使原本的音色失真。造成失真的原因主要是设备性能和传输方式，包括话筒、录音机、发射机、接收机在内的各种电子设备对声音频率的反应并不均衡，也就是说，机械使你的音色变了质。

——一个人自己听自己说话时，声音是从两条路线进入自己的耳膜，一条是从中腔进入中耳，另一条是你发出口外的声音，再从外耳进入中耳的。所以，从麦克风听来的声音，是从外耳进入内耳的，所以嗓音音色的失真就不可能避免了。

面对这种嗓音音色的现象，

面对这种音色失真的现象，

作为节目主持人个性化形象的嗓音音色，关键要贴切——嗓色音色要与节目主体形象贴切。

——作为贴切的嗓音音色，也就是指与节目形象相吻合的、紧挨着的主持人嗓音音色。

赵忠祥在《动物世界》节目中的嗓音音色是贴切的；

张越在《半边天》节目中的嗓音音色是相吻合的；

白岩松在《东方时空》节目中的嗓音音色是紧挨着的；

---

① 引自《现代汉语词典》，商务印书馆1983年版，第987、1374页。

元元在《第7日》节目中的嗓音音色是水乳交融的；

李咏在《幸运52》节目中的嗓音音色是浑然一体的；

王刚在《东芝动物乐园》节目中的嗓音音色是天衣无缝的。

贴切的嗓音音色涉及两个方面：

——主持人本嗓条件的音质和演播中音高能力的使用。

我们先来谈谈主持人本嗓条件的音质。

当你走进戏剧学院，无须询问，就凭自己的耳朵，就能分辨出谁是表演系的学生，特别是男生，他们一个个都具有一副天生的宽厚洪亮的好嗓子。

从严格意义上讲，话剧演员一般不使用"麦克风"，好让剧场的观众听到演出中的演员原汁原味的台词表达。

表演艺术家李默然就练就了一直坚持在舞台上不使用"麦克风"的过硬本领，面对偌大的剧场，面对上千名观众，话剧演员嗓音音质都是宽厚洪亮的，俗称大嗓门。

既有大嗓门，就会对比出中嗓门和小嗓门。

如果大嗓门是宽厚洪亮，那么中嗓门就是圆润明亮，而小嗓门便是窄扁暗亮。

大嗓门的宽厚洪亮的音质，容易使听众造成高大形象的联想和特有气魄的感觉；

小嗓门的窄扁暗亮的音质，往往使听众不易入耳而不利接受。

圆润明亮的中嗓门音质，这种嗓音听起来自然、放松，声带负担较轻，是人们日常生活中、人际交往中常使用的，常听到的一种音色。因为，人们对这种音色很熟悉，有熟人对话交谈之感，因而很容易被人所接受。

——这种正常使用的中嗓门圆润明亮的嗓音音色，称之为正嗓声。

由于电视节目主持人与嘉宾、观众是面对面、心贴心地对话交谈的朋友，所以，主持人的嗓音音质应运用正嗓声为主，以便达到自然、圆润、轻松、柔和、富有磁性般的亲切感和亲和力的要求。

由于电视节目主持人是在话筒前进行播讲的创作活动，面对电子传播改变声音音色、造成音色失真的现象，所以，主持人的嗓音音质所具备并运用的正嗓声，又必须通过话筒播放的实践来检验，而达到自然、圆润、轻松、柔和、富有磁性般的亲切感和亲和力的现实效果。

主持人的嗓音音色往往在话筒前会出现这样一些现象：

有些主持人的嗓音音色原本属于"花旦"型的，但走到话筒前却变成"童声"了；

有些主持人的嗓音音色原本粗中带点沙哑，但通过话筒却成了"青衣"型；

有些主持人的嗓音音色原本属于"小生"型的，但走进话筒后却变成干瘪不清了；

有些主持人的嗓音音色原本尖中带点细弱，但话筒传出后却变成了清晰明亮了；

当然，还有一些主持人，生活中是什么音质，播放后还是什么音色，没有什么大的变化，这也是事实。

主持人有了在话筒前对自己嗓音的读解，再借助正确的发声方法有利对音色的掌握。

以气托声，音色是每个人声音的个性。

传统的"气取丹田"的说法，就是要注意对气息力度的控制。

气息力度的加强，除扩展胸腔、膈肌下降，同时必须增强小腹肌肉收缩顶气的力量。这样才可使高音明快、爽朗。

如何掌握好音色、关键在于使用和调节共鸣器，应在掌握口腔、鼻腔、咽腔共鸣的基础上，适当运用胸腔共鸣，使声音呈现健美、饱满的色彩。

——要获得节目主持人贴切的嗓音音色，主持人必须先读解自己的嗓音在电子传播后的音色条件前提下，再借助发音方法、借助调音台的调试，去进行声音的造型，以利贴切的节目定位。

我们再来谈谈播讲中音高能力的使用：

每一个主持人都有自己可以变化的音高范围，主持人的音高变化使观众感到语言生动有韵味。

主持人在演播播讲中的音高涉及两个方面：自然音高与音高变化。

自然音高——是指没有剧烈感情色彩变化的一般语言所使用的声音高度。[①]

音高变化——是指利用音高去表现语言内容和感情色彩的变化。[②]

在日常生活的人际交往中，人们交谈沟通使用的就是自然音高的声音。

自然音高它具有自然、舒适的听觉特点，在新闻类节目和社教类节目中，更适宜运用自然音高的声音，这是一般主持人都应该具备的，也是能够做到的。

然而，在娱乐类节目中，特别是一些游戏、竞技节目中，主持人要喊分、叫号、控场、镇场，主持人既要使用自然音高的声音，又要运用声音的音高变化，这对主持人的嗓音条件又有了更高的要求，这也不是每个主持人都能具备、都能做到的。

每个人的嗓音条件各有不同，每个人的音域范围有所不同。

---

① 陈京生：《电视播音与主持》，北京广播学院出版社2000年版，第54页。
② 陈京生：《电视播音与主持》，北京广播学院出版社2000年版，第54页。

音域有高音区、中音区、低音区。

主持人的中音区一般都比较扎实、悦耳，有的主持人一到高音区就显得单薄，甚至发出尖刺声，而一到低音区就越发不够饱满，甚至出现吃字现象；有的主持人具备中音区、缺低音区；有的主持人具备中、低音区，少高音区；有的主持人高、中、低音区都具备。

当你看到主持人李咏在《幸运 52》节目中口若悬河、滔滔不绝演播时，声音高低变化不断，跌宕起伏升降有度，中音区娓娓道来、入耳入脑，高音区铿锵有力、激人心扉，语言通过李咏声音变化的处理，犹如一首歌曲有张有弛，有章有节。

试想，敬一丹是一位优秀的新闻节目主持人，如果让她顶换李咏去主持《幸运 52》节目，即便主持能力能够胜任而她的嗓音条件就勉为其难了。

同样，曹颖是一位很有能力的主持人，缺的就是嗓音的音色。

节目主持人要有贴切的嗓音音色，就必须要先读解自己的嗓音在音高能力使用上的音区界域，在属于自己的一档节目中，让声音伴随着话语而亮出游刃有余的音色。

在节目主持人创造个性化形象要有贴切的嗓音音色中我们所强调的是：

——嗓音条件是前提，方法训练在其后，声音使用是完善。

伯乐相中的是千里马，枯枝朽木不可雕。

有歌手问经纪人，为什么自己长得很好，歌也不错，可就是红不起来呢？

经纪人问他：你有没有研究过你的嗓音呢？！

嗓音是一个看不到摸不着的东西，可就是这种东西，却有着非凡的魔力，靠的就是他的嗓音音色中散发着一种独特的磁性。

周旋为什么被人称为"金嗓子"？她不高亢，也不浑厚，她留给听众的就是那种慵懒、随意、清晰并带着一丝甜甜的感觉；

还有宋祖英，她的形象是甜美的，她的民歌嗓音也是最甜美的；

还有刘欢，他的长相见仁见智，但是他的嗓音就是动听悦耳；

还有阿杜、刀郎……

有过这样一个报道——在国外发生过这样一件事：

一个广场上每当播放一名女歌手的歌时，广场上的鸽子都会飞走，不管是她唱的什么歌，可是放别的歌手的歌，广场上的鸽子就没有这种情况。

许多热情好事者多次试验都证明了这一现象，屡获不解。

最后一位医生发表了看法，他说是这位女歌手的嗓音音色中，有很难察觉的刺耳声波的缘故，这种声波人类感觉不明显，但是鸽子就很敏感。

——嗓音的音色经过后天训练是能改变的，但改变不会太大。

很多歌手常说，他们发觉自己感冒时的声音非常好听，这大概就是因为咽喉发炎而改变了声带这一发声器官的部分结构而至吧！

无心将主持人的嗓音与歌唱家的嗓音攀比，也无意说主持人要有像歌唱家一样的嗓音条件，无非于此强调嗓音与音色的重要。

当然，歌唱得好的，未必说话就好听，而话说得好听的也未必歌就唱得特别入耳。

但是，与生俱来的好的嗓音音色，对一个主持人创造个性化形象来说，是多么的幸运；而与生俱来的好的嗓音音色又能与定位的节目十分贴切，对一个创造个性化形象的主持人来说，这是多么的幸福。

敲锣卖糖，各说一行。

元元在《第7日》中清脆甜美的音色，让节目火了。

赵忠祥在《动物世界》中舒展雅韵的解说，让动物活了。

张越在《半边天》中松弛圆润的嗓音，让话语更好听了。

王志在《面对面》中的儒雅文气的音质，让评述更有味了。

嗓音是主持职业的一个非常重要的外在表现形式，受众对它的要求要远远高于对常人的要求，受众要求声音"好听"！而这"好听"又必须与不同节目"贴切"的对位才得以实现。

请记住美国名牌节目《包罗万象》的主持人史坦伯格的一句话："从第一天上班起，你就不追求声洪亮，更不要居高临下，要永远保持一个人和另一个人谈话时的那种感觉——我就是为你讲话、为你工作的。"

嗓音音色是主持人的一个资本。

嗓音音色是构成主持人个性品质的一个要件。

要获得节目主持人形象的个性化，应具有贴切的嗓音音色。

其三，要有自我的用语习惯。

俗话说，习惯成自然。

习惯是在长时期里逐渐养成的又是一时不容易改变的行为和倾向。

有人爱静，有人爱闹，有人好低调，有人好张扬……

何为用语习惯？

——所谓用语习惯是主持人在长时期实践中养成的思维和表达的惯常方式，这种惯常方式所呈现的语言状态又有着各自的风格。

有人爱调侃，有人善"唠嗑"，有人会俏皮，有人能逗乐，有人显张弛奔放，有人重潇洒思辨……

用语习惯，对于主持人来说，有的主持人有，有的主持人还没有。

风格的用语习惯对于观众来讲，似乎是一种"只可意会而不可言传"的感觉。

然而，对于任何一个富有个性化形象的优秀节目主持人而言，他们都具有一种属于自己风格的又与节目形象相对应的用语习惯。

像白岩松重潇洒思辨——在《东方时空》节目《面对面》的板块中，面对"外国老板罚中国雇工下跪一事"的结束语：

曾经的贫穷不该是我们觉得比别人低一等的理由，金钱更不是使我们双膝发软的原因。我要说，在奔向富裕的道路上，站直了，别趴下，更不要跪下！

——具有思辨色彩，富有思想含量是白岩松的用语习惯。

像宋世雄显张弛奔放——在中国与古巴国际排球比赛现场，面对运动员梁艳的报道：

梁艳在三号位扣了一个漂亮的快球，她笑了。笑得那么甜，好像是在自言自语："就这么打。"在比赛场上，梁艳打了好球笑，拦网成功了笑，接对方扣球、摔救滚翻以后还在笑……

——有形象、有张弛、有活力、有朝气是宋世雄的用语习惯。

像崔永元能逗乐——在《实话实说》节目中，面对一个应届高中生的答问：

你是位临考的高中生，你对中国球队冲出亚洲认为有把握吗？

悬！要靠运气。

你认为自己高考有把握吗？有没有考不上的思想准备？

没有！不可能的，有绝对把握，我有实力！

怎么到你这儿就成了实力问题了，到人家那儿就要靠运气呢？

我以平日成绩看，认为自己有把握，而中国球队，目前看还没有十足把握！

看来把握还在日常实力。

——风趣、幽默，逗乐中有智谋，评点中见哲理，这是崔永元的用语习惯。

像元元会俏皮——元元在《第7日》节目中，面对"新户口本内容填写出差错时"的结束语：

在采访中有这么一位，他拿到新户口本打开一看，婚姻状况一栏填的是"丧偶"，可爱人还好好地活着，虽说后来改过来了，可从拿到户口本那天，全家人心里就一直不痛快。怕爱人再受刺激，他婉言拒绝了记者的采访。这错，出得太离谱了，不知您家的新户口本发下来没有？若是发下来了，您赶快看看吧！

——轻松中起俏皮，明快中有逗哏，简洁中出辛辣，这就是元元的用语习惯。

像张越善"唠嗑"——在《半边天》节目中，面对"民警工作繁忙"时的一段话语：

因为职业关系，一提起民警，人们就觉得他们工作那么紧张，那么繁忙，有时还有一定的危险性，他们整天同是非打交道，肯定是一脸严肃，满面正经。是的，工作时他们必须这样。但人不能总这样绷着，业余时间回到家里，面对妻子和孩子，警察丈夫、警察爸爸奉献给家人的温情，一点儿也不比其他男子汉少。

——语正言顺，句简意赅，缓缓道来，娓娓动听，这是张悦的用说语习惯。

像李咏爱调侃——在《幸运52》节目中，面对全场观众的一段开场白：

李咏：现在大家都喜欢炒股票，炒期货，请现场炒过股票的举手？（很少人举手）

李咏：那么请炒过期货的举手？（很少人举手）

李咏：那么现场炒过菜的朋友请举手？

现场一阵大笑，一片举手，李咏即刻进入开场竞猜主题。

——调侃中带智慧，逗趣中有张力，这是李咏的用语习惯。

还有……

言如其人，一人一貌。

——自我的用语习惯是一种个性，是主持人在上节目前平素养成的；

——自我的用语习惯是一种修养，又必须是主持人在做节目中悉心提炼的。

主持一个节目，从确定选题到提炼主题，从准备材料到组织驾驭，整个过程无不渗透着主持人的创作才能，而其中最重要、最突出的，便是体现在语言表达上——如何让你的语言吸引人。

榜样的力量是无穷的。

我们的主持人要让语言的表达富有吸引力，就必须具有平素养成的又经悉心提炼的属于自我风格的用语习惯。

四平八稳，平铺直叙也称是一种用语习惯，但没有个性；

七零八落、东拉西扯也算是一种用语习惯，但更缺少修养。

主持人自我风格的用语习惯是一种内在气质的外化，这种外化使主持人的语言状态形成令人爱听而易于接受的风格，这种风格又具有多种多样的表现形式。要使主持人自我风格的用语习惯由内在气质得到语言外化，关键就应掌握表达中的语言匹配：

——在入题立意上，应注重理性思辨，说话前要考虑从哪里入题，从哪里立意，不要杂乱无章；

——在选词造句上，应注意简洁有力，逻辑性强，充分显示出语言的分量，一言九鼎，不要颠三倒四；

——在语言特色上，应注入朴素坦率、潇洒自如、生动活泼、幽默风趣等风格特色，不要求全，也无须等量。

我们要明确的是：主持人不同风格的用语习惯对应不同类型的节目形象，使主持人节目富有各自的个性色彩，而同一类型的节目也要对应主持人不同风格的用语习惯，使主持人节目的个性多姿多彩。

纵观同一类型的谈话节目：《朋友》中的王刚、《明星夫妻剧场》中的英达、《荧屏连着我和你》中的田歌以及《可凡倾听》中的曹可凡、《财富人生》中的叶蓉、《风流人物》中的刘凝……

这些优秀主持人各自风格的用语习惯，让属于他们各自的谈话节目多峰并峙，各具风采。

所以，有风格的用语习惯才有主持人个性化的语言。

所以，有个性化的语言才有主持人个性化的形象。

具有风格的用语习惯是主持人的一笔财富；

具有风格的用语习惯是构成主持人个性化语言的前提。

获得节目主持人个性化形象，应具有自我的用语习惯。

其四，要有独到的叙议见解。

叙事和议论是构成主持人节目内容的两大组成部分。

节目主持人说什么？说到什么程度？能不能说到观众心里去？又要出思想，又要出见解，又要被观众所接受，这是主持人的重头戏。

——只有独到的叙事与议论，才能出独到的见解；

——只有独到的叙事与议论，才能显示出主持人的个性魅力和节目的吸引力。

由中央电视台张恒主持的"西双版纳十六头大象连遭杀害"的《东方时空》节目，给我们大家都留下了深刻的印象：

正义与情感相交相融的张恒，面对西双版纳十六头大象连遭杀害的事件，他是痛心的。

他深情地从小时候在露天电影中第一次见到大象谈起，情感真挚，手法巧妙。他在实地采访中又不辞辛劳地爬山穿林，替大象伸张正义，当我们从远处山谷里听到四声对凶手应有惩罚的枪声时，我们又听到张恒那独到的叙述与议论——

我们只有一个地球，这个地球是属于我们的，也是属于那些生活在这里的动物们的，当然也包括大象。我在露天电影里知道大象，有时我在想，如果任由这种悲剧不断地发生，那么总有一天，当我们的子孙问什么是大象时，我们将无言面对那一双双纯洁天真的眼睛。

我们感受到：独到的叙述，独到的议论，独到的见解，让主持人个性特点在叙述与议论中表现得更为鲜明更富魅力。

叙述与议论，是在叙述中要有议论，主持人的议论之所以必不可少，是因为它在节目中起着重要的作用。

我们再来看看上海电视台节目主持人曹可凡在一次谈话节目中的精彩议论——

曹可凡主持的是《中国书画与艺术市场》，他邀请了四位中年画家结合自己的创作来谈如何看待中国画的继承与发展。

开首，曹可凡开宗明义——

上海自开埠以来一直是中国经济文化中心，21世纪初，以任伯年、虚谷、吴昌硕等为代表的一批书画家开创了具有独特风采，富有历史意蕴的海上画派，为上海画坛的繁荣和发展奠定了必要的基础。

近年来，科学的昌盛，信息的便捷，交流的繁荣，视野的开拓以及观念的更新，画家对自身价值和艺术个性的认可和强化，包括上海人表现在艺术上的开明和大胆，涌现出像黄宾虹、林风眠、刘海粟、徐悲鸿、陆俨少、程十发等一批艺术大师，他们各自达到了艺术的高峰，表现出强烈的艺术个性，蜚声海内外。

而一些中青年画家在这千载难逢的盛世，更是义无反顾地力避风格上的清一色，在艺术创作中，他们擅长兼容并蓄、融会贯通，在继承传统的基础上，广泛吸收西方绘画表现手法，又力求在作品中融入民间艺术的精神，使作品既具有时代风貌，又富有民族色彩，这些中青年画家们在艺术观念上大彻大悟，在表现手法上大破大立，塑造着崭新而丰满的自我，形成了一个百花竞放的艺术群体，于是我将四位活跃在上海

> 节 目 主 持
> JIEMUZHUCHI

画坛的中青年画家结合自己的创作来谈谈如何看待中国画的继承与发展的。①

——一段近四百字的开首议论谈史说派，有品有位。

四位中青年画家各自一段关于"创新是建筑在继承的基础上""传统文化与现代气息的结合"的阐述后，进而引起了曹可凡又一段议论……

现在艺术商品化的大潮强烈冲击着每一位中国画家，这种冲击绝非简单地卖画与买画的关系，其实质是新形势的要求与以往旧观念、旧体制的冲突与矛盾，其中包括许多复杂问题，诸如中国画是否可以作为商品进入流通领域，艺术品的价值与价格之间的关系，如何看待经纪人和经纪画家……②

——中间一百字的议论承上启下，围绕节目主题——"中国书画与艺术市场"——点出话题。

四位画家焦点集中，话兴更浓，"绘画作品是劳动的精品，画家理应获得报酬"呀，"工笔画需要付出艰苦的劳动，艺术品的价格与价值关系并非简单的线性关系"呀，"画家在作画时绝不能先去想我的画究竟可以卖多少钱"呀，"只要人家喜欢我的作品我就高兴，画家就要有点奉献精神"呀。

画家们各抒己见，畅所欲言。

主持人巧妙概括，情感议论——

中国绘画步入商品流通领域势在必行，但艺术商品化并不等于艺术家的一切都商品化，那是对艺术商品化的曲解。

商品化和开放性给画家带来新的刺激、新的生机，艺术商品化为画家的终极追求的实现提供了现实条件，但商品化本身并不是画家的最终目标。

时代呼唤更多艺术大师的出现，所谓艺术大师应该对社会和人生有更多的体悟，对美有独创的发现和完美的体现，在艺术创作中敢冲破前人的樊篱，推陈出新，自成一格。

无论是石涛、八大山人、齐白石、吴昌硕，还是达·芬奇、米开朗基罗、梵高、毕加索，他们的作品总是反映出某种人类共同的情感和理想，体现出一种博大的情怀。

艺术观念的更新、思维方式的转轨、艺术形式的变革以及艺术语言的创新将使中

---

① 曹可凡：《大地星河名家访谈录》，上海文艺出版社 1995 年版，第 208、209 页。
② 曹可凡：《大地星河名家访谈录》，上海文艺出版社 1995 年版，第 208、209 页。

国画超越以往的历史高度,创造出新的审美理想、审美形式。同时将涌现一大批为人民所热爱的艺术大师。①

——结尾议论既辩证又有哲理、层层深入、耐人寻味。

从曹可凡的这三段议论中,我们可以体味到:

如果一个节目没有这些议论,仅就事谈事,谈谈中国书画与艺术市场的现状,或者单一地让画家们真实地各自阐述观点,那么这个节目的主题就将大为逊色,意义也就会单薄多了。

独到的叙述见解最富主持人个性特点;

独到的叙述见解最显主持人个性风采;

独到的叙述见解是主持人重要的创作本领。

获得节目主持人个性化形象,应具有独到的叙议见解。

其五,要有精辟的短句点评。

要获得主持人个性化形象,既然有了独到的叙议见解,为什么还要有精辟的短句点评?

我们试想一下:崔永元的《实话实说》节目时间长度为45分钟。如果刨除现场嘉宾讲话时间,崔永元的净讲话时间也许只占一档节目的三分之一。就在这十来分钟的时间里,崔永元又要用几十次的问话回合来完成,除去一段开场白,除去一段结束语,我们再量化分解,崔永元大多数的谈话都是一次次的短句句式。

我们再回忆一下,每当《实话实说》节目快要结束的时候,崔永元照例让每位嘉宾用一句话来阐述一下自己的观点,每当一位嘉宾阐述自己的观点后,崔永元立马即兴用一句短话来进行点评,往往是一次短句点评就赢得现场观众的一次掌声。

纵观崔永元在《实话实说》节目中所赢得的笑声、掌声以及乐队伴奏声,往往来自于一次又一次的短句点评。

短句点评,一者必要,二者重要。

何为主持人的短句点评?

——主持人根据现场语境中的人与物、事与理,当下即兴地用扼要的话把自我表达的中心意思给点化评断出来。

精辟的短句点评是精练的,是没有多余的,是精彩的,也是多彩的;

精辟的短句点评是独具特色的,是特显智慧的,更是富有个性的。

---

① 曹可凡:《大地星河名家访谈录》,上海文艺出版社1995年版,第211页。

我们在《实话实说》的"儿女婚事"这档节目中摘录三例便可领悟一斑：

例一：崔永元与"大女儿"对话——

崔永元： 我们今天非常高兴把肖瑞芳的三个女儿，从深圳、从上海、从北京请到了谈话节目现场……刚才父母在这儿谈了你们的情况，在我听来，基本上就是一个血泪控诉，都不怎么听话，像婚姻大事，父母给操心你们还不愿意，怎么想的这个事？

大女儿： 我母亲对我管的程度，已经到了我惹不起躲得起的地步了。从我的初恋开始到现在，我跟我男朋友打电话，她也在旁边听，我跟我男朋友写信，她也要看，我男朋友写给我的信，她都拆，你说我怎么忍受得了呢？

崔永元： 这个别人看是不适合，但是她的心情你可以理解，是吗？她怕你浪漫了半天，对方是一个骗子。（笑声）

大女儿： 我觉得我母亲这种做法是很难容忍的。我喜欢一个人，肯定是这个人有他的闪光点，是有原因的。我母亲从我初恋开始，就始终带有一种偏见来看待一个人。比如说，我最初的男朋友直到今天，我仍然觉得当年的他是一个非常有朝气、有理想、有追求而且敢于去拼搏的男孩子。他学矿冶，难道他就一辈子只能在矿上待吗？这是不可能的。我觉得对于我感情上的事情，跟我父母亲交流是很少的，因为我母亲对我干涉得太多太多，哪怕是我男朋友到我们家里来，我跟我男朋友坐在那儿聊天，我妈妈搬张凳子坐在中间，我男朋友之后跟我说，我这次来你们家，跟你说话的机会远远少于跟你母亲说话的机会。

崔永元： 你母亲可能希望你们通过距离来产生美。（笑声、音乐声）

例二：崔永元与心理咨询专家对话——

专　家： 他们的出发点肯定都是为了儿女好，可以这样讲，随着儿女年龄的增长，每个做家长的都在勾画着他们心中女婿和媳妇的样子。有很多是理想化，甚至可以说，得去定做。定做起来，也不见得你的女儿或者你的儿子就喜欢，就合适。所以这个事情、正确的态度就是你要关心孩子的婚事，要参与意见，但是当你参与意见之后，最终还是应该尊重儿女的选择，那是他们在追求自己的幸福。（掌声）

崔永元： 就是您可以用两种方式，一种方式是定做，另一种方式来料加工，弄到

自己家里来，慢慢培养他们。（笑声）

例三：崔永元与现场观众对话——

观　众：我想起十几年前我干涉我女儿的事，我的女儿是知青，1978年考上大学的，长得很漂亮。毕业以后有一天，她带了一个男朋友回来了，我想我的女儿这么好的条件，怎么找的男朋友像有点窝窝囊囊的。当时我就跟我女儿说："这个对象可不行。"可是我女儿死活不听我的，就为这点事，我一下觉得我人都老多了。最后我一生气，"行，以后我再也不管你们的事。"后来我也确实是不管了，后来他们结婚家庭很美满，很幸福。我这个女婿是个内向的人，在工作当中不断地搞科研，得了成果，自学硕士，两个人在家里共同探讨，在事业上都有一定的成就。（掌声）

崔永元：过去您干涉过他们的婚姻，现在当着全国的观众来表扬他们，这事就算两清了。（笑声）

之所以是精练的，三段对比，长短便见分明；

之所以是精彩的，三段短句，句句出智出彩；

之所以是多彩的，三段短句，各有各的风格。

假设主持人不用精辟的短句点评，而用一般性的所谓"短句"，"你母亲的用心是好的呀！""专家的意见真是太棒了！""这位观众讲得太感人了。我们用掌声表示感谢！"如此云云，照样通畅。但精到没有，个性全无，等于白说。

之所以称之为短句点评，就是让短句要有点化，要有评断。要点化得让人有所启发，有所感悟，要判断精到，评论独到。

正如以即兴短句点评而著称的主持人叶惠贤颇有感触地说："嘴里要想有，脑里先要有；要想会说，必须会写。一句话的标点应该是句号（完整的看法）、感叹号（独特的见解）、问号（让别人思考）、省略号（留下点回味），不应该老是逗号（尽是些水话）。"①

精辟的短句点评是主持人最见功底的看家本领。

获得节目主持人个性化形象，应具有精辟的短句点评。

其六，要有神韵的亲和态势。

有这样一个现象：央视经济生活服务频道接二连三地冒出新面孔、新形象的节目

---

① 叶惠贤：《主持艺术论集》，上海三联书店1992年版，第132页。

主持人，被全国观众所接受所称道——《幸运52》中的李咏、《天天饮食》中的刘仪伟、《开心辞典》中的王小丫以及《为您服务》中的王小骞。

由于他（她）们的出现以及他（她）们的表现，使得节目的热度飙升，使得收视的高度上升。

现象可喜，原因何在？

有一个无可置疑的共同点，这些主持人都具有神韵的亲和态势。

当今评断一个主持人的优与劣，往往有一个流行的关键词——亲和力。

亲和力词典上解释为两种以上物质结合成化合物时互相作用的力。

态势便指一种状态和形势。

主持人靠表情神态与手势姿势来传达丰富的信息和心理的情感，称之为态势语言。

头眼身手情、站坐走看状，这些都是态势语言的具体表现。

所以亲和态势，就是呈现在荧屏上的主持人的精神与状态，这种状之态和形之势，能够对电视机前的受众产生一种由内而外的稳定持续的张力和吸引力。

神韵使主持人的亲和态势更富魅力。

从严格意义来讲，王小丫、李咏、刘仪伟、王小骞都称不上是标准型的俊男靓女；

从一般规律来说，主持人的表情神态就那么几种，手势姿态也就那么几下；

然而，一经他们出镜上节目——王小丫面对嘉宾的眼睛是那么善解人意，李咏那近似夸张的动作是特别深入人心，刘仪伟那一停一顿、一招一式地边做边说，更是招人喜欢，王小骞在那滔滔不绝中，总是带着一脸吸引人的灿烂，这一切似乎都是他们从骨子里，由内而外所流露出来的；

从第一期到第十期乃至一百期——王小丫的和善有加，李咏的奔放自如，刘仪伟的拙中藏美，王小骞的激情洋溢，这一路他们都是档档稳定，期期持续，保持着一种新鲜感，让人百看不厌。

神韵的亲和态势绝不是可有可无的，在展现主持人个性形象中，往往有着至关重要的影响，甚至起到不可替代的作用。

刘仪伟在《天天饮食》中一炮打响，节目一反由女性来主持烧菜做菜的生活服务类栏目的常规，刘仪伟以居家好男人的形象出现，普通话不十分标准，说话不十分流畅，手势不十分潇洒，姿势不十分优雅，他边说边做，他拙中藏美，极有个性，极有神韵。

尽管后来有不少主持人戴上围兜，边做边说，纷纷效仿，尽管后来顶替刘仪伟的主持人在《天天饮食》中有不俗的表现，然而刘仪伟留在观众心目中的印象仍旧是龙头老大的地位。

试想，将王小丫、李咏更换人选，大概都达不到超越的地步，因为王小丫和李咏所具有的神韵的亲和态势，使他俩的个性形象与受众的整体认同所产生的那种张力和魅力，已达到了一种不可替代的境地。

同样，上海电视台《智力大冲浪》中的陈蓉，《家庭演播室》中的程雷、吉雪萍，《财富人生》中的叶蓉，《新闻坊》中的丹凤、国林，《娱乐在线》中的陈辰，《体育快评》中的长啸，还有新闻主播印海蓉、杨逸歌，他（她）们随着节目一亮相直到今天，之所以一直深受上海观众的喜爱，除了节目的品质以外，与他（她）们共同所具有的神韵的亲和态势不无关系。

——神韵就是精神韵致；

——神韵就是主持人不断积淀，不断提升的高超境地。

——亲和态势不仅仅包括主持人有气质的精神风貌与有机的态势语言，更重要的是这两者互为合力而渗透出的一种稳定而又持续的张力；

——亲和态势不仅仅是指主持人所具有的修养与德行，更重要的是由修养与德行支撑起有气质的精神风貌与有机的态势语言而产生的一种由内而外的吸引力。

纵观当今荧屏上一拨又一拨的主持人，有板有眼看着挺顺眼，一招一式做得也顺畅，就是吸引不了观众的眼球，就是留不下难忘的印象。

细看当今大牌主持，当家主持，只要在节目中登台亮相，他们就会形成自己的磁场而产生吸引他人的个性力量。

《东方时空》中的白岩松、敬一丹、水均益，他们的亲和态势各具神韵，换上了张羽来主持，什么都不错，缺的就是神韵的亲和态势。

央视大型晚会主持人董卿演播状态好，亲和态势更具神韵。

亲和与亲和力不能直接画等号。

亲和是属于本体的一种自然的面部气质，亲和力是在"亲和"的基础上不断积淀、提升、创造出来的。

神韵的亲和态势是主持人"形而上"的一种精神与状态，是属于节目的，又是属于自己的。

只有在精神与状态之间、自我与节目之间，产生并保持着神韵的张力，才能呈现主持人的亲和力；

当今受众注意力的离散性在加大，只有呈现并保持着主持人恒常的亲和力，才能更有效、更长效地产生对观众的吸引力。

神韵的亲和态势是表现主持人个性形象的一个高超的艺术修养和技巧境界；

获得节目主持人个性化形象，应具有神韵的亲和态势。

这六个方面是综合一体的；

这六个方面不是全部的涵盖；

但这六个方面是最主要、最关键的。

节目主持人整体形象的最高表现——融合的个性演播形象是最富有生命、生气的，是最富有活力、张力的。

要有得体的形象气质；

要有贴切的嗓音音色；

要有自我的用语习惯；

要有独到的叙议见解；

要有精辟的短句点评；

要有神韵的亲和态势。

——综合一体六个方面的合力所形成的节目主持人整体融合的个性化演播形象，必将产生一种持续稳定的个性魅力。

第三节　节目主持的形象经营

我们已经知道，创造融合就是呈现出节目主持人整体形象，整体形象的最高表现就是追求节目主持人的个性化演播形象。

我们更要明白：媒介的人格化、受众的细分化、节目的人性化将呼唤着个性化品牌主持人的涌现。

上戏1995级首届主持专业陈晓申同学在她的毕业论文中写道，所谓媒介人格化是指对人际传播方式有选择地糅合，使大众传播和人际传播得以互补。

传播者在本质上执行大众传播的功能，在形式上又有着人际传播的某些优点，在受众心目中，媒介幻化成活生生的传播者而更具亲和力。

我们可以把传播活动理解为一个心灵影响另一个心灵的全部程序，传者与受者的人格互动制约着他们的整个心理活动的价值定向和实际效果。

我们每天面对的媒介是有人格的，是有个性的，对于一个电视节目来说，它的人格的载体就是主持人。主持人与受众之间是有情感交流和心灵感应的，这样的沟通使信息渠道自由畅通，从而达到传播活动所致力的最高境界：

传而求通，传必求通——传媒的本质就在于沟通。①

原中央电视台台长杨伟光曾说过："主持人的出现是电视节目从初级产品向高级产品过渡的重要特征之一。"他还说："节目质量的关键是人的质量。一个优秀的节目主持人实质上就是一个栏目的代表。节目主持人水平的高低，对于一个栏目的收视率、观众是否喜欢，具有非常重要的意义，让公众形象、栏目形象、个人形象三位一体。"

由此可见，现在的电视台领导已愈来愈感受到主持人在节目中的核心地位；

由此可见，在激烈的收视率大战中，主持人是电视台最为重要的战略武器之一。

从哲学意义上说，个性就是优秀事物的规定性。

现在的新闻媒介已逐步进入分类细化和个性化阶段。在这一阶段，个性化的名主持人的出现体现了历史发展的必然性。

如今的传播者已经深切体会到，受者并非被动而是在积极地选择信息，其传播的过程就是一种富于情感的积极的认知过程。面对不同电视台的同类型节目，受众很可能会因对不同节目主持人的好感而选择频道。电视造就了越来越感性化的受众，而受众的感性化造成对电视形象的追求：谁的魅力过人，谁就更吸引人！谁的魅力有过人的长久性，谁就更有吸引人的长效性。②

——呼唤名主持、大主持是这个时代的必然；

——塑造品牌主持人形象是一种战略经营。

主持人要面对节目，面对台长、制片人，面对编导、摄像，面对制作群体，面对广大受众，还要面对自己。

形象的诞生、形象的成长、形象的培养是整体性的、系统性的、长远性的，也是战略性的。

——融合的形象，整体的形象，个性的形象。

形象需要经营。

形象经营有着六个战略关系：

——融合与磨合、定档与串档、造型与变型，

---

① 陈晓申：《塑造名主持人品牌战略谈》，载《戏剧艺术》杂志第6期。
② 陈晓申：《塑造名主持人品牌战略谈》，载《戏剧艺术》杂志第6期。

——中心与重心，简装与包装，使用与重用。

其一，融合与磨合。

选中一个主持人不容易，做出一档节目更不容易；

创造融合是主持艺术的终极目标。

但是，我们必须认识到，当栏目开播后，主持人与节目之间还存在一个"磨合"期，这个磨合期不可能很长，又不可能没有，这是一个必然阶段。

说"磨合期"不可能没有，是因为任何一档新节目的出台，不管是做样带，还是录首播节目，总是匆匆忙忙的、紧紧张张的，就像再长的恋爱，婚礼总是忙忙乱乱的一样。

做出样带，领导要三审五查，节目开播，观众要七嘴八舌，节目总有缺憾，主持人总有遗憾，不要求全责备，不要一棍子打死，要给出一个磨合期，自我调整，自我整合，就像一辆新车要开一段后才开得顺手一样。

崔永元刚上《实话实说》不到一个月就给停了，"怎么会出现这么一个其貌不扬的主持人在荧屏上指手画脚？"幸亏大制片人时间初衷不变，据理力争，崔永元加速磨合，《实话实说》如期复播，崔永元舌卷天下，《实话实说》威震南北，否则，中国电视节目主持人发展史上便少了一页光辉的篇章。

王小丫刚上《开心辞典》问法浅浅，表现平平，制片主任不是十分满意。就在明知大家都在多次找人替代主持人的时候，王小丫依然以平和的心态安稳地坐在主持台上，潜心调整，提速磨合，她找到一种让人喜爱的果断而又和善的"考官"状态，成了网上骂声最少甚至完全没有骂声的主持人，并在"金话筒"的评比会上获得"全国观众最喜爱的节目主持人"的殊荣。主持创作中客观存在的"磨合期"，让中国电视节目主持人的明星谱上又多了一个璀璨的新星。

说"磨合期"不可能很长，也就是说"磨合期"的长与短，表现在节目录制周期的播出量上。

日播节目不到一个月可分高下；

周播节目一个季度便见分晓。

英达在录制《夫妻剧场》节目首期嘉宾姜昆夫妇的样带时，主持人表现得令人失望，根本没有再继续做下去的理由，但是总策划一贯反对以前几期看人，力主以观后效，英达自我调整，摆脱了对节目生疏感的过程，从第三期开始找到感觉。

当然，大浪淘沙同样是磨合期的正常过程，死拖活挨、当断不断，只能是节目与主持人两败俱伤。

制片人要认同"磨合期"的客观存在,主持人要抓住有效期的主观磨合,为的是让具有潜质的主持新人更多地诞生。

——有效的磨合将产生高效的融合。

其二,定档与串档。

相对固定的主持人在相对固定的节目中形成相对稳定的受众群,这是主持艺术的一个创作特征。

也就是说,一个主持人要在一个相对应的节目中定档。

实践证明,《曲苑杂坛》中的汪文华,《实话实说》中的崔永元,《荧屏连着我和你》的田歌,他们各自都拥有八年、十年以至十来年的心路历程和辉煌历史。节目成了品牌,主持人成了明星,受众形成了一代又一代。

从主持人层面讲,定档延长了主持人的艺术生命,更显个性风采;

从节目层面讲,定档延长了节目生生不息的活力效应;

从受众层面讲,定档延长了观众对明星主持,对品牌节目的恒常持久的期盼感。

然而,在现实操作中存在着两种"串档"的怪现象:

一种是我们的主持人,自以为上的节目多,特别是上多种不同类型的节目,似乎才能证明自己的主持能力比别人高强;

一种是我们的编导,为了推出一档新节目的所谓"保险系数",特别是大型游戏综艺节目,不敢起用新人,喜好在别的同类节目中去挖现成的或小有成就的主持人,以证明自己的眼力和成功率。

一个想要,一个想挖,形成了一个主持人一周主持多档节目的串档现象。

上海电视台有一位男性青年综艺节目主持人在一档颇有名气的节目中崭露头角后,也许是自己很想多上,也许是怕驳了编导的面子,居然前赴后继,一连上了四五个大型节目。有少儿的、有竞赛的、有游戏的、有综艺的、有情景剧的;结果是疲于赶场,匆匆录像,打开电视,只见熟悉的一张面孔,没了个性的张扬。

中央电视台的王小丫,她从《经济半小时》中走来,走进了《开心辞典》,成了经济生活服务频道的品牌节目主持人。后来,原经济节目的编导也许是借助王小丫现在的名气,又把她请回《经济半小时》节目做主持再度亮相,结果让《开心辞典》的受众群看到经济节目中的王小丫在一板一眼地播报,反倒让观众产生了隔阂距离感。

串档,模糊了主持人个性风格的棱角;

串档,模糊了受众对节目的收视定势。

主持人上节目反对多、滥、杂、乱；

主持人上节目应求专、精、深、远。

凤凰卫视的窦文涛，一曲锵锵鸣响，一路三人长行，涛声依旧。

伯乐与天才同样稀少，伯乐比天才更为重要，因为发现并爱护天才的人更是天才。

当主持人吉雪萍主动从央视《正大综艺》回到上海时，东方电视台滕俊杰台长立马召见面商，力荐吉雪萍专攻一档新推出的《家庭演播室》节目，领导独特的眼光，节目独特的形态，吉雪萍独特的风格，在与优秀主持人程雷的共同主持下，使《家庭演播室》成了沪上家家爱看的节目，而《家庭演播室》又确立了吉雪萍在主持界的演播地位。

严格地讲，一个主持人定档一个节目为宜；

宽泛地讲，一个主持人兼上一档同类节目为限；

中肯地讲，一个主持人做了三档以上为过。

李咏在《幸运52》中走红，又在《非常6+1》中更火，两档节目表现不凡，两档同类节目播出量足已。现又走进《梦想中国》，好在这是一档属于《非常6+1》的延伸的特别节目，如果再给李咏一、两档固定节目，整个频道李咏形象满台飞，那李咏稳定的个性魄力势必大减。

聪明的主持人要天才地在节目中恪守定档而去追求成功。

智慧的编导们要善用天才而证明自己是个伯乐。

控制串档，为的是让进入主持艺术门槛的主持人更久远地成长。

——杂乱的串档将湮没定档的生命。

其三，造型与变型。

造型是属于化妆师的一个艺术手段。

对于主持人来说，就是根据节目的定位给主持人发型、化妆、服装等进行设计定型。

在营销理论中，形象就是一种商品的品牌在人脑中所激起的图画、感觉或形象，产品的形象就是产品对于人的意义。

主持人的形象不仅是个人的，同时又代表栏目，甚至还代表着他（她）所属的电视台。

越来越感性化的受众群体要求主持人形象是既令人信服又十分可近，我们的电视观众对主持人的外在形象十分看重。

从现状来看，主持人的形象造型是呈散兵游勇状：

一者，各自寻找不同的形象设计师为己服务。这些形象设计师大部分是美容店里的美发美容师，他们根据主持人的大致介绍，便凭着自己的经验，在不十分了解节目需求的情况下，便给主持人一个时髦的造型。主持人找的美发师往往都有一定名气，而不同的主持人往往总是找的同一个美发师，结果在荧屏上出现的短发女主持有一阶段全是前面高翘翘的后面像刺猬散支支的。

一者，由于节目要为服装提供商打广告，主持人便到指定店家挑服装，一般服装提供方都是名家大店，套套服装有款有型，加之主持人唯美至上，什么新潮就挑什么、怎么时髦就怎么穿，荧屏上的主持人服饰是形形色色，一派富贵气；有的主持人更是有过之而无不及，在采访明星时把自己打扮得比明星还明星，全然一个变形错位。

一者，自己没有设想，又不找人设计，就人云亦云，东施效颦，男的是西服革履，女的是白领套装，头发一丝不苟，衣服是同款同样，乍一看上去男的英俊，女的漂亮，千人一面就是分不清谁是谁。

——要把散兵游勇之状变成正规军作战。

香港的电视台有一种专门针对主持人的职业叫形象服务。形象设计师在听取节目创作部门意见的基础上，为主持人专门设计整体形象，包括发型、服装、化妆等，为主持人塑造一个既符合节目内容要求，又显个人性格特征的形象。

凤凰卫视窦文涛的背心马甲、吴小莉的短发裤装，如同名牌产品注册商标形成一种印记。中央电视台王小丫蓬松的扁短发、多色彩的小丝巾，李咏的特型彩边西装长套服，在观众的心中留下深刻的印象。

正规军作战方法有三：

一者，电视台设置专门的形象设计室，专业形象设计师专门研究各类栏目特征，全局在胸为主持人分门别类定型；

二者，即使没有足够的人力、物力设置专门的形象设计室，也要聘请戏剧学院、服装学院的专门人才建立松散型组织，一个频道固定特邀人员，由频道长提出原则要求，让设计师通盘设计方案而指导本频道的主持人造型；

三者，专门的或松散的形象设计师定期定量为主持人集中上课培训以及提供咨询服务，提高主持人审美理念、设计技能及护肤知识，加强辅助以利自我完善。定型后的造型，不是一成不变，但基调不要变，风格不要变，要改掉主持人随意变型的坏习惯。

要重视主持人形象造型的系统建设，打造有栏目特征的，有主持人个性特点的，有电视台整体风貌特性的品牌形象。

电视节目主持人就是要有型。

——随意的变型只能使定位的造型变了型。

其四，中心与重心。

中央电视台白岩松说过："当今中国电视是以编导为中心的时代。"

凤凰卫视老总刘长乐说过："凤凰的崛起，是把观众的要求摆在首位，把推出杰出的主持人作为重心。"

那就是说，编导是中心，推出主持人是重心。

在中国电视界有一种普遍现象：主持人在栏目组里总有点低声下气，主持人要求人缘、求台缘，搞得性格都没有了。

从某个角度确立"中心"，抓住"重心"，推出主持人。

上海电视台老牌综艺益智节目《智力大冲浪》制片人兼导演小辰老师，为推出主持人，她根据主持人能说善演的专业特长，精心设计了"以电视小品的手段作为提出问题的样式"，既让主持人在现场进行主持，又让主持人在电视小品中扮演角色进行出题提问。主持人以两种身份进出于现场与小品之间，既让节目吸引了好奇猎趣的观众，又充分展现了主持人的形象和才华，九年来收视率居高不下，推出了一个又一个沪上当家主持人，观众就冲着这几位明星主持人而来看《智力大冲浪》，主持人成了节目的品牌形象。

上海东方电视台要推出一档《娱乐在线》资讯节目。面对《娱乐快讯》《娱乐天地》《娱乐快报》《娱乐时间》这林林总总的娱乐节目，如何让《娱乐在线》打造成频道的品牌节目？

制片人李勇本身是一位资深的节目主持人，一走上制片人岗位极有智慧，以推出主持人来打造节目品牌的思路，整个节目组的团队精神特强，创作氛围特浓，大胆起用新人，助推女主持人陈辰在不到半年的磨合中，以她一脸的灿烂，全身的活力，百灵鸟般的嗓音，快捷跳跃的语言节奏，告诉观众丰富多彩的娱乐资讯，形成了具有一个现代小女生特有的亲和力的个性风格，赢得了当今白领，特别是大、中学生受众群中的影响力，成了一颗耀眼的新生代电视新星。

——《娱乐在线》节目组的中心是制片人、编导；

——《娱乐在线》节目组的重心是推主持人；

——《娱乐在线》节目品牌打响了，节目组的上上下下、里里外外，大家是越干越有劲。

凤凰卫视有限公司董事局主席、行政总裁刘长乐先生,为创造华语电视新文化,在较短的时间里推出了被观众所喜爱的"五朵金花":陈鲁豫、吴小莉、许戈辉、杨澜、孟广美以及大男孩——窦文涛;打响了属于她(他)们的品牌节目:《凤凰早班车》《时事直通车》《小莉看时事》《新闻工作室》《相聚凤凰台》以及《锵锵三人行》;创造了凤凰台的成功与辉煌。

中心加重心就是创名节目、推名主持。

凤凰台开播不过三年,发展如此迅速,其中一个重要原因就在于创新,突出主持人的作用。

凤凰卫视中文台台长王纪言有一句名言:"在凤凰台最有才干的不是台长而是主持人。"

有优秀的主持人,才会让节目更优秀。

——以编导为中心,以主持人为重心将获得双赢。

其五,简装与包装。

20世纪末的最后一年的春天,凤凰卫视主编潘红星先生曾讲过这样一段话:"香港电视媒体不论娱乐节目还是新闻节目都极讲究包装,这与内地电视媒体有很大的不同。专门为各个主持人拍推广片,在电视广告节目中播出,不断强化主持人形象,这在内地台是没有的。"

就在同一年的秋天,《北京青年报》刊登一条消息:"启用新标志,包装主持人,北京电视台生活频道崭新面貌迎国庆。"这传递出来的信息却让业内人士颇受鼓舞。

中国人民大学舆论研究所所长说:"在现代市场竞争中,竞争优势的获得20%来自于技术创新,80%来自于策略创新,策略创新就是包装、角度、口味的创新。"

包装,就是外部形态具有张力扩展的表现手段。

主持人的包装,就是如何对主持人宣传和推广。

1997年为配合新节目《时事直通车》的开播,凤凰卫视宣传部为节目主持人吴小莉制作了一个个人宣传片,该片获得了1997年国际电视新闻类主持人个人形象片的金奖。

片中富于感染力的宣传短语:"当大事发生时,我存在,有中国人的地方,就有我。"精美悦目又深入人心。听到这句话就想到吴小莉,看到吴小莉就会想到这句话,滚动播出引起人们对节目的期望感。

有人说,简装也是书,精装也是书,只要书的内容好,酒香不怕巷子深。

试想一下，两本同样内容的书，一本平淡无奇的简装本，一本装帧独特的精装本，哪一本会抢先吸引你的眼球呢？如果这两本书是同一个价钱，你又会买哪一本书呢？要知道，看电视一般是不花钱的。

包装就为的是显眼醒目，就是最先深深地吸引你。

包装是一种策略，包装也是一种经营。

主持人的形象就是宣传，就是推广：

1. 制作精美的电视个人形象推介片，每隔一段时间就更换新的，常看常新；

2. 网上开辟网页。彩色照片、节目图片、文字资料、主持人自己写的文章，并定时进行网上聊天，注重交流；

3. 为主持人印制精美的带有台标的"明星卡"，要求主持人必须随身携带，供交际、签名之用，深入人心；

4. 抓住机会为主持人造势，比如吴小莉在"两会"采访中被朱镕基总理点名，大家认识了明星式的凤凰卫视主持人吴小莉，这一段成名的神话就要善于宣传造势；

5. 节目组抓住特别的日子，推出"特别节目"，既扩大了节目的影响，又宣传了主持人，湖南台《快乐大本营》节目改版宣传就为一例；

6. 安排主持人参与一些公益活动：献血、募捐、种树、和孤儿过年，树立公众形象；

7. 安排主持人与观众见面，就可成立书友、歌友、球友、股友俱乐部，加强面对面地对话交流；

8. 为主持人"量身定造"适合其性格、风格、特长的栏目，《凤凰早班车》让陈鲁豫成了"说新闻的第一人"，以利形成个性风格；

9. 为主持人出书，出图片画册，出节目纪录书，出主持人评论书，扩大宣传空间；

……

中央电视台制片人时间先生说过这样一段话："发现、培养主持人是我的重要工作，它重要到主持人就是我手中的王牌，我有什么样的主持人，就有什么样的节目。现阶段，我是先有节目后有主持人，但将来会出现先有主持人后有节目的局面。"

听到这位中国电视行业中富有成功经验的精英人物的、富有前瞻性的话语，你会有什么样的感想呢？

包装，贵在创新；

包装，让主持人形象常新。

八仙过海，各显神通。

——简装的东西在包装的面前总是逊色的。

其六，使用与重用。

主持人个个都在用，未必个个都能优秀，就像百米赛跑，冲击撞线的就那么几个；

如果在使用中有的放矢地重用，就会提升整体的使用价值。

重用，一者要"输氧充电"，一者要"知人善任"。

首先，重用要定期并系统地为主持人"输氧充电"。

主持人总是忙忙碌碌，忙得没有整块时间看书，忙得有时连自己的节目都顾不上看。

制片人要定期组织召开节目评析"输氧会"，并邀请专家、观众一道参加，给主持人一种压力，一种动力，不断完善艺术创新，防止主持人形象提前老化，保持长效的新鲜感。

台领导要定期举办"充电班"，邀请专家、教授、名主持讲授先进理念，指导主持实践，拓展个性风格，夯实主持人形象。

再者，重用还要重视对主持人的"知人善任"。

这个任要给职、权、利。"干好干坏，三顿盒饭"的现象要打破。

一者，主持人首席制。

上海广电局率先在上海电视台、东方电视台、上海卫视三台的新闻节目主持人实行"首席主持人制"，给予一定的任期，并将称号在荧屏上标明，既促进你追我赶的业务竞争氛围，又使首席主持再接再厉，起到榜样的力量。

重大节日与事件的特别节目都由他（她）们领衔主持，起到当家主持的作用。

白岩松重大事件的主持报道，李咏、王小丫重大节目的联袂主持，既要给他们连续性和稳定性，以形成"权威名牌"，又要给他们"名正言顺"，以得到荣誉感和责任感。称号可有首席主持人、首席主播人。

二者，主持人·制片人制。

对于在使用中卓有成效，颇有知名度，又具有组织才干的主持人，应把他推荐到制片人岗位上与"编导（制片人）为中心，主持人为重心"的创作体式接轨。

上海电视台的叶惠贤，中央电视台的汪文华、崔永元，北京电视台的田歌，他们先是从主持人做起，节目旺起来了，主持人红起来了，他们又走到《今夜星辰》《曲苑杂坛》《实话实说》《荧屏连着我和你》节目组制片人的岗位上。

他们既是制片人，又继续从事主持，这样，"以编导（制片人）为中心，以主持人为重心"的创作体式的理念，将使这些优秀主持人已经形成风格的品牌节目，得以整体性、持续性、通畅性地提升。

从某种意义上讲，一个台有一定量的著名主持人担纲制片人，而执行"以编导（制片人）为中心，以主持人为重心"的创作体式的理念，更证明了这个台有了相当实力的名主持与名节目。

主持人当制片人不是一种荣誉，是一种地位，是一种责、权、利，让主持人走进这种体式，就要给主持人配备优秀导演、优秀编辑、优秀摄像，优秀撰稿人、出题人以及优秀的第二制片人进行强强组合。

主持人、制片人制是激励名主持不断产生，个性风格不断形成，品牌节目不断持续的有效机制。

——重用让使用更富有含金量。

湖南电视台的《快乐大本营》节目是一档有影响的高龄化节目了。

由于女主持李湘的离去，对于招牌似的"一女两男"的三人主持样式产生了颠覆。

为了保持名牌节目的"品牌效应"，为了保护名主持人的"名人效应"，高层决策人、节目策划人对老牌《快乐大本营》进行了新的战略包装。

首先，让谢娜顶替李湘与何炅、维嘉配合进入包装战略的"过渡期"；

应该说，两位老主持带一名新主持这档节目也不会差到哪里去；

坦率地说，谢娜与李湘相比又稍逊一筹，这样，《快乐大本营》的"老"观众们在心理上造成前后节目主持人的对比而产生对主持人新的想法、新的企求；

然后，待一两个月的"过渡期"结束，编导们猛烈推出主持人的"淘汰"赛，也就是让湖南乃至全国的观众对三位主持人进行投票，票数最多的就继续担当《快乐大本营》的节目主持人。

应该说，这样的"淘汰"没有太多的悬念，因为何炅在圈内人气很旺，非他莫属；

坦率地说，为了保持"持续性"，由于谢娜担任《快乐大本营》时间不长，淘汰她也属于"理所当然"，而维嘉的口碑不错，淘汰他就让人感到"依依不舍"。面对这样的"现实"，这"淘汰"的节目倒也会产生一定的吸引力。

关键是在这一个多月的《快乐大本营》节目播放中，编导不是着眼于"淘汰"这个层面，而是着力将每一期的节目做成了每一位主持人的"个人专辑"。

这是"高招",高就高在这既是对留任的主持人充分地肯定,对离去的主持人又是个欣慰,这更是对节目的宣传,吸引了观众的"眼球",赢得了更多的"重视"。

更高的一招,就是当众望所归的何炅以最多的票数留在《快乐大本营》而预示着"淘汰期"行将结束时,智慧的策划人、编导们又在节目中当场宣布在全国招聘新的女主持人而与何炅搭档共同主持改版后的《快乐大本营》节目,一场"选赛期"的女主持人比赛又将开始,如果将"选赛期"的过程在节目中正面播放,这将更加吸引观众的"眼球"、更加赢得观众的"重视"。

——《快乐大本营》是老了,《快乐大本营》更新了。

——"过渡期""淘汰期""选赛期",这就是包装经营的整体战略。

联想到,与《快乐大本营》同样"寿数"的《实话实说》无奈于2005年9月13日由中央一套而退居新闻频道,不得不让人深思:

尽管《实话实说》姓"崔",任何人接棒总会有点"吃亏"。如果在崔永元离去时不让和晶匆忙而上,而是用"盘点"的方式为崔永元安排几期"歌功颂德"的特别节目并在特别节目中为女主持和晶围绕"接棒"而安排专期铺垫,效果是否会好一些?

后来和晶要生小孩换上阿忆上、和晶生好小孩再来顶调阿忆《实话实说》,客观上产生了总体节奏的"紊乱"。既然,崔永元身体康复,当和晶离去时,宁可去掉《小崔说事》而安排崔永元在节目形态与话题定位都进行一番调整后的新《实话实说》中再度出山,可能会更加精彩,而让和晶做一档更适合她的节目,岂不两全其美!

尽管这属于事后理性分析,尽管当时在操作时还存在着其他客观因素,但对于一档节目,特别是一档顶级的节目,这整体企划与战略包装就显得更为重要。

商场上有句朴实无华的至理名言:在商言商、生意要当生意做。

当今的电视节目已被推向市场,我们的主持人已自觉与不自觉地被推向市场接受考验。

面对市场,必须学会经营。

塑造品牌主持人形象就是经营的任务,就需要战略的经营。

融合与磨合、定档与串档、造型与变型。

中心与重心、简装与包装、使用与重用。

弄清相互的关系,认同先进的理念,找准客观的规律,运用有效的手段,有助于塑造品牌主持人形象的战略经营,有利于品牌主持人形象的魅力无限。

经营是层出不穷的——经营需要勇气，经营需要智慧，经营需要恒心。谁不知道"山不在高，有仙则名，水不在深，有龙则灵"的道理呢？形象的经营是塑造节目主持人与主持人节目品牌战略的时代必然。

思考题

▲ 什么是节目主持人的整体形象？
▲ 创造出整体融合的个性演播形象的实践意义是什么？
▲ 如何获得节目主持人个性化形象？
▲ 为什么说形象经营是塑造节目主持人与主持人节目品牌战略的时代必然？
▲ 根据你的体会，谈谈塑造节目主持人与主持人节目的品牌战略要重视哪些方面？

第四章
节目主持要素篇

我们谈论了节目的五大特征、节目形态的五组基素、节目形态感的呈现以及节目形态的演练，我们又谈论了主持的当众状态、主持状态的演播、主持状态演播的三大创造力以及主持状态的演练，朱光潜先生教导我们：艺术的本质是实践的。下面我们谈谈节目主持的十大要素。

第一节 人事叙述要素与演练

众所周知，人事叙述的所指是人物讲述和事物的表述。而主持是一种传播手段，主持人的演播更具有口语传播的特点和口语交流的特点；媒体运用主持人样式的节目，其目的就是为了更加吸引受众而提高传播效果。主持人主持节目不靠唱、不靠跳——靠的是说。

那么，语言的形式逻辑是主持人在言语组织过程中的"思维语法"。正因为主持人的言语组织不是写给别人看的，而是通过口语表达说给人听的，所以，只有主持人的言语组织得生动形象，口语表达才能富有吸引力和感染力。然则，主持人在面对特定的语境进行的自由创造中，要让句式与词语建立多种关系，使每句话语的词汇运用恰当，使每句话的语形更为鲜明，人事叙述才更显特别。

让我们来看看节目主持人宋世雄的这样一段话：

我们的视线热辣地盯着同一个目标，我们的嗓门热乎乎地喊出同一种腔调，我们的心热腾腾地在同一个节拍上跳动；我们热血沸腾，我们热泪盈眶，我们热火朝天，我们一起陷进一种热烈而又深远的感动热潮中来。[1]

没有独到的语感、语流的主持人，是不可能形成如此习惯性的生动形象的口语叙

---

[1] 宋世雄：《宋世雄自述》，北京作家出版社1997年版，第207页。

述和言语组织技巧。

在执行演播贯串线"为什么人说——说什么——怎样说"时,在把握语法逻辑与语气、语调的技能运用来清楚地表述思想目的与准确表达情感任务时都要有主持人的独特叙述和情感来体现。

让我们再看看中央电视台新闻节目主持人敬一丹在《东方时空》特别节目《走进98》的开场语:

走进新的一年,有些人家的旧挂历还挂在墙上,有的朋友呢,还会顺手把年份写错了。我们走进九八总还会带着九七的痕迹,过去的一年给每个人都印上了属于自己的年轮,留下属于自己的记忆,然而,有些事情、有些现场、有些瞬间都是我们大家所共有的,对于我们民族来说,有的甚至是历史性的。今天我们带着九七的收获、九七的欣慰,也带着九七未解开的难题走进九八,那么1998年将会给我们带来些什么呢……

敬一丹的这段开场语是迂回入题,也有引发思索的悬念和情绪的渲染,而不仅仅是单纯地对1998年的期待,主持人用感慨万千的话语,用真挚的情感"点燃"受众的情感,以此来叙述铺垫节目的基调。

主持人在人事叙述的节目中串联进行再创造,既要表现为再造想象,更要表现出创造想象,那么选取的叙述角度尤为重要,因为选其独特的角度能让主持人的言语组织出深度。

如新闻节目主持人康辉在中华人民共和国60周年的庆典上这样说道:

60门礼炮齐整地排布在天安门广场南端,它将用穿透云霄的鸣响为新中国烙印峥嵘的纪念和和平的誓言。60声震撼的鸣响必将激荡千年古国的万里疆土,激荡中华民族的奔腾血脉。修葺一新的中国国家博物馆,厚重如山,巍峨毅然。60年来它见证了共和国奋勇前行的每一步。珍存了共和国喜悦变迁的每一天。新中国60年跌宕起伏,波澜壮阔,中国人民秉持着历来的艰苦奋斗,张开了拥抱世界的臂膀,坚定了开放发展的心态,从容涉过岁月的洪流。

而同样是新闻节目主持人白岩松却选择另外一个角度来叙述:

今年是牛年,60年正好一个甲子,牛具有执着、勤奋的特点,永远绷着这种劲。每人都有一个属相,如果我们的祖国也有属相的话,那就是牛!但愿中国永远这么牛!

你瞧这话听起来还真有趣，他的话，引起了许多人的自豪与认同，并且也符合中国国民的属性，勤劳、勇敢、坚毅、不折不挠，这就是中国的国民属性，因为新中国在60年征程中的表现确实牛。

作为主持人平生要在多少个场合说多少个开场白，说多少个串联词，说多少个结束语，主持人要时时、事事、处处建立起语言表达的吸引意识，选取独特的角度让言语组织出深度，选择多彩的细节让语言生命多细胞，在流畅中出智、出彩、出情、出趣。

有这样一则演练：

连词演练

按时间、人物、事件的门类对应三个关键词、三人一组面对同一词组，如"春节""姥姥""包饺子"，当众思考一分钟后进行一分钟的即兴口语表述，"三人行必有我师"，出众者自我阐述后再由老师点评；每三人小组根据老师当场出的新词组并加大词组间的难度，如"一场演出""一束鲜花""一个足球"进行轮番演练。

第二节 情理议论要素与演练

主持艺术的体现主要是靠主持人在节目中"说"出来的。从严格意义上讲，没有议论的主持人节目是不存在的，不会议论的节目主持人不可能是优秀的。议论，是指主持人在主持节目过程中对某一事物或问题发表的观点和看法。主持人在节目的操持中，面对对方话语的语境，其论点往往是具有多义性；所以节目主持人的议论既要快速立论点又要巧妙选择议法。

议论的论点则是指议论的立意和观点。议论有三个议法：宕开一笔、转述一言、拢收一句。

宕开一笔——主持人对话题边介绍边议论，漫言他事、渐入主题。[①]

转述一言——主持人借用话题所提供的话语而进入论点议论的一种方法。

拢收一句——主持人通过事件内容直感地概括出一句精炼的理念性语言，使原意起到升华的作用。

需要强调的是：其一，宕开一笔中的"宕开"就是主持人确立论点进行议论的思

---

① 胡钟业、许良：《材料议论与写作入门》，江苏河海大学出版社1994年版，第50、51页。

路切入点，是主持人围绕话题中心并调动积累再展开联想而主观"借用"的；转述一言中的"转述"同样是主持人围绕话题中心并依据对方话题的话语而客观"截取"的。其二，宕开一笔带有一种扩展性，它是培养主持人联想能力、想象能力、分析能力为目的的议论技巧，宕开一笔的议法要求语言生动、形象、活泼；转述一言则是具有一种概括性，它是一种培养主持人截取能力、化简能力、浓缩能力为目的的议论技巧，转述一言的议法要求语言准确、简洁、灵活。其三，拢收一句属于短句点评的范畴，在提问与问答对话性的议论中占有很大的份额与分量，尽显主持人议论功底，学会"拢收一句"议法对主持人进行议论将起到画龙点睛的作用。

主持人的议论不要将叙事与说理截然分开，事、理、情应融于一体；在节目中虽然不是句句议论，但议论却又是无处不在，议论既可用于节目开首、结尾，又可在主持中间夹叙夹议、更可在提问、答问上引申、衔接。

节目主持人的议论，总是结合某一件事，某一个问题有感而发、发生开来，以便引起人们的注意和重视；空泛的议论是不会受到欢迎的，主持人的议论只有将事、理、情有量有度地结合，不管是切中时弊，还是褒扬时尚，都能恰到好处。

1997年6月30日晚，中央电视台节目主持人白岩松在深圳皇岗口岸直播报道驻港部队冒雨入港过程时，因为站位移动出现未能预料的与导播联系的断档，这时他灵机一动，对眼前邓小平曾经来过的一幢房子发表点评：

各位观众，在我们这里往前面看，可以看到一幢白色的小楼房，这是皇岗口岸的办公楼。当年邓小平同志曾在这里登楼眺望香港，现在那幢楼里还挂着他视察口岸的大幅照片……我想，今天晚上，当驻港部队跨过这条边界线的时候，在所有为部队送行的人群中，肯定有一位老人深情注视的目光……

主持人在节目中的议论，要把对生活的感受、对人生的看法化成自己具体的真情实感，靠真情感染受众、靠实感吸引受众。

中央电视台"心连心"艺术团来到江西革命老区演出，场面热烈。歌唱家关牧村演唱《多情的土地》时乌云聚集，落下阵阵雨点。歌声一停，主持人赵忠祥登台，他即兴说道："乡亲们，关牧村动情的歌声把她自己的眼睛唱湿润了，把老区乡亲们的眼睛唱湿润了，连老天爷的眼睛也给唱湿润了！乡亲们，谢谢你们的盛情，我们的演员已经商量好了，如果雨下大了，只要大伙儿不走，我们演员就不会走，就继续为大家演出……"主持人赵忠祥寥寥几句话却蕴含浓浓情意。他先用几个"湿润"做铺排，上挂下联由虚到实，将"心连心"之情推向"感天动地"的境界，也将节目气氛推向高潮。

主持人的议论在叙事中起着升华主题、画龙点睛的独特作用——寓理于事、理中有情。而精彩的议论常常赋予内容以理性的色彩、智慧的闪光，增强了节目的说服力；精彩的议论贵在抒发引导，给人以更多的思索、更深的启悟，升华了节目的高品位。

有这样一则演练：

看图说话

先由老师选择情节性的新闻图片，如"马戏团的两个小丑"，然后提出主题，三人一组思考两分钟后进行一分半钟的当众议论，先一事一议，再夹叙夹议；先老师命题后自我命题，并加大图片内容难度，如"一个西装革履的人向一排衣着褴褛的人致礼"进行轮番演练。

第三节 场面娱乐要素与演练

娱乐使人快乐而感到有趣。场面娱乐要素有三个层面的指向：

第一层面是娱乐的种类样式；第二层面是娱乐的手段运用；第三层面是娱乐的点子创意。

娱乐的种类样式：有游戏类节目、竞赛类节目、文艺类节目、综艺类节目等。娱乐节目既然以娱乐场面为主，那么人事叙述要素和情理议论要素就应为辅助，然而在娱乐类节目的实际操作中，主持人往往注重了场面娱乐单元程序的操持，而忽略了人事叙述要素和情理议论要素的存在及其作用，使节目的形态感失去了完整性。

主持人李咏何以优秀？在《幸运52》游戏竞猜节目的操持中，李咏既能驾轻就熟地掌握节目每一个单元、每一道程序，又能对参赛人和竞猜事有着生动流畅的叙述和对话，更能作出合情合理的点评和议论。竞猜节目何其之多？如果主持人只剩下"完全正确，加10分""十分遗憾，减10分"的结果式的表层主持，那主持人何能出色？那节目何以优秀？

让我们来看看主持人李咏的另外一档节目《咏乐汇》，这档访谈节目区别于以往的任何访谈类节目，大量运用了娱乐要素。首先，节目录制现场的舞台设计别具一格，一般访谈节目都是一张桌子和几把椅子，或是大沙发；而《咏乐汇》将餐厅搬进舞台，与嘉宾边吃边聊，更有新意的是，菜肴的选择也是别具心思，它常常根据嘉宾的口味，或者记忆里的某个时期爱吃的食物设计而成。例如，在采访费翔的节目中，首先上来的是咖啡，费翔就曾提到他很喜欢喝咖啡，每天早晨要喝六到十杯，他也自然而然地讲到了为了保持体形他早晨不怎么吃东西的习惯；还有在采访赵雅芝的节目中，就选择了赵雅芝最爱吃的葱油饼和她在拍《上海滩》时常吃的牛肉煎双蛋，这些都能勾起嘉宾当年的回忆，进而切入谈话的题目就不那么生硬了。此外，特别设置了两个人物：厨子和服务员。完全改变了访谈主持人一个人从头说到尾的风格，这两个人还不时和主持人以及嘉宾有互动，整体上将舞台餐厅临摹得生动、有趣。

当然，娱乐的手段运用可以有音乐、歌舞、戏曲、小品、物件选择、道具设置、悬念铺排、情节故事、风趣语言、游戏活动等。如上海电视台的《相约星期六》，主持人引导不同的男女嘉宾边谈话边做游戏，在玩笑中引出不同人的爱情观点，这样嘉宾和观众就在不知不觉中了解并谈出了不同人种种关于爱情的故事和想法。这些"娱乐要素"的巧妙运用，使节目一下子鲜活起来。

再如，中央电视台的《实话实说》是一档谈话节目。在谈话节目里加个小乐队，而且还是个电声乐队，时不时蹦出来敲打一番，小乐队现场录制，即兴演奏，一气呵成。如果把一次谈话比做一篇文章，小乐队的音乐就像标点符号，激情洋溢地穿插其间，把谈话烘托得起伏有致。如果说崔永元是节目第一主持，用风趣幽默的语言说话，那么，小乐队便是节目的第二主持，用音乐参与谈话，表达看法，用音乐对话。尽管国外一些"脱口秀"早有先例，但国内这终归是"吃螃蟹的第一人"。当然值得一提的还有崔永元的"三句半"形式，他总是把前三句的讲述留给观众，让大家各抒己见，进而又以一种娱乐、玩笑的态度加以总结，让大家会心而笑，这些看起来平淡无奇仅仅是语言上的小技巧，但实际上正是他的语言让大众充分地感受到了愉悦和幽默，于是娱乐的效果也就不言而喻了。

节目中场面娱乐要素的娱乐点子往往决定着以场面娱乐要素为主的娱乐类节目形态感的新奇性。娱乐点子创意，就是要求异，就是要创新，就是让节目与众不同，就是让观众有耳目一新之感，就是让观众感到出奇、有趣、好看。

有这样一则演练：

综艺主持

五人一组，各备才艺，一人担当主持，将其他四人的自备才艺现场组织，五分钟后进行五分钟的综艺主持，五人轮番担当主持（先预告五人一组，后当场抽签为组），同样的菜，看谁先炒出更美的味道。

第四节　物件运用要素与演练

物件运用本属于娱乐手段运用的范畴，由于物件运用的独特性以及相对具有独立性，所以物件运用可以单分一类作为要素演练，在主持电视节目的过程中可以运用到一些小物件来增加场景的趣味性，又可以增加与主持人之间的互动性，使得节目更加顺畅，更加饱满。

江苏卫视的《非诚勿扰》并不是中国荧屏上相亲交友类节目的开山之作，但却是最有影响力、最有话题性且艺术生命力最长的一档节目。主持人孟非在节目中充满智慧、充满趣味的主持风格同样令人记忆深刻。孟非对于采访嘉宾背景资料的深入了解，往往是通过现场设置的、独特的物件道具等手段来进行呈现的。

在一期节目中，一位男嘉宾专门为了一位女嘉宾而来。为了"表白成功"，在车间工作的男嘉宾准备了自己亲手制作的手工制品，准备了自己用机床制作的戒指等，每一段短片、每一个出现在现场的"物件"都让男嘉宾的情感更上一个台阶。在孟非的短句点评、现场问答下，一个个物件更得到了升华，既激起男女嘉宾的感人回忆，又激活话题的起承转合；既让现场男女嘉宾荡气回肠，又引得观众心潮澎湃。为了最大程度地调动现场情绪，主持人孟非精心设置了一个环节，让节目组把一件洁白的婚纱"从天而降"，只为圆女嘉宾一个"穿婚纱"的梦想；又让全体观众拿出手机向女嘉宾展示她的婚纱照片，只为表达"我们认为你们是天造地设一对"的想法和祝福，这更把现场的氛围推向高潮。

节目中，物件道具的设置和短片运用已成了《非诚勿扰》节目形态的特色，现场播放的一段段精心制作的视频、一张张提神提气的照片、一个个有意义的物件和一段段有趣味的才艺都融汇在节目独特的形态中，所有这些要素，都成为节目火爆的助燃剂，使《非诚勿扰》出情、出彩。

物件道具的运用不仅仅体现在综艺娱乐类的节目当中，也同样适用于新闻、经济等节目中；同时物件道具的运用也不单指对嘉宾的采访中可以运用，还有主持人自身的使用。如：白岩松在《新闻1+1》中，反复使用到题板这一物件，来标示主要提问内容，使人一目了然，清楚地认识到重点所在。再如：中央电视台经济频道《财富故事会》的主持人王凯，很有特色和个人风格，主持节目时经常手持茶壶或是扇子，讲起故事娓娓道来，引人入胜。别小瞧一把扇子，就是这样一个小道具的使用，增强了讲故事的韵律，拉近了与观众之间的距离，增强了身价过亿企业家的故事与受众的沟通感。

借物说事、借物思情，物件道具的正确使用可为主持人、为节目添彩添色，使其风格更加鲜明，更有张力。

有这样一个演练：

物件故事

三人一组，在新闻、娱乐、体育等门类的人物图片和事件图片中选择三张有关联的，准备两分钟后，按序展示、讲述时长为两分钟的故事。其后，分别把正方形、立方体、球形设想成一个纪念品，一分钟后准备讲述一个有意味的时长为一分钟的故事。再将球体放置方盒中、立方体放置圆盒中，加强难度、递进演练。

第五节　语体风格要素与演练

生活中，书面语是通过手写眼看来传递信息的，口语是通过口说耳听进行沟通交流的。

文有文体，字有字体，语有语体。

主持人说话应该考虑语体，那么什么是语体？语体是人们为了适应不同的交际功能并经过有目的地选择与组合而形成的一种系统的语言表达体式。何谓主持人节目口语体？主持人为了适应表达目的与任务的需要，在节目中对语言的使用有着特定的要求而形成一种当众播讲的语体，称之为"主持人节目口语体"，这种口语体又称之为"言说体"。

主持人在节目的演播过程中要掌握并运用口语语体，就要弄清楚语体整体主基调所应有的"三变两合"的特征。

首先，说"三变"。把抽象的东西变为具体的；把静止的事物变成活动的；把内在性质的东西变成外观可感的。一句话：生动+形象。举一例来体味：有一次，优秀地方戏剧《梁山伯与祝英台》用来招待各国外宾演出，工作人员唯恐"老外"看不懂，就用了众多文字想在演出前叫报幕员详细解释当众介绍一下。结果，口才出众的周恩来总理就用了一句话，让大家一目了然、口服心服——"这是一出中国古代的罗密欧与朱丽叶的爱情悲剧：男主角是梁山伯，女主角叫祝英台。"

其次，再谈谈"两合"口语语体是介于日常生活口语与书面语言之间的一种语言，在受众接受心理的审美需求标准的制约下，把日常生活口语与书面语言的这两种形态的优点进行有选择性的组合而产生有机性的融合。一句话：流畅+文采。

让我们再来感受一下主持人"三变两合"的特征体现与能力展现：在"小平同志'南巡'讲话"以后，中央电视台节目组要拍摄六集"上海在前进"的系列报道，编导请主持人赵忠祥来一段一分钟首集开场白：

当我还年轻的时候，听到朋友们到上海出差的消息，比现今听到人们出国还要羡慕。因为当时上海的东西是那么好、上海是那么发达、上海是那么繁荣，而且，上海占全国国民生产总值的40%，所以，我觉得上海一切都好；

后来，当我年龄长了一些，以及几年来沿海地区发展起来以后，我不太愿意去上海了，为什么呢？我以为她容颜衰老，没什么朝气，而且，再也不是领先潮流了。

在小平同志南巡讲话以后，我们又一次来到上海，一下火车，我们就感到一阵春风扑面而来。

在短短的一百八十六个字的首段开场白中，无处不显出著名节目主持人赵忠祥先生对节目主持人节目口语语体的纯挚而又老道的驾驭能力和不落俗套的思想智慧。

节目主持人的语用规律是具有相对性的，节目主持人的言语活动是具有动态性的，主持人是处在变化之中进行组织与表达的。主持人节目是有着不同类型的节目的，不光是在不同类型节目有着不同类型的语言表达风格，就是在同一个节目中，主持人语言风格也有着多种色彩的选择与表现。一个优秀的节目主持人在言语组织与口语表达中，只有抓住主持人节目口语语体"三变两合"特征的这个总体主基调的"纲"，在自我找准定位的节目中，去面对不同的语境，再切合广大观众的接受心理，才能产生出既丰富多彩又合适得体的语言风格。这就叫"纲举目张"。

有这样一则演练：

一语三体

全班20人，五人一组，各组预先拿到命题，如"喝茶"，每人用文字书写出长约三十秒钟的一段书面体、一段口语体和一段言说体，用PPT放大，当众朗读；然后老师当场命题，如"微博"，准备三分钟后，每人先后用书面体、口语体、言说体当众表达。前期，一文三体，后期，一语三体；日久天长，主持人节目口语体自然形成。

第六节 语境选释要素与演练

语境,是现场语言活动的环境。节目主持人要从现场语境出发,要从对象特点出发,就要智抓语核。所谓语核,就是在头脑里即兴产生一种触发灵感的并在思路辐射中欲与两方面乃至诸多方面的人、事、物勾连起口语表述关系而达到出智出彩的核心媒介。"核心",指语核是即兴出智的主要动力;"媒介",指语核要与两方面乃至诸多方面的人、事、物建立起表述关系。

作为一个主持人,不管是在演播现场,还是在户外活动,你的表述都面对着各种各样的语境,面对语境要进行即兴表达,就应该有智抓语核的言语组织能力。而抓语核离不开特定的语境,主持人是面对现场语境而进行智抓语核的。主持人面对的语境往往是又具有多个语境点,在操作中关键就看你的视角如何去发现,如何去取舍,如何准确而又独特地建立起两者内在的关系。

有这样一个场面语境:九月十日是教师节,主持人面对一所著名医科大学所举行的新老师见面联欢会上的一段开场白:

各位老师,教师节好!大家一定知道,从生理学意义上讲,血液有 O 型、A 型、B 型、AB 型之分,虽然,我不知道在座的各位老师是何种血型,不过我却要说,从非生理学意义上讲,我们全是 AB 型,我们都能接受任何"血型";我们又全是 O 型,能输给任何"血型"。新老师的到来,如同给我们这所著名医科大学注入了新鲜血液,我们新老"血液"一定能心心相印、相处融洽,今天的联欢会将更加充满生气,我们未来的医学教育事业将更加红火、更加火红。

显而易见,这段开场白是兼顾了"九月十日教师节"与"新老教师见面联欢会"这两个语境点而紧紧抓住了"著名医科大学"这个语境点产生了语核——"O 型与 AB 型"所进行的言语组织。应该说,这一语核是抓出了准确而又独特的效果。既抓住了属于这一场面语境"独一份"的语核,又能被广大受众所认同而产生吸引力。当然面对同一语境有很多种读解,我们需要强调的是,既要准确又要独特,既要切题又要超旨。所谓切题就要扣紧题目不要节外生枝;所谓超旨就要超越"公共主题"立意新颖并见解独特。

只有感受语境,进行语境选释、只有智抓语核,进行言语组织才能使我们的主持人在流畅的表述中超越"公共主题"。

有这样一则演练：

语境感受

1. 三人为组，先各自设置一个语境点的语境，如"在护士节的晚会上"，自我抓出语核，并撰写出150字的开场白。演练时，由一位同学大声朗读语境三遍后，由另两位同学当场感受语境，即兴说出语核，并进行30秒钟的开场白表达。随后，第一位同学再照本宣科朗读出撰写好的语核，以及150字的开场白，把自我有备的文字表达与他人当场即兴的语言表述进行比对，三人轮番完成。

演练结果往往会证明：有备未必比即兴强，即兴甚至会比有备更好。

2. （同理）按两个语境点，如"迎元旦长跑比赛"的开场白。

3. （同理）按三个语境点，如"春季的一天，京剧大师为农民演出"前的开场白。加大难度、递进演练。

第七节　节奏掌控要素与演练

我们清楚地认识到：节奏是节目生命的律动。主持人只有做到对节目整体性的节奏掌控，才能使节目在节节推进中，环环相扣。

在节目主持中，不管是录播还是直播，节目的时间长度总是固定的，同时也是有限的，作为主持人节目的艺术节奏，他首先作用于观众的注意力，引起观众的兴趣，苏联学者格·股利耶夫给节奏下了这样一个定义："节奏就是一切运动的组织原则，节奏就是各个部分互相联系的规律性，它能够形成一个完整的过程，这就是有目的地把任何一个过程根据花费最少的力量而达到最大效果的原则，组成一个统一整体的一种规律性。"张仲年在《导演基础》一书中指出："节奏对于导演来说是一种理解更是一种感觉，一种带有神秘色彩的感觉，节奏也可以说是一种精巧的算计，情绪刺激的铺排，在这里导演的感受力和判断力起着至关重要的作用。"我想，这精彩的论述也适用于电视节目主持人。同时，张仲年教授又指出："节奏是客观存在的东西，但是又是主观的，既要让观众感受到你为他安排的刺激，一般说如果观众生理上接受的刺激多于或快于心理反应，他们会感到节奏过快，相反，则会感到节奏太慢。"过快与过慢都是对吸引力与兴奋感的一种建立。

应该说，主持人在操持节目过程中，他们内部心理的总体节奏是紧的，而外部表达的语速往往有三种情况：一种是紧中慢说运用，一种是紧中快说运用，一种是紧中快慢交替运用，速度是节奏的外部表现，而这三种状况又将在节目的板块与段落中体现出欲正先反、欲扬先抑、欲悲先喜以及欲反先正、欲抑先扬、欲喜先悲的六种心理心机铺垫与铺排中。

主持人掌握了这样的内在总体节奏与外部具体语速，才能使节目在内容深浅交替中达到跌宕起伏、错落有致。我们都知道谈话节目的灵魂是主持人，好的节目是与主持人融为一体的。拿中央电视台的《实话实说》来看，不管是家长里短的素材还是人们正视的社会热点新闻，崔永元都会以自己的冷幽默方式来处理，而他能够使节目做得更好看，恰恰在于他外松内紧的表达与节目现场的节奏掌控密切相关，看似调侃轻松，却不乏节奏张力。

主持人要拥有成竹在胸的准备再准备的储备。在节奏的运用中，对流程的铺设、场面的控制、氛围营造的环节驾驭，在纵横的疏密、抑扬的张弛、褒贬的轻重、悲喜的浓淡、悬念的跌宕、递进的快慢、冲突的强弱、转折的丰简、高潮的起伏的运用中，要掌控有度、拿捏有数，要宁缺毋滥、宁紧毋松地做好起承转合、承上启下的加减法，让主持人节目有机地呈现出一种非常吸引人观看的节目节奏，而成为操持节目形态感、渲染节目总主题的真正主宰。

研究和掌握节奏是主持人必不可少的基本功。

有这样一则演练：

接球说题

以10人为一组，围成圆圈，老师脚踩足球站在圆圈中央，足球表面贴着写有十个题目的十张卡片。

1. 同学按老师中速击掌的节奏绕圈行走，过程中，老师将球随意抛出，并喊出题号，接球者看题后按节奏边走边说，说完后将球抛还给老师，依次进行，每人讲述一次作为一轮的结果。

2. 老师快速击掌，同学快速表达，依次进行，每人讲述一次作为一轮的结果。

3. 老师慢速击掌，同学慢速表达；依次进行，每人讲述一次作为一轮的结果。

4. 老师快速击掌，同学慢速表达；老师慢速击掌，同学快速表达（老师会随意变换击掌速度）。

击掌的节奏速度变了，但题目不变、内容思路不变，同学根据语言节奏的速度，在规定的一分钟里可自行增减字数。

足球表面的题目，例如："用一分钟说说有这样一个同学"、"用一分钟讲述一个热闹场面"、"用一分钟讲述一个感人的场面"、"用一分钟讲述一个尴尬的场面",等等。

第八节 镜头感觉要素与演练

电视节目主持人区别于其他节目主持人的一个前提条件,就是一切演播活动都必须表现在摄像机的镜头前。那么电视节目主持人在镜头前的眼波就必须要有一种镜头感。

何谓镜头感觉?镜头感觉是电视节目主持人在演播中对摄像机镜头运动时的一种感觉[1]。主持人在摄像机前的镜头感觉,既要主持人感受到镜头的存在,又要将心理上的制约解除掉,使演播在镜头前获得自由的美感。主持人在面对摄像机的演播空间中这种镜头表现能力主要表现在四个方面:景别感、对象感、间距感和走动感的这种感觉镜头的表现能力,使演播空间在镜头前获得有机的运动感。

何谓景别感?主持人作为镜头的被摄入主体,在节目录制过程中,能够感觉到自己在画面呈现的范围,这就是景别感。[2] 五种景别简而言之:带"人全"为远景(或称大全景),全身为全景,肩部以上为特写,胸部以上为近景,膝盖以上为中景。景别感与主持人感觉镜头要素的关系表现为:

其一,与平角度镜头关系。所谓"平角度"镜头是指摄像机处于与主持人站着或坐着的眼睛相等高度的视平线,高于或低于这一视平线的变化不可过大。[3] 平角镜头因接近人眼的平视而产生画面平稳的效果,以利增加主持人的亲和力。

其二,与态势语言的关系。中景、近景、中近景的景别把人物放大了,主持人应找到运用态势语言的幅度与速度在镜头前的得体感觉。

其三,与空镜头入画、出画的关系。所谓"空镜头入画"就是主持人走进静态画面的景物镜头,[4] 俗称"空入画","出画"便是主持人走出静态画面。主持人如果能够准确而巧妙地选择并运用"空入画与出画",便能在动态中让静态画面增强一份活力。

---

[1] 吴淞:《电视术语手册》,上海科学技术出版社 1991 年版,第 118 页。
[2] 赵玉明:《广播电视简明辞典》,中国广播电视出版社 1989 年版,第 125 页。
[3] 《电影艺术词典》编辑委员会:《电影艺术词典》,中国电影出版社 1986 年版,第 331 页。
[4] 吴淞:《电视术语手册》,上海科学技术出版社 1991 年版,第 106 页。

其四，与起幅、落幅的关系。起幅是指运动镜头开始的画面，要求构图讲究，有适当的长度，具体可根据创作意图而定，由固定画面转为移动画面时要自然流畅。[1]落幅是指运动镜头终结的画面，要求由移动画面转为固定画面时能平稳自然，尤其重要的是要准确，要能恰到好处地按照事先设计好的景物范围或主要被摄对象的位置使其停稳的画面。[2] 对主持人来说，当运动镜头准确落幅时，主持人如何准确开始报道，主持人提早或过晚地进入报道，都会影响这一镜头的质量。

那么电视节目主持人在演播空间中如何建立正确的对象感呢？所谓对象感是指主持人把节目所定位的固定受众对象设想为具体的形象，与其在镜头前进行一对一的交流，而获得一种犹如真实存在又有机反应的并贯穿始终的感觉。

关键之一，就是要"具体"。主持人必须要把"对象化"的受众群面"设想为具体的形象"，这种"具体的形象"具体到对象职业、年龄、性别等外部形象的"设想"，具体到对象的心理、素养、性格等心理形象的"设想"。于是出现了中央电视台少儿节目主持人鞠萍姐姐的演播状态。

关键之二，就是要"一对一"。对象感中的"一对一"，前面一个"一"是指主持人，后一个"一"便是指"非真实的人"。一个主持人与一个具有人际交往活力的"具体形象"在"你我"空间中进行"一对一"的交流，便能产生一种人际交流的个性化效应。于是出现了北京电视台《第7日》节目主持人元元、中央电视台新闻频道《社会记录》的主持人阿丘在镜头前的交流感。

关键之三，就是要获得一种"感觉"。用一个文字公式来表述：视线的可视点+心像的想象点=眼睛的神态；也就是说主持人眼睛视线的可视点与内心视像的想象点，两点互为交织共同点击在所面对镜头上而产生了用眼睛神态看的这种感觉。

关键之四，就是能"贯穿始终"。"贯穿始终"的感觉是贯穿在"看着镜头讲话"始终，使对象感稳定；保持在"不看镜头讲话"的始终，使对象感呈现。贯穿始终的对象感使眼睛的神态在整体节目的流程中能流露出主持人对节目态度并集中体现在对观众的态度上；又有利于主持人在整体上进行调整、配置、主控而显得更加得体真实。

然而，节目演播中的"间距感"是指在双档主持演播空间中，主持人互相之间靠得近和分得开的距离与景别所建立的关系而在镜头前进行对口接词与目光转换的一种相互交流的表现能力。那么就要明确两个基本要领：

---

[1] 《电影艺术词典》编辑委员会：《电影艺术词典》，中国电影出版社1986年版，第322页。
[2] 《电影艺术词典》编辑委员会：《电影艺术词典》，中国电影出版社1986年版，第322页。

那么，何谓主持人的"走动感"？就是指主人在镜头前纵横运动中有着边走边说表现能力的一种交流感觉。

在《东方时空》的演播室中，关于报道"枪杀大象"事件的开场白就运用了由右向左移动的平面走动感：主持人张恒手拿一根树枝边走边说："观众们，我手里拿着一杆树枝，这是我三去云南跟踪采访报道时所用的拐杖，它见证了两次残杀大象这令人心痛的事件过程……"这种动态交流的画面一下子吸引了观众的眼球并急于往下看。而主持人李咏在《幸运52》的演播厅中，开场白出场就运用了由后向前走动的纵深走动感。主持人的走动感增加了画面的现场感。

有这样一则演练：

对视表达

演练者与一个高矮相等的同学面对面，首先，注视对方的眼睛讲述一分钟的故事，随后，被注视的同学离开，演练者在无人注视的情况下，仍保持注视状态，再重复讲述一分钟的故事。两人交换演练三个回合后，演练者单人保持注视状态。

1. 与摄像机镜头在同一视平线上，待机实录。
2. 面对镜头，走动上场，站位后，进行讲述。
3. 背对镜头，走动出场，站位后，进行讲述。

第九节　态势语言要素与演练

"态势语言"对电视节目主持人来讲属于一种"微相表演"。

"态势语言"要素与演练的目的就是要达到：头、眼、身、手总是情，站、坐、走、看总有状。

不管在静态演播节目中还是在动态演播节目中，"态势语言"总是"伴随着"嗓音语言而在自觉与不自觉地表现着。

"态势语言"要素与演练的关键是如何把不自觉变成自觉，关键是如何把自觉变成习惯。

中央电视台的康辉是一个资历不浅的电视节目主持人，其实他以播音员的身份亮相荧屏并未给大家留下深刻的印象，而后，在一次现场考古直播节目中，他的表现又不尽如人意。然而让观众引起关注的是康辉在2009年的《世界周刊》节目中的主持，给人们带来了惊喜：他以站姿出现，在段与段之间的串联中，双手综合运用为他的叙事和议论增色添彩——一会儿单手一指一挥，一会儿双手左右比画，不论是在胸前还是在腰间，单手、双手的上下运动，态势语言都有机呈现。康辉的语汇新颖，运用准确，配合得体，使一个传统的、平面的串报上升为一个新颖的、立体的串联。

"态势语言"的运用让康辉在《世界周刊》中出成就，让康辉在主持艺术实践中走向成功。联想到王小丫坐在《开心辞典》的座椅上、王刚站立在《东芝动物乐园》的现场上、李咏走动在《幸运52》的舞台上，尽管动作有轻重，幅度有大小，频率有快慢，但态势语言的充盈多姿、态势语言的得体有机，无疑增强了主持人的吸引力和沟通力，而让"有声语言"凸显有意味的张力。

有这样一则演练：

一稿三态

演练者备用同一稿件话题。

1. 选用坐姿，呈现轻松生活形的态势，进行不动手势的播讲；

2. 走到椅背后，选用站姿，呈现轻快生动形态势，进行伴随手势的播讲；

3. 主持人从椅背后，转换情绪站到椅子前面，选用走动姿呈现轻狂生猛形态势进行播讲。一稿三用，可自我微调内容，增减字数，而一稿三态，必须一气呵成，连贯呈现。

第十节 空间处理要素与演练

主持人的空间就在镜头前，空间处理就是给你一个准演播环境：把主持人静、动态的演播，分解在站姿，坐姿，一桌二椅，前景后景，纵走横走这四个基本单元中进行演练。既要面对镜头进行站坐走看状，头眼神手情态势语言的空间运用处理，又要针对演播命题进行先背稿播讲，再现场即兴语言组织表达。

那么，单人播讲的站姿坐姿形成了四种主持模式：

一桌一椅的坐姿、无桌有椅的坐姿、有桌无椅的站姿、无桌无椅的站姿。

那么，在双档主持中，大凡有一桌二椅、无桌二椅、有桌无椅以及无桌无椅。

关键在让内外拓展与空间建立关系——内要向外拓展空间，外要向内拓展空间。

第一步骤：内景现场的纵横走动演练

根据内景现场的具体环境选择一个典型话题，在规定的纵横走动的空间路线中面对镜头进行三分钟单人即兴播讲。比如，我们选择一所教学大楼里的一个教室，话题为"教师节"有这样一位老师。要强调"内要向外拓展空间",一般习惯操作大都是站在教室门口开场白,再走到讲台前说一通,但此演练在明确指定的空间路线中,必须体现出站——坐——走。

第二步骤:外景现场空间的纵横走动演练

在外景现场选择一个有具体实物的场景,比如请每人面对"停车场"自拟话题。面对镜头进行三分钟单人即兴播讲。通过这样的内外景现场的纵横走动演练,就是让主持人面对客观实景,要有一个善于发现的并能感觉空间的专业眼光,这种专业眼光能够把对实景的发现,在空间线路的纵横走动中,让主持人与实景建立的空间关系变得有依靠、有着落,从而使画面充满了张力,使播讲的信息充满了内涵。

景区组合与高低变换互为产生空间关系。关键在让景区组合,是指主持人在由多个相关联景区组合而成的整体大背景中,根据节目内容需要对分解成的局部景区进行前后景关系建立的空间处理能力。所谓高低变换,是指主持人对有高低层次变化的组合景区,在运动中的一种有目的的空间表现能力。两者组合就产生了:

其一,室内组合景区的高低变换演练,是室内景,是主观设置的,关键在于主持人要有对室内空间的运用能力。

其二,室外组合景区的高低变换演练,是室外景,是客观存在的,关键在于主持人要有对客观环境的概括能力。

空间处理的目的不仅仅是为了让演练者做一档节目,而且是让主持人在演练的空间中建立这些关系、懂得这些选择、掌握这些运用,而在实践中做好每一档节目。节目空间形态的创意是属于编导者的;而节目空间形态的体现则是属于主持人的。

有这样一则演练:

实景实录

选择学校礼堂前台阶与礼堂内大厅为演练实景,台阶上有栏杆、彩旗、花盆、大厅内有雕像、宣传栏、花坛。

设置话题:如"校庆前的报道"。

1. 演练者们先选择"由低向高、由外向内"的走向,从礼堂台阶拾级而上,在拉杆、彩旗、花盆之间走动,建立前后景关系,再走近礼堂大厅内纵横走动,与雕像、宣传栏、花坛之间建立前后景关系。

2. 反其道而行之,演练者们选择"由高向低、由内向外"的走向,从礼堂大厅纵横走动到礼堂前台阶踏步而下。

3. 最后演练者们将"由低向高"与"由高向低"连贯性操作,按序轮番演练。

路径一样，但话题不一样。

　　搞艺术的人不外乎要有功力和创造力，要素是形成功力的基础技术，是在不断地演练中成熟的，节目主持十大要素是实践经验的总结，是实用的，也是具有实效的。

　　谁都知道功到自然成，功底越扎实，创造力就越高强。

　　学习有三种境地，记性、悟性、灵性，让记性与悟性碰撞，"悟"到了才属于自己的、让灵性在悟性中升华，那呈现的创造力才无穷无尽。

　　让我们带着上学期课上"记"，课外"悟"的功力，走进下学期具有"灵性"的节目主持的文本创作吧。

下学期·综合篇

节目主持的文本创作

主讲教师的话

——主持创作的两大行为表现就是现场的驾驭和现场的演播

第五章

思维路径心智篇

第一节　节目主持人的一心多用

俗话说："一心无二用。"这就是祖辈教育后代而流传至今的做人做事的道理。

然而，上海戏剧学院九九级主持专业优秀毕业生吴昊，独辟蹊径地将论文开题为——论主持人的"一心多用"。征得同意择其精华纳入"思维智慧"章节之中。

做主持人既要领悟"一心无二用"的做人的道理，更应掌握"一心多用"的做节目的思维智慧。

面对这样一个场面的现场报道：

中国女子足球队在一次国际比赛中获得冠军，当她们凯旋时，却发现中国男子足球队的全体队员拿着鲜花站立在欢迎的队伍中。

此刻，作为一名主持人，你不能只按原来的思路只报道对中国女足的欢迎而对中国男足的出现视而不报；你既要报道中国女足的凯旋，又要糅进中国男足的举花欢迎，更要组织好中国女足与中国男足之间的内在主次联系，而这一切又必须在快速组织与快捷组合中瞬间选择，使你的报道揉进一个新的信息，一个新的内容。——这就需要主持人"一心多用"。

我们曾谈论到人的大脑在同一时空里，可以任凭想象而产生重叠性的思维，这就是人所具有的思维的多维性；

我们也曾谈论到人的语言表达在同一时空里，词只能一个接一个说、话只能一句接一句讲，不可能重叠地讲，这就是人在表达时的直线性。

从这两者的关系中我们可以看到：

人的大脑是神奇的，思维原本是变化多端的，但是，这种思维的多维性往往具有随意性，而人的语言表达又必须要简洁明了，让人听懂，所以，表达的直线性又必须要有准确性。

演说家指出：口才与无口才之间的区别，就在于前者懂得如何经过准确的选择后再表达，而后者只是把他所想的东西点滴不漏地转变为口头语言，这就是智者与蠢人之间的差异。

也就是说，人在表达时往往不需要把脑子里所想的一切都和盘托出，这就必须在思维的多维性与表达的直线性之间产生了一个选择性，而这种选择性又必须是快速组织的、快捷组合的。

这种快捷的选择性是一种思维的能力，是一种思维的智慧，但这不是每一个常人所具有的。正因为常人往往缺少这种快捷的选择能力，人固有的表达的直线性就压倒了人固有的思维的多维性，人原本"一心多用"的思维与表达的潜能往往被减弱了，常常显得暗淡了。

作为主持人就是要掌握这种快捷选择的思维能力，使思维的多维性更活跃，使表达的直线性更丰满，呈现出"一心多用"的思维智慧：

——主持人既要思考着有备的提问和交流，又要琢磨着准确选择后的即兴追问与沟通；

——主持人既要理清并抓住观众的思路引导节目向主题发展，又要面临难以预料的变化、从容不迫地想出妙法、应变补救；

——主持人既要照章说词、承上启下，又要现场发挥、即兴串联。

这样，主持人"一心一用"地做节目就不够用了，主持人做节目就必须"一心多用"。

"一心多用"就是主持人在节目的演播中，要在听中思、要在说在想、要在听与思和说与想中用快捷的选择来组织并表达自己语言的一种思维能力；

"一心多用"就是主持人对倾听力、思维力、记忆力、联想力四大智力进行强力度综合的能力表现。

——主持人必须要掌握"一心多用"的本领。

有这样二则演练：
演练一：一对一地答与问演练

要求两位演练者背靠背地对坐。

内容从早晨起床到晚上睡觉的一个周末假日的时间里，按每一小时为时段来选题进行递进式的先答问后提问。

假设当第一个人先问对方"你早晨6点醒来后，要做的第一件事是什么？"时，

第二位回答后，紧接着就提问第一位7点钟时段里的话题，第一位回答后再提问第二位8点钟时段里的话题，循环先答后问，直到晚上10点关灯就寝为止。

既要听又要想，既要答又要问，既要听对方提问，又要答对方内容，还要想下一个新的话题，更要围绕着周末假日内容时序的主题；

初练者可直呼时间提问，并回答内容简短些；

再练者就不得说出时间而应转换相应语言又必须是指这个时段的话题提问，并回答的内容要丰富些。

例如初练者所问："你早晨6点醒来后，要做的第一件事是什么？"而再练习时就应说："你早晨醒来后，有没有听广播的习惯，你喜欢哪个台的节目？"

演练后两人先将"一对一答与问"回忆记录成文，再阅稿比较研究。

演练二：五对五的答与问演练

一排五人为单数1、3、5、7、9；

一排五人为双数2、4、6、8、10；

两排在室内背对背而站。

任选一时效性话题，如"在'五一'长假的日子里"，各自准备好话题。

组织者只指令一人先提问。假设指令1号演练者，他先提出问题，然后叫对方的号数回答，比如："学校放长假又不安排活动对学生是利大于弊，还是弊大于利？请对方4号回答！"对方回答后必须说"回答完毕"再提出问题、再叫对方号数；

先答问、后提问、再叫号；

单号叫双号、双号叫单号；

叫号不得重复、话题也不得重复；

不得漏号，直到结束。

背对背，既要回答问题，又要提出不得重复的问题，还要记住对方已回答和未回答的人的号数。

先人数少些5对5，后人数多些10对10。

先易后难，循序渐进，螺旋向上。

第二节　多角度思维与多层面思维

谁都知道，每做一期节目都要有一个话题；

谁都知道，每一个话题又必须是电视观众所关心并感兴趣的话题。

然而，我们常常看到一些主持人把一个好端端的话题搞得支离破碎，杂乱无章，既抓不住中心要点，又做不到深入细致，蜻蜓点水、平分秋色，似乎面面俱到却又不知所云……

节目有了好的话题，还必须有主持人好好地去思去说。

对于话题的分配、对于话点的切入、对于话语的转换、对于沟通的调动——主持人要有一个缜密的思维布局。

要想问得灵动，要想问得细致，要想说得深入，要想说得得体，主持人必须掌握：多角度整体性思维与多层面序列性思维的思维方式。

请看这样一个演练实践过程：

室内中央用五把椅子围成一个圆形。

要求演练者展开想象与联想，你认为它是一个什么东西，就用自己的身体与动作与其建立关系来展示来证实，但不用语言来表达。可用一些语气助词表示、看谁做得多、做得难、做得好。

——于是乎，有一拨人：

有的人往椅子上一坐，证实是公园里的圆椅；

有的人站在椅子前做翻书状，证实是圆形书架；

有的人坐在椅子上换鞋，证实是商场鞋柜试鞋处；

……

应该说，这些证实都不能成立，尽管这几位想象不错，但肢体动作的证明不能让人一目了然，有见木不见林之感，既做不准又做不多。

——于是乎，又有一拨人：

有的人站在椅面上四周测量水文信息资料；

有的人站在椅子旁双手在椅背圆形口中吊桶打井水；

有的人走进椅背圆形口中双手对空机关枪左右扫射；

……

应该说，这些证实都是成立的，让人一看就知道你是在做什么，但三个人各有各的想法、有东一榔头西一棒之感，虽做得准但不易做多。

——于是乎，老师就点拨大家启发思路：

我们大家不要想到一个做一个，先整体性看着这五把椅子组成的圆状。它有多少角度可让你去思考，比如说，这五把椅背组成的圆口是一个角度，这五把椅面组成的圆道是一个角度，这五把椅脚组成的圆线，是一个角度，这椅背与椅面又组成一个角度，这整个椅子组成的圆形与地面又是一个角度、这几个角度你都找到了，你再去展开整体性的想象。也就是说，你在每一角度所做的想象与证实必须与这个椅子组成的"圆状"有着整体性的内在关联。这样你的肢体动作的证实，就会既多又准，——这就是多角度的整体性思维。

——于是乎，老师就请上一位同学来进行演练，并要求至少要连做三个证实，结果是：

他用手臂伸进椅背圆口中，边走动边贴烧饼，这是大饼炉；

他站在椅面上扛枪巡逻，这是岗哨；

他站在椅子周围伸出双手边走边推，这就是推磨；

他一脚站在椅凳上，一脚踩在椅背上向下看，这在高山上；

他一边在椅脚处添柴火，一边在椅背圆口处掀锅盖，这是炉灶；

他全身躺在地板上拍五把椅子的形状照片，这是山峰顶。

一口气做了六个角度的证实，个个都成立。

——于是乎，老师又开始点拨大家启发思路：

我们大家既然找到了这么多角度进行了整体性思维，现在，我们就选择一个局部，在一个角度上，展开丰富的想象，比如说，我们就紧紧围绕这椅背的圆口中，不要换角度，而是进行多层面的思维，也就说，从高到低、从站着到蹲着再趴着，这样一个层面接着一个层面地有序列性地去联想、去证实——这就是多层面的序列性思维。

——于是乎，老师还是请上一位同学来进行演练证实，并要求做得越多越好，他站在五把椅背的圆口中间，结果是：

他站着伸手打开龙头，用双手搓背，这是淋浴；

他站着低下头，满头乱发，这是法庭审判；

他站着双手左右比画，双眼左右看望，这是交警指挥；

他单腿半跪，用双手打枪，这是战地掩体；

他双腿半蹲，双手撑在圆椅背上身体摇摆着，这是学步车；

他双腿全蹲，用嘴发出用力时的声响，这是蹲坑上厕所；

他五体投地，五把椅子架在身背上，伸出头，手脚有节奏地摇摆着，这是寿星乌龟。

一口气做了七个连贯性的证实，个个都成立。

两个演练做完了，同学们在一片掌声中想得更多、悟得更深。

这就是多角度的整体性思维与多层面的序列性思维所产生的思维方式。

什么是主持人多角度的整体性思维？

——所谓"多角度的整体性思维"是指人的思路围绕整个中心而组织多侧面信息的思维方式。

对于主持人来说，就是围绕节目的选题，选择多种角度来分解中心话题而形成与整体有内在关联的子话题进行组织交流与操持沟通。

什么是主持人多层面的序列性思维？

——所谓"多层面的序列性思维"是指人的思路紧紧围绕一个角度而组织并展开连锁反应的思维方式。

对于主持人来说，就是选择并把握一个与节目的选题有直接关联的子话题进行有连贯的组织交流与操持沟通。

多角度的整体性思维与多层面的序列性思维两者是互为关联的，也可以说是一种前因后果的关联。

多角度的整体性思维是指向全局；

多层面的序列性思维是指定局部。

——主持作为一种艺术，往往正是有了精细的局部才会有精美的整体。

有这样一个演练：

多角度整体性思维与多层面序列性思维的演练方法应有步骤地训练。

首先，围绕"五张椅子"，先让一个演练者从"多角度整体性思维"去想去做，然后发动大家去做，演练者再把众人所想所做的记录归顺整理，自己再全部做一遍。

接着，做"多层面序列性思维"时，可换不同的角度，如选择"椅面圆道"，方法同上，先一人做，再众人做，最后一个人结合众人的再连贯做一遍。

然后，在此演练的基础，结合每一次的想与做，演练者带状态地用一百个字的语言表述出来，以达到综合演练的效果。

——多角度整体性思维与多层面序列性思维是属于集中性思维的一个重要的具体化的思维方式，因为集中性思维的目的就是将许多新的信息围绕中心进行选择，归纳和重新组合。

第三节　发散思维的三大特性

多角度整体性思维与多层面序列性思维是属于集中思维能力，与集中思维能力相对应的便是发散思维能力。

发散思维能力是主持人在言语组织中一个重要的创造思维能力。

有这样一个故事：

一位中学教师在黑板上用粉笔画了一个小点，问同学们这是什么？

有一同学连忙举手回答："这是一个粉笔点。"其余的同学都点头示意，没有人再补充。

老师等了几秒钟看着大家说："你们太使我惊讶了，昨天我以同样的问题问一群幼儿园的小朋友，他们争先恐后地说出了50种不同的答案：如猫头鹰的眼睛、天上的星星、爸爸的香烟头、河边的小石子，等等，而你们却只有一个答案。"[①]

什么是发散思维？

——发散思维就是指思路从某一中心向不同层次、不同方向辐射，从而引出许多新的信息的思维方式。也就是说，人们在工作、学习和科学研究中洞察问题，探求问题，能够提出创见的本领，提出特异答案的能力，称之为发散思维能力。发散思维能力又称之为辐射思维能力，求异思维能力。[②]

——发散思维犹如现代摄影技术，摄影师根据拍摄对象的不同表情和照明条件，从不同角度进行多次拍摄，然后从中挑选，必有一张让人满意，婚纱摄影就是如此；

——发散思维犹如重新挖井法，面对一个小井枯竭了，则从井的另一个方向、再重新挖一个洞，寻找发展方向，不停地、不断地展开，总能找到水，勘探打井就是如此。

我们来看看新生代主持人倪慰佳在《奥运纪事》节目中的发散思维运用：

主持艺术是一项极富创造性的心智活儿。

上海戏剧学院电视艺术系九五级"播音与主持"专业的学生倪慰佳毕业分配到上海电视台体育频道，不久便赴悉尼担任《奥运纪事》访谈节目现场直播的主持人，他的工作内容就是在每晚8点10分到9点时段里采访当天获得奥运冠军的中国运动员。

---

① 引自朱士群、袁玉立：《异想天开》，中国城市出版社1992年版，第17页。
② 引自陈金桂：《创造思维运用能力》，上海文化出版社1996年版，第186页。

有些运动员属于夺金重点对象，主持人有所资料准备，有的运动员属于赛场上冒出的一匹黑马，主持人压根儿没有准备；有的运动员是上午获得冠军，有的运动员是傍晚才拿到金牌，获得冠军的中国运动员首先要被悉尼本土电视台接受采访，加之其他各国和本国多家媒体轮番采访，来到《奥运纪事》节目组是安排的最后一站，晚上8点进演播室、8点10分便开始直播，主持人与冠军了解接触的时间只有10分钟。

一天一个，一连18天，面对的都是中国的奥运冠军，要谈的都是夺金的胜利之事，怎样让节目做得不雷同，怎样让访谈谈出各自不同的个性，不能不说这是对主持人的一个极大考验。

怎样驾驭每一档节目的访谈？

正如倪慰佳返校汇报在谈及《奥运纪事》的创作体会中所说："十几个奥运冠军，从事的十几项体育项目，我不可能十八般武艺都精通。我只有从更快、更高、更强的奥运精神这个中心思想辐射出去，结合各个体育项目的运动专业特征，选择运动员的不同特点，抓住比赛现场出现的精彩细节，突出各自的重点进行访谈。同是羽毛球项目的冠军，一个重点谈你个子矮小，却前后拼打厉害，精神何来？一个则强调走向奥运冠军的成长道路的艰辛历程。同是射击项目的冠军，一个重点谈首枚金牌获得的心理压力与心态展现，一个则强调备战奥运如何加强严格训练的日日夜夜。女子跆拳冠军则重点谈女生怎么会爱上拳打脚踢的运动以及与陪练小伙子们在训练中的花絮趣闻。举重冠军则强调力气大是否就能够当举重运动员的话题以及如何战胜腰伤的感人的故事。有的就抓住运动员在领奖台上升国旗流下激动泪花的场面谈起，有的就抓住在紧张的比赛现场教练员打手势与运动员产生默契的场面谈起……大话题有了，在交谈中再不断寻找子话题及其话点，不断地变化，不停地发展，来体现中国运动员的民族体育精神。演播《言语组织》课堂上学到的发散思维训练给了我驾驭并操持每一场节目谈话的方向以及多姿多彩的访谈兴奋点，我问得有趣，运动员回答得也有劲儿。"

事实也证明，通过全国联网电视台同时直播的《奥运纪事》节目，在当时众多奥运特别节目中脱颖而出，观众反响强烈并受到同行与专家的关注与好评。

心中有智，才能口吐华章。

主持人做节目，去采访、去提问、要叙述、要议论，无处不闪耀着发散思维的智慧和创造。

有这样一则演练方法：——你有发散思维的能力吗？

专家们曾做过这样的研究：请你在5分钟内写出所能想到的带"土"结构的字，写得越多越好。

5分钟后，我们再来看看答案。

演练中往往有一种现象，就是想一个有"土"结构的字就写一个，想到哪就写到哪，结果，用这种思维方法写出的答案一般在十几个字，顶多也只有二三十个字。

如：灶、址、庄、走、尘、杜、增、幸、屋、堂、墟、圭……

演练中还有另一种现象，就是按照偏旁方向顺序去想有"土"结构的字，一个偏旁想完再想另一个偏旁，结果，用这种思维方法写出的答案一般在三十几个字，最多可达四五十个字。

1. "土"在左方：墟、增、址、堤、堵、坷、地、坊、坑、埋、垃；
2. "土"在右方：灶、肚、杜、吐、社、牡、钍；
3. "土"在上方：走、幸、去、寺、袁；
4. "土"在下方：尘、塑、堂、坐、基、塑、垫、坚、壁、型、王、垦；
5. "土"在中方：庄、屋、崖、压、羌、羔、恚、苤；
6. 全部有"土"结构的字：土、圭；
7. "土"字倒放在字：辛、垂；
8. "土"字蕴藏在字中：来、奔、戴、卉、疆、戴、噩、载、金；
9. 其他：盐、洼。①

从这里，从"土"字结构中我们可以看出发散思维的三个层次：

流畅性——变通性——独特性。

从1-6项写出的字数中，我们可以看出，按偏旁换向，字数就多，这流畅性是发散思维的第一个层次，也是最低的层次的特性，它仅仅体现思维的数量，只是对某一个问题用发散思维做出答案的多少作为高低，要做到流畅是依赖一个人把握信息和知识的多少，它反映一个人知识面的广博程度。

从7、8项写出的字数中，出现变"土"字倒放，把"土"字蕴藏在字中，这反映一个人的思路在变通，给思维带来一些新的思路和想法，这变通性是发散思维较高层次的特性，变通性是指对一个问题要从几个方面去考虑，变通性是按可发散的多少项而定高下。

独特性是发散思维最高层次的特性，它常常突破常规和经验的束缚，符合新颖、独到、稀有三个条件为独特。

---

① 桑洋：《人的自我测验》，上海学林出版社1985年版，第302页。

我们在流畅性、变通性、独特性中可以看到——变通性是关键因素。①

在发散思维中,如果是沿着一个方向或在一个类别发散,数量总是有限的,只有变通,只有沿着多个方向或多种类别里去发散,才能获得大量设想,成为高流畅的发散思维;

在发散思维起初,从记忆中提取的往往是常识范围内的知识和经验,所以开始还是沿常规方向发散,只有通过不断换向,反复变通,才可能找到新的发散方向,才能产生新颖独特的答案。

邓小平老人提出的"一国两制"就是发散思维独特的创造成果,"一国两制"全世界都赞许。"一国两制"就是属于政治家发散思维创想的经典。

主持人要说流畅的话,更要说独特的话,主持人就必须要掌握不断换向,反复变通的思维能力,让言语组织通过发散思维而产生无穷的智慧。

再有一则演练方法:

运用由泡沫塑料制作的形状物体进行"新产品导购"。

六人一组指定一形状物体,每人设想一新产品,准备3分钟当场当众进行1分钟的新产品导购,不得雷同。

另一个六人小组对上一组其中的一人进行对"新产品"的点评,老师当场指名当即评点。

接着再换一形状物体,两组交替进行。

然后,再将各位演练者的表述集中、归纳形成书面材料,修改润色以利量与质的扩充与提升。

掌握多角度整体思维与多层次序列性思维的能力以及发散思维的能力,为的是产生快捷的言语组织,所以,我们的主持人同样要掌握一种思维的规律——形式逻辑。

一个优秀的节目主持人既要掌握集中思维的多角度整体性思维能力、多层面序列性思维能力,还要掌握发散思维的能力。

——如果说集中性思维的核心是"收",那发散性思维的核心就是"放"。

一个优秀的节目主持人具备了能收能放、收放自如的思维能力,那么,一心便能更多地用了。

一心多用:这"心"就是思维,这"用"就是技法。

---

① 桑洋:《人的自我测验》,上海学林出版社1985年版,第303页。

一心多用的"心"将在收放自如的思维中更活跃、更积极、更充盈。

思考题

▲ 谈谈什么叫作言语的直线性及其选择的重要性？
▲ 口语传播由哪两个部分所组成？
▲ 主持人为什么要具备"一心多用"的本领？
▲ 谈谈"多角度整体性思维"与"多层面序列性思维"的相互关系是什么？
▲ 主持人掌握并运用"发散思维"的作用何在？并举例说明。
▲ 通过对"一对一答与问"、"五对五答与问"的演练，请写出你的体会。

第六章
主持行为表现篇

有这样一段描述供我们阅读，让我们感受：

——"作为一名电视节目主持人，他是在荧屏上自由跳荡的诸多播出内容的黏合剂和指挥棒，使这些内容呵成一气、虎虎精神，同时他又是安坐在千家万户客厅里的健谈客，使每个家庭和播出内容之间增加一种中介，便于沟通和贴近。"

——"作为一名电视节目主持人，理应对播出的节目从各个元件到结构过渡都了如指掌；理应在现场表现出一种如数家珍般的游刃有余；理应有敏锐的当场感受能力和快速的随机应变能力而成为广大观众审美心理的充分执掌者；理应极有效地控制每个场面并流泻出大量的即兴创造。"

——"能否迅速地理清并抓住观众的思路、随机生发、切合题意、引导话题向节目与所播的主题发展，点题切意、升华主题；能否对现场的氛围和节奏有效地把握，并对难以预料的变化，从容不迫地应变补救；能否准确地支配和掌握自己的情绪和理智，既要照章操持又能锦上添花，既要出色又不能出格，使节目在内容和形式的整体性上都产生新的含义和效果。"

——"合格的主持人对节目作用不是简单地连接，而是对节目本身的一种协调、引导和加工，主持人要能把节目中的转折、高潮、冲突、变化有机地串成一根线，主持人知道在节目的什么时候起承转合、什么时候承上启下、什么时候发问、什么时候提醒、什么时候设计高潮、什么时候展现矛盾和冲突。总之，主持人的最主要作用是要给节目发展进行铺垫，要制造一种非常吸引人看的氛围。作为一名主持人，其最本质的要求就是在节目中必须有创造性的表现和发挥，应该驾驭节目而不是被节目驾驭，否则，何来'主持'之说？"

——"在驾驭节目的演播创作中，他有功力，在语言交谈中通顺流畅，绘声、绘色，观众听起来都是他自己的话，而且有他自己的情感和态势，犹如身临其境、潇洒自如；他又能控纵有度、亦张亦弛，不作无聊的插科打诨，而是随机生发、切合题意，犹如一棵主干坚实的大树被点缀得枝繁叶茂，华彩斐然。"

——"在驾驭节目的演播创作中，他有能力，在现场交流中操纵场面，显出一种高屋建瓴、游刃有余的气势，用一些随手拈来，看来仿佛是不经意的而且往往是富有生活情趣的精炼语言和细小动作，把观众巧妙地吸引过来，纳入到节目要求的构架框范中获得驾驭节目的场面效应。"

——"在驾驭节目的演播创作中，他有魔力，把现场的嘉宾与观众，原来拘谨的变得不拘谨了，原来讲不出话的能讲出很好的话了，原来没有意思的语言显示出意思来了，原来直露的进程变得闪发光彩、生气勃勃了，而观众也常常被他主持的场面所感染，被吸引到情境中去，感到贴近和亲切，由认同而产生极大的心理愉悦。"

——"我们的观众特别看重主持人的表达能力：出众地说、出色地说、出彩地说，我们的观众特别看重主持人的现场发挥能力：即兴地说、应变地说、当下地说。"

——"开场白介绍，主持人要说；一对一采访，主持人要说；一事一议，主持人要说；当众对话，主持人要说；收场语结束，主持人要说。"

——"怎样把话题沟通得兴致勃勃、心心相印，怎样把问答组织得趣味盎然，引人入胜，怎样把议论评点得丝丝入扣、深入人心。"

——"他们的说是与众不同的，他们既要深入浅出地说，更要浅入深出地说；他们既要直指人心地说，更要深入人心地说；他们说得既要口吐华章，更要说得让人心服口服。"

——"主持人是用自己的话语与观众面对面、心贴心地直接叙述的，主持人是直接与观众沟通交流来表达思想和表达情感的，主持人是直接感受现场语言环境、遣词造句、妙语生辉而对受众产生吸引力的，主持人的个性风格、个性形象，都是这个主持人在节目的交流沟通中——说出来的、问出来的、议出来的。"

在这洋洋洒洒1500多个字中，我们明显地读出了主持创造的主要表现就是主持人在现场的驾驭与现场的演播。

孟非在《非诚勿扰》中的思维智慧

江苏卫视《非诚勿扰》节目自2010年开播以来，久居卫视同类节目收视第一名，并在很长一段时间里成为社会热点话题，引发观众对新时代婚恋的思考。这其中，主持人孟非功不可没。

孟非与《非诚勿扰》节目，可谓是互相成就的典范。当节目的主题形象极好地融合主持人的个体形象，所创造出来的电视节目主持人整体形象就非常立体和生动了。获奖无数的孟非有一次在获得"年度最佳主持人"奖项，并发表获奖感言时曾说："我不知道为什么我会获得这个荣誉，我的工作可能就是'你说、你说、看片子'。"但正是这简单的"你说、你说、看片子"，创造性地完成了主持人现场驾驭和现场演播的任务，有限时间有效表达中实现了传播最大化的任务。

强烈的节目编导意识造就了这档节目的高收视率；主持人孟非的思维智慧成就了这档节目的高人气。

在一期《非诚勿扰》节目中，一位男嘉宾飞越千里、慕名而来，参加节目只为了一位和自己非常"合适"的女嘉宾。他们年龄相仿、工作相关、兴趣相投，加之男嘉宾个人魅力突出、生活条件优越，这次专程前来可谓是"势在必得"。男嘉宾的真心、信心、痴心打动了节目组，他们为男嘉宾安排了各种表白的形式，甚至发动了所有在场的观众为男嘉宾助力。在这个过程中，孟非恰当的提问，让男嘉宾讲述了自己在海外留学时最有民族自豪感的时刻。孟非在男嘉宾短片播放后，点评他在"厂房车间里"的"工匠作风"，又为男嘉宾加分不少。可以说，通过主持人的现场演播、事先拍摄好的短片的播放和男嘉宾现场的回答，已经把气氛推到了最高，所有人都认为女生一定会接受这份表白，可就在男嘉宾"使尽浑身解数"之后，女嘉宾竟然选择了拒绝。

此时，全场陷入尴尬和惊讶。就在此刻，孟非先承认了这个结果是自己和节目组都没有预料到的，并且马上让现场其他女嘉宾用"留灯"与否表示对男嘉宾是否支持。在女生留灯、男生选择过后，孟非说道："此刻，我对这几位女嘉宾的勇气表示赞赏，正是因为她们对节目的尊重、对男嘉宾的尊重和对规则的尊重，让我们的节目可以继续进行下去，让我们用掌声向她们表示感谢。"这样的一段话很好地缓解了现场的尴尬气氛，并且也让女嘉宾有了很好的心情转换，同时给了男嘉宾时间上的等待。

精心的设置，精心的展示，把现场的观众带进了一片氛围更浓烈的情境之中。在最后一个环节，男嘉宾要问女生一个问题，男嘉宾因为没有想到会走到这个流程而心生空白的时候，孟非及时补充，"如果我是你，我会问女嘉宾，如果我们今后在一起了，是否介意刚才我对其他女生炽烈的表白"，孟非说："这个问题，我免费送给你，用不用你自己决定。"孟非所设计的问题赢得了在场观众的欢呼和掌声，也给了男嘉宾一个"台阶"。主持人在语言组织上的"包、托、接、送"话题的层层深入，提问的句句递进，与嘉宾的一来一往，环环紧扣，一气呵成。

我们可以想象，在节目策划过程中，包括孟非在内的所有节目组成员，都认为女嘉宾一定会接受男嘉宾的表白，并为此设计了一系列的动人环节。可结果出乎预料，在这时，孟非完全没有被意外所困住，而是用高度的思维智慧，把握了节目的节奏，坚持了节目的规则，照顾了嘉宾的情绪，尊重了嘉宾的选择。一段"失败"的表白，

创造了一段"成功"的主持。

这就是主持人的多角度整体思维与多层面序列性思维给节目带来的魅力。

主持人的现场驾驭关键是节目与节奏的关系，也就是节目的流程与节奏的张弛；

主持人的现场演播关键是语境与语感的关系，也就是语境的形成与语感的运用。

面对驾驭与演播这两大表现：

我们从电视机前的观众角度来感受——主持人"驾驭什么"往往是观众看不到的，观众更多看到的是"主持人怎样的一个状态"，听到的是"主持人说的什么话"；

我们从主持人操持节目的角度来感受——主持人如何起承转合、如何纵控有度地"驾驭"往往又是通过主持人在有变化、有发挥的"演播"中才得以实现。

通过阅读；通过感受；我们可以清晰地看到：

从理性分析的角度来讲，驾驭与演播是主持的一体两面；

从现场操持的过程来说，驾驭与演播在主持创造中是同体共存的。

——驾驭是主持人内部的组织与掌控；

——演播是主持人外部的表达与沟通。

第一节 现场驾驭的自主掌控

一个优秀的电视节目主持人能使荧屏增添光彩，能让节目形成整体，能叫节目富有活力，就看你主持人参与节目的自觉程度深不深，就看你主持人掌控节目的自主能力强不强。掌控就是要控制得住、拿捏得准。正如节目主持人叶惠贤所说："一个出色的电视节目主持人就像一个优秀骑手驾驭一匹任性的烈马，他必须在任何情况下都能镇定自如而又生动活泼地把握住整个节目的张弛松紧，有起有伏，调动观众的热情，激发主持的激情。"

主持人对掌控节目的自主意识则表现在三个能力上：

1. 对话题的主导能力——能否迅速地理清并抓住观众的思路，随机生发、切合题意，引导话题向节目每次播的主题发展，点题切意，升华主题；

2. 对场面的主控能力——能否对现场的氛围和节奏有效地把握，并对难以预料的变化从容不迫地应变补救，让原来直露的进程变得闪发亮彩而又生气勃勃；

3. 对自我的主宰能力——能否准确地支配和掌握自己的情绪和理智，既要照章操持，又能锦上添花；既要出彩，又不能出格，使节目在内容和形式的整体性上都产生新的含义和效果。

亚历山大·戈德在《传播的含义》一书中指出：参与是使原为一个人或数个人所独有的化为两个或更多的人所共有的过程。

主持人对参与节目的自觉意识则表现在三个过程中：

1. 参与——主持人要自觉参与到节目制作的过程中。

上海电视台著名节目主持人叶惠贤主持节目驾轻就熟，挥洒自如，起伏有变，高潮迭起。

他主持文艺晚会，事先了解晚会背景，熟悉嘉宾和观众的背景素材，了解晚会所要达到的目的；

他主持竞技类、知识类节目，事先要把节目中所有的问题弄明白，有的还要亲自学一遍、动手做一遍。

主持人要参与节目形态的读解，参与每次话题的选择，参与流程铺排的构想，参与背景资料的搜集。出镜前的准备，主持人都应自觉参与。

2. 参与——主持人要自觉参与到自身主持节目的过程中。

每一期节目都有新的话题，每一次采访都有新的嘉宾，节目期期做，采访次次问，为了避免老生常谈，落入俗套，为了避免浮光掠影，流于其表，而让节目做得富有新意，让采访问出不断深入的话题，主持人在主持节目的过程中要有自身参与的自觉。

要在叙述中有精辟的议论，要在提问中有精细的追问，要在主持中有出智出趣的精彩表现，主持人只有自觉参与到自身主持的过程中，而不仅仅是操持节目的程序，这样节目才能做得精深、精致。

3. 参与——主持人要自觉让观众参与到节目的过程中来。

让观众参与的方式有两种：直接参与和间接参与。

直接参与：让观众直接到现场做嘉宾，做现场观众进行采访、对话、竞猜、游戏；

间接参与：给电视机前观众设"热线电话""网上信箱""手机短信"。

让观众积极参与起来，受众就会把节目当作自己的节目，把主持人当成自己的朋友。

与观众平等相处，与观众共同参与，把观众的参与兴趣调动起来，让观众的参与才能发挥出来，双方真情沟通起来，双方共同完成传播任务。

参与节目的自觉程度深不深，掌控节目的自主能力强不强，这既是一种意识，也是一种能力。

如果一个主持人没有自觉的参与意识，总是把自己当作局外人，不是全身心地投入节目流程中，那么，他永远是一个蹩脚的主持人；

如果一个主持人没有自主的掌控意识，不能掌握控制整个节目的进程和任务，不能用智慧和情感来沟通和感染观众，那么，这样的主持人迟早要被淘汰。

节目主持人叶惠贤有一句至理名言：要"活"必须先"懂"。

懂，就是自觉参与；

活，就是自主掌控。

参与得越细、越深，主持得越活越真。

叶惠贤曾这样谈论道："一个称职的娱乐节目主持人在晚会或节目中，应该是一个能渲染主题、调节气氛、掌握节奏、代表观众愿望的人。"①

——这就是叶惠贤自主掌控的主持意识。

一个主持人在操持节目中，"主题"是先知的，而"气氛"的冷热，"节奏"的快慢，都是在晚会和节目的进行中产生的。所以要达到"调节""掌握""渲染"的目的，更多需要的是临场应变，即兴发挥，这样整台晚会和节目会产生不同寻常的魅力。

我们来体味一下叶惠贤的几个精典段子吧。

在一次晚会上适逢毛泽东主席《在延安文艺座谈会上的讲话》发表50周年，造桥英雄张耿耿手捧文艺工作者送上的音带礼品，思绪万千：

叶主持：耿耿，听说您在试听样带时，默默端坐，一言不发？

张耿耿：是的，听了非常激动，30年风风雨雨，此时此刻，心情和广大造桥工人一样，我们付出的一切值得！

叶主持：朋友们，张耿耿说的非常简单，只有两个字：值得！但是这两个字出自于一个千辛万苦造桥人的嘴，那就是对我们文艺工作者最高的奖赏。我想听了这两个字，我们的作曲、作词家有什么感受？你们就是再多几个不眠之夜……

作曲者：也值得！

叶主持：说得好！两个"值得"，说明我们走文艺为工农兵服务的道路走对了，

---

① 郑可壮、楼世芳：《叶惠贤主持艺术论集》，上海三联书店1992年版，第130页。

走深入生活这条路走对了，走"延安文艺座谈会"上所指引的道路走对了！①

——紧扣晚会主题，渲染晚会主题。

上海电视台举办的"卡西欧杯家庭演唱大奖赛"上。一对双胞胎，姐姐叫何冰宁、妹妹叫何冰琳也参加了比赛。

叶主持：（打趣地对姐姐说）其实你应该叫冰琪，你妹妹叫冰琳，两人合起来就有冰淇淋（琪琳）吃了，（众笑）你们知道为什么名字里都有一个"冰"字吗？

姐　　姐：因为我妈在黑龙江生下我们两个。

叶主持：对！那是个很冷的地方，冰天雪地，所以有个"冰"字。（对父母）你们在黑龙江工作了多少年？

父　　母：10年。

叶主持：孩子们，你们千万别忘记爸爸妈妈的创业难，更要珍惜今天的生活甜。来参加比赛是谁的主意？

父　　亲：是女儿。

叶主持：谁唱主角？

父　　母：女儿。

叶主持：我就猜到了。在这里我向大家阐述一下80年代父母与子女同时并存的三种关系：第一种是父子、母女关系；第二种是同事、同学、同志之间的关系，也就是平等的关系，什么事互相商量；第三种关系，不客气地说就是主角和配角的关系。（对父母）她们是主角，你们是配角。（对现场观众）你们也别笑，在座配角不少，不瞒大家，我本人也是配角，在这里我是主持人，当主角很神气，可在家里女儿是主角，我就轮不到了（众笑）。②

——营造节目气氛，调节节目气氛。

在1992年元宵节直播晚会上，有一个根据真人真事创作演出的感人至深的小品《母女情深》。小品说的是苏州姑娘小徐从电视里得知在抗洪救灾中英勇献身的烈士

---

① 郑可壮、楼世芳：《叶惠贤主持艺术论集》，上海三联书店1992年版，第10、11页。
② 郑可壮、楼世芳：《叶惠贤主持艺术论集》，上海三联书店1992年版，第12、13页。

周和平的母亲生活无人照料，便经常写信给这位英雄的母亲，问寒问暖，寄钱寄药，希望她把自己当亲生女儿看待……小品演完了，这对生活中的原型就分坐在观众席中，直到此时编导还未让她们两人相认，此时，主持人叶惠贤走上了舞台：

叶主持：小品《母女情深》深深打动了每个观众的心，告诉大家，这个小品不是艺术的虚构，而是真实的故事。今天，生活中的母女俩就坐在我们现场，这位就是烈士的母亲。（掌声中母亲上场）周妈妈，今天您素不相识的女儿就坐在现场，您认得出吗？

周妈妈：不认识。

叶主持：您来看看能认出来吗？（叶主持挽着周妈妈走进观众席，一排、两排……）

叶主持：（边走边说）我们期待着母女的会面，母亲焦急的神色，女儿激动的泪花。（周妈妈突然向第四排左侧加大了步伐，只见一青年女子抽泣着慢慢站起身来）认出来了，认出来了。观众朋友，这是母女才能有的心灵感应，这是人间真情的特异功能。（母女抱头痛哭）

叶主持：周妈妈，您心中想的女儿是这样吗？

周妈妈：是这样，我是一个山区妇女，她是城市姑娘，我真想不到，党好、社会主义好，世界上才会有这么好的人。①

——控制现场节奏，把握现场节奏。

只有在参与节目的三个过程中才能体现出主持人深入的自觉程度；

只有在掌控节目的三个能力上才能表现出主持人强化的自主能力。

余秋雨教授在《今夜星辰》节目主持人叶惠贤的"主持艺术研讨会"上，极为深刻地谈了对电视节目主持人的看法。

余秋雨教授认为——电视节目主持人是电视文化本体特征的一种标志。电视在工作功能上是足可上天入地，吞吐万江的，但在收看方式上却又只能是一种温馨的家庭艺术。②

这两者似乎是一对矛盾，但节目主持人便是这矛盾的调解者。节目主持人是在荧屏上自由跳荡的诸多播出内容的黏合剂和指挥棒，使这些内容一气呵成并显出虎虎精神；同时他又是安坐在千家万户客厅里的健谈客，使每个家庭和播出内容之间增加一

---

① 郑可壮、楼世芳：《叶惠贤主持艺术论集》，上海三联书店1992年版，第45、46页。
② 郑可壮、楼世芳：《叶惠贤主持艺术论集》，上海三联书店1992年版，第7、8页。

种中介，便于沟通和贴近。没有节目主持人，电视节目将成为一堆"西洋镜"般的生疏板块的陈列，与家庭气氛有一种天然的不和谐。①

余秋雨教授指出——长期以来，我们缺少合格的电视节目主持人。多数能称之为节目主持人的电视工作者倒像一名报幕员，一名带有朗诵腔的演员，或者一名导游者，很难当得起本来意义上的"主持"二字。②

余秋雨教授强调——作为一名电视节目主持人：理应对播出的节目从各个元件到结构过渡都了如指掌；理应在现场表现出一种如数家珍般的游刃有余；理应有敏锐的当场感受能力和快速的随机应变能力而成为广大观众审美心理的充分执掌者；理应极有效地控制每个场面并流泻出大量的即兴创造。③

上述余秋雨教授的"认为"和"指出"以及"强调"都对应了一个主持人所具备"主持意识"深层次的内涵。

为此，余秋雨教授又极其诚恳地忠告——要做到这一切，表面上看来是技巧问题和经验问题，实质上要复杂得多。一个合格的电视节目主持人至少还需要有这三方面的内在素质的修炼：

1. 他必须长期关注和研究普遍的社会心理现象，在某种意义上他应该是一名实践型、感受性的社会心理学家，他对广大观众在日常生活中正在遇到和关心的问题拥有足够的发言权，而他的发言水准又应高于多数观众具有广泛的启发性；④

2. 他必须有多方面的审美敏感，懂得如何调动视觉形象和听觉形象来完成自己的节目意图，因此不管他主持什么节目，都应有充分的艺术修养和开阔的鉴赏视野，善于把一切课题都上升到审美层面；⑤

3. 他必须把自己的整体人格砥砺得更加可爱，逐渐洗刷掉任何一点装模作样、故作深沉、刻意取悦、浮躁慌张、患得患失的气息，以一颗善良、诚恳、愉快、坦然的心，生发出一种自然的风度，以至产生长久的社会魅力。⑥

其一，要有辩证思维而善于洞察的制高点。

作为一个电视节目主持人，他必须要有善于对人生终极思维的辩证法，他要观察事物、分析事物、判断事物，并付之于独到的见解。

---

① 郑可壮、楼世芳：《叶惠贤主持艺术论集》，上海三联书店1992年版，第7、8页。
② 郑可壮、楼世芳：《叶惠贤主持艺术论集》，上海三联书店1992年版，第7、8页。
③ 郑可壮、楼世芳：《叶惠贤主持艺术论集》，上海三联书店1992年版，第7、8页。
④ 郑可壮、楼世芳：《叶惠贤主持艺术论集》，上海三联书店1992年版，第7、8页。
⑤ 郑可壮、楼世芳：《叶惠贤主持艺术论集》，上海三联书店1992年版，第7、8页。
⑥ 郑可壮、楼世芳：《叶惠贤主持艺术论集》，上海三联书店1992年版，第7、8页。

在中央电视台从事播音、主持工作近四十年的赵忠祥先生，他把政治素质作为一个主持人必备的首要素质。

他说："主持人可以强调个性、个人魅力，但毕竟不同于自由职业者，另外，就是政策水平，对中央政策的出台以及老百姓的心情。因为对国际风云变幻的了解和掌握，不只是一个政治性栏目主持人特有的素质，而这恰恰是区分主持人成熟与否最重要的一点。西方的许多主持人都非常有政治眼光。即使是综艺节目的主持人若不具备这一点也只能空泛逗乐，不会有扎实的内容。而其他的主持技巧，是每个主持人在不断摸索中逐渐成熟的。"

中央电视台《东方时空》节目创办人孙玉胜先生对"一个电视人对社会是否有特别的观察和感悟"也有着独特的见解。

他说："长期以来，电视节目的低质量使一些没有思想甚至没有文化的人混迹于电视制作群体之中，从而使社会、特别是其他媒介的朋友总是对电视人的素质说三道四，而今天，当电视节目在中国迅速扩张的时候，电视从业人员的文化修养就显得格外重要。一个电视人对社会生活是否有特别的观察和感悟，能否把所观察和感悟的结果通过语言叙述出来，以及叙述的是否准确，是衡量一个电视从业人员文化修养的重要标准。我不认为一个出色的电视人一夜之间就能制作出好的电视节目，有力度的电视作品是创作者长期文化积累的再现。而这种积累也许就体现在我们平常对社会生活的观察与体验、分析与思考中，我相信在当今日趋激烈的电视竞争中，这种思考的潜力是最终决定胜负的关键。"

中国电视代表团赴美考察回来后在总结时颇有感慨地说："这些新闻节目主持人成功的原因，并不是由于他们的仪表、服饰，而是对问题敏锐的洞察力。"

电视文化从某种意义上来说是一种主持人文化。

人需要智慧，人更需要大智慧，节目主持人就是要有这种大智慧，具有这种大智慧的节目主持人才能占有善于思辨、善于洞察的制高点。

——一个电视节目主持人具有了辩证思维的善于洞察的制高点就能够胸有成竹地提升参与节目的自觉程度，就能够高屋建瓴地提高掌控节目的自主能力，使主持意识更加鲜明。

其二，要有雅俗共赏而善于审美的制高点。

一个优秀的电视节目主持人，他已经越过被动串词的功能，并且有了自己相对独立的艺术功能和审美品格；

一个优秀的电视节目主持人，常常会被他的观众群当作这个城市大众文化和审美趣味的象征；

如何把电视节目中的"真"善于上升到审美的层面而展现在观众面前，这已成了节目主持人健全内在素质的一个大课题。

我们来看这样一个游戏节目——

叶惠贤在1987年《乐乐乐》晚会上编导并主持了一个叫《道听途说》的节目。

他将观众分成老年队、少女队、男子队、小朋友队。他要求每组每人在2分20秒时间内，从头至尾一对一地低声传话："新年到，隔壁邻居吃年糕，婆婆说，不管炒年糕还是汤年糕，吃了年糕步步高。"

整个游戏在轻快的《步步高》乐曲中节奏越来越快，结果传到末尾，这段不长的绕口令竟变得面目全非，失去了它的本来面目。

老年队变成了：新年好，新年好，新年里吃炒年糕，吃完炒年糕，要吃汤年糕，吃了汤年糕再问新年好。

少女队变成了：新年到，新年到，邻居说，吃年糕，婆婆说，年糕好。

男子队变成了：新年到，新年好，隔壁邻居吃年糕，宝宝也要吃年糕，婆婆说，不管是炒年糕还是蒸年糕，吃了年糕步步高。

小朋友队变成了：新年到，婆婆说，吃汤年糕也好，吃炒年糕也好，都能吃得饱。

就在全场观众捧腹大笑之中，主持人此时推出一段议论："观众朋友们，应该说四个队传得都还可以，而且有创造，我给这个游戏起了个名字叫'道听途说'，我想大家在笑声中能得到些什么启迪吧！"

这是一个民间常见的通俗游戏，然而经叶惠贤精心制作，走进了演播大厅选择年糕和《步步高》的音乐，演绎出中国传统文化"年"和"高"的吉庆之喜；选择游戏后报出"道听途说"的名字，此刻一个普普通通的游戏，顿时有了某种现实意义，使人在开心之余有所思，有所悟。

从《今夜星辰》推出第一期节目起，观众中就一直有不同的看法，有人觉得俗了一点，浅了一点；然而经过了一次调查，尽管观众中各种文化层次、各种年龄结构的人意见不尽一致，但是有一个看法是共同的——即大家爱看叶惠贤主持的《今夜星辰》节目。

正如有位观众对《今夜星辰》的评价，外壳是俗的，内核是雅的。正由于这一点，《今夜星辰》就赢得了那么多观众的雅俗共赏。其实，任何一个好的节目主持人和好的主持人节目都是达到了雅俗共赏这一层面的。

一个优秀的电视节目主持人，他不仅以城市大众的形象出现，而且也兼有城市大众文化素养改造者的身份，因为电视同时承担着通俗和提高两方面的功能，高明的主持人应在顺应大众审美趣味的同时能提高观众的审美情趣。

　　要做到这一点，关键是主持人要有充分的艺术修养和开阔的鉴赏视野；关键是主持人在内在素质上要有善于把一切话题能上升到审美层面的心理制高点。

　　——一个电视节目主持人具有雅俗共赏的善于审美的制高点，就能够循序渐进地渗透到参与节目的自觉程度中，就能游刃有余地流泻在掌控节目的自主能力上，使主持意识更加鲜明。

　　其三，要有心态健康的善于统驭的制高点。

　　一个电视节目主持人出现在屏幕上天天与观众见面，他的心态直接影响到观众的观赏情趣，所以，心态这个层面的内在素质对主持人而言又显得非常重要。

　　电视节目主持人只有心态健康，才能拥有一种自然的风度，才能产生长久的社会魅力。

　　心态决定状态。

　　记得在一个万人体育馆内，有一个小有名气的女节目主持人，在主持某一个"天皇巨星"的个人演唱会上，当她登台介绍"天皇巨星"出场时，当她和"天皇巨星"交流时，这位女主持人完全失去了一个节目主持人应有的"面对朋友的主人"身份，俨然以一个痴情的歌迷，一个多情的追星族在恭维、在献媚……她忘掉了现场的观众，她忘掉了电视机前的观众，她也同样失去了观众对她的承认，失去了观众对她的信任。

　　一个节目主持人具有健康的心态，那他便能呈现出良好的状态，这良好的状态就有激情的播出欲望，有真挚的双向交流，有各种态势语言的准确运用，这样的状态风度自然、恰到好处。

　　著名节目主持人杨澜曾说过："我认为主持人的心态尤为关键。'人生而平等'是法国启蒙运动思想家在17世纪广为传播的理念。然而直至今日，等级的观念还是根深蒂固于人类社会。作为一个访谈节目主持人，提问的对象上至名流显贵，下至平民百姓，你的心态在言谈举止间不经意地流露，根本无法逃过摄像机的镜头和观众的眼睛。一视同仁、不卑不亢是我对自己的要求。"

　　一视同仁、不卑不亢是健康心态呈现出的平等感。

　　值得信赖的、真诚的、热情的、温和的是健康心态呈现出的亲和力。

　　——一个电视节目主持人具有健康心态的善于统驭的制高点，就能够有章有法地融入参与到节目的自觉程度上，就能够潇洒自如地展现在掌控节目的自主能力中，使主持意识更为鲜明。

纵观中外电视发展史，不少优秀的电视节目主持人可以红极一时，却难以长久称雄。

然而，美国电视巨星克朗凯特面临着全方位的激烈竞争，他却在自己的黄金时段每日《晚间新闻》宝座上独占鳌头十多年之久直至退休还乡，这不能不说他具有大师级的电视节目主持人鲜明的主持意识和素质。这种主持意识和素质就是一种内在的魅力，一种超乎常人的献身精神，一种经过长年积累而形成的智力优势和个人风采。

让我们看一看克朗凯特一天的工作时间安排吧！——

上午十时前到办公室上班；

到办公室首先了解通讯社、电台、报社新闻、重大事件的最新发展；

同节目制作人、编辑、撰稿人商量当天的要闻，并安排要闻采访事宜；

十时半，处理行政业务事务，同各部门负责提供信息的人、国内外官员联系了解当天要闻；

中午，办公室吃午餐或者同新闻人物、信息灵通人士共进午餐；

下午两点半，他的助手把当天的新闻稿送来，亲自改写；

三点半，播录新闻；

四点左右，到办公室同几位编辑和撰稿人研究当天《晚间新闻》，决定新闻目录，然后大家动手写稿，最后交给他们修改，改成他的风格和口气，然后看部分新闻片，计算新闻的长度；

下午六点半播出，节目播出过程中收到的突发性新闻便随时加进去；

九点重播。

年复一年，日复一日。

即使当他已成为电视新闻界一位德高望重、饱经风霜的元老时，他也没有像大多数节目主持人那样，在干了一段时间后便向厌烦情绪所屈服，这是因为他历来认为自己没本钱可以炫耀。克朗凯特一生都在不断跑步前进。

这就是电视节目主持人克朗凯特的主持意识和素质最鲜明最形象的体现。

美国哥伦比亚广播公司负责人威廉·伦纳德对一名电视节目主持人应具备哪些素质提出了四点看法：

第一个条件，首先你必须能在电视上交流，你必须能广播、能撰稿，并且看上去顺眼；

第二个条件，是你在荧屏后面作为新闻记者的能力。你对新闻的判断力如何？你是一位好到什么程度的记者？假若交给你一个工作班子你玩得转吗？你对新闻敏感吗？你嗅得出即将成为新闻的事物吗？

第三个条件，是涉及危急时刻。比如，当你正在现场广播时，当你面临真刀真枪；比如选举、年会、太空发射以及像总统遇刺之类不知从什么地方冒出来的事情，而你根本无从准备，你能机智地即兴解说得头头是道吗？

第四个条件，是一个人在公众面前以及在私生活方面的品格，毕竟新闻节目主持人是广播公司本身向公众主张什么的最明显的象征，他怎么样？不是说在广播时，而是说作为一个普通人，他表现如何？比如当他发表演说时，在聚会中向人打招呼时，当他用某种高兴的态度对待笨蛋而不管这些笨蛋是不是这个公司的人时。

威廉·伦纳德最后说，当然，克朗凯特在这方面是非常出色的。

在这短短的四点看法中，我们同样看到了一个电视节目主持人具备鲜明的主持意识的必须性和重要性。

坦率地说，随着电视节目主持人队伍建设的不断壮大，一个不容忽视的现实，就是至今不少活跃在荧屏上的主持人压根儿还没有这种"意识"，更没有建立起"鲜明的主持意识"，谈何主持创造？又谈何事业追求？

在"现场驾驶的自主掌控"章节的阐述中，比较多地引用了叶惠贤的实践实例，为的是证明这样一个论点：在我国电视节目主持人发展初期，为什么主持人叶惠贤能脱颖而出，名列前茅？为什么《今夜星辰》节目能大获成功，载入史册？一个至关重要的因素就是叶惠贤在创作中建立了鲜明的主持意识。——《今夜星辰》这样的节目开始告诉我们电视节目主持人是干什么的了。

——主持人拥有了"三个必须"的内在素质的制高点，将在"三个过程中"使参与更自觉，将在"三个能力上"使掌控更自主。

第二节　现场演播的即兴组织

每做一次节目，总有一个选题，主持人的主持任务就是完成每次播选题的主题。

在现场、在提问与答问的对话中，谈话对手、采访对象往往会说出出乎意料的话题以及出现突如其来的问题，面对这些"客观未知"，主持人必须有序地反馈与反应而进行语言应对和临场发挥——面对"客观未知"的主持人把"无序"变成"有序"而产生实质上的"互动"。

"请问你有什么感想？"……"请你谈谈将来有什么打算？""请你给我们观众送上几句美好的语言。"不管什么场合都这么讲，不管什么人物都这么问，——这种"老三问"的对话产生不了"互动"，也锁不住频道。

一句话：对话是双向互动的，如果对不上话，那不是乱动就是一动也不动；——要使对话互动，主持人就必须要抓"点"。

主持人在对话中，尽管是有备的，但不应该照本宣科，也不可能完全预料到对方谈话的思路。观众已厌倦主持人的"老三问"，观众也不能接受"首先……接下来……最后……"已排序好的提问。

主持人要想积极地反馈、快速地反应，只有抓"点"，绝不是节外生枝地跑题，而是紧扣主题地锦上添花，这样的对话才能产生互动，这样互动的对话才有一种"活泛"，这样的"活泛"激活对手在对话中产生谈话欲，并激发受众产生对"对话"的兴奋点，这种"活泛"，更使节目增添现场感和真实感而产生吸引力和感染力。

抓"点"要抓住对方答问话语中的"切口点"——主持人的倾听很重要；

抓"点"要抓准特定语境中的"切合点"——主持人的联想很重要；

抓"点"要抓出新的提问的"切入点"——主持人的思维、记忆很重要。

"切口点"要抓得住——抓不住就稍纵即逝；

"切合点"要抓得准——要抓得合情合理，否则就成了"抢话"。

切口点与切合点为的是切入点——这样抓"点"才进得去。

切口点、切合点是对抓"点"的理性分解，而在操作中抓"点"却是"三点"齐下的。

这"点"又称之为"语点"。

何为"语点"？

——在面对客观存在的语言活动环境里，为走到进一步深层次的交流沟通，而由主持人主观感受并即时捕捉到新的口语表达的话语讲述与提问的点，这就是"语点"。

所谓"语点"，关键是客观存在的又是由主观捕捉到的；

所谓"语点"，关键是客观存在的"语点"经主观感受后是否有用？是否重要？反之，就无须捕捉；

客观的"语点"之所以"捕捉"为主观的"语点"，关键这"话语的切入点"能

否为"新的口语表述"而"走到进一步深层次的交流沟通"。

"语点"是演播创作中的专业术语,在操作技能中习惯称之为——抓"点"。

只有不断地抓"点",才能产生对话的互动性;

不管是"问中有谈"的专访节目,还是"谈中有问"的谈话节目以及"少谈快问"的现场采访,它们都具有对话性。

也只有具备了互动性对话,才能产生具有真正意义上的对话性。

节目主持人在叙事中,往往以提问与答问的对话形式出现,那么,主持人节目内容表达中的叙事就具有了对话性。

主持人面对着对话性的叙事,那抓"点"互动,便尽在其中……

怎样抓"点"?

抓住"可兴奋点"让双方在松弛中产生愉悦感;

抓住"可渗透点"让双方在递进中产生沟通感;

抓住"可渲染点"让双方在情感中产生撞击感;

抓住"可思考点"让双方在启悟中产生回味感。

经典的主持段子总是精彩的、精致的,是经得起推敲的。

我们在"现场驾驭的自主掌控"的章节选用了节目主持人叶惠贤的四个主持段子来例证叶惠贤所具有的鲜明的现场演播的即兴组织能力;

我们同样采用叶惠贤的这四个主持段子来领略怎样抓"点"?来领受如何"互动"?

节目语境:

在上海电视台举办的"卡西欧杯家庭演唱大奖赛"上,参加这场复赛的何大树家庭有一对六岁的双胞胎,姐姐叫何冰宁、妹妹叫何冰琳。

全家四口上场,各自介绍了身份、姓名。

主持人在听参赛选手的自我介绍,请问这切口点在什么地方?——双胞胎名叫何冰宁与何冰琳,这个切口点可产生兴奋点,不抓就稍纵即逝。

一般主持人即便抓住了这个"点"大概会这样说:嘿!这对双胞胎真是太可爱了,你们今天先给大家献上什么节目?

叶主持紧扣双胞胎名字的特定语境,抓住"可兴奋点"——

叶:(打趣地对姐姐说)其实你应该叫冰琪,你妹妹叫冰琳,两人合起来就有冰淇淋吃了。(众笑)

按理说主持人已完成得很好了,但叶主持又抓住两人名字中都有一个"冰"字的兴奋点——

叶：你们知道为什么名字里都有一个"冰"字吗？

姐：因为我妈在黑龙江生下我们两个。

叶：对！那是个很冷的地方，冰天雪地，所以有了"冰"字。（对父母）你们在黑龙江工作了多少年？

父母：10年。

叶：哀哀父母，生我劬劳。孩子们，你们千万别忘记爸爸妈妈的创业难，更要珍惜今天的生活甜。来参加比赛是谁的主意？

父：是女儿。

叶：谁唱主角？

父母：女儿。

此刻，叶主持深知，"卡西欧杯大奖赛"的父母们大部分都是为了孩子而来参加比赛，紧扣"家庭"这个节目语境，即刻抓住这个能让现场及电视机前观众产生心理接受的兴奋点——

叶：我就猜到了。在这里我向大家阐述一下80年代父母与子女同时并存的三种关系：第一种是父子、母女关系；第二种是同事、同学、同志之间的关系，也就是平等的关系，什么事互相商量；第三种关系，不客气地说就是主角和配角的关系。（对父母）她们是主角，你们是配角。（对现场观众）你们也别笑，在座配角不少，不瞒大家，我本人也是配角，在这里我是主持人，当主角很神气，可在家里女儿是主角，我就轮不到了。（众笑）

——抓住"可兴奋点"，让双方在松弛中产生愉悦感。

节目语境：

1996年迎新晚会上，新年第一声钟声敲响后，晚会开始揭晓"观众格言征选"。一位观众的入选格言引起了大家的兴趣。

叶：你们大家觉得这格言怎么样？你们背出来没有？"只要往前走，脚永远比路长；只要向上攀，人永远比山高。"

一般主持人在念完这副格言后往往会说：这副格言说得多好呀！我们用掌声表示感谢！固然可以认可、可以通过，但只能是个"及格"分；叶主持紧扣观众两句格言的语境，抓住"可渗透点"——

叶：说得多好呀！我想再加两句，行不行？

众：行！行!!

叶：(开玩笑地) 我还没说，你们怎么就知道行？(众笑)

叶：只要往远看，心永远比天宽；只要踏实干，生活永远比梦甜。

众：好！(鼓掌)

叶：介绍一下，我身边这位叫华国林，他寄来的格言也已入选。请他朗读一下。

华：幸福别只说今天，最美的笑应留在明天。

主持人仍旧在纵深递进中紧扣现场观众迎新年的欣喜心理的节目语境，产生更大的沟通交流——

叶：笑在明天！(主持人接住华国林刚刚读完格言的最后一句) 对！我们相信有党的好政策、好领导、好市民，好日子还在后面，谁笑到最后，谁笑得最好！

众：(狂呼) 好——！

——抓住"可渗透点"，让双方在递进中产生了沟通感。

节目语境：

1992年元宵晚会上有个感人至深的小品《母女情深》。小品是说苏州姑娘小徐从电视里得知在抗洪救灾中英勇献身的烈士周和平的母亲生活无人照料，便经常写信给这位英雄的母亲，还不断给她寄钱、寄药，希望她把自己当亲生女儿看待。一个偶然的机会，这对相隔千里、素不相识的"母女"相逢了……

小品演出过程中，这对生活中的原型就已坐在现场观众席中，直到此时，编导还未让她们两人相认。

面对观众看完小品的节目语境，叶主持在铺排着"相认"的渲染点——

叶：小品《母女情深》深深打动了每个观众的心，告诉大家，这个小品不是艺术的虚构，而是真实的故事。今天，生活中的母女俩就坐在我们现场，这位就是周和平的母亲，英雄的母亲。(掌声中母亲上场) 周妈妈，今天您素不相识的女儿就坐在现场，您认得出吗？

周：不认识。

母亲认"女儿"，这是一个经编导安排的"可渲染点"。此刻，母亲真实地说出"不认识"，主持人要在现场驾驭并完成这个"渲染点"是需要功力的。

叶：您来看看能认出来吗？（叶搀扶着周妈妈走进观众席，一排、两排……）

叶：（边走边说）我们期待着母女的会面，母亲焦急的神色，女儿激动的泪花。（周妈妈突然向第四排左侧加大了步伐，只见一青年女子抽泣着慢慢站起身来）

叶：认出来了，认出来了。

一般主持人此时会说，"真是太感人了，我们用掌声为母女俩表示祝福！"也算是完成了，但主持人紧扣认出来了的现场语境，紧抓"可渲染点"，在情感的撞击中去追求完善乃至更美——

叶：观众朋友，这是母女才能有的心灵感应，这是人间真情的特异功能。（母女抱头痛哭）

如果说"母亲认女"是编导事先设置的"渲染点"，而此刻叶主持的两句即兴情感话语是真正抓住了当下"渲染点"，出色完成了"渲染点"，使全场观众潸然泪下。

叶：周妈妈，您心中想的女儿是这样吗？

（于是，周妈妈动情地说出："是这样，党好、社会主义好，世界上才会有这么好的人。"女儿又真情地把带来的一台洗衣机送给妈妈。）

——抓住"可渲染点"，让双方在情感中产生撞击感。

节目语境：

适逢毛泽东主席《在延安文艺座谈会上的讲话》发表50周年，在《共创辉煌市政建设之歌》文艺晚会上，上海电视台借此机会向上海市政工程管理局赠送了在造桥英雄队深入生活、创作完成的"造桥英雄组歌"的CD音带。

造桥英雄张耿耿同志手捧音带礼品，思绪万千……

叶：耿耿，听说您在试听样带时，默默端坐，一言不发？

张：是的，听了非常激动，30年风风雨雨，此时此刻，心情和广大造桥工人一样，我们付出的一切值得！

一般主持面对一个造桥英雄如此简短的话语，也就这么听完就过去了。然而，叶主持却能抓住"可思考点"。试问在张耿耿这38个字的话语中，可思考的切口点又在什么地方呢？——叶主持抓住了"值得"二字。

叶：朋友们，张耿耿说得非常简单，只有两个字：值得！但是，这两个字出自于一个千辛万苦造桥人的嘴,那就是对我们文艺工作者最高的奖赏。我想听了这两个字,我们的作曲、作词家有什么感受?你们就是再多几个不眠之夜……

(未等叶主持说完,作曲家欣然开口——)

作曲家:也值得!

叶主持又在作曲家说出的"值得"二字中,再次"思考",紧扣"讲话50周年"的节目语境,再次"启悟"让人回味——

叶:说得好!两个"值得",说明我们走文艺为工农兵服务的道路走对了,走深入生活这条路走对了,走"延安文艺座谈会"上所指引的道路走对了!(全场热烈的掌声)

——抓住"可思考点",让双方在启悟中产生回味感。

从客观上讲,"点"是存在的,从主观上讲,"点"又可以是不存在的。你抓不到,那客观上的"点"就在主观上被溜掉了;从大的空间讲,"点"又是无处不在的,就看你主持人会不会"发现"切口点。

"可兴奋点""可渗透点""可渲染点""可思考点",这思路走向的四个"点",就是切口点。

李咏在《幸运52》中善抓"兴奋点"、王志在《面对面》中会抓"渗透点"、孟非在《非诚勿扰》中专抓"渲染点"、白岩松在《新闻会客厅》中重抓"思考点"——虽各有重点所长,但整体的抓点是呈综合性的。

抓切口点是要与语境切合的。从叶惠贤的精彩主持段子中,我们无不发现这思路走向的四个"点"与语境有着密不可分的关联。

这四个"点":

——存在于对方话语的语境中;

——存在于现场环境的语境中;

——存在于节目背景的语境中;

——存在于现场与电视机前的观众接受心理的语境中。

四个思路走向的切口点要与四个层面语境"切合"而生成新的提问的切入点。

也就是说,"切合"语境、抓住"切口"、进行新的提问"切入"。

——在对话中要抓出新的提问切入点,主持人就要有高质量的提问。

无论对名人或新闻人物的专访，还是谈话节目与嘉宾和观众的交流，主持人都要进行现场提问；

无论在各种晚会以及大型活动的现场，还是在突发事件的现场，都少不了主持人的现场采访。

提问是打开采访对象、谈话对手心灵的钥匙，是了解事实真相的渠道。

节目主持人提问与答问的对话性，其关键——就是如何进行现场口头提问。

只有善于现场口头提问、提出高水平的问题，主持人访谈节目的对话性才有价值。

主持人在实际工作中，采访与对话的形式往往有六种表现：

对讲式——是以面对面的方式进行采访对话。

主持人对被访者进行深层次的内容和观点的引发适合选择对讲式，对讲式能产生主观和富有渗透感的视觉感受。

例如中央电视台的王志对钟南山关于"非典"问题的采访报道，运用的就是对讲式。

座谈式——顾名思义，是以座谈的方式进行采访对话，主持人对问题的调查与现实的阐述适合选择座谈式。

座谈式能产生稳定、庄重的视觉感受。

例如上海电视台《影视瞭望塔》节目请来四位专家，就香港武打片对内地影片发行市场有没有冲击的热点问题就是运用座谈式进行采访。

自述式——是主持人让采访对象面对观众表述的采访对话形式，主持人一般对名人的自我叙述适合选择自述式。

自述式能产生传神而富有吸引力的视觉感受。

例如浙江电视台《你问我答面对面》节目，每期都请来一位名人就现场观众所关心的问题由主持人提问让嘉宾答问。有一期是著名的主持人倪萍担任嘉宾，主持人一共问了三个问题："倪萍在任何场合总是充满了微笑，这样您感到累吗？""倪萍经常用眼泪来煽情，这是为什么？""倪萍您能将'综艺主持'一直坚持到底吗？"主持人每提一个问题后就留下充分的时间让倪萍面对现场观众进行自我解答。倪萍善说，观众爱听，主持人一般不轻易打断。

漫步式——是主持人与嘉宾双方边走边谈，以漫步的方式进行对话采访，对轻松愉快、随意性强、涉及面广的内容适合选择漫步式。

漫步式能产生亲切、自然的视觉感受。

例如上海电视台《今夜星辰》节目，主持人请凯丽担任嘉宾，由于凯丽从未到过上海，主持人叶惠贤就选择了漫步式，从苏州河边到黄浦江畔直至城隍庙小道，边走边谈对凯丽进行了对话采访。

散抓式——是主持人从众多的被访者中随意寻找对象进行提问采访，对有分歧、有争议的事件或内容适合选择散抓式。

散抓式能产生客观、生动的视觉感受；

例如上海电视台《智力大冲浪》节目中的"街头福星"户外采访单元，主持人提出一个问题："什么是乌拉草？"随意请到一个行人便请他们回答，有的答"是化妆品"、有的答"是营养品"、有的答"是长寿草"、有的答"是东北的一宝"，众口不一，既客观又生动，让观众产生欣喜。

追随式——是主持人始终跟随被访者的活动，在运动中完成的采访。对突发性、连续性的采访内容适合选择追随式。

追随式产生灵活、动感的视觉感受。

例如上海电视台新闻专题节目《六旬老人单车游中国》，当老人进入上海郊区松江时，主持人便一直跟踪采访，在人民广场与观众交谈，在南京路上给游客签名，直至老人骑车离沪而结束采访。

——不同的对话采访方式有着不同的特点，主持人应了解和把握采访方式本身的特征和视觉效果，让对话采访选择相对应的展现形式。

——这就是主持人对采访、对话与展现形式建立关系的选择所产生的作用和意义。

当我们明确了六种采访与对话的形式之后，我们再来看看提问的五种方法：正问法、设问法、潜问法、反问法、追问法。

上海电视台著名节目主持人曹可凡的提问颇见功力，分选采访段子为例证：

其一，正问法——节目主持人直截了当，开门见山地从正面提出问题的方法。

曹可凡在采访电影演员陈冲时，开首第一句话：

曹：你踏入影坛的第一部影片是什么？

陈：是谢晋导演的《青春》。[①]

（一般老百姓总以为《小花》是第一部影片，主持人选用"正问"让陈冲轻易回

[①] 曹可凡：《名家访谈录》，上海文艺出版社 1995 年版，第 71 页。

答，使观众一下子得到正确答案。)

其二，设问法——主持人假设性地提出问题来引发对方谈出真实感受，以利对话向纵深发展。[①]

当曹可凡在采访明星夫妻吕凉与宋忆宁时，运用了一段精彩的设问法——

曹：你觉得"老婆孩子热炕头"是个没出息的男人吗？为什么？

吕：不对！事业和家庭应该是融为一体的，千万不能顾此失彼，否则家庭就会出现裂痕。一个有辉煌事业而没有和睦夫妇关系的家庭，不能称是幸福的家庭，只有"老婆孩子热炕头"而没有成功事业的男人，也不能称其为真正的男子汉，尽管两者是一对矛盾，但必须兼而有之。事实上，"老婆孩子热炕头"已具备了成功男人的一半条件，只要再加把劲，就一定能够达到事业的顶峰。

(宋忆宁也跟着说：我也同意这个观点。)

曹：如果半夜十二点回家，发现门被妻子反锁了，你心里会怎么想？

吕：我还真碰到过这样的事，不是半夜十二点，而是凌晨四点多。那天拍完夜戏回家，发现门被反锁，横竖打不开，于是，只得使劲儿叫门。但喊了10分钟，仍然没反应，那时我脑子"嗡"的一声，只觉得天旋地转，心想：会不会煤气没关好，出事了？我只好再拼命敲门，最后，她终于醒了，没事了。等她把门打开进入房间后，我又想，她会不会干其他什么事呢？我在屋里仔细搜寻了一番，没发现异常情况，这才真正放下心来。

曹：如果为拍一部好戏，一年看不到妻子女儿，你干不干？

吕：我想应该是干的。我觉得现在要遇到一部好戏特别难。因此，真是一部好戏，说什么都拍。但如果忆宁不让我去，这事恐怕就得黄。不过，一般她总是很支持我，每当她对我说："你放心去吧！"我特感动。[②]

(应该说，宋忆宁比吕凉成名早，后来吕凉因"活济公"才一炮走红。面对此番心理语境，主持人一连三个设问："如果""假设"，让吕凉在松弛中既关照着妻子的心理又主动"交代"出自己的内心活动，谈得真切、生动，使对话向纵深发展。)

[①] 苏宝华、冯海燕：《怎样当好节目主持人》，黑龙江人民出版社1991年版，第156页。
[②] 曹可凡：《名家访谈录》，上海文艺出版社1995年版，第206~207页。

其三，潜问法——是主持人在对话中有意识地把提问的答案，供对方选择认同，从而引起对方对提问的注意与兴趣，并引出对方自己的观点及更多的答问内容。①

曹可凡在采访著名导演张艺谋时，很巧妙地运用了潜问法——

曹：我最近发现了一个很有趣的现象，那就是包括陈凯歌、吴思远、陈逸飞在内的许多导演，把视线聚集在二三十年代的上海，他们无不例外地希望通过电影语言去反映上海历史的变迁、诠释那个时代上海人的心理矛盾和感情纠葛，你觉得这是纯粹的巧合呢？还是反映了当今电影艺术家共同的审美趋势？

张：是巧合！但我觉得这巧合令人扫兴。其实大家都不愿意重复，其他导演也是如此，也没有办法。老实说，《摇啊摇》这片子，我前年就进入了创作阶段了，后因投资方的款项未完全到位，我们只好中途下马，今年各方面准备工作齐备，我们又继续上马了，恰巧又与《风月》呀、《梦回上海》呀碰到一起了。②

（主持人提问潜藏着两个答案，供对方选择认同，肯定是二者必居其一，一般人总以为是后者，没想到张艺谋回答的是前者。其实，主持人早已知道底牌，这样"潜问"既引起对方兴趣非答不可，又引起受众观看的兴趣。）

再有"潜问"一例，曹可凡在采访特型演员古月时运用了另一个样式的"潜问法"——

曹：在那么多毛主席的特型演员中，你是最为神似的，许多热爱毛主席的人在毛泽东同志健在时没有机会见到他，因此他们哪怕看看你也觉得有一种心理上的满足，是这样吗？

古：确实是这样，所以我们在拍戏时，围观的群众是很多的。有一次，在延安有一位老大爷带着一篮红枣来看我，结果，我们剧组又出外景三天，这位老大爷就在大树下等了我们整整三天，等我们返回后，看到这位老大爷时，他特别激动，而我却是泪流满面。③

（如果说上一个"潜问"里藏着两个答案供选择，而这一个"潜问"就一个答案

---

① 苏宝华、冯海燕：《怎样当好节目主持人》，黑龙江人民出版社1991年版，第156页。
② 曹可凡：《名家访谈录》，上海文艺出版社1995年版，第63页。
③ 曹可凡：《名家访谈录》，上海文艺出版社1995年版，第163页。

供你认同。引发对方从这个思路谈开去,易谈出有深度或有趣味的内容。节目是做出来的,采访、提问总是有备的,要把已掌握好的"由头"在节目对话中表现,那"潜问"是一妙法,易使节目对话做得流畅、生动。)

其四,反问法——主持人从事实相反的方面提出问题的方法。[1]

曹可凡曾采访了著名作家刘心武,当刘心武来上海参加签名售书活动之后,曹可凡提问的第一句便运用了"反问法"——

曹:每个人,尤其是名人都希望拥有一个属于自己的空间。那你为什么要把完全属于私人性质的日记,以《名人日记——人生非梦总难醒》的形式公开发表呢?

刘:是的!很久以来,我一直认为日记是写给自己看的,其中有许多个人隐私更是不宜公开发表的,但转而一想,现代社会的人际关系已发展到一个新的阶段,人们不满足于只是了解社会上所发生的重大事件。人们的思维方式变得精微化,也就是想了解别人的一些生活琐事,比如某个小说家写某部作品出了名,读者就希望知道作家是怎么样写成这本小说的,他平时的家庭生活是怎样的?他有什么爱好……也就是现代人有点"窥私欲"……[2]

(反问法是对一些采访对象不太轻易谈出真实想法时,主持人用"反问法"就容易激发对方把内心话语倾诉出来。)

其五,追问法——主持人对采访中必须弄清楚的事实以及观众感兴趣的关键问题而进行的刨根问底的方法。[3]

之所以把"追问法"放在最后介绍,是因为追问法不可独立使用。但在对话中又常常使用,追问在对话性的提问与答问中有着神奇的妙用。

我们来看看曹可凡采访著名演员陈道明关于中断《北京人在纽约》拍摄一事中一连串"追问法"的精彩运用——

曹:那么现在我想换个话题,谈谈《北京人在纽约》,你为什么到了美国以后中断这个戏的拍摄呢?

陈:我想这也许是第一次在公开场合谈论这一话题,回国以后不管新闻媒介如何

---

[1] 苏宝华、冯海燕:《怎样当好节目主持人》,黑龙江人民出版社1991年版,第156页。
[2] 曹可凡:《名家访谈录》,上海文艺出版社1995年版,第26页。
[3] 苏宝华、冯海燕:《怎样当好节目主持人》,黑龙江人民出版社1991年版,第156页。

猜测，我对此一直保持沉默，现在时过境迁，谈谈也无妨。我觉得，中国人老喜欢把纯学术性的分歧放大成人事上的纠纷，其实退出《北》剧组的原因很简单，因为这个人物是导演到美国以后根据自己的感受加进去的，而原小说里根本就没有这个人物，所以，我无法通过小说获得哪怕是间接的任何感受。

曹：那你到美国前是否读过剧本？

陈：没有，只读过小说。

曹：也就是说你在没有读过剧本之前就已经答应接受这个角色？

陈：也不能这么说，因为导演曾经给我描述这将是怎样的一个人物。

曹：你当时觉得不错？

陈：对，确实不错。

曹：你到美国以后发现上当了？

陈：也不是上当。我是在正式开拍前才拿到本子，这当中也存在一些技术性问题，在这里就不便说了，容易伤朋友的感情，反正在开拍前一看场景表，我心里就明白了。当时有人劝我，你就闭着眼睛上吧！可我觉得挺别扭，但后来还是决定先试一下，找找感觉。就这样试拍了两天，同时又看了三遍剧本，我向导演提出，要么根据我的要求修改剧本，要么就另请高明，我感到在那种情况下，我都很难胜任这个角色，绝对演不好！

曹：有人说，你是为了跟姜文抢头牌，才退出《北》剧组的，这是否属实？

陈：根本没这回事。《北京人在纽约》这本小说的主人公是王启明，所以姜文理所当然是主角，我演戏从来没有说非得主角不可。比如《北洋水师》的导演原本让我演主角邓世昌，但我读了剧本后发现，侵略军伊东这个配角有点挑战性，跟我以往演的角色不太一样，最后，我就演了伊东这个配角。所以，就不存在"抢头牌"的问题，再说我也压根儿没觉得这部戏有什么大不了的，说穿了，演员这一职业在我看来也没有多么了不起，别说是一部戏。[①]

主持人曹可凡抓住"去美国的前与后"这个点，一连五个回合的追问，打破砂锅问到底，层层深入，环环紧扣，在陈道明袒露真言中引领受众的兴趣感与注意力，追问在叙事对话中起到了神奇的作用。

应该说，大凡访谈中提问的问题都是有所准备的，但是，那种表现出的一问一答

---

① 曹可凡：《名家访谈录》，上海文艺出版社 1995 年版，第 84~85 页。

的顺式提问往往失缺了主持人访谈节目对话性的质地。

对话性的提问与答问，要求我们的主持人不能囿于原有的问题，而应该能在倾听专访对象、谈话对手所说的话中将事前估计不到的新内容、新思想，围绕话题中心，抓住新的角度视点，进行有层次的深挖追问。

抓点，就是围绕话题中心，进一步抓住新的角度视点而产生新的问题来触发对方的思路；

追问，就是紧扣新的问题，进行深层面有逻辑关联的触发提问，从而启发或激发对方的回忆思考而产生心灵的震动和情感的共鸣。

抓点是抓总话题中的新问点；追问是追新问题中的深问点。

抓点是新中有深；追问是深中有新。

有时抓点只有一个追问；有时抓点会有两三个回合的交锋。

——一句话，只有抓住了点才会有追问。

严格意义上的提问与答问的对话性就是主持人在抓点中追问，抓点追问是主持人在顺式提问的对话基础上，必须掌握的逆式提问的本领。

著名提问高手曹可凡与著名相声演员姜昆有一段令人深思的提问与答问的对话，全段七个回合，以飨各位——

> 曹：现在有影响的相声作品越来越少，就拿你自己来说，自《虎口脱险》和《电梯风波》之后也没有再出现具有一定冲击力的相声段子，相声艺术似乎进入一个低谷时期，你是如何看待这个问题的？
>
> 姜：我不想仅仅就相声本身来谈。你说相声现在没有出现像过去那样有广泛影响的作品，那么请问，舞蹈有吗？歌唱有吗？小品有吗？电影有吗？喜剧有吗？……我估计都很难得到准确的回答。
>
> 曹：我觉得你的说法过于绝对，我仍然以为相声相对于其他艺术，萎缩更厉害。就拿一年一度的"春节晚会"来说吧，总会有一两个小品给人留下深刻印象，而相声几乎全军覆灭。
>
> 姜：那是与相声的辉煌期相比，反差自然很大。
>
> 曹：那么为什么现在就不能达到过去的那种辉煌呢？
>
> 姜：我觉得其中原因很复杂，比方说，《渴望》和《北京人在纽约》，从艺术上讲，你说哪个更好些呢？
>
> 曹：显然是后者。（指《北京人在纽约》）
>
> 姜：但《北京人在纽约》远没有像《渴望》那么轰动，那么家喻户晓。我曾经

问过许多人,都说没有看过《北京人在纽约》,可没有看过《渴望》的人却很少。

曹:这是因为《渴望》的基本思想是好人得好报,符合中华民族传统思维模式。

姜:但你忽视了这样一个基本事实,那就是这两出戏之间相隔很长一段时间,而在这期间又有多少优秀节目呢?我当年说《如此照相》时,最起码有5亿观众看过,但是现在任何一个作品不可能会有五亿观众收看,因为,目前"分流现象"是个很大的问题,十多年前,北京只有两个频道,而现在至少有十二个,这样的"分流"势必造成观众人数下降。

曹:我觉得你过于强调客观因素而没有从相声本身去寻找相声滑坡的原因,即便按你的"分流学说",那为什么像《打扑克》那样的小品能摆脱"分流",脱颖而出呢?

姜:可是你说黄宏的《打扑克》和《超生游击队》相比是不是逊色了许多?

曹:我倒没这么认为,我觉得黄宏的《打扑克》以现在"漫天飞舞"的名片为契机,以精巧缜密的布局、生动幽默的语言和出神入化的表演,挖掘生活中固有的矛盾,揭示出人与人之间错综复杂的人际关系,使人忍俊不禁,而且让观众在哈哈一笑之余,生出无穷的回味和联想。

姜:看来咱们是有点分歧,《打扑克》只是陈述一些抽象、表面的现象,并对这些社会现象做一些泛泛的批评,从艺术欣赏角度来讲,这个小品的分量不够,层次低了点,虽说它符合当前快节奏的生活方式,能满足一部分人的需要,但终究只是一种肤浅的文化,或者叫"快餐式"文化,当然,有总比没有要好,有时我们连这种"快餐"都没有。①

主持人与姜昆七个回合的提问与答问的对话,可谓让人三思再解其味!

从《虎口脱险》《电梯风波》后相声进入低谷的话题中,主持人抓住对方"小品有吗?"这个点,追出"春节晚会总有一两个小品给人留下深刻印象而相声几乎全军覆没"这个深问点——一个回合;

根据对方"那是与相声的辉煌期相比,反差自然很大"的答问,主持人抓住了"辉煌期"这个点,追出了"那么为什么现在就不能达到过去的那种辉煌呢?"的深问点——这是抓一点追一问的抓点追问;

根据对方提出的"《渴望》和《北京人在纽约》,从艺术上讲,你说哪个更好些

---

① 曹可凡:《名家访谈录》,上海文艺出版社1995年版,第166页。

呢?"的新问题,主持人进行了三个回合对话性的"答问与提问";

在《渴望》和《北京人在纽约》进行对比的新问题对话中,主持人抓住对方"分流现象"这个点,追出"为什么像《打扑克》那样的小品能摆脱分流,脱颖而出呢?"这个深问点——两个回合。

这是"提问与答问"对话性的经典段子;

这是"抓点与追问"逆向式的魅力所在。

严格意义上的追问,往往是对方在回答上一个问题的表达语句中,主持人抓住其中与话题有内在关联的"关键词"或"关键语"而进行新的深追细问;

入木三分的追问,往往是在母话题里分解出来的一个又一个子话题中进行三、四个有逻辑回合的追问,这正是主持人在整个访谈乐章中最华彩的功底表现。

——抓点追问使叙事对话产生互动,使现场演播的即兴组织产生灵动。

第三节 驾驭空间与掌控演播

如果你是一位报社记者,你要报道上海"锦江饭店"的特级大厨师孙师傅,那么对于读者来说,他们将看到的是这样一篇报道:

——在热闹而又繁华的淮海路上,高高矗立着一座名扬上海的大饭店——"锦江饭店",到过锦江饭店的朋友,每当品尝到富有特色的美味佳肴,无不竖起大拇指赞美特级厨师孙师傅的烹饪手艺是沪上一绝。

说来也巧,当我们一走进大厨房准备采访孙师傅时,只见满脸堆着笑容的孙师傅头上戴着一顶高高的白色大厨帽,正在制作一个拿手好菜。他一边认真操作,一边仔细察看火候,有节奏地翻动着手中的锅勺,有顺序地添加着各色作料。不一会儿,一道醋熘鳜鱼便呈现在我们眼前,色泽橘红,香气扑人,造型别致,连盘子都用的是鱼形器皿。孙师傅忙递上一双筷子让我们品尝——"味道好极了。"当我们问孙师傅,您几十年如一日图的是什么呢?孙师傅一边用毛巾擦着汗,一边笑嘻嘻地说:"烹饪也是一门艺术,来不得半点虚假,大家吃得开心,这是我一生所追求的'品位'!"

——对于报社记者来讲,这篇文字报道是记者事后整理、修改、加工,才写出来再在报纸上发表报道的,从采访与报道的时间关系来讲,报社记者当时的采访不具有报道性。

——对于受众读者来讲,他们面对这篇文字报道,只能在想象的时空情境中知晓采访时的情景和采访双方的音容笑貌。

如果你是一位广播主持人，你要报道上海"锦江饭店"的特级大厨师孙师傅，那么，对于听众来讲，他们将听到的是这样一种报道：

广播主持人：听众朋友们，我们现在来到了"锦江饭店"的大门口（汽车马达声、喇叭声），我们马上就要去采访堪称沪上一绝的特级厨师孙师傅，品尝他的美味佳肴，介绍他的烹饪手艺。

（锅勺碰撞声）

主持人：说来也巧，当我们一走进大厨房，就看见满脸堆着笑容的孙师傅头上戴着一顶高高的白色大厨帽，正在灶台旁制作一个拿手好菜呢。

主持人：孙师傅，您正忙着啦！

孙师傅：哎，主持人，你好！

主持人：孙师傅，您正在做一道什么菜呀！

孙师傅：这道菜呀，叫"醋熘鳜鱼"，你看，锅里的油马上就要烧开了。（油在翻滚的声音）

主持人：听众朋友们，孙师傅正用手中的厨刀在鳜鱼上划开一道道像"之"字形的花纹，刀功特别精细。

孙师傅：你看，锅里的油开了，这鳜鱼马上就要下锅了！（鳜鱼下油锅发出的阵阵吱吱声）

主持人：只见孙师傅用勺将锅里的鱼不时地翻来翻去，特有节奏。（勺敲打锅的声音）

主持人：只见孙师傅有条不紊地将食盐、白糖、红醋特有韵律地加入锅中。（瓶子碰案板的声音）

主持人：只见孙师傅将橘红的番茄汁调拌好倒入锅中。（又一阵吱吱的声音）

孙师傅：这可是最后一道工序了。

主持人：孙师傅，您用的这盘子原来是鱼的形状嘛！（盘子放在案板上的声音）

孙师傅：烹饪不仅讲究色、香、味，还要讲究形与皿，形就是这道菜的造型，皿就是装这道菜的器皿，用鱼形的盘子装"醋熘鳜鱼"，顾客看了高兴，吃了开心。

主持人：孙师傅，您几十年如一日，图的是什么呢？

孙师傅：烹饪是门艺术，来不得半点虚假，我一生追求的就是这种品位。

主持人：听众朋友们，孙师傅这道拿手好菜就这么烧好啦！
孙师傅：来，你们尝尝。（拿筷子声）
主持人：哎呀，真是味道好极了！

——对于广播主持人来讲，这种采访报道无法改变厨房里特定的音响以及与孙师傅对话时的噪音内容，使采访时空与报道时空不再截然分开，也就是说，广播主持人采访的本身也就具有一定的报道性质；

——对于受众听众来讲，他们耳听这篇声音报道，不再全凭借想象，而是通过现场的音响与对话的言语声，感知到采访时的现场情景。

如果你是一位电视主持人，你要报道上海锦江饭店的特级厨师孙师傅，那么，采访的时空环境、采访的真实情景以及采访双方的形象和对话内容都能如实地通过荧屏呈现在观众的眼前。尽管报道前，也就是在播出前要经过编辑的取舍，但特定时空的声像内容是不能改变的，这样，我们就可以看到一个全新的时空关系：

——电视主持人采访的时空环境就是报道的时空环境，就是具有了报道的性质。

通过文字报道、声音报道、声像报道在时空上的各自关系的比较，使我们更清楚地认识到：

——电视主持人主持节目的时空关系：就是时间的同步性和空间的临场感。

正如著名教授毛时安先生所说：

所谓时间的同步性——
就是使观众对节目产生置身其间，参与其间的心里感觉；
就是使观众对节目产生有直接交流的心理效应；
就是使观众的情绪节奏和心理时间与节目始终保持同步。
所谓空间的临场感——
就是使观众觉得主持人主持的节目不仅发生在此时此地，而且就在我们的身边，就在我们的环境周围。①

演播空间是主持人工作的场所，这种时间同步感与空间临场感的时空关系的作用就是对电视机前的观众制造一种"真实"的幻觉而产生一种吸引力，将使全新的时空关系对受众所产生的这种吸引力而更增添一种表现力。

人，生活在一个多面的世界里，人在任何时候都在感受周围的空间环境，任何人

---

① 叶惠贤：《主持艺术论集》，上海三联书店 1992 年版，第 67 页。

在生活和工作中处处离不开对空间环境的选择。

面对声像报道的时空关系，面对采访的时空就是报道的时空，那么，一个优秀的电视节目主持人驾驭空间与掌握演播就是对演播空间的一种选择能力。

选择是人的意识和倾向的表现，也是人的思想和需要的反应；

选择的过程，实质上是人的意识决定的过程，是倾向实现的过程，是需要得到满足的过程。①

所以，一个电视节目主持人对演播空间选择的本身就具有明显的目的性与思想性。

电视节目主持人对驾驭空间与掌控演播的能力主要表现在三个方面的选择：

——表现在主持人对背景、景物与节目内容建立关系的选择；

——表现在主持人对背景、景物与人的心理、行为建立关系的选择；

——表现在主持人对报道的触角与空间的拓展建立关系的选择。

主持人一旦让选择建立起关系，那么，这空间的本身便富有了有机和内涵的作用与意义。

表现一：

有这样一个采访任务：著名女足运动员孙雯获得"世界足球小姐"称号荣归故里。

——往往主持人喜欢选择满屋子的金牌、奖杯这些景物作为背景对孙雯进行对话采访，谈谈获奖感受，谈谈未来打算，并认为这样可以让画面突出主题，这种空间选择未尝不可；

——如果主持人选择孙雯家的院子作为背景，让孙雯依偎在常日不见的妈妈身旁与同村的姐弟们在喜悦地交谈中主持人切入采访，当谈到"世界足球小姐"奖杯时，孙妈妈会情不自禁地从家中捧出闪闪发光的奖杯亮在主持人的眼前，此刻既有一种荣誉与家人分享的氛围，又有一种荣誉来自亲人力量的美感，更有一种孙雯对荣誉观的真切谈吐的现场感。让看惯了孙雯在众多奖杯前接受采访的观众，在电视机前看到这样的画面，会产生一种新奇的吸引力。

——这就是主持人对背景、景物与节目内容建立关系的选择所产生的作用和意义。

表现二：

有这样一个采访任务：中国女足在"世界杯"比赛中未能进入四强后，孙雯在家

---

① 丁海宴：《电视片编导的智能构成》，北京广播学院出版社1991年版，第161页。

治伤休养。

如果主持人同样选择孙雯家的庭院作为背景，把孙雯置身于亲人和乡亲们的围簇之中而进行对话采访，来谈谈"未能进入四强的失败原因和感想"，这就更加大了对孙雯的心理压力而影响着谈话的欲望；

如果主持人再选择孙雯家中布满金牌、奖杯、旌旗与鲜花的客厅作为对话采访的背景、景物，这样同孙雯此刻的心理情绪会造成不协调的对比反差而影响着对话的行为。

心理学的研究表明，人无法脱离环境而生存，环境也不能离开人而显示其意义，无论是自然环境还是社会环境都无时无刻不对人的心理、情绪和行为产生影响。

如果主持人选择孙雯在自己的卧室里观看并研究着最后一场球赛的录像带，手中的笔记本上画满了一个又一个"站位线图"、墙壁上挂着"天道酬勤"四个大字的挂匾来作为采访的背景、景物，那么，这样的环境符合孙雯此时的心理情绪，不但加强了对话内容的说服力，更易激起采访对象的谈话欲，甚至会产生释放心理情绪达到一吐为快的又是观众最想知晓的谈话内容及其采访效果。

——这就是主持人对背景、景物与人的心理、行为建立关系的选择所产生的作用与意义。

表现三：

有这样一个采访任务：女足功臣孙雯从运动员岗位上退役后又走进了大学的读书学习生活，时值双休日孙雯回到家中。

如果主持人把采访对话空间放在孙雯自己的卧室里正躺在床上看书，或在家中布满金牌、奖杯的大厅中伏案读书，或在门前的庭院里坐在竹椅上读书，三种选择未尝不可；

如果主持人对心绪已平静但壮心不已的孙雯把所报道的触角与空间拓展建立关系——主持人先选择背对镜头面向前方往庭院走去，只见孙雯妈妈从大门走出："你们找孙雯呀，她一早就到田埂上跑步去了，马上就要回来了！"——此刻便见孙雯一身球装、脖子上系着一条白毛巾从小路上向家中跑来，主持人连忙迎了上去，与孙雯并肩迈步走着回来——孙雯用脚操起庭院里的一只足球，边在肩上、头上顶动，边与熟悉的主持人答问着——孙雯请主持人一同进入厅室，用孙妈妈打来的热水，边擦汗脸边与主持人对聊着读书学习的感受——孙雯与主持人一道走进卧室，一堆书籍，一叠笔记尽在镜头前，孙雯一本书一本笔记地介绍，主持人一边翻看一边提问，谈及读书后的打算——孙雯又与主持人对坐在满是金牌、奖杯的厅堂前对说着："安心读书，心系足球，当足球教练，当足球解说员，当足球记者，当然也谈当嫁，当妈……"

一个铿锵玫瑰的人格精神和人性情感尽显在这流动的拓展的采访空间中，使得画面内容的表达更形象更有感染力，更显巾帼英雄的魅力。

——这就是主持人对报道的触角与空间的拓展建立关系的选择所产生的作用与意义。

在三个方面的表现中，特假设了"三访孙雯"的案例，因为主持人在实际工作中，往往会碰到对同一个对象要先后进行多次采访，对于一个主持人的空间选择能力来讲，这更能说明——不同的节目内容应有不同的空间选择而产生特有的有机和内涵的作用与意义。

演播空间不外乎有三种空间：室内空间、室外空间以及室内外综合空间。

演播空间与其说是有限的，倒不如说是无限的——思维无限，拓展无限，选择无限；

主持人对自己所报道的触角伸向更开阔的空间——说服有力，感染有力，吸引有力。

主持人选择室内外综合空间的魅力表现

有这样一个采访任务：请上海苏州河管理办公室主任介绍苏州河由黑变清的最新情况的报道。

往往主持人喜欢选择的是后面一张大地图，前面一个办公桌，让办公室主任娓娓道来，尽管这属于一种选择，但总觉得缺少一种张力；

如果主持人将室内空间与室外空间结合起来选择，那演播空间就更显张力。

我们还是从室内外空间的延伸拓展去……

有四种选择：

地上——办公室主任指画着大地图向主持人介绍——主任与主持人驱车来到苏州河的桥上左右介绍——主任与主持人沿着河岸林荫长道，走一段，停一点，提问与答问，指点苏州河岸——主持人与主任回到办公室大楼，边走边谈拾阶而上——走进办公室苏州河模型大厅介绍第三期工程方案——主持人站在模型旁作结束语：苏州河的明天会更美好！

水上——办公室主任指画着大地图向主持人作全景介绍——主持人与主任驱车来到苏州河上游处驻足介绍——主持人与主任乘上汽艇沿河而下——主任手中拿着地图到一点，汽艇停一处与主持人对话交流——主持人用空玻璃瓶吊满一瓶水对着阳光介绍着水的清晰度——主持人与河岸一群垂钓比赛者畅谈苏州河的今昔对比——到了第三期工程区，主任指点河岸，畅说远景——主持人站在船头，捧着地图作结束语：苏州河的明天会更美好！

天上——办公室主任指画着大地图向主持人作全景介绍——主持人与主任驱车来到停机坪向观众介绍：我们将乘坐直升机向观众们作苏州河的全景报道——直升机盘旋在苏州河的上空；苏州河在阳光照射下，犹如一条银线穿城而过——飞机低旋只见大学生龙舟赛双桨齐挥，双船竞发——一座座高楼、一圈圈绿地尽收眼底——主任打开地图指点着第三期工程区用手比画——主持人接过地图作结束语：苏州河的明天会更美好！

水下——办公室主任指画着大地图向主持人作全景介绍——主持人与主任驱车来到苏州河岸边——主持人用空玻璃瓶灌满一瓶水介绍水质的清晰度——主持人换上潜水服对着镜头：观众们，我马上将潜到水下，让大家通过我们的镜头看看苏州河底的水质情况，观众将在荧屏上看到，一条条鱼儿在镜头前游来荡去——主持人浮出水面对着镜头：事实雄辩地证明，苏州河水不再是黑的了，苏州河水正在变清——主持人走到主任身旁举起手中的塑料袋：这是我刚从河底捡到的一些垃圾杂物，请广大的市民们自觉保护我们的母亲河，苏州河的明天将更美好！

——地上、水上、天上、水下，这四种采访报道尽管是四种假设，但这是四种思路的拓展，这是四种空间的选择。

我们的室内空间静态演播节目已出现了像中央二台《生活》节目的多空间组合背景；

我们的室内空间动态演播节目已出现了像李咏主持的《幸运52》在台上台下多方面运动的场景；

我们室外空间的静、动态演播节目已越来越多，越来越大地呈现出全方位的空间运动演播的势头，像上海电视台《走进香格里拉》节目和《美食在线》节目……

主持人的头、眼、身、手，情，主持人的站、坐、走、看，状，越来越鲜明的关系到节目的形态张力；

主持人往哪里坐，往哪里看，主持人往哪里站，往哪里走，越来越深刻地影响到节目的内涵意义。

空间与人的关系，这是环境背景本身的意义；

空间与内容的关系，这就是环境背景表现出内涵的意义。

本节开头说——也许有人会说，演播空间的选择是编导的事，是摄像师的事，无须主持人操这份心。

可我们要说，没有干过主持的人说这样的话是属于无过，而干过主持的人说出这样的话，那就属于无知。

干过演员、搞过摄像、当过记者的著名电视节目主持人李忠莲颇有感触地说："作为一个现场的记者，必须有驾驭你周围环境气氛的能力，如何在摄像机前得体地、主动地、不露声色地控制周围的情绪，以便更迅速、更准确地体现节目的设计要求，这与记者的采访方法、谈话内容、一个动作、一个细节都有着密切关系。应当说，这种驾驭现场周围环境的能力，源于我的舞台经验，运用到新闻采访之后，有了更鲜活、更实在的新内容，这对我后来当电视节目主持人所必须具备的驾驭整个节目的能力，始终是很好的准备。"

正如中国传媒大学王纪言教授所指出："电视对主持人的要求不仅仅在于审视敏感的高低、情绪强弱的把握、节奏齐散的处理、流程张弛的驾驭，还要看他能否在荧幕上开拓一块空间，看他在这块空间中怎样经营那属于自己的天地，看他在这块空间中怎样去感应收视者的心灵，又怎样去沟通人类活动的舞台。当他在这块银幕上站住脚了，并以新的形象开拓作为自己鲜明的标志为观众所喜爱，我们才能够说，这位主持人他具备了一个空间。"

因为，电视节目主持人在镜头前一切都在说话。

从严格意义上来讲，选择不是单向的，选择应该是双重的，即便编导、摄像师对演播空间要有处理，要有选择，而对于主持人来讲，不仅要认同选择，适应选择，感受选择而且要体现选择，只有会选择的主持人才能对空间处理认同得快、适应得快、感受得快，从而体现出在流动中对空间的占据，也只有这样，才能证明主持人具有了真正的驾驶和掌控空间演播的能力。

第四节　节目主持的包、托、接、送

主持人要在对话性的提问与答问中达到"抓点互动"，就必须做到"包、托、接、送"。"抓点"是为了"互动"，"包、托、接、送"是为了让"抓点互动"更为深入、更为生动。包、托、接、送贯穿在抓点互动的全过程中。

何为"包、托、接、送"？

包

——对节目整体任务有烂熟于心的包孕；

——对节目整体程序要胸有成竹的包揽。

演播创作需要创作的准备,凡事预则立,不预则废。

主持人要对节目总体任务有烂熟于心的包孕,就必须在提问与答问的对话前,做好"三准备":

一要准备好所掌握的材料。主持人要充分了解每次播的话题所涉及的方方面面的情况,大到国家的方针政策,小到事件的来龙去脉,准备过度胜于准备不足。

二要准备好对采访对象、谈话高手的背景了解。采访对象各式各样、千差万别,主持人应积极通过第二手背景材料,对其进行充分了解,并善于分析掌握采访对象的心理性格,使现场对话的沟通具有一定的心理基础,这对现场对话的成功有着重要作用。

三要准备好周密设计的采访纲目。采访纲目分采访大纲和提问细目。

所谓采访大纲是对大体的活动步骤和方式,确定要访问的部门人员名单及其先后顺序与时间长短的准备;

所谓提问细目就是对所要提出问题的精确、具体的准备。

周密细致的采访纲目,让主持人在对话中始终处于主动的地位,不至于因采访对象、谈话对手可能出现的变化而使主持人的心理活动带来紊乱。

只有准备,只有包孕,主持人才能在有限的节目时间里获得更多的容量。

主持人对节目整体程序要胸有成竹的包揽,就应该掌握好在提问与答问对话中整体思路的"三种样式":

——约·布雷迪先生在《采访技巧》一书中把采访思路形象地称之为"漏斗"。

一是"正漏斗式"。主持人借助"正漏斗"这一"上面大,下面小"的形象比喻,在采访中先从抽象的没有难度的广泛的问题谈起。然而再逐步推进到深入、细致、尖锐的程度。布雷迪说:"这种广泛开放式的问题开头,不仅给予采访对象喘息之机,也给记者用武之地。"这是一种先易后难的采访思路样式。

二是"倒漏斗式"。主持人采访以尖锐、短促、特殊的问题开头,然后再转入比较广阔的领域。布雷迪说:"如果机敏地运用切中要害的问题,可以使被访人确信记者是在行的。"这是一种先难后深的采访思路样式。

三是"正、倒漏斗式"。这是一种从没有难度的提问开始,然后层层铺排归集到一个高点再追问出既有深度又有广度更有价值问题的采访思路样式。

在提问与答问的对话中采访大思路不外乎这三种。

主持人只有对节目的任务与程序获得整体性地包孕和包揽,才能在提问与答问的对话中驾驭"抓点"而产生"互动"。

托

——对现场嘉宾交流要有疏导畅通的垫托；

——对现场氛围营造要有错落有致的烘托。

任何嘉宾来到演播厅接受采访，当他面对主持人、面对摄像机、面对灯光、面对现场观众，总免不了内心情绪的紧张与恐慌，使语言的流畅表达出现了障碍，这就需要主持人的垫托。往往有这三种情况：

有的人说了，却是词不达意，这就需要主持人揣摩对方心里，用顺向性的语言概括出一句话进行垫托，对方就能应答"是呀，我说的就是这个意思"；

有的人说了，却是离题太远，这就需要主持人把对方的跑题拉回来，用调整后的话语进行垫托，引导对方的对话向节目的中心主题靠拢；

有的人想说一时却说不出来，或因情绪激动而说不下去，这就需要主持人自我议论一番进行填补垫托，让对方缓冲一下，用原来的思路或换个话题继续提问以至对话流畅起来。

流畅是对话的第一要求，主持人对现场嘉宾的交流对话要有疏导畅通的垫托。

主持人对现场氛围营造要有错落有致的烘托，就应该掌握在提问与答问对话中内在总体节奏与外部具体语速的把握运用。

主持人只有掌握了内在总体节奏与外部具体语速，才能使提问与答问的对话在内容深浅交替中达到跌宕起伏、错落有致；

主持人只有对现场的嘉宾交流与氛围营造进行垫托和烘托，才能在提问与答问的对话中有利于"抓点"而助推"互动"。

接

——对上一段图像内容要有对等情绪的衔接；

——对上一段对手信息要有收放自如的承接。

"接"是为了"送"，为了"送好"切不能轻视了"接"，主持人任何一次的"下一句"不是来自于"上一段"的画面内容，就是来自于"上一段"的对手信息。

图像内容大凡三类，不是褒，就是贬，再者不褒不贬是中性的。

对于褒或贬或中性的，主持人都要有对等的情绪来承接，或喜，或忧，或平静地，或欣慰，或淡然，或凝重地，不能因录播早就熟悉图像素材而熟视无睹。也不能因直播未看过素材带就视而不见，主持人要有一个态度，要准确，不能错位。

有一个主持人在《环境保护》特别节目的现场直播中，为了急于完成下一个环节与现场观众的提问对话，当他与观众一起看了一段"动物园的大熊猫不知吃了游客乱扔的什么食物而病倒的"的图像画面后，他忙转身一脸笑容地对观众说："好！现在我们就请出大熊猫的饲养员与大家谈谈如何当好一个文明的游客。我们掌声响起！"尽管这主持人的良心不坏，但对于"大熊猫病倒"的画面内容用笑的态度来衔接，足见主持修养欠缺。

"接"是为了"送"，主持人对上一段图像内容，要有对等的情绪来衔接，这是一个技巧，又是一个修养。

为了"送"好，主持人对于上一段对手的信息，要有收放自如的承接。

所谓"收放自如的承接"就是面对着采访对象、谈话对手上一段的话语，主持人在承接叙事与议论中，让事、理、情的宕开一笔、转述一言、拢收一句这三大技法要运用得收放自如；主持人在承接提问与追问中，让正问、设问、潜问、反问的技巧选择得收放自如。（对话中的提问有五种问法，一旦作为"追问"的属性，那正问、设问、潜问、反问便可属于追问的四种技巧，因为"追问"在提问中有着特别的作用，故成"提问与追问"并例写用。）

主持人只有对图像内容的衔接和对对手信息的承接，才能在提问与答问的对话中有利"抓点"的准确而产生对应的"互动"。

送

——对下一句提问追问要有匠心独运的引送；

——对下一句夹叙夹议要有诗意点化的递送。

"接"要巧妙，"送"更要艺术，"送"是结果，"送"是关键。

要把提问追问引送好，要把夹叙夹议递送好，主持人在提问与答问对话中要做好四大要求：

第一，要大题小问、小中见大。要将一个总题分解成若干子题，把一个大题破开成一系列小题，使现场的对话环环紧扣、引人入胜。

第二，要说得具体而又形象。越是具体的越让受众易于知晓，越是形象的越让受众易于感受，空空而谈、泛泛而说，只能使受众感到索然无味。

第三，要问得典型而又有个性。主持人要与众多不同身份的嘉宾观众对话，一人一个文化背景，一人一个个性品格，主持人要"见什么样的人说什么样的话"，要问出只有"这一个"采访对象、谈话对手，最合适回答的问题，是对方最有资格回答的问题，也是观众最想关心的问题。这就是寓于典型又有个性的问。

第四，要说出精心设计的提问的第一句话。提问的第一句话就像一首好听的乐曲在定调性一样，它对整篇采访起到战略性的作用，它也同样关联到整篇采访的思路结构。舞龙靠舞首，有好的开头，采访也就成功了一半。

主持人掌握好四大要求，那提问追问、夹叙夹议就会有匠心独运和诗意点化的引送与递送，就能在整个节目的对话中，让抓点凸显有机，让互动变得生动。

包得住就托得起；

接得住就送得出。

——包、托、接、送贯穿在抓点互动的全过程中，抓点互动让包、托、接、送更为灵动。

我们现在就对凤凰卫视主持人鲁豫的一则通篇采访进行读解，也许更能形象而又直观地领悟到"包托接送，抓点互动"在主持人提问与答问对话中的作用与魅力。

《鲁豫有约》——采访复出歌坛的杨钰莹。[①]

——凤凰卫视有限公司董事局、董事主席刘长乐对鲁豫有着这样的评价："《鲁豫有约》做得如此出色，和节目组的编导、摄像分不开，更和陈鲁豫的努力分不开……观众看到的鲁豫在嘉宾面前胸有成竹、落落大方，其实，你不知道她做了多少案头、熬了多少夜。"

——编导们对鲁豫采访杨钰莹节目有着这样的评价："当节目播出之后，我们听到一些说法。大家都可以看出来，她的整个安排是经过精心策划的，先在凤凰台一炮打响，再逐步扩大到各个媒体。"

——鲁豫在《鲁豫有约》节目中采访复出歌坛的杨钰莹的整体思路是采用的"正、倒漏斗式"。鲁豫此时采访杨钰莹最懂得老百姓想在节目中知道什么。俗话说："心急吃不了热豆腐。"鲁豫对"正、倒漏斗式"采访思路样式的精心设置，让杨钰莹"为爱做出了交代"。

——"正漏斗式"的开首第一句"正问法"提问是："我是前不久才知道杨钰莹是你的艺名，但我觉得这个名字起得特别好，跟你的形象特别吻合，是谁帮你起的呢？"

（面对此时的杨钰莹，这是多么绝妙的"正漏斗式"中的第一句对话提问呀！鲁豫为层层铺排再归集到一个高点而精心设置了这样一个关联全局的开头。）

接下来，鲁豫谈到杨钰莹的真名"杨岗丽"，谈到杨钰莹小时候会唱的第一首歌，谈到了第一个业余活动团体"少年宫"，谈到了走进的第一个文艺团体"江西省歌舞团"，谈到了进军广州出的第一盘歌唱专辑，谈到了与毛宁合作的中国第一对"金

[①] 《鲁豫有约——讲出你的故事》第二辑，吉林人民出版社2002年版，第38~68页。

童玉女"。

（此时的对话已占全节目长度的七分之三，当"正漏斗式"的对话归集到一个高点：杨钰莹的歌唱事业达到了顶峰时，鲁豫开始启用"倒漏斗式"。）

——"倒漏斗式"开始的第一句提问是："你突然有一段时间淡出歌坛，那个时候是在哪一年？"话锋一转，对话进入尖锐难题阶段。鲁豫追问："那一阶段谈恋爱的日子你现在可以去回忆吗？比如说这是一段什么感情，他是一个什么样的人，这些你现在可以跟我们分享吗？"

（问题提得实质，有分量。大题小问，小中见大，难题不让人难堪，刁题也得善问。"你现在可以去回忆吗？""你现在可以跟我们分享吗？"足见鲁豫提问的语用技巧与女性的人性修养，杨钰莹怎能不掏心窝地回答呢？）

接下来，杨钰莹谈出了第一次与原厦门远华集团董事长赖昌星的侄子、香港远华公司的总经理赖文峰见面，第一次恋情，并解释了所谓"三年婚姻合同"的传说，以及价值200万元的德国红色"保时捷"轿车，还有对"红楼"这一类书的看法，直至谈到杨钰莹复出后，准备筹划首场个人的演唱会。

（没有"三准备"，哪有在节目中如此驾轻就熟地采访，鲁豫对节目流程胸有成竹、烂熟于心地包孕、包揽，使杨钰莹面对主持人、面对受众袒露了心声。正如杨钰莹感慨地说："这是我第一次，也是最后一次对媒体谈及此事，我心里是坦然的。"）

——"正漏斗"段的节奏与速度是紧中舒缓地对话，营造了一个浅说并说得有意思的对话氛围；

——"倒漏斗"段的节奏与速度是紧中轻捷地对话，达到了一个深说并说得有意义的对话效果。

"你突然有一段时间淡出歌坛，那个时候是在哪一年？""你真的不能称淡出歌坛，当初淡出的话，偶尔可能还会出来演唱，那时候你就等于是一下子就不再唱歌，算是暂时告别舞台了。当时为什么会做那样一个决定，因为那时候正是你的事业在巅峰的一个状态呀。"

（鲁豫的这两句连问便是上、下两大段问的节奏与速度、浅与深之间的过渡。）

——在下半段"倒漏斗式"中有这样一段对话：

面对社会上比较流行的版本说杨钰莹和赖文峰是签署了"三年婚姻合同"时——

杨：几年以后我们也是因为性格的问题，非常友好地分开了。但是，后来有一些报纸非常具有伤害性地写了一些东西，说我们的感情是他们所说的什么三年的婚姻合同，我当时觉得很难以理解……（语塞）

鲁：你们其实也没有结婚，只是在一起比较快乐地过了三年。

杨：对对，三年多，我们大概在一起三年多，那个时候确实想到过婚姻，非常认真的。我在想，既然已经找到自己的真爱，将来就做一个很有型的、很时尚的、很传统的、很优秀的家庭主妇，将来我们结婚以后就会生三个孩子，车后面坐一排。真的，那个时候是非常天真的，但是事情已经过去了。

（"你们其实也没有结婚，只是在一起比较快乐地过了三年。"这就是"托"。当杨钰莹说道："我当时觉得很难以理解……"难过得说不下去了，鲁豫运用这一句垫托，杨钰莹忙转情绪说："对对。"便引出了一大段真情实语，垫托是让对话流畅的妙法。）

再看这一段：

鲁：你们分手的时候你哭过吗？因为一个人在一段感情结束的时候，不管这种结束是因为外力还是自己内在的原因，缘分到了该分手的时候，都会对自己的内心震动很大，那个时候你哭过吗？

杨：当时没有，因为觉得两个人相处久了就像家人一样，感情很要好，但是确实是因为性格很难磨合到一起……分开的时候……好像也没有正式说要怎么怎么样，就说那以后再见吧。但是大家心里都明白是分开了。倒是说大家友好分开很久以后，再通电话，再见面的时候反而哭了……

鲁：再见面反而哭了？

杨：再见面的时候就是可能因为再回过头去看自己的感情，觉得那是一段纯真的感情，就是像小时候"玩家家"，两个小孩子青梅竹马。明天到你家提亲，你就做我的新娘子吧，类似于回忆那样的感觉，非常纯洁无邪。

（此时杨钰莹的答问有点跑题了，不再回答鲁豫所问的"再见面反而哭了"的提问，此时，鲁豫又运用"垫托"把话题拉回来，围绕着"哭"再提问，引发对方再深入谈下去。）

鲁：后来两个人再见面的时候，哭了，当时是因为……

杨：我们已经很久不见了，但是确实是分开很久以后，再次见面或者是通话的时候，觉得心里特别悲凉。

鲁：因为周围的原因？（追问）

杨：可能这是一个很重要的因素，然后也有我们本身感情的一些原因吧。

鲁：那种悲凉……发现感情真的是走到了尽头的那种感觉，是很无奈的那种感受？（追问）

杨：可是内心又保存了一些东西，比如说，我们再次见面的时候谁都不许变丑，也不许变老。然后他会说将来老了，我会带你去看夕阳，当我变成老头儿的时候，你变成了老太婆。他说，不过如果你成了老太婆，也应该是一个比较别致的老太婆，我们谁都不许变差，一定要变得更好。好吧，那就等我们变老的时候，我带你去看夕阳。

（正由于鲁豫精心设计了"哭"的子话题，让杨钰莹谈出了——分手时不哭；谈出了——再见面时反而哭了。因为，鲁豫也是女人，在"哭"与"不哭"的后面肯定有属于女人的情感故事，鲁豫又用"垫托"拉回了紧紧围绕"哭"的线点，再一次追问，终于挖掘出杨赖之间"那种悲凉中还保存了一些东西"的鲜为人知的让人品味的故事。然而这一段"哭与不哭"的精彩的叙事对话正来自于此段第一回合围绕"哭"的事、理、情的议论。）

——"你们分手的时候你哭过吗？"（这是关于"哭"的事）

——"因为一个人在一段感情结束的时候，不管这种结束是因为外力还是自己内在的原因，缘分到了该分手的时候，都会对自己的内心震动很大。"（这是理中有情的议论）

——"那个时候你哭过吗？"（议论后又回到了"哭"的事上）

接下来，当鲁豫问到杨钰莹"晚上一个人的时候，你有没有经历过特别难受特别痛苦那样的日子"时，杨钰莹坦言"在夜深人静的时候，我最难受的时候，就觉得欲哭无泪，可能这是痛苦的一个顶级状态"时，鲁豫又有了这样一段议论：

鲁：其实我也一直在想，杨钰莹来上这个节目，她这一段时间，这一段事情我们是不是应该去说，说到一个什么程度，因为就像一个伤疤一样把它包起来，可能包得很潦草，但毕竟把它包起来了，为把它彻底治好，可能要把它重新撕开，这个过程其实会是挺痛苦的一个过程。

（这一段充满女性情感的叙述与议论，正是鲁豫抓住了上一段杨钰莹话语中"痛苦的一个顶级状态"这个点而生发出如此夹叙夹议的富有形象性的议论，主持人这样的叙述与议论又触发了杨钰莹继续往心灵深处叙述的欲望与袒露心扉的真情表达。）

接下来，杨钰莹又说出了这样的心声：

杨：我想说出来，对所有爱我的人或者是关心我的人来说，我做的这件事情对他们有了一个交代，我觉得我的责任也尽到了，不管我说出来是一个什么样的效果，我面对他们的时候，我坦然了，要不然我会觉得心里隐隐有一些对不起他们，我是这样想的。

（一个颇有知名度的歌手当着广大受众的面能如此真情实语地倾诉心里话，不能不说鲁豫在提问与答问对话中对叙述与议论的上下承接达到一个收放自如的高度。）

——正由于鲁豫在节目中包、托、接、送都悉心到位，所以她在对话中的"送"就送得智慧，送得艺术。

全篇的第一句提问以及每一段开首的提问都是精心设计，并问得典型而有个性：
我们来看看鲁豫在下半篇"倒漏斗"思路中的五个段落开首第一句的提问：

——"那一段谈恋爱的日子你现在可以去回忆吗？比如说这是一段什么样的感情，他是一个什么样的人，这些你现在可以跟我们分享吗？"

——"能谈谈你们第一次是怎么见面，怎么认识的吗？"

——"你们分手的时候你哭过吗？因为一个人在一段感情结束的时候，不管这种结束是因为外力还是自己内在的原因，缘分到了该分手的时候，都会对自己的内心震动很大，那个时候你哭过吗？"

——"但是我还是觉得你当初决定复出是很勇敢的一个举动，因为你在那个时候，周围的人已经开始在说一些什么，那个时候复出唱歌大家就会觉得杨钰莹她怎么怎么样，所以又出来唱歌，你的勇气应该是很大的。"

——"最近我也上网看到一些关于你的报道，就是前一阵你在一些地方演出的时候跟传媒之间也有一些不是特别愉快的经历。"

（这五段对话的开首提问都是围绕把杨钰莹请来做节目的看点而整体设置的，也是只有"这一个"杨钰莹最合适回答的问题，也是观众最想知道的问题。五个段落的开首提问构建了下半篇整个对话的框架，对完成中心主题起到了策略上的保证，送得恰当，送得精到。）

全篇的提问说得具体而又形象并做到了大题小问，小中见大的对话要求——
我们来看看鲁豫在上半篇"正漏斗"思路中第一段关于"杨钰莹名字的"四个追问：

——"我是前不久才知道杨钰莹是你的艺名，但我觉得这个名字起得特别好，跟你的形象特别吻合，是谁帮你起的呢？"

——"现在对你来说，是别人叫你'杨钰莹'你觉得自然，还是别人突然叫你

'杨岗丽'你觉得……"

——当杨钰莹说到"叫我岗丽的人应该都是我的亲人"时，鲁豫说："其实也挺好听的，我觉得。"

——当杨钰莹说到"有点像男孩子的名字"时，鲁豫说："有一点点，就是那个'岗'字。"

（围绕"艺名"一连追问，看似亲言亲语，小锣小鼓，小问小答，然而让杨钰莹在此段四个回合中道出下一段大的感受。）

杨：那位老师就说不如重算一个名字吧，就算出了"杨钰莹"这个名字，那时候我觉得这个名字跟我有太大的距离，当时我觉得很痛苦，为什么要叫这个名字？我当时真是这么想，因为这个名字离我还很遥远，不像现在这个名字已经成为我生命中的一部分了。

（"成为我生命中的一部分了。"关键是这"生命"二字！"杨钰莹"这个名字在杨钰莹的"生命"中有太多的掌声、鲜花，也有着太重的得宠跌落，过去的曲曲折折，今天的出镜采访，以及马上要"个人专场"演唱，对杨钰莹而言，感受全在这个"生命"二字里边了，对鲁豫而言，开首第一段的娓娓道来的铺排，全篇对杨钰莹的"成长史""纠葛情""复出事"的采访将贯穿在整个"生活命运"的对话里了。送得大气，抓点到位。）

好的节目对于观众来讲，要能产生期盼；

好的节目对主持人来说，应能值得回味。

如此不惜篇幅地读解，为的是感受鲁豫在提问与答问对话中的功力。

尽管任何录播节目在实际拍录中的时间往往是一档节目固定时间长度的二至三倍；

尽管任何录播节目都是通过编导剪辑成播出带而在屏幕上放送的；

如果我们主持人在现场的每一回采访、每一次提问都是闪光点；

如果我们的编导在剪辑成带的过程中剪去每一个"点"，每一句"话"都感到可惜的话；

——那剪辑后的每一个播出带就只能是优秀的。

《鲁豫有约》是一个录播节目，但每一次《鲁豫有约》节目的播出带，足以证明鲁豫对每一档节目整体框架是精心策划的，对每一道程序铺排是精心操作的。

如此分段按句地读解"点"，为的是体味"包托接送，抓点互动"在提问与答问对话中的魅力。

主持人鲁豫能让极爱面子的杨钰莹在节目中说出这样的话:"今天我能在这儿把这些事情说出来,我觉得也是很需要勇气的,就在今天之前的那一段时间里,我也想过很多。我在想,应不应该把它说出来?最终我还是觉得说出来会公平一些,因为事情本身需要它的真实性。"

——会说话的主持人是让对方把话说得更好,说得更真,说得更深,这应该是每一个职业主持人最美的境地,最高的修养,最大的追求。

就像美国著名节目主持人丹·拉瑟读解著名提问专家华莱士一样,他说:"我曾经仔细研究过华莱士的采访风格:他的提问方式、措辞的特征,他的语气、手势、表情以及迅速跳过一个问题转而自然地提出新问题的本领。像推选作家一样,我在这类记者中首推华莱士作为榜样加以学习。"

面对语点,主持人要学会抓"点";

"包托接送,抓点互动"——贯穿在整个节目的开头、中间、结尾的全部过程中;

"包托接送,抓点互动"——在提问与答问的对话中,让主持人与嘉宾,让节目与受众产生出思想与思想、心灵与心灵的深层互动。

思考题

▲ 主持人参与节目的自觉程度表现在哪三个过程中,并举例说明?
▲ 主持人必须修炼内在素质的三个制高点是什么,并举例说明?
▲ 请谈谈主持人必须具备的主持意识与内在素质的相互关系及其作用是什么?
▲ 从克朗凯特一天工作的时间安排内容中,谈谈你的认知和感受?
▲ 电视节目主持人的演播空间在哪里?
▲ 采访在文字报道与声像报道中的时空关系是什么?
▲ 电视节目主持人对演播空间的选择能力表现在哪些方面?
▲ 电视节目主持人驾驭演播空间运动的意义何在?

第七章 文本样态案例篇

演员在演出中说的各种台词都来自于剧本，那么，主持人在操持节目中所表达出的"文本"样态是什么呢？纵观各类节目，归纳起来有三种"文本"。一则：有文本样态的背稿节目创作；二则：半文本样态的腹稿节目创作；三则：无文本样态的喉稿节目创作。

所谓"背稿"——就是有一个完整的串词稿，让大脑反复背词、照稿播讲；

所谓"腹稿"——就是有一个提纲挈领的稿，让大脑强记大意、边想边说；

所谓"喉稿"——就是没有任何文稿和底稿。是大脑即刻想到，一吐而出。

背稿、腹稿、喉稿都需要有高强的记忆能力。

首先，识记的迅速性，从主持人操持节目的特点来看，节目总是周周做或天天做，做节目总是一次性的，那识记的迅速性便显得尤为重要。主持人需要背功，识记的迅速性就是背功，背稿就更需要背功，但不要有背状，背功是主持人一大本领。

其次，记忆的持久性，从一定范围讲是属于知识的储存层面。主持人需要知识，需要文化。唐诗宋词都学过，记不住也就等于零。主持人过去看到的要记住，现场听到的要记住，当即想到的更要记住。记得住才用得出，记以备用。

最后，回忆的准确性，主持人回忆得准确，表达就流畅生动。腹稿与喉稿就是快速和当即调动记忆中的知识和积累，在一定层面上讲，知识的运用就属于回忆的准确性。主持人会说善问的前提就是回忆的准确性。

记忆既是主持人过去时的一种知识积累；

记忆又是主持人出场前的一种静心背功；

记忆更是主持人操作中的一种有机调动。

静中深记、动中抢记、闹中强记。

主持人在节目演播的实际操作中，背稿、腹稿、喉稿这三种语言样态，有的可以独立存在、更多的是互为关联，呈现出多种多样的口语表达形式。

背稿可以独立展现，在单档串报的节目中，甚至在单档评述节目中，一般都运用背稿。

背稿、腹稿、喉稿往往是综合使用，在对话访谈节目中，背稿用在开场白，腹稿、喉稿用在提问、答问中，结束语可用背稿，也可用腹稿。

演播中更多的是腹稿与喉稿的结合使用，就连体育节目直播解说，也是喉稿与腹稿的结合，有时还要加上"读稿"。

即便是喉稿，也是建立在腹稿的底子上。喉稿往往在访谈节目、游戏娱乐节目的临场发挥以及突发情况下即兴运用，一档节目彻头彻尾的全部是喉稿，少之甚少。

启用"背稿"——不外乎两种，一种是编辑写的，一种是主持人自己写的。

我们要强调的是——"写"是"说"的记录。

对于主持人自己写的稿，要先想到在节目中是怎样说而再来怎么写。

对于编辑写的稿，要懂得主持人节目的口语语体，要熟知主持人的语用特点，反之，主持人就必须合规律地去动手润色。

广播电视工作者经过摸索、总结出许多行之有效的方法：词语选择要将书面文学词语换成口头表达词语；多用双音节词，不用生僻成语、典故，少用不用专门术语；句式选择要多用口语句式、不用欧化句、长句；语音安排要避免同音字误听误解、平仄相同；还有适当运用排比、仿拟的修辞方法，注意语句的整散结合、长短相配以及"第一人称"的运用。这些主持人节目口语体的具体特点有助于主持润色改稿。

从沈力的《为您服务》到敬一丹的《焦点访谈》，再到元元的《第7日》，这三代优秀节目主持人，她们运用的都是"背稿"，为了说到位、有特点，她们除了自己写稿外，还经常逐字逐句动手改别人写的稿，用元元的话说，是"绞尽脑汁"、是"语不惊人死不休"；而当我们在荧屏上看到她们串报播讲时，个个都像在当场现想现说出来的一样。

从主持人演播操作的实际现状来讲，背稿毫无疑问地占有一定量的"市场份额"，背稿的文本样态也就理所当然地成了口语表达语言形式的一个必不可少的组成部分。

所以说，启动背稿就是指主持人首先要会写有"体"的文稿，要能改成有"体"的文稿，再要有"背功"不要有"背状"的这样的"背稿"就能够入耳入脑，就属于口语表达的范畴，就会使老百姓易于认同，乐于接受。

启动"腹稿"——不外乎有两种，一种是远腹稿，一种是近腹稿。

所谓"远腹稿"是指主持人在做节目之前根据不完全的文字资料或根据大体谈话内容的要求，而在心里已经想好的浓缩的整体框架思路。

所谓"近腹稿"就是指主持人在做节目中，借助对方谈话之时、借助大屏幕播放图像资料之时、借助上一个文艺节目演出之时，在心里快速想好的简短的"语点"思路。

启动"喉稿"——也不外乎两种，一种是长喉稿，一种是短喉稿。

所谓"长喉稿"是指即兴发挥的一串句群，句群是两个或两个以上句子的组合，是大于句子的语言单位，句群常表现为一串话。

所谓"短喉稿"是指脱口而出的一个短句，短句往往表现为一句话。

我们需要强调的是：

其一，"腹稿"与"喉稿"之间常常表现为两者联用，但也可以单独使用，所谓联用也就是主持人在想好的"腹稿"出口后又即兴发挥出一串句群或一个短句，而"喉稿"使用的一串句群或一个短句，往往会产生主持人的"典型句子"，这是"腹稿"与"喉稿"在运用中的一个特点；

其二，只要训练有素、只要习惯成"体"，启动"腹稿"与"喉稿"也就成了自然而然的事，关键是，要以倾听去调动你的思维、记忆与联想，这是主持人职业智力的综合运用；

其三，"腹稿"与"喉稿"是言语组织与口语表达中最重要、最直接的口语形式，启动好"腹稿"与"喉稿"，就有了操持节目成功的保障。

一个优秀的节目主持人应以有文本样态的背稿创作、半文本样态的"腹稿"创作、无文本样态的"喉稿"创作为抓手，来适应多门类、多形态的主持人节目。

第一节 有文本样态的背稿节目创作

——解读主持人董卿在有文本节目串联中的再创造

串能形合、联有神韵

一、董卿主持"全国艺术硕士（MFA）优秀作品展演开幕"演出的两个文本之比较效果

由全国艺术硕士教育指导委员会主办、上海戏剧学院承办、中国戏曲学院和北京舞蹈学院参演的"全国艺术硕士（MFA）优秀作品展演"开幕式于2008年12月2日在上海戏剧学院端钧剧场举行。主持人由上海戏剧学院2007级艺术硕士、两届金话筒获得者、中央电视台节目主持人董卿同学担纲主持。

董卿于11月28日收到由资深撰稿人方军发来的串词原稿，董卿于12月2日下午4时由北京乘飞机抵达上戏端钧剧场后台，晚上7时登台脱稿主持，9时10分连夜返京参加春晚排演。

演出是精彩的，主持是成功的。董卿成功的主持让精彩的演出在一波未平一波又起的掌声中推向了高潮。正如上海戏剧学院一位领导这样感慨道："这篇串联稿我审查过，写得很好，但一经董卿主持，这串词就变了样了，整台演出变得更细、更精、更活，真让人叫绝。"现将依据影像听写的董卿现场串词与原稿串词的两个文本进行比较，以飨读者。

	原稿串词	董卿串词
开场白，舞蹈《巾帼》	今天，我们以MFA的名义相聚在这里。三年前，MFA这个名称对于我们来说还是那么陌生，而今天全国首届艺术硕士已经走出了校园，留下的是收获与精彩。 我们都曾有过难忘的校园生活，在告别了学生时代一段时间之后，我们是如此渴望充实，期待提升。MFA成就了我们的梦想，我们再一次走进了校园，体验了一个学生才会拥有的幸福。就是基于这样一座平台，站在一个全新的起点，我们开始了又一次飞翔，又一次超越。今晚，我们将把上海戏剧学院艺术硕士教育所取得的部分成果奉献给大家，与所有关心MFA事业的领导、专家和朋友们共享丰收的喜悦。首先请看舞蹈《巾帼》。	各位领导、各位来宾，老师们、同学们，大家晚上好！很高兴今天能有这样一个机会与大家相聚在上海戏剧学院端钧剧场。今晚我们的**相聚是以MFA的名义**，三年前我们对这个名词还感到非常的**陌生**，但是如今全国首届艺术硕士已经圆满地完成了他们的学业，今天我们就要一起来分享他们的艺术成果，MFA，Master of Fine Arts，在欧美的许多国家已经是一个非常成熟的一个学位，而在我国国务院学位委员会是在2005年确立了这个专业，我想，教育领域的这个重大改革，它的目的用一句话来概括就是：希望那些有艺术才华的、并且有了一段艺术经历的实践人才，能够得到重新学习和深造的机会，让他们有针对性地去提高自己的专业业务能力，于是我们看到这些年来，一批批的年富力强的、颇有艺术成就和教学成果的青年演员、青年教师及各个领域的艺术工作者又重返校园，包括我在内。"重返校园"，我想它的感受可能是我们今天在座的许多年轻的、二十出头的同学无法体会的，用我自己的亲身体验来说，就像是在你感到快窒息的时候，突然有人给你戴上了氧气面罩，于是你的眼睛又湿润了，你的肢体又柔软了，在平静当中感受到一种深刻的幸福，当然我说的是"平静"，不是"静止"，更不是"止步"，否则就不会有今晚的演出。我们找到了一个支点，凭借这个支点也许可以找到又一次的飞跃，能飞得有多高，能走得有多远，留给各位领导、专家、老师和同学们来评判。一起来欣赏今晚的第一个节目，**舞蹈《巾帼》**。（掌声）

续表

	原稿串词	董卿串词
昆曲《牡丹亭》	一群英姿飒爽的巾帼英雄，让古老的《木兰辞》变换为现代的肢体语言。完成这一艺术构思的就是上海戏剧学院舞蹈学院编导专业教师赵慧萌。赵慧萌曾参与现代昆剧《伤势》、多媒体舞台剧《寻衣记》、实验性小剧场舞剧《卡门》的编舞创作。《巾帼》既是赵慧萌作为MFA的毕业作品，也是她为2004级中国古典舞专业毕业公演创作的节目，这也鲜明地反映了MFA教学注重把专业知识运用于艺术实践的特点。培养高层次、应用型艺术专门人才，MFA这一独特的教育理念和教学模式，使许多从事艺术工作多年的专业骨干再次接受了系统而有针对性的学习。享有"昆曲王子"美誉的张军就是其中的一位。作为一名MFA，他又将如何展现别样的风采？还是让我们先来欣赏由张军和沈弈丽、贾哲表演的昆曲片段。	董卿：想到了什么？刚才的那段舞蹈。 观众：花木兰。（众答） 董卿：猜对了。可能刚才这个舞蹈进行当中，大家也听到了画外的旁白，这就是《木兰辞》，《木兰辞》是南北朝、确切说是北朝时期的长篇叙事民歌："当窗理云鬓，对镜贴花黄。出门看伙伴，伙伴皆惊忙；同行十二年，不知木兰是女郎。"一千多年前的诗歌，如今被我们的舞蹈者又一次活生生地搬上了舞台，所以木兰又出现了，还是那么年轻、那么美丽、那么勇敢、那么善良，这就是艺术的创造力。这个舞蹈的编导是我们**上海戏剧学院舞蹈学院编导专业的青年教师——赵慧萌**。《巾帼》既是她的MFA的毕业作品，同时**也是她为2004级古典舞专业的同学们毕业演出创作的一个节目**，由此我们也可以看出MFA强调的就是作品的创作、表演实践，我们要**培养的也是高层次的、应用型的专业人才**。那接下来要登台的这位啊，可以说在他的艺术领域里也相当的有造诣，他被人们称作是"**昆曲王子**"，今天他要为我们带来的这个节目，既是他的MFA的毕业作品，同时也是上海昆曲团成立30周年的一个重要的活动内容，那就是"于丹——游园惊梦互动主题讲坛"，让我们欢迎**张军、沈弈丽、贾哲**为我们表演《牡丹亭》片段。（掌声）

续表

原稿串词	董卿串词
对张军的采访　　当张军他们在舞台上倾情演绎时，我们还看到了一位重要的参与者——于丹教授。今年春天，著名学者于丹欣然作客上海大剧院，与上昆演员们共同向观众传播了昆曲之美。而这场活动就是在张军的积极运作下获得成功的，张军也由此向我们凸显了他的另一个身份——上海昆剧团副团长。作为一个剧团管理者，张军选择了MFA艺术管理方向。近年来，他策划组织了多场弘扬昆曲艺术的文化活动，于丹到大剧院讲昆曲就是其中一项。 （采访提示）张军，由于两种不同的身份，你时常需要在演员和管理者之间进行角色转换。你认为MFA学习对你的这种转换起到了什么样的作用？	舞台出现小状况：节目结束后，董卿刚出场，发现灯光没亮，转身又退回后台，再次上场时，昆曲又突然响起。 董卿：这游园惊梦也把我惊了一下，是要我也唱一段吗？"啊……"（众笑） 董卿：2008年的11月11日，也就是上个月吧，美国的全国公共广播上发表了这样一篇文章，叫作《当爵士遇上昆曲》，说的是在中国有六百多年历史的昆曲，它的表演者叫Jeffrey张，和来自比利时的一位爵士乐的钢琴演奏家两人合作录制唱片的事情，美国人感到非常的惊讶，但其实我觉得这一回呀，是美国人孤陋寡闻了，他们不知道这个张军向来就出人意料，与他合作的除了爵士乐演奏家之外，还有像流行歌手呀，日本歌舞伎呀，芭蕾舞演员呀，现代作曲家等，他的每一次创新和探索都会引起广泛的关注，但是也会引起争议，那么就此他本人是怎么看的呢？让我们掌声欢迎张军。（掌声） 董卿：你好，张军，刚才我说的话你都听到了？ 张军：都听了，非常认真地听了。 董卿：我说得没错吧？ 张军：一点儿没错，其实我从收到美国广播发给我的伊妹儿，他把它的意思告诉我，其实就像董卿讲的，这样的争议这么多年一直伴随着我。我从十年前

续表

	原稿串词	董卿串词
对张军的采访		开始跟我的同伴们一起去青年观众中宣传推广和普及昆曲到今年已经是第十个年头了，收获很多，但十年来的确争议也是伴随在左右。其实有的时候很煎熬，但从另外一方面来讲它也是一种动力，让我更加好好地去完善自己。这十年来我们到青年观众当中，我们听到最多的一句话就是：原来昆曲就在我们身边，原来昆曲的青年演员跟我们一样年轻、激情，只是我们没有接触的机会。十年里面听到这样的感受是比比皆是，所以我觉得在这样影响力之下的时代里面，我们需要的是创造更多的机会去接触别人、了解别人，像这样钢琴、爵士跟昆曲的合作，其实都是有一个前提的，就是我们在混合之前，我们都会去原汁原味地表达自己的艺术，我想有人愿意听流行音乐，有人愿意听钢琴，有人喜欢听别的艺术门类，他都会通过其他的机会去了解昆曲，可能跟昆曲的一次亲密接触的机会，我想我们作为一个从业者既要做一个守望者，又要做一个推广者，要创造更多的机会，所以虽然煎熬相伴左右，但是我觉得还是挺享受的。 董卿：说得好，如今张军已经是上海昆剧团的副团长了，在我们上海戏剧学院的艺术硕士的艺术管理专业已经毕业了，我也想问问张军，作为一个管理者要求稳健，作为一个艺术创作者特别像你很富有冒险精神，不断地在创新，二者，怎么把它和谐统一呢？

续表

	原稿串词	董卿串词
对张军的采访		张军：当然这是很矛盾的。我发现自己现在练功的机会越来越少，演戏的机会越来越少，而要做很多统筹管理的事情，其实在学 MFA 之前，在做管理工作之前，我自己已经从整合资本开始，已经做了很多项目的实践了，那是完全凭着一种实践跟冲动和激情，当然读书之后发觉，它更需要一个智慧的脑袋，更需要一些科学的方法，所以我觉得读书之后让我在两者之间找到了很多的平衡，为此我拓宽了很多的眼界，有了很多的方法，所以像今年的 5 月 18 号，请于丹教授来做昆剧团 30 周年团庆的演出，同时也是 MFA 毕业的一个作业，我觉得通过学习后好像还比较游刃有余，而且还想到很多可能会发生的事情被规避了，这让我非常的欣慰，我想如果有机会的话，什么时候再读个博士。 董卿：学校大门永远向有志青年敞开。张军刚刚从荷兰回来，在阿姆斯特丹的皇家歌剧院和谭盾合作了一部叫《马可·波罗》，他是把西方的歌剧和东方的昆曲融合在了一起，在这部戏的表演当中，张军又要求在舞台上用昆曲的念白，讲英文的台词，很难想象吧！ 董卿：我相信大家刚才在放"惊梦"这一段，下面有英文的字幕，很多同学一定在看英文没看中文，想试试自己的英文水平到底到了什么程度，但是你们能想象用昆曲的念白念英语的台词吗？想不想听一听？我呢，去不了阿姆斯特丹，但我能到端钧剧场。(掌声、笑声)

续表

	原稿串词	董卿串词
对张军的采访		张军：(现场英语念白)。穿这身衣服（戏服）念什么都挺奇怪。 董卿：当时你穿的是什么衣服呀？ 张军：当时我穿的是意大利早期的一个、有点像丑角演员的衣服。 董卿：你不是演李白吗？ 张军：到中国演李白，我一共演了四五个角色，一直在不停地变换当中，刚才那段是我上场的第一个念白。 董卿：穿的是意大利的服装，所以就没有显得那么奇怪。不过时光之书打开，很有意思啊，唐明皇、柳梦龙叫Jeffrey张。其实我很喜欢谭盾的一位同学，也是中央音乐学院毕业的，刘索拉的一篇小说名字叫《你别无选择》，张军看似是各种各样的选择让昆曲以不同的面貌出现在舞台上，在我看来都指向一个选择，那就是他作为21世纪的一位青年昆曲演员要把这个古老的剧种传承下去，就这样来说，我们应该感谢张军。谢谢你。(热烈的掌声)
舞蹈《春江随想》《袖之韵》	上海戏剧学院舞蹈学院中国民族民间舞教研室副主任周蓓执教十年来，曾多次获得过全国桃李杯舞蹈大赛优秀园丁奖。中国古典舞教研室主任庄丽曾获得全国第六届桃李杯舞蹈大赛青年组银奖，并在张艺谋执导的歌剧《图兰朵》中担任舞蹈女主角，由她主演的大型舞剧《闪闪的红星》，获得第二届全国"荷花杯"金奖。而这两位青年教师在培育新人的同时，自己也步入了MFA课堂。接下来，就请欣赏由周蓓、庄丽分别编导并领舞的《春江随想》和《袖之韵》。	董卿：接下来的时间，我们要欣赏到的同样也是我们MFA舞蹈专业的学员又是我们**上海戏剧学院舞蹈学院**的两位青年教师——庄丽和周蓓，她们**两个编导又分别领舞的两段舞蹈《春江随想》和《袖之韵》**。(掌声)

续表

	原稿串词	董卿串词
京剧《小吏之死》	上戏首届艺术硕士在学习实践过程中，相继推出了不少受到关注的作品，像何念导演的《武林外传》、盛艳导演的《双面胶》、陈铭嘉导演的《父亲》、孟真宇导演的早期话剧《家庭恩怨记》、韦京东导演的《黄梅戏流派研究展示演出》、张强导演的《云之南》、崔轶导演的电影《笛声何处》、黄溪创作的一系列影视戏剧作品、周鸣晗主演的话剧《只有一个女人》、肖英等主演的《倒挂星条旗》等。下面，请欣赏由MFA学员龚孝雄编剧、由MFA的学员单跃进担任制作的京剧小戏《小吏之死》，表演者严庆谷。	董卿：我们刚才欣赏到的第二段舞蹈叫《袖之韵》，它的领舞庄丽，是我们**舞蹈学院古典舞专业的教研室主任**，她在《闪闪的红星》中扮演过潘冬子的妈妈，今天她的孩子也来到了现场，可是我一点都没听到哭闹的声音，我真是太好奇了，后来我终于明白了，因为在妈妈肚子里的时候，他就一直上MFA的课程，一生下来就极具艺术品位。（董卿有意识地往台下一看）哦，原来睡着了。（热烈的掌声、笑声） 在我们上戏首届艺术硕士学习实践的过程中，他们真的是**推出了不少受人关注的好的作品**，和大家一起来分享一下。何念导演的《武林外传》，盛艳导演的《双面胶》，陈铭嘉导演的《父亲》，孟真宇导演的早期话剧《家庭恩怨记》，韦京东导演的《黄梅戏流派研究展示演出》、张强导演的《云之南》，崔轶导演的《笛声何处》，黄溪创作的一系列影视戏剧作品，周鸣晗主演的话剧《只有一个女人》，肖英等主演的《倒挂星条旗》等，那我们接下来要欣赏的是MFA的学员龚孝雄，由他担任编剧，由MFA的学员单跃进担任制作的京剧小戏《小吏之死》，表演者严庆谷。（掌声）
舞蹈《杨贵妃》	来自上海京剧院的MFA学员龚孝雄，从契诃夫的小说《小公务员之死》中获得灵感，创作了《小吏之死》。《小吏之死》2007年摘得"中国戏剧奖·小戏小品奖"，	董卿：谢谢，非常感谢严庆谷非常精彩的表演。还有我们的乐队，谢谢你们。我再考考大家，这个京剧小戏《小吏之死》，它的情节借鉴了哪部小说？

续表

	原稿串词	董卿串词
舞蹈《杨贵妃》	为上海实现了该奖项上零的突破。在此,让我们衷心地为艺术硕士们所取得每一个成绩而叫好!从《大梦敦煌》《花木兰》到《霸王别姬》,上海戏剧学院舞蹈学院青年教师邢桑在一系列国内外舞台上产生重大影响的舞剧中留下了自己坚实的足迹。在就读MFA期间,他主演的又一部新作东渡扶桑,轰动东瀛。这部作品就是由赵明编导的大型原创舞剧《杨贵妃》。 请欣赏《杨贵妃》片段,表演者邢桑、李萍。	观众:《小公务员之死》。(众答) 董卿:太有才了!什么专业的?准备考MFA吗?(笑声)对,是《小公务员之死》,这是**契诃夫**在1883年完成的一部小说,所以我就在想,如果说从《木兰辞》到《巾帼》这只是一脉相承的文化的话,那从**契诃夫**的小说《小公务员之死》到京剧小戏《小吏之死》那真的就是大胆的创新,也是他山之石可以攻玉的典范,不过这倒是挺符合**契诃夫**精神的,作为俄罗斯最伟大的现实主义作家,他曾说过这样一句话,我们的事业就是学习,学习,再学习,积累更多的知识,人类未来的幸福就在于此。而我们刚才欣赏到的《小吏之死》也在**2007**年获得了中国戏剧奖·小戏小品奖,也实现了上海在这个奖项上的零的突破,所以我建议大家是不是用掌声向我们的各位艺术硕士取得成绩表示祝贺。 接下来我们要欣赏到的是一段舞蹈,上海戏剧学院舞蹈学院的青年教师**邢桑**,在就读**MFA**期间主演了由赵明编导的大型舞剧《杨贵妃》,并且带着这部作品出访日本,演出也是大获好评,接下来就让我们一起来欣赏邢桑和李萍表演的舞剧《杨贵妃》片段。(掌声)

续表

	原稿串词	董卿串词
结束语	我们以MFA的名义相聚在上戏校园。MFA教育是中国高等艺术教育中一项年轻的事业，它是耕耘，是探索，是创新。我们有幸和它一起成长，一起走来。今天，我们把这台演出奉献给大家，不仅是为了阶段性的总结，更是由衷地期待这一生机蓬勃的艺术教育模式不断在实践中完善，为上海、为中国的文化大发展大繁荣注入无限的动力。 　　全国艺术硕士（MFA）优秀作品展演戏剧戏曲舞蹈专场开幕演出到此结束，谢谢大家！	董卿：MFA教育是中国高等艺术教育中的一项年轻的事业，我们衷心地祝愿这种充满艺术生机的艺术教育模式能够在实践当中不断地完善，为上海、为全国的文化大发展、大繁荣注入新的活力。前教育部副部长吴启迪在全国艺术硕士教学指导委员会上曾说过这么一句话，我们要让艺术硕士MFA成为这个行业里从业人员真正感到骄傲的品牌，一个在全社会叫得响的品牌，这就是我们的目标，我们也将会为此共同努力，不仅仅是现在，也是在今后漫长的从艺道路上，亲爱的朋友们，**全国艺术硕士优秀作品展演，戏剧戏曲舞蹈专场的开幕演出到这里就全部结束了**，再一次感谢各位的光临。朋友们再见！

二、"再创造"让主持人在有文本节目实践中彰显"串联"的拉延效应

　　主持人在节目实践中所表现出的文本样态不外乎这么三种：有文本实践、半文本实践、无文本实践。

　　有文本实践就是指有一个完整的串联稿，让大脑反复背词、照稿播讲，如"春晚""感动中国"；半文本实践就是指有一个提纲挈领的文稿，让大脑强记大意，边想边说，如"实话实说""艺术人生"；所谓无文本实践，就是只有节目流程而没有文稿，是大脑即刻想到，一吐而出，如"非常6+1""星光大道"。

　　面对着有文本的节目实践，主持人应该进行再创造。

　　心理学家告诉我们："根据语言、文字、图像、符号等对事物的描述，在大脑中形成这一事物的形象，称之为再造想象。"[①] 不依据现成的描述，经过构想而独立地创

---

① 张颂：《播音创作艺术》，北京广播学院出版社1990年版。

造出新形象，称之为创造想象。

主持人在有文本节目串联中的再创造，既要表现为再造想象，更要表现出创造想象。——"再创造"让主持人在节目有文本的实践中彰显出串联的拉延效应。

物理学上有一个专业术语叫"拉延"。"拉延是对材料的一种加工方法，一般是把条形或管型的材料从模子上的孔拉过去，使之变长、变细或改变断面的形状。"[①] 通过两个文本的比较效果，我们可以看出主持人董卿在"全国艺术硕士（MFA）优秀作品展演"开幕演出的整台节目成功串联的再创造中，彰显出有系统、有规律的"拉延效应"。

拉延效应 1　"让文变语"彰显串联的沟通感

叶圣陶先生曾说过："嘴里说的话叫口头语言，写在纸面上的叫书面语言，语，就是口头语言；文，就是书面语言。"口语是通过口说耳听进行沟通交流的，书面语是通过手写眼看来传递信息的。

往往节目的文本是由编辑们事先起草的，正是由于书面语有着严格的缜密性，使其与观众会产生强烈的距离感，不易实现沟通。主持是一种传播手段，主持人的演播更具有口语传播与口语交流的特点。

主持人面对文本进行再创造，就是要把握口语自然生动灵活流畅的优点，就是要运用口语句子短小而又精练，起伏大而又变化多的特点，寻找并建立起口语传播的语言形象。

纵观董卿全场六段串词，既没有故作高雅的晦涩词语，又没有轻飘随意的口头水词，流畅中出文采，生动中有形象，让观众既易于入耳，又易于入脑。仅从开场白中我们就可以深切地感受到董卿抓到原文本中的"**我们以 MFA 的名义相聚在这里，三年前 MFA 这个名称对于我们来说还是那么陌生**"这一大句核心词，便变成了一段朗朗上口又意义非凡的开场白，让陌生的朋友对陌生的 MFA 在开场一下子就感受到一种不陌生的、扑面而来的分量，抓住了领子，舞起了龙头。这就是董卿"让文变语"再创造中的善用之所在。

"让文变语"就是把书面文本拉延变成主持人口语交流传播的语言形象并产生串联的沟通感。

拉延效应 2　"让远变近"彰显串联的现场感

毛时安先生曾说过："让观众情绪节奏和心理时间始终与晚会保持同步，同时需

[①] 《现代汉语词典》，商务印书馆 1983 年版。

要空间上的临场感,让观众觉得晚会不仅发生在此时,而且就在此地、我的身边、我的家里。"① 这里的同步感与临场感就是让观众在听觉与视觉上获得一种直接的满足。往往由编辑事先撰写好文本,感受不到现场浓烈的氛围,特别是感受不到主持人与观众面对面的那种动态感觉,所以节目的文本与现场的状态便相差甚远。

主持人面对文本进行再创造就要针对现场观众心里情绪的祈求,在串联中把握好时间的同步感与空间的临场感。因此,我们清晰地看到,董卿在开场白中说道:"各位领导、各位来宾、老师们、同学们,大家晚上好!很高兴今天能有这样一个机会与大家相聚在上海戏剧学院端钧剧场。"……"我们找到了一个支点,凭借这个支点也许可以找到又一次的飞跃,能飞得有多高,能走得有多远,留给各位领导、专家、老师和同学们来评判。"

董卿在《小吏之死》串词中又说道:"我们刚才欣赏到的第二段舞蹈——《袖之韵》,它的领舞——庄丽,是我们舞蹈学院古典舞专业的教研室主任。"……"在我们上戏首届艺术硕士学习实践的过程中,他们真的是推出了不少受人关注的好的作品,和大家一起来分享一下。"

董卿在《杨贵妃》串词中还说道:"谢谢!非常感谢严庆谷非常精彩的表演,还有我们的乐队,谢谢你们。"……"我再考考大家,这个京剧小戏《小吏之死》,它的情节借鉴了哪部小说?(观众众答《小公务员之死》),太有才了!什么专业的?准备考 MFA 吗?"这就是董卿让远变近再创造中的会用之所在。

"让远变近"就是把过去时拉延变成主持人此时此地、此时此刻的话并产生串联的现场感。

拉延效应3 "让众变我"彰显串联的亲和感

吴郁教授曾说:"主持人在节目中不仅仅以'我'的第一人称出现,还经常以'我'为话头,引出所要传播的信息,以'我'为话头是主持人传播的必要手段。"②"我"是第一人称的"我",用"我"的称谓、"我"的态度、"我"的经历、"我"的所闻进行叙述和议论。这个"我"使得主持人变得亲切随和、神态自然、开怀畅叙,给受众耳目一新之感受,以增进人际传播的亲和力。

这个第一人称的"我",使受众在接受信息时,感受到面对的主持人是活生生的人,感到一种平等感,并增进一种"自己人"的效应。我们又可以明晰地看到董卿在开场白中所说的:"各个领域的艺术工作者重返校园包括我在内"、"重返校园,我想

---

① 叶惠贤:《主持艺术论集》,上海三联书店1998年版。
② 吴郁:《主持人的语言艺术》,北京广播学院出版社1999年版。

他的感受可能是我们今天在座的许多年轻的、二十出头的同学无法体会的，用我自己的亲身体验来说，就像是在你感到快要窒息的时候，突然有人给你戴上了氧气面罩，于是你的眼睛又湿润了，你的肢体又柔软了，在平静当中感受到一种深刻的幸福，当然我说的是'平静'，不是'静止'，更不是'止步'。"

董卿在《小吏之死》串词中说到领舞——庄丽，刻苦学习的故事时，"我真是太好奇了，后来我终于明白了……"

董卿在《杨贵妃》串词中说到艺术硕士们获得丰硕成果时："所以我建议大家是不是用掌声向我们的艺术硕士各位所取得成就表示祝贺。"用人格化的方式和手段，自我表露，增强传播的亲切感，人情味。这就是董卿"让众变我"再创造中的熟用之所在。

"让众变我"就是把当众说的话拉延变成第一人称的"我"，并以"我"为话头而产生亲和感。

拉延效应4　"让有变丰"彰显串联的深厚感

应该说，任何一个文本都是撰稿人有的放矢写的，写出来的文本都是有应用价值的。面对串联的再创造，一旦主持人发现在这有用、有效的串词背后，如果再深入加厚，能使串联更有效用，那就需要主持人"让有变丰"。

在《牡丹亭》原稿串词中，全段只有一句："一群英姿飒爽的巾帼英雄，让古老的《木兰辞》变换为现代的肢体语言。"董卿在这基础上深入加厚，变成了："这就是《木兰辞》，是南北朝、确切地说是北朝时期的长篇叙事民歌：当窗理云鬓，对镜贴花黄。出门看伙伴，伙伴皆惊忙；同行十二年，不知木兰是女郎。""一千多年前的诗歌，如今被我们的舞蹈者又一次活生生地搬上了舞台，所以木兰又出现了，还是那么年轻、那么美丽、那么勇敢、那么善良。"这就是艺术的创造力。

在《小吏之死》串词中，针对"从契诃夫的小说《小公务员之死》中获得灵感，创作了《小吏之死》。"这一句串词董卿又深入加厚，变成了："对，是《小公务员之死》，这是契诃夫在1883年完成的一部小说，所以我就在想，如果从《木兰辞》到《巾帼》这还不算是一脉相承的文化的话，那么契诃夫的小说《小公务员之死》到京剧小戏《小吏之死》那真的就是大胆的创新，也是他山之石可以攻玉的典范，不过这倒是挺符合契诃夫精神的。"真可谓骤添底蕴，文采飞扬，这就是董卿"让有变丰"再创造中的俏用之所在。

"让有变丰"就是把有效、有用的串词，拉延变成更加丰富、更为丰满的串词，并产生信息表达的深厚感。

拉延效应5 "让无变活"彰显串联的充盈感

尽管任何一个文本都是撰稿人有的放矢写的，写出来的文本都是有应用价值的，然而主持人一到现场后台，一经采访调查，那些活鲜鲜的事迹、素材，便活生生地扑面而来，这便成了原文本的缺失与空无。面对串联的再创造，一旦主持人搜集到这些信息素材，便能使传播更具有活力，更增添活泛儿。这就需要主持人运用"让无变活"的拉延效应。

董卿在串联《小吏之死》前，关于《袖之韵》领舞——庄丽孩子的一段插曲，堪称是全场主持中最为经典的"让无变活"的拉延效应："我们刚才欣赏到的第二段舞蹈叫《袖之韵》，它的领舞庄丽，是我们舞蹈学院古典舞专业的教研室主任，她在《闪闪的红星》中扮演过潘冬子的妈妈，今天她的孩子也来到了现场，可是我一点都没有听到哭闹的声音，我真是太好奇了，后来我终于明白了，因为在妈妈肚子里的时候，他就一直上MFA的课程，一生下来就极具艺术品位。"（董卿有意识地往台下一看）"哦，原来睡着了。"话音刚落，引来一片会心的笑声，全场顿时产生活跃的气氛。这就是董卿"让无变活"再创造中的趣用之所在。

"让无变活"就是把刚刚获得的又是文本所缺失的信息由头进行选释运用而让现场传播更具活力并产生串联的充盈感。

拉延效应6 "让泛变精"彰显串联的超拔感

可以说，"让有变丰"与"让无变活"是有着对应关系的拉延效应，然而，主持人面对的文本既要面对"有"、又要面对"无"、还要面对"泛"，主持人手中的文本往往存在着空泛的词，浮泛的词，整段都在泛泛地说。面对串联的再创造，主持人就必须进行挑选、提炼精华，既可挑选出一句专家权威的经典名句，又可提炼出一句主持人自己的经典话语，使传播更为精当，更能精到，这就需要主持人运用"让泛变精"的拉延效应。

正如董卿在开场白中："我想，教育领域的这个重大改革，它的目的用一句话来概括就是：希望那些有艺术才华的并且有了一段艺术经历的实践人才，能够得到重新学习和深造的机会，让他们有针对性地去提高自己的专业业务能力。"

又如董卿在《杨贵妃》中："作为俄罗斯最伟大的现实主义作家，他曾说过这样一句话，我们的事业就是学习，学习，再学习，积累更多的知识，人类未来的幸福就在于此。"

再如董卿在结束语中："前教育部副部长吴启迪在全国艺术硕士教学指导委员会上曾说过这么一句话，我们要让艺术硕士MFA成为这个行业里从业人员真正感到骄傲的品牌，一个在全社会叫得响的品牌，这就是我们的目标。"真可谓紧扣宗旨，凸显主题，高屋建瓴，高度概括。这就是董卿"让泛变精"再创造中的雅用之所在。

"让泛变精"就是把空泛堆砌的串词借用名人或自我概括成的一句经典名言与精彩话语而使得传播信息更为精彩、更能精当并产生串联的超拔感。

拉延效应7　"让繁变简"彰显串联的节律感

在现场主持中，由于主持人对文本的再创造而使串词段子的篇幅都有了长短不一的增减与调整，如果再原封不动地按原稿串联下一个节目，就容易产生繁琐而又繁杂之感，为了整场串联的整体节奏，为了段落之间的有机衔接，主持人对下一个节目的串词必须进行减缩、简化，而达到简洁、简练，又言简意赅，这就需要主持人运用"让繁变简"的拉延效应。

董卿在采访张军之后，为了衔接《春江随想》与《袖之韵》的串联，特将原文本中有185个字的串词简化为："**接下来的时间，我们要欣赏到的同样也是我们MFA舞蹈专业的学员又是我们上海戏剧学院舞蹈学院的两位青年教师——庄丽和周蓓，她们两个编导又分别领舞的两段舞蹈《春江随想》和《袖之韵》。**"

董卿在串报《小吏之死》之后，为了衔接《杨贵妃》的串联，又将原文本中216个字的串词减缩、简化为："**接下来我们要欣赏到的是一段舞蹈，上海戏剧学院的青年舞蹈教师——邢桑，在就读MFA期间，由赵明编导的大型舞蹈《杨贵妃》，并且带着这部作品出访日本，演出也是大获好评，接下来就让我们一起来欣赏邢桑和李平表演的《杨贵妃》片段。**"这就是董卿"让繁变简"再创造中的巧用之所在。

——"让繁变简"就是把在整体衔接节奏中特显繁琐、繁杂的串词经过减缩、简化而变成节奏紧凑，言简意赅的段子并产生串联的节律感。

拉延效应8　"让乱变畅"彰显串联的语智感

在现场串联中，主持人面对文本的再创造，总是主观的，是属于有备的。然而，在实际实践中，常常会有那些突发性的、属于文本之外的演播事故发生，它往往会打乱正常的串联程序，同时又会搅乱主持人的心理情绪，然而主持不能中断，串联不能停滞，要让流程通畅，要让衔接畅达，这就需要主持人运用"让乱变畅"的拉延效应。

在开幕式演出中，当《牡丹亭》演完切光后，主持人董卿迈步出场，发现此刻灯光还没有亮便转身退回后台，当灯光骤然亮起，董卿再次上场，未等开口，昆曲的音效又突然响起，让主持人进退两难，此刻董卿迈步走向台口即兴开口："**是要我也唱一段吗?**"随手摆出一个云手甩袖的戏曲造型、随嗓亮出颇有韵味的昆曲行腔、随口说出一句饶有趣味的呼应语言："这《游园惊梦》把我也惊了一下。"一个造型赢得一片赞许声、一段行腔赢得一片叫好声、一句话语赢得全场阵阵掌声，这就是董卿"让乱变畅"再创造中的智用之所在。

"让乱变畅"就是把突发性的事故或即将造成的混乱即刻变成节目流程的通达，串联衔接的通畅并产生串联的语智感。

拉延效应 9　"让直变曲"彰显串联的统驭感

说到这儿，我们可以从两个文本的比较中看出一个凸显的段子，那就是采访张军，原文本中采访题词只有一句："张军由于两种不同身份，你时常需要在演员和管理者之间进行角色转换，你认为 MFA 学习对你的这种转换起到了什么样的作用？"

就这一句提示，在董卿对文本的再创造中竟成了如此篇幅的、具有 1480 多个字的采访片段，就这一段采访在现场主持中竟成了两次会心的笑声、四次发自内心的掌声、共有 5 分多钟的时段流程，就这一个流程在董卿六次出场串联中竟成了一个营造氛围的亮点、一个全场情感高潮的亮点。这就需要主持人运用"让直变曲"的拉延效应。

一般串报类节目的文稿，特别是晚会类节目的文稿，撰稿人往往是面对晚会节目单，凭着直觉和想象撰写的，整场串词往往显得单一性而成直线型，我们主持人的串联面对的是动态系统，现场的整场串联段落的设置要铺设地曲径通幽、要铺排地曲线为美。

主持人在文本再创造中，让串联如何控制场面、营造氛围、轻重缓急，关键要正确选用拉延效应，这在董卿对张军的采访中得以突出表现。

主持人在文本再创造中，让串联如何起承转合，起伏有度，渲染主题，关键要综合运用拉延效应，这在董卿全场六段串联中得以呈现。这就是董卿"让直变曲"再创造的妙用之所在。

"让直变曲"的拉延效应既是对整个节目的结构建立关系更是对全段串词的篇幅系统改造而产生主持人串联的统驭感。

"拉延效应"是主持人在串联中对文本进行再创造的表现方法和思维路径，拉延效应的合力就是对文本进行加强、减弱的串联再创造。富有"九感"的拉延效应，是主持人董卿在串联节目中对文本进行再创造中的有效的实践支点和有力的理论支持。

三、"串能形合、联有神蕴",让主持人在节目有文本的再创造中凸显"串联"的整体效能

主持是一门艺术,只有艺术的东西才被人们称之为创作,串联是主持人在有文本节目实践中的一个创作活动。往往我们的主持人面对文本,要么是照本宣科,一字不落;要么是有本不用,开无轨电车;即便是按本索意也是漫不经心、若有若无;造成我们的主持人在履行串联中要么是只串不联,要么是生串硬联,有的甚至是胡串乱联,使得我们的受众于目不忍、于耳不入、于心不安。

朱国庆教授在《艺术原理》中指出:"艺术形象性是艺术的基本特征,任何艺术形式都离不开形象的描绘与塑造。"[①] 在节目有文本的串联中,一个个板块、单元与出演的节目是固定不变的,而一次次板块、单元与出演节目的串联,便成了主持人再创造的空间。面对有文本的再创造——主持人就是要让文本的文字形象变成串联的语言形象。

朱国庆教授在《艺术原理》中明确指出:"历来谈论和研究成熟的艺术形象不外两个方面:一是内在的成熟,二是外部的成熟。"往往主持人拿到文本的文字形象是平面的,是粗线条的,是不成熟的。而主持人串联的语言形象应该是立体的,是深化、细化的,是具有动态感觉的。如何让现成的文本成为内外成熟的语言形象去履行串联,其关键在于——"串能形合、联有神蕴"。

词典释义:"串"有连接之举,"联"有关联之意。

文本是串联的对象,词是串联的反应,主持人的串联就是在串接整体节目中,让"词"产生通体关联。

"串"能形合,就是要主持人在一个个节目中,对文本形态整合构建,让串接起来的整场节目,产生新形象;

"联"有神蕴,就是要主持人在一个个节目间,让串词贯穿互搭关系,让通联起来的整体串词,蕴有高神韵。

"串能形合,联有神蕴",让主持人在节目有文本的再创造中,彰显出串联的整体效能。这串联的整体效能正如朱国庆教授在《艺术原理》中阐明的:"如白居易在《画记》中指出——形真而圆、神和而全这两个标准。所谓形真而圆,就是形象真实饱满,没有刻画痕迹;所谓神和而全,就是说不仅传神,而且所传之神是充分的、完

---

① 朱国庆:《艺术原理》,中国美术学院出版社1994年版。

美的。"——串而不联,形散神缺。

结论:主持人在有文本节目串联中进行再创造,就必须掌握串联的整体效能,就必须把握具体的拉延效应;"串能形合,联有神韵"是文本再创造时的内涵之所在,"拉延效应"是文本再创造中的方法之所指。

串能形合了,联有神蕴了,主持人的串联将形圆神全。

解析主持人董卿在有文本节目串联中的"再创造"如是说。

第二节 半文本样态的腹稿节目创作
——解析主持人王冠、马聪在节目对话中的现场驾驭

先来解析王冠同学的节目创作:

错落有致、驾轻就熟
《快乐少年》

主持人:王冠　　嘉宾:陆琦蔚

(王冠是 2002 级上海戏剧学院电视主持艺术系学生,该作品《快乐少年》是王冠同学大三"节目主持创作"课的课堂作业,要求学生自我创意、结构、组织一档 50 分钟并一次性摄录成带的现场带观众的节目。2004 年获得深圳全国主持大赛金奖,毕业后在上海电视台工作,2010 年荣获中国金鹰节优秀主持人奖。)

主持人:亲爱的观众朋友们,大家好。欢迎老时间来到我们今天的《快乐少年》。那今天呢,是我们六一特别节目,所以呀,来到我们现场的嘉宾也是非同寻常。她,学艺时间不长,拍戏不少,演员虽小,合作的大腕挺多,年龄不大,但是经历的事儿不少,那她究竟是谁呢?让我们先从一段 VCR 当中来认识一下她。

(VCR)

主持人:好,现在让我们用一阵最热烈的掌声,请出我们今天的主角人物——陆琦蔚登场。

陆琦蔚:大家好,我是陆琦蔚。

(陆琦蔚进行了一段欢快的舞蹈展示)

主:谢谢陆琦蔚,来请坐。欢迎来到我们节目做客。

陆：谢谢。

主：陆琦蔚，刚才跳得累吗？

陆：有点儿累。

主：来，喝口水。

陆：好的。

主：让我们再次掌声欢迎陆琦蔚的到来。陆琦蔚，今天来我们节目做客紧张吗？

陆：有一点点紧张。

主：不要紧张。我告诉你啊，其实在座的很多观众，都是上海戏剧学院的大哥哥大姐姐。他们小时候还没有你现在那么红，所以呀，你不要紧张，好吗？

陆：好的。

主：我们先来问一下陆琦蔚，你今年多大？

陆：今年12岁。

主：12岁。但是已经拍了很多的电视剧和电影了。

陆：对。

主：告诉我们大家都拍了些什么？

陆：《茉莉花开》《杨门女将》《假日小楼》《走出死亡陷阱》……

主：很多部了，是吧？

陆：对。

主：那和当中有些什么大腕儿合作过吗？

陆：有啊，比如说陆毅、章子怡，还有刘烨。

主：很多，对吧？那你觉得和他们近距离地接触，和在电视机前看他们有什么不同吗？或者觉得和谁比较容易亲近？

陆：我觉得每位老师都很容易亲近。不像他们在电视里面，看起来觉得和我们距离很远。我觉得章子怡特别有意思。

主：来，先喘口气儿。我看我们陆琦蔚还是很喘。觉得章子怡很有意思，对吧？跟她拍《茉莉花开》，当时……

陆：对。当时我跟她拍戏的时候，我、化妆师、陆毅，我们都在一个小房间里，就是章子怡一个人，被关在我们隔壁的一个大房间，她就感觉一个人很寂寞。然后那天，她的保姆出去有事情，然后她就突然冲到我们房间里面来，带了一个皮夹子，她说：不要告诉我的保姆，我要去农工商超市兜一圈，买点儿东西回来。然后过了大概十几分钟，拎了两塑料袋东西回来。她说：你看我买了个大西瓜，一定要吃完哦，我下去拍戏了，千万不要告诉我的保姆我刚出去过了。"然后，我们把西瓜切开来之后，看到里面的西瓜肉都是粉红色的，我们吃了一口，说实在太难吃了，然后用报纸包起来就扔掉了。

主：啊？那她知不知道啊？

陆：不知道的。她回来她说，西瓜好吃吗？我们说：好吃好吃。

主：安慰她一下，对吗？

陆：对。

主：那你是不是觉得，她出去，有没有说她被人认出来了？去农工商超市？

陆：没有，她去超市的时候，戴了顶帽子，戴了副眼镜，然后穿得很土。

主：现在做人也真是挺难的。你说有些大明星，就怕别人认出他们，还戴了副墨镜。反过来说，还有一些人你知道吗，他们晚上出去还要戴着墨镜，就怕别人不知道他们是拍戏的，走到马路上也不怕被门槛儿啊、石头绊倒。好，我们开个玩笑。在《茉莉花开》中，和章子怡合作，像男主角是刘烨，是吧？

陆：刘烨和陆毅。

主：和他们之间有什么好玩儿的事吗？

陆：我因为和陆毅和刘烨之间没有戏，所以，只有我们吃关机饭的时候，他来了一次。然后那天我们是从6点多开始的。他因为前面有戏，所以10点多才来，然后来了之后，陆毅就跟他说，我们要惩罚你，所以要你先喝酒。然后就倒了满满的三瓶子的啤酒，然后就给刘烨。刘烨就一口一口喝下去了。

主：有没有醉啊？

陆：有一点点，但是还好。然后后面我们导演也说要惩罚他，然后又给他倒酒又喝。喝到后面自己有点醉了，然后我就在这个时候把签名本拿出去，我说：刘烨大哥哥，帮我签个名，好吗？他说：嗯，嗯，好的。你让我帮你签个名，你叫什么名字啊？然后我就说我叫陆琦蔚。他说，什么琦啊？我说：奇怪的奇旁边加个王字旁。然后他就把奇写好之后，那个王字旁就没了，他把蔚写好之后，我说：还少了个王字旁。然后他就在奇的右边写了个王字旁。我说不是的，王字旁在奇的左边。他说，哦，在左边啊。把王字划掉后，又写了一遍，他说：祝你好好学习，将来成为大明星，刘烨。签好之后，我们就笑他，我们说：啤酒喝得东南西北都不认识了。

主：估计他第二天早上醒来的时候，也不知道之前帮你签过名了。

陆：有可能。

主：（演播室布置了多幅明星照）我看到背后很多和大明星的合照。是不是每拍一部戏，看到这些大腕儿，都想跑过去，和他们合影、签名，有追星的这种倾向吧？

陆：有一点点，因为我是女孩子嘛。女孩子都很喜欢追星。但是里面有一位大明星没有找他签名。

主：谁呀？

陆：何润东。

主：为什么啊？

陆：因为那个时候，我才8岁。在拍《奇迹》的时候，和黄奕、何润东一起拍嘛。那个时候我还不知道他是大明星，就觉得他没什么好签的，然后就找黄奕签了，签好之后，就没有找何润东签。

主：现在知道他是个很有名的男演员吧？

陆：对啊。

主：有点儿后悔吧？

陆：有点儿。

主：下次合作一定要记得找他签名合影。那你现在虽然是个小童星，但是大多数时间还会留在学校念书，因为你还是个学生，对不对？那你在学校里，有没有要好的同学？

陆：有，有很多。因为我很容易交朋友。

主：那你想不想知道，他们眼中的你是什么样的？

陆：很想知道。

主：好，让我们来看一看。

（VCR采访：一群同学对陆琦蔚的评价）

主：陆琦蔚，你说我给你解释的对不对？上课老师让你回答问题是兴奋、激动，不是因为紧张，对不对？

陆：对。然后像刚才废话说得最多的那个男的，我只要一站起来，他就说，哎呀，又要开始出风头了。然后我就每次都不敢举手，而且我只要一举手，老师就肯定会叫我。我站起来，他就在后面笑：嘿呀呀，出洋相了、出洋相了。我就一下很没面子，脸就一下会变红。

主：有时候就是由内而外的，对吧？同学刚才给你总结了，你是一个非常健忘的女孩，经常手里拿着包还在问，我的包呢，我的包呢。是不是这样？有没有

夸张，他们？

陆：皮包应该不会。

主：就是书包呀、皮夹子之类的。

陆：哈哈，书包背肩上的。应该是什么笔呀、笔盖呀、皮夹子什么的，拿在手里然后就会一直在找。

主：是事实，是吧？你知道我现在想跟你说句什么吗？你怎么又跟我一样呢，我发现我们俩很有缘，来，我们交个朋友。那，同学还说了你是一个很疯狂的人。然后听到音乐就开始跳舞。从节目的开始，我们就应该能够感受到陆琦蔚身上这种充满活力、充满阳光的一面，对吗？你很喜欢交朋友，我刚看了采访对象当中，还有两位男同学，是不是也有很多要好的男同学呢？

陆：嗯，有。

主：多吗？

陆：还好啦，不是很多。

主：但是据我了解啊，陆琦蔚有一位特别要好的男同学。

陆：有吗？

主：有吗？我们来看一看。

（VCR采访）

主：我明白了。原来陆琦蔚喜欢男孩的类型，是眼睛没有太大，长的呢，没有太高的男孩。所以那个何润东根本就不是陆琦蔚喜欢的类型，难怪不合影啊，对不对？

陆：不是，不是，不是……

主：反正，这些都是你要好的朋友，同学都说你是一个喜欢交朋友的人，很多人都喜欢愿意和你交往，那么，在学校里面，我觉得总会有一些小男生，想招惹你，因为你很漂亮，对不对？那如果他们欺负你，你会怎么办呢？

陆：要是不算很过火的话，就自己忍着。要是实在不像话，就告诉老师。

主：告诉老师？第一时间告诉老师，对吧？来看看同学怎么说的。

（VCR采访）

主：哈哈，你想说什么？他是你的大哥哥吗？

陆：他是我的大哥哥。

主：平时别人欺负你，你就会找他？

陆：嗯。

主：他会帮你报仇？

陆：对。因为他在我们班属于"老大"型。

主：男生里面的"老大"？我刚采访他们，他们说了很多你的优点，说你爱交朋友，性格开朗，所以我在走之前，他们托我有几句话要告诉你。再来听一听，好不好？

（VCR采访）

主：这个绝对是，你知道他们说什么了吗？陆琦蔚，我永远是你的粉丝。但是他们告诉我，他们平时不太爱看你的戏，也不是不爱看，就是说，因为你跟他们生活在一起嘛，他们觉得，平时生活中就能看到你，所以在电视上看到你，觉得有点好玩，有点奇怪，你也不让他们看。

陆：不是不让他们看，我们学校上次放了我的一部戏，然后一下课我都没脸出去了。然后他们就全部坳在我们教室门口：哎呀，陆琦蔚呀，你好傻啊，好白痴啊。

主：他们嘴里说啥，其实他们心里很喜欢啊，你看他们都说了，他们是你的粉丝。那在这里，想不想跟同学说什么？

陆：我想谢谢我的同学，他们都很关心我，很照顾我。

主：那今天在这个节目现场，除了想感谢你的同学，心里还想感谢谁？

陆：还想感谢我的爸爸妈妈。因为他们生我、养我。

主：一直照顾着你，很不容易，对吧？在这里，我要跟大家说一个小插曲，就是陆琦蔚呀，真的是一个全面发展的女孩。因为她不仅学习成绩好，而且影视方面也有特长，以前小时候还参加很多画画比赛，得过很多的奖，今天好像带了一幅作品，是吧？给大家看看，好吗？

陆：这个是我的全家福。这个是我爸爸，这个是我，这个是我的妈妈。然后这里三颗爱心，代表我们一家人（全场呈现一片其乐融融的气氛）。

主：来，让我看一下。大家可能看到这幅画，觉得这是一个幸福的三口之家，可以说这幅画也是陆琦蔚曾经拥有的一个幸福美满的家庭。但是，可能从我们刚才谈话当中，大家会觉得陆琦蔚是一个非常幸运的女孩。但其实，在她的人生道路上，曾经遭受过巨大的痛苦。陆琦蔚，我想问一下，你妈妈得病的时候，你多大？

陆：1998年，5岁。那个时候，妈妈是去外地看我外公的时候，回来就是感冒，因为那个时候病毒性感冒很厉害的。然后也没有太注意，过了一段时间查出

来是得了尿毒症。

主：尿毒症？当时你才5岁，不太懂事。你知道，尿毒症是什么病吗？对它有概念吗？

陆：没有。那个时候，妈妈身体不好，躺在床上，我只是认为，她可能是身体不太舒服，工作太累了。

主：只是休息一下就好了。

陆：对，休息一下就好了。

主：那当时，你还记得是爸爸告诉你妈妈得病的事，还是妈妈自己告诉你的？

陆：是爸爸告诉我的。

主：你还记得爸爸怎么跟你说的吗？

陆：爸爸是1999年的时候告诉我的。他说，妈妈感冒很厉害，是病毒性感冒，影响到肾了，是尿毒症。你不要让妈妈不开心，要多听她的话，不要让妈妈对你太操心了。

主：当时也不知道这个病的严重性，对吧？那之后妈妈一直在上海治疗吗？

陆：没有。去过北京。因为那个时候，上海的医生说治不好这个病，然后我听人家说北京有专家，然后就试着去北京，也去专家门诊去过，买过药，也好过一段时间。但是，不是很有用。

主：当时爸爸是陪着妈妈一起去北京看病的？

陆：我们一家都去了。

主：你也去了？

陆：对，我也去了。

主：那后来，妈妈回来之后，你有没有发现，妈妈好一些了？

陆：有，那个时候是吃药。

主：开心吗？

陆：很开心。因为妈妈生病严重的时候，都疼得躺在床上说不了话。然后妈妈就一下子开口说话，跟我交流，我就很开心。

主：当时觉得妈妈的病可能就会好了。

陆：对。

主：那之后妈妈就过段时间，刚开始第一次去的时候是爸爸带着她到北京去治疗，然后后边是爸爸自己去北京买药。

陆：对，后面全部是爸爸自己去北京买药。

主：那妈妈就自己一个人在家里吗？

陆：没有，我的姨夫姨妈都在上海，还有姐姐。

主：来照顾她？

陆：对。

主：那你每天看到妈妈躺在床上，有没有想过，我不去上课了，在家里陪着妈妈。

陆：没有。那个时候爸爸跟我说，不要让妈妈操心。我爸爸妈妈都希望我读书好。妈妈身体不好，我就更应该好好读书，才有更多的时间去照顾妈妈。

主：爸爸妈妈首先让你把学业完成，所以你没有落过一堂课，每天坚持上学。那你回来之后，会不会走到妈妈的床前，跟妈妈说说学校里发生的事情？

陆：会。但是那个时候妈妈没有办法说话。

主：已经不太能说话了？

陆：对。直到我坐到妈妈旁边，然后告诉她，我在学校里面发生了什么事情，有什么不开心的，去告诉妈妈（情不自禁流下眼泪）。

主：不要伤心了，琦蔚。我觉得今天我很残忍，但是我为什么想告诉大家，因为我想让大家知道，这个世界上，很多的母爱是很伟大的。我想让大家知道这个故事，我想把这个感人的故事告诉大家。所以，陆琦蔚，真的是，别伤心了，好吗？那后来，你一直是放学之后，回到妈妈床前，跟她说说学校发生的事，你说妈妈不太能说话了，那妈妈听你说了之后，她会做出什么反应呢？

陆：她要是听我说到开心的事情，她就会握着我的手，也会一边点头一边笑。要是我很伤心，她也会握着我的手……

主：安慰你。那你有没有经常拿着好的成绩单，走到妈妈面前给她看？

陆：会。

主：妈妈开心吗？

陆：开心。

主：她会笑，是吧？

陆：对。

主：那后来，我知道，妈妈拒绝做血透，为什么？

陆：因为那个时候血透不一定做得好，而且费用都是一次几千块钱几万块钱，一个月或者一个礼拜都要做很多次，费用很高，很厉害。

主：当时，看病都是家里的一些积攒的积蓄吗？还是东拼西凑，借钱？

陆：那个时候，爸爸妈妈做点小生意，家里也有点积蓄。刚开始的几个月，十几个月，都是自己家里面的钱。然后后面买药，几千块钱几万块钱也得付，然后就实在不行，也有跟亲戚朋友借钱。

主：我们知道这个医院的设施、治疗条件一定比家里好。但是为什么妈妈不选择住院治疗，要待在家里呢？

陆：觉得医院太可怕了。因为医院住在病房里，都会有人天天离开，又有人进来。看到有人进来，把车子推进来，被子往脸上一盖，觉得太可怕了。也会想到以后的事情，就不愿待在医院里。

主：其实她是不是也想有更多的时间，能和你、和爸爸在一起？

陆：对。

主：但是，据我所知，妈妈在家里的这段时间，又把你送到她的朋友家，为什么呢？

陆：因为那个病，会有毒的一些东西，会对身体不好，另外就是不想让我看到她这个样子，不想让我自己伤心，然后学习不好。

主：就到她朋友家去住了？

陆：对。

主：那到了妈妈的朋友家，有没有想妈妈？

陆：有，特别想给妈妈打电话。

主：有没有偷偷地溜回去，看妈妈？

陆：有时候会，要是她同事家里没人的话，我就会。

主：偷偷溜回家看妈妈。那你在妈妈的朋友家住的时候，有没有跟爸爸说，你想回家，想跟妈妈在一起？

陆：有。

主：不想住到她朋友家？

陆：因为住在别人家里面总会不适，不开心。看不到爸爸，看不到妈妈就会觉得很伤心。

主：那当时你跟爸爸说了，爸爸跟你说什么了？

陆：他说，你先把学习完成好，等以后妈妈身体稍微好一点儿的时候，再回来看她，让妈妈也开心，让自己也开心。

主（主持人深情的议论）：听到这，我觉得陆琦蔚真的是一个非常懂事的孩子。

她理解妈妈的苦心。她知道妈妈希望她先把学业完成，读书是第一位的。妈妈也是非常的伟大，她不忍心看到自己最心爱的女儿，看到自己无法战胜病魔的情景，她希望把自己最完美的形象，留在女儿的心目当中。所以，在妈妈生病的这个过程当中，她写了很多信给你。她可能意识到自己的时间不长了，所以她写了很多信，把她所有的话都写下来。今天我在这里想给大家念一段。陆琦蔚小名叫"欢欢"，她妈妈说：欢欢，妈妈生了病，没有给你留下什么，妈妈一生勤俭节约，四季衣衫不丰裕，但正正经经，穿的衣服大大方方，你长大了也要学妈妈的优点，事事想着家里，想着爸爸妈妈，不要惹爸爸生气。爸爸花了很多精力和妈妈结婚，生了你，如果你不对爸爸好，那你就对不起妈妈，对不起爸爸。不管你将来怎样了，或者有地位了，爸爸永远是你的亲人；不管将来你富有了，爸爸永远都会是你的亲人，妈妈也永远祝福你。上帝保佑你健康长大，做个孝顺女儿。你小时候人见人爱，读书也好。人家讲，三岁看八十，我们指望你成才成良，人要有良心，你要对关心你的人有孝心，有爱心。妈妈走了，再也不回来了，你的一生再也没有自己的妈妈，你要记住妈妈，妈妈永远爱你。（全场观众热泪盈眶）

这位母亲在生病的过程当中，已经不太能说话了。但是她用她自己仅有的一点精力，给女儿写了很多信，在这里我无法一一解读，但是从每一句话，每一个字，甚至是每一个标点符号当中，我们都可以感受到母亲强烈的母爱。在这里，我想我们再一次掌声响起，送给这位远方的母亲。

琦蔚，妈妈走了之后，爸爸负担更重了，2001年2月21日，这个日子对你来说，很特别，而且不太愿意提起。

陆：因为那天是妈妈去世的日子，我还是住在妈妈同事的家里面，然后我的大姨夫接我去上学，那天过去之后，放学是爸爸来接我的，那个时候我觉得很开心，我想妈妈肯定是病好了，爸爸送我回家看妈妈的。一路上就很平静，走到家门口的时候，爸爸就突然停下来了。他说……

主：在走的过程中还觉得很平常，爸爸来接你，没有什么特别。

陆：对。

主：跟以前的感觉一样。

陆：对，我觉得应该是妈妈的身体更好了，可以说话了，然后就接我回家去看妈妈了。然后到了家门口的时候，爸爸就说妈妈走了。

主：当时你还记得爸爸是怎么跟你说的，就说了这样一句话吗？

陆：他说，妈妈走了，再也不会回来了，你要听话，要听我的话，以后好好学习，不要辜负你妈妈。

主：那当你推开家门的时候，你发现那个熟悉的角落不再有妈妈了，你做了点什么？

陆：我只是到自己的房间里面去，一边做作业然后一边哭。

主：你回去了之后还是在继续做作业？

陆：对，我因为不太愿意看到，然后边做作业的时候也在哭。然后吃饭的时候爸爸跟我说，他说："你一定要听话，不要辜负你妈妈，妈妈是很不容易的，现在妈妈走了你就更要听我的话，将来报答你妈妈。"

主：那妈妈走了之后，后面几天你还是继续上学吗？

陆：对，继续上学。

主：一节课都没有落下过？

陆：从来没有落下过。

主：那么当你到了学校之后，同学们和老师知道你家里发生的这些事吗？

陆：（同学们）不知道，只有老师知道，然后老师也没有告诉同学。到后面是戴上黑布之后同学才知道的。

主：就是知道了之后同学有没有欺负你。

陆：没有，我们班的同学都很照顾我，因为他们知道嘛，我们班的同学都很懂事，都没有说什么你没有妈妈了所以就会看不起你什么的。

主：那妈妈走了之后，有没有经常在家里在小房间里偷偷地哭过？

陆：有，肯定会有。

主：会身上一直放着妈妈的照片吗？

陆：嗯，会，但是我们家，你知道别人家就是有人去世了就会有一张黑白照片放在墙上，我们家没有，放的都是妈妈的生活照，彩色照，然后爸爸房间里一张，我房间里一张。

主：就是感觉妈妈还在。

陆：对，妈妈还在我们身边，我们要记住妈妈。

主：那妈妈走了之后，所有的事情都要爸爸一个人来做，有没有觉得爸爸很辛苦？

陆：对，别人家里面都有爸爸和妈妈两个人一起，而我们家只有爸爸一个人，很不容易。

主：以前在家的时候烧饭是妈妈烧还是爸爸烧？

陆：爸爸烧。

主：以前就是爸爸烧？

陆：对。

主：那之后就是一日三餐爸爸要（做），就是爸爸要花更多的精力去照顾你了，对吧？

陆：对。

主：那我知道在这个过程当中，爸爸为了来好好照顾你，为了有更多的时间来照顾你，他曾经换过一份工作。

陆：没有，那个时候是工作停掉了，因为想照顾我，然后有一个过渡么。就是没有去上班，一直在家里面照顾我。然后我去上学了，他就在家里面帮我烧饭、洗衣服，晚上回来之后就看着我做作业，就一直这样过去。

主：那之后他是找了什么工作呢？

陆：嗯，一直到……

主：刚开始的时候是厨师对吧？

陆：对。

主：但厨师很忙，没有时间来照顾你，后来他就放弃这份工作了。

陆：对，然后现在是，因为他们厂里面有一个停车库嘛，就是说要是当厨师的话工作太麻烦了，然后他就跟他们厂长说把他调到大门口，上三天班休息三天，工资还是和原来一样多，照顾我的时间更多了。

主：那你跟你爸爸在一起的时候，两个人单独在一起有没有吵过嘴啊？

陆：有，那个时候我要是心情不好的话，爸爸说什么我就会不听他的，然后跟他吵。

主：那爸爸有没有打你？

陆：没有。

主：你跟爸爸吵的时候有没有想起妈妈？

陆：有，我想为什么妈妈走了之后你就不听我说，然后也不像妈妈那样照顾我。

主：但其实不是这样的。

陆：对，爸爸其实也是为我好。

主：现在明白了。我觉得说了那么多，现在大家一定非常想知道这个爸爸是什么样的，这个又当爹又当妈的这个爸爸究竟是什么样的。那现在就让我们掌声请出这位伟大的父亲。

(掌声，陆父上)

主：有请。陆琦蔚，我想这个时候你应该送给爸爸一束鲜花表达你的爱意。

(掌声，送花)

(全场观众眼中充满泪水)

主：那爸爸有什么话想跟陆琦蔚说吗？

陆父：孩子长大了……还有要记住你的妈妈。

主：今天在陆琦蔚送给她父亲鲜花的同时，其实她的爸爸也有一份意外的礼物要送给陆琦蔚。我们来听一听。

(录音，妈妈留给陆琦蔚的话)

(妈妈的遗言——)

孩子，妈妈对不起你，你在妈妈心中是最可爱最可爱的孩子，然而，你才十几岁妈妈就要离开你了。你是一个听话的孩子，你真的想妈妈、爱妈妈，你今后就要更多地听爸爸的话，爱你的爸爸。妈妈只有一个要求，在以后的日子里，你要对你的新妈妈像对我一样的好，一样的爱。孩子快快长大吧，妈妈祝福你，妈妈永远永远地爱你！

(全场观众泪流满面)

主：琦蔚，还记得这是谁的声音吗？

陆：妈妈的。

主：这是妈妈的声音，陆琦蔚爸爸这盘磁带是什么时候录的？

陆父：这是她妈妈去世前录下来的，是原本想等她大一点(再给她听的)。

主：陆琦蔚，妈妈把自己以后没法对你说的话都录在了一盘磁带里，希望在你今后的道路里遇到困难的时候，都能听听这盘磁带，给你带来更多的鼓励。那现在，你是不是也有很多话想跟妈妈说？

陆：我很喜欢唱《世上只有妈妈好》这首歌，因为我觉得这是对我妈妈最好的一种表达方式。

主：现在想唱吗？

陆：嗯。

主：好，我们来听一听陆琦蔚对妈妈的话。这首歌我们已经听了很多遍了而且非常熟悉了，但是今天听起来会让我们感觉与众不同。

(陆琦蔚唱《世上只有妈妈好》)

(歌声伴着泪水，全场掌声雷动)

主（深情的议论）：每个人都只有一个妈妈，妈妈给予了我们各种各样的爱，赋予了我们生命。但是世界上有各种各样的爱的表现方式，比如说你刚才看到的同学对你的友爱，还有老师对你的师爱，还有你一生可以享受的父爱，还有我们今天这么多人对你的怜爱，其实你并不是孤独的，周围有很多的人一直在关心你，在关注你。我们一起来看一看你艺校的老师和同学送给你的最真诚的祝福好不好？

(VCR)

(老师和同学们对她的祝福)

主：最简单的祝福说出了我们的心里话。

主：陆琦蔚，现在爸爸一个人带着你，你觉得爸爸很辛苦。

陆：对。

主：那你有没有想过将来再给爸爸找个伴，或者说是给自己再找个妈妈？

陆：以前不愿意，现在可以考虑考虑（笑）。

主：为什么现在愿意考虑考虑啦？

陆：因为爸爸太辛苦了。

主：觉得爸爸太辛苦了，那么如果要给爸爸再找个伴，你理想中的这个"妈妈"是什么样的？

陆：嗯，会做家务，然后长得漂亮。

主：为什么要长得漂亮一点呀？

陆：因为这样走出去可以把我俩当姐妹。

主：而且很有面子的是吧。陆琦蔚的爸爸有没有想过以后可能等陆琦蔚再长大一点儿，给她再找个妈妈？

陆父：现在还没有想。

主：还没有想那么多是吧，那现在就是想陆琦蔚，让她好好学习，完成妈妈的心愿。那陆琦蔚上课怎么样，学习成绩好吗？

陆：还不错。

主：排名怎样？

陆：二三十名。

主：大家还不知道，陆琦蔚现在是在市二中学。是市重点还是区重点？

陆：市重点，艺术特长中学。

主：而且陆琦蔚长大也想考我们上海戏剧学院。想考什么系？

陆：表演系和主持系都可以。

主：哦，都可以，那如果表演系和主持系你都进了，你选哪一个？

陆：表演。

主：为什么呢？

陆：因为我从4岁的时候就开始学表演了。

主：现在还没有想那么远，那首先呢还是要把书读好。现在陆琦蔚在家里休息的日子会做些什么呢？

陆父：平时在家里一些小家务给她做的。

主：也让她做家务？

陆父：对，吃完饭洗碗什么就规定是她的。

主：衣服自己洗吗现在？

陆父：该洗的她洗，大的我洗。

主：大的爸爸洗，小的你洗。

陆：对。

主：我听说你每天早上5点多就起床了，因为你家离学校很远。你起床之后还要跳舞，为什么？

陆：因为早上起来感觉没睡醒，然后就放音乐自己在那边跳，然后我们楼下的那个人就过来吵我说太吵了，我要睡觉。

主：每天早上跳多久的舞？

陆：跳两个舞。

主：两个舞，一首歌也要三四分钟吧，那你干吗不再用这10分钟多睡一会儿？我们平时上课的时候晚起一分钟也是好的。

陆：我到4点50分就自然醒过来了，然后躺个半小时就起来了。

主：然后就跳了舞去上课。

陆父：对，跳好舞去上课。

主（主持人深情的结束语）：虽然陆琦蔚在童年阶段遭受了很多的不幸和坎坷，但是我相信这些会更加磨炼她的意志，使她懂得什么叫坚强，什么叫无私的爱。我真心祝愿陆琦蔚以后能拥有更加美好的人生，也祝愿陆琦蔚的父亲能够永远健康。那节目到最后呢，我想送给陆琦蔚一份礼物，这是一块手表，我希望它流逝的是一些不愉快，迎来的是光明和憧憬，时针象征着幸福，分针象征着快乐，愿幸福和快乐永远伴随你。

陆：谢谢。

主（潘玮柏的歌曲《快乐崇拜》再次响起）：来让我们再次响起《快乐崇拜》，让我们陆琦蔚做一个快乐的少年。谢谢大家！

王冠同学创作感言：

能够主持一档大型的访谈节目一直以来都是从事主持工作的同仁们追求的梦想。国内有许多好的访谈节目，《实话实说》《杨澜访谈录》《鲁豫有约》《可凡倾听》……但是短命的访谈节目也不少，有些大牌的节目主持人在其他节目中发挥得淋漓尽致，得心应手，但是在访谈节目中却惨遭滑铁卢。由此可见要做好一个访谈节目是非常能见到主持人的专业功力的。在上戏求学期间，能够在吴洪林老师的带领下接触到访谈节目的制作的学习过程，经历一个访谈节目从构思到制作、现场采访的实践全过程，对我的帮助非常大，可以说一生受益。

可以说节目的构思是一个节目成功与否的开始，也是非常关键的。我在开始考虑访谈节目嘉宾的时候也是动了一些心思的。当时我考虑采访的嘉宾一定要是普通人，我并不是拒绝知名人物。但是我想再大的教授，更多的同学都是普通人，都愿意听普通人的故事。同时，作为一个访谈节目的嘉宾应该是与众不同的，是个有故事的人。人心都是肉长的，一个普通人不普通的感人的事才是大家更愿意去了解的、倾听的，才能打动人的内心，更是作为一个普普通通的大学生的我能够掌控的。于是我就选择了一个小朋友（陆琦蔚）作为我访谈节目的嘉宾。她是个普普通通的上海女孩子，但是她又有和普通女孩子不一样的艺术经历和生活经历。可以说她和我的经历非常相似。我们都是在学生时代经历了艺术的熏陶，经过了一些艺术的培训和艺术实践，能歌善舞，也许在外人看来我们是非常的突出和光鲜。但是我们其实都是实实在在的普通女孩子，更重要的是同时我们都有过曾经失去亲人的痛楚经历。因此我们的心灵是相通的。

在决定了访谈对象后，我和陆琦蔚仔细交谈过几次。虽然以前就了解了一些她的经历，但是从其他人那里得知的情况，从来没有真正的和她谈起过她的生活经历。在深谈之后，更被她的与众不同的经历和那种同龄人少有的坚强和懂事所感动。在感动之余，更坚定了自己采访节目成功的信心，同时也想把这样一个可爱、可亲的女孩子介绍给大家。

在深谈之后，我对节目进行了一些构思，包括事先采访了陆琦蔚的同学和老师，另外也对她的父亲进行了一些采访。采访的时候都进行了录像，制作了 VCR。另外也

对舞台布景进行了设想，制作了一些布景和照片。

我在采访和节目布景制作之后，花得最多的时间是对整个访谈节目的方案设计。首先我考虑的是老师和同学究竟要了解一个怎样的访谈嘉宾，如何吸引同学们观看一个访谈节目？通过我的访谈节目能够带给同学们什么样的启示？哪怕是一点点的感动。于是我把节目的主题定为"快乐少年"，希望通过这样一个平凡但是又有不一样经历的女孩子的那种向上的精神，带给我们珍视生活，追求快乐生活的勇气和信心。叙述结构上我采用的是平铺直绪，按照她的生活经历开始我们的访谈。在节目的开始设计了一段她表演的舞蹈。为的是先声夺人，展示她的艺术天赋。在具体的话题的选择上，首先我选择的切入点是一个艺术经历丰富的女孩子。她年龄不大，但是艺术经历写起来可以写上半天。同时有许多和名人大腕合作的经历。让她谈谈对不同明星的看法，同时也通过轻松的话题平复下她和我都会不由自主产生的现场紧张感。接着就进入访谈的中心环节，关于她不平凡的经历，这个部分是节目的中心话题，占了大量的篇幅。毕竟她是个小朋友，谈话中免不了会有表达不太顺畅的时候，同时也因为我也是个生手，刚刚涉足采访节目，也会有些许的紧张。但是好在大家都有包容和鼓励的态度，自始至终地用眼神和行动鼓励我们，才使得节目的话题进行得比较顺畅。同时穿插了一些事先制作的 VCR，她的同学和老师对她的看法和希望。但是我们的话题还不断围绕着她的生活经历和积极向上的生活态度。这期间我曾几次的动容，但是另外一个我提醒我，当时当刻我是个主持人，我始终要主导节目的顺利进行。所以节目进行得比较顺利，从吴老师和其他嘉宾的评价中我感受到节目的顺畅。

现在再来回看节目，那时的我实在是非常青涩，真的还有许多的不足。但是我至今还比较满意的有两点。一点是，通过这个谈话的进行，我了解了访谈节目制作的过程，经历了一次从节目构思到节目实现的全过程。对我以后的工作帮助巨大，这要感谢吴老师和其他老师的帮助，另外也要感谢一些在幕后默默帮助我的同学。另外一点，也是我制作了这个节目后得到的最大的感受：不要抱怨生活对你的不公，比你更不幸的人并没有在那里怨天尤人，自暴自弃，她们是那么努力，努力学习，努力地生活，别抱怨，好好珍惜生活，好好学习，好好工作，好好地爱你身边的每个爱你的人……

学生解析一：

王知波

王冠主持的《快乐少年》访谈节目时长 60 分钟，嘉宾是小明星陆琦蔚。整个节目主要内容为主持人王冠和陆琦蔚的对话，其中穿插了一段嘉宾的舞蹈、六段 VCR、一段录音还有嘉宾父亲的现场访谈，并使用了一个小道具：嘉宾的绘画作品《全家福》。下面我们从节目的各个段落来分析一下：

节目开场：主持人的开场语接嘉宾背景的 VCR 介绍，然后嘉宾以一段热舞亮相。这样的开场使观众对于未曾谋面的嘉宾产生了一定程度的好奇：为什么这个看似平凡的小女孩和那么多大明星都有合影？是一个追星族还是一个小演员？开场的热舞又让大家对于小嘉宾的才艺产生了欣赏和肯定。所有这些对于节目的深入进行设置了一个悬念。起到了"凤头"的作用，使观众"锁住了频道"。

第一个段落内容是陆琦蔚拍戏的有趣经历以及与大明星的轶事。在这一段，王冠亲切自然的态度就好像一位大姐姐，体现在一些细节上。对于跳舞之后的小嘉宾说："来，喝口水。"当得知嘉宾有一点点紧张时又幽默地说："其实在座的很多观众，都是上海戏剧学院的大哥哥大姐姐。他们小时候还没有你现在那么红。"通过这样轻松幽默的方式缓解了小嘉宾的紧张情绪，为后面的良好访谈做了铺垫。这一段的谈话同时回应了观众对于开场 VCR 的好奇。

第二个段落由一段对于嘉宾同学采访的 VCR 引出，通过同学的口，说出了小嘉宾在学校的状态和生活中的性格。当小嘉宾说道："我想谢谢我的同学，他们都很关心我，很照顾我。"主持人王冠很自然地通过"感谢"这个语点，把谈话引到"家庭"这个主题上来。

第三个段落谈到了"家庭"。在这个段落中，主持人既使观众对于小嘉宾的家庭有所了解，感受到母爱的伟大，又最大限度地避免了因为要引出嘉宾的伤心往事而伤害了嘉宾，很好地平复了嘉宾的情绪，充满了人文关怀。

第四个段落谈到了父亲和希望。小嘉宾的父亲上场后，小嘉宾用鲜花表达了母亲去世后，对于父亲操劳的谢意，同时节目组又设置了一个小悬念，播放了小嘉宾母亲最后的录音。

最后陆琦蔚通过现场演唱《世上只有妈妈好》表达了对于逝去母亲的思念和感激。主持人通过妈妈引出了小嘉宾艺校的老师和同学送给她的最真诚的祝福 VCR，使得小嘉宾破涕为笑，情绪好转，对于生活充满了信心。

整个节目形式多样，内容充实，主持人和嘉宾的交流真实、轻松自然。话题内容涉及嘉宾的工作、学习、生活、家庭和同学好友等多方面，有明显的起承转合。

主持人真实的倾听和良好的沟通以及节目的驾驭不错，很好地完成了主持任务。虽然是学生作品，从这个节目中可以看出王冠作为主持人的潜力和天赋。王冠很好地起到了谈话节目主持人穿针引线和驾驭节目的作用，并与嘉宾进行了真实而有效的沟通交流。

学生解析二：

徐瑞

看完王冠同学的人物专访，我想从主持人语言风格和电视节目形态这两方面来进行评述。

"她，学艺时间不长，拍戏不少，演员虽小，合作的大腕挺多，年龄不大，但是经历的事儿不少，她究竟是谁呢？"在这样一段长与短的对比，大与小的对比，多与少的对比引人入胜的开场白中，王冠同学的人物专访节目开始了。这样的开场，给我们第一直观感受就是主持人的语言风格是让观众看到你闪光的第一要素。主持人给观众第一张名片，就是语言。比起诸如"今天给大家介绍一个可爱的小演员"或"陆琦蔚小小年纪已经拍过很多戏"这样平铺直叙的普通开场，王冠的对比悬念设置显然更能让观众在开篇就锁住频道。一开头的兴趣，让我们想看看后来要进行些什么？随着短片中关于小童星的影像资料的播放，随着童星出场开场热舞的表演，这两三分钟里我们思维的兴奋点一直被激活着。开篇吸引观众，我认为王冠做到了。这一点，充分表现了主持人的用语习惯是何等重要。有时观众不一定会完全注意主持人所说的每一句话，但观众一定会对主持人说话的方式语体特别敏感，若主持人的语言风格是富有节奏感、富有对比性，是有章有法的有机铺陈，那观众的兴趣自然会随之而起。

这是一段长达一个小时的人物专访，而且基本采用的是静态演播方式，加上被采访对象毕竟不是家喻户晓的大明星，要如何不让观众换到其他频道，这是一个考验主持人的难题。这一值得商讨的问题让我们不禁去思考电视节目形态这另一个重要的因素。在整个采访过程中，我们看到王冠加入了不少场外采访的 VCR，这个方法让大家觉得眼前的物态事态是有所变化的，而不只是在一个情境中要看完一个小时的对话，感到疲倦。它让我们感觉这个访谈是丰富的，是立体的，是有很多人发表观点于其中的，是有大家的参与感的，这样相比之于孤零零的两人单聊要生动许多。当然，在采访后段中，主持人邀请了小演员的父亲上台来共同对于陆琦蔚童年悲痛经历的回忆以及相依为命的父女间真实的情感交流，更是打动人心，让观众觉得这不仅仅是一个介绍一名幸运童星拍戏经历的访谈，而是在讲述一个和我们一样拥有人生悲欢离合体验的人；它不仅是介绍父女间女儿是如何承欢膝下，父亲是如何享受天伦之乐，而是告诉我们即使患难父女间也会有矛盾，面临种种不顺，亲情该如何保温？主持人准备的这些多种多样的访谈要素，让观看节目的受众的心跟着主人公一起去体会人生的五味杂陈。

最后想说，其实无论是主持人的语言风格，还是节目形态，包括现场布置、话题安排等都要围绕一个主旨中心，那就是节目的定位，通俗说法就是节目做出来之后主要是给哪些受众群看的。如王冠的这期人物专访给我感觉观众定位应该是学生，再具体一些应该是中学生以及学生家长和老师。再加之王冠本人形象气质，语言表达也比较合适少年朋友知心姐姐的定位，所以这档节目是成功的，《快乐少年》让少年朋友在流泪中看到生活中的快乐，珍惜快乐中的生活。

学生解析三：

王方

王冠从节目伊始到节目结束，一直保持着非常好的状态。吴老师常说"心态决定状态"，王冠能有如此好的状态也是因为她有着良好的心态。在我看来，这种良好的心态可以理解为是一种高度的主持意识。她在做节目的过程中做到了自觉参与、自主掌控，在对节目参与、话题主导和现场掌控中无不表现出了一个主持人良好的职业意识。

王冠在操持这样一档谈话节目的过程中，体现出了作为主持人她相当高的职业智力。她在节目中无论是倾听、记忆、思维还是联想，都已然达到了一名优秀主持人的要求。因为倾听，所以她在访谈中善于沟通，深入人心；因为思维和记忆，她在访谈时对于嘉宾的提问既准确又流畅生动，而且回忆的准确、识记的迅速；因为联想，她的演播思路开阔，妙趣横生。

看完王冠的这个节目，让我有了很多的反思及思考。如何让自己拥有最积极、最饱满、最充沛、最灵动的主持状态？如何才能培养出像王冠那样出色的主持意识和高超的职业智力？看完这档节目，看完了王冠的主持，吴老师说过的四句话再次清晰起来：节目要有形、主持要有态、关键怎么说、短评见功夫。我想王冠的这节实践课就是对吴老师这四句话的一个很好的印证。

学生解析四：

袁丁

老实讲，王冠在学生时代的这期访谈节目作品，不仅让我看到了她的语言功力、对节目的驾驭水准、对现场的把控掌握，更多的是节目本身真正吸引我的注意力和思维视角。而形成这一成功的核心原因便在于王冠层层深入的发问以及嘉宾之间的心灵交流。访谈节目从出现到今天，也经历了几十年的风雨历程，形成了一类独立的电视节目形态。然而，从王冠的节目里，我看到了很多当今主流媒体上所难得一见的创新精神。我想,访谈节目一个最关键的核心问题就是:主持人知道自己在问什么?

不去讨论场景布置,不去深究环节设置,只是从整体的观感来看,没有任何一个艺术形式可以像访谈节目这样如此精彩地展现人类梦想和对于自身精髓的探索。就这一点,我们说,王冠的节目是成功的,是精彩的,是值得封存记忆的。

在行文的最后,又一次打开了《访谈陆琦蔚》的节目视频,不出意料地又一次被吸引,被感动。从奥普拉·温福瑞的"脱口秀"到CNN的《拉里·金现场》,从崔永元的《实话实说》到今天的《鲁豫有约》《康熙来了》,访谈类节目可谓风起云涌。我想,访谈节目,最重要的莫过于:在发问中寻求人生的真谛,在聆听里完成心灵的沟通,用节目本身说话,用感动书写人生。

再来解读马聪的节目创作:

胸有成竹、慧心秀口
《象牙塔里的尖子生》

主持人:马聪　　　　嘉宾:复旦大学　曹宇
　　　　　　　　　　　　交通大学　翟强
　　　　　　　　　　　　同济大学　李欣

(马聪是上海戏剧学院主持艺术系2008级学生,该作品是大三《节目主持创作》课堂作业,马聪同学参加2010年第二届"海峡两岸"主持人大赛获得银奖)

主持人(马聪):(开场白)各位老师、各位同学、观众朋友们,大家好。欢迎收看今天的《象牙塔里的尖子生》。我是马聪。今天我们节目现场的观众,是来自上海各知名高校的同学,让我们用掌声欢迎他们的到来。不论在小学还是在大学,都有这样一小群学生非常让人关注。他们成绩突出、思想活跃、多才多艺、各有所长。他们的评语小本儿上,每年都会被老师写着各种美好的词汇。官方称他们为老师的好助手、同学们的好伙伴。在老师眼中,其实每个学生都是自己的作品,但是这些孩子被叫作精品。在家长眼中,其实每个孩子都是自己的产品,但是这些孩子被称为极品。在我自己的眼中,这些孩子是我的目标、我的榜样,是名优品。在我的眼中,从小他们就是我的偶像、我的榜样,是我为之努力的目标。这些孩子有一个共同的称呼,叫作"尖子生"。今天我们就请到了上海市知名高校的几位尖子生。让我们用掌声欢迎他们的到来。

(掌声)(嘉宾落座)

主：我先给大家介绍一下，这位是来自复旦大学的曹宇同学，这位是来自上海交通大学的翟强同学，这位是来自同济大学的李欣同学。（主持人落座）刚才呢，我已经对你们的所在学校进行了简单的介绍，你们能不能自己给大家来一个自我介绍。曹宇先来。

曹：大家好，我是复旦大学材料科学系材料物理的学生，今年大四了。

主：材料物理，我们作为普通大众，对"材料物理"不是很了解，在我们理解上的材料物理，比如说前几天"嫦娥二号"的发射，那材料物理是不是研究火箭和卫星的材料的呢？

曹：可以说应该是有一部分东西在里面。

主：那你们主要是研究什么呢？

曹：咱们国家的材料系，每个学校之间非常不同，我们学校主要是研究半导体材料。

主：那也就是说主要研究微观世界。

曹：对。

主：那你给我们举个简单点儿的例子，告诉大家你们的研究对象。

曹：大致就是说集成电路里新材料的研发、新技术的运用。通俗点儿说，大家经常看到广告里像英特尔的芯片，我们是采用45纳米的、90纳米的、32纳米的工艺……如何从45纳米变成32纳米，这个工艺是如何改进如何实现的，基本就是我们的研究内容。

主：我还要给大家介绍一下，他在他们专业大四，排名年级第一。那曹宇，像你这样排名第一的学生，是不是已经开始研究32纳米的了？（观众笑）

曹：没有没有，这个非常难。

主：呵呵。那接下来，翟强同学。

翟：大家好，我是来自上海交通大学信息安全工程学院信息安全专业的，我今年也是大四。

主：也是年级第一。信息安全，那我们通常的理解，是不是就是做杀毒软件一类东西的呢？

翟：有一部分算是杀毒软件吧。

主：那我们经常看到广告，说不要钱了，真的不要钱了。那如果以后杀毒软件都不要钱了，对你们就业有没有什么影响？

翟：哎呀，我们一直都表示压力很大。（观众大笑）

主：那你们服务的对象都是比较高端的？

翟：我们提供服务的对象从大众到一些企业的安全设备，再到国家的信息安全，都涉及得到。

主：哦，那我知道了，前一段时间有短信发不出去的情况有可能他都看到了。李欣同学来给大家介绍一下。

李：我是来自上海同济大学环境科学与工程学院给（gei）排水工程专业的同学，我也"很不幸"大四了。

主：他没好意思介绍，"我也是年级第一"，呵呵。我们学主持的同学比较喜欢在文字上较真儿，他这个专业啊，叫给（ji）排水，给水和排水。但是在我通常的理解上啊，这个属于技术工种，而且属于比较低端的，类似修个管子啊，还有……

李：那不是不是，我们也经常揽一些活儿，比如疏通上下水之类的。（观众笑）

主：那年级第一的学生，以后也是这个方向？

李：我们这个专业，刚才我也说了，如果走亲民路线的话，可以在楼道里刷小广告疏通上下水。如果你要往高端走，可以去南水北调委员会，和水有关系的我们都可以管。（观众：哦……）

主：那以后我们教育孩子就可以说，学好了，你就是南水北调的，学不好，你就是刷小广告的。那刚才我们对你们的专业都有了简单的了解，实际上你们三个都是知名理工院校的尖子生，我想知道，大家平常提到理工科的尖子生，会有什么样的印象？用几个词来告诉我。

（观众：死板，严肃……）

主：还有吗？咱们凑三个词，给他们一人一个。

（观众：木讷。）（观众大笑）

主：你看，死板、严肃、木讷，这三个词用在他们身上是不合适的，他们现在在灯光底下，比较拘谨，实际上他们的课余生活是非常丰富的。给大家说说，你们课余都喜欢干什么？

曹：读书啊。（观众笑）比如《青年文摘》啊、《读者》啊、《故事会》啊……

主：还有《知音》，哈哈。小强同学。

翟：我经常喜欢在网上泡着。

主：哦，在网上泡……着。（观众：泡什么？）

翟：泡什么的对象就丰富一点啦。（观众会心）

主：我们上网还担心中毒，你肯定没有这个担心，只要控制好自己别传毒就行了。

翟：我们内部都会互相控制的，呵呵。

主：那李欣呢？

李：我读曹宇没提到的《女友》和《家庭周报》。

主：哦，你们涉猎很广泛啊。他们几个很幽默，用自己的方式传达了今天的内容。他们俩其实多才多艺，他们作为理工科的学生，人文素养是很高的。曹宇同学，你最近有什么文学作品没有？

曹：大概很多年不创作文学作品了……

主：其实曹宇的博客点击量非常高，大家会上校内网吗？经常上的同学举个手。（观众和嘉宾都举手）基本上所有人都上，在校内网大家肯定会经常转帖，我们看到的很多有关电脑使用的热帖，转帖率有些甚至超过一万，那很多是曹宇写的。

（观众鼓掌）

这样，我们先看看曹宇的作品。这是一个文集性质的东西，标题都是大学的名称。这是什么意思呢？可以看到打开之后这是一个像百科词条一样的东西，是对大学的介绍，包括了学校的基本信息和他自己对这个学校的看法。曹宇同学用业余时间，写了一部中国知名大学的简明校史。曹宇，你怎么会有这样的想法呢？

曹：这个历史比较久远，主要是高三为了选大学，市面上介绍高校排名有很多书，总结一下都很扯淡。咱们国家的高校其实历史很复杂，起源啊，变化啊，所以我在研究完排名之后对校史很感兴趣，这只是我比较简单地介绍。从图书馆和网上摘抄，主要来自书。

主：为了选大学，就写校史，那我觉得你为了找女友，会不会写个"名媛史"？

曹：有这个打算。

主：那你一定要给我们分享一下。翟强呢？

翟：我的文学作品是我最近刚开通了微博。但是大家可能通过一些特殊手段才能看到了。

主：大家可以和你学习一下翻墙的技术。李欣呢？

李：我也喜欢写写文章，刻一些东西。

主：刻？刻盘吗？

李：这么多人，不说刻盘的事儿，咱私下说。

主：呵呵，我们再看看他们的作品。曹宇有一篇论文《富光卓尔保温杯具的性能测试》。这是一篇很有专业特点的文章，发表在曹宇自己的报纸《蛋疼学报》的自然科学版。保温杯的保温性能怎么样呢，曹宇通过论文给出一个量化的标准。标准的论文格式，各种复杂的公式，绘制的曲线……通过这篇文章要反映什么呢？对我们购买有指导意义吗？

曹：理论上是没有任何意义的。

主：那还是微观的是吧？呵呵。看下引用出处，有杜牧的诗、有产品说明书、有专业书籍……这才是旁征博引，耳目一新，让我们觉得专业文章也会很有趣。大家有没有喜欢旅游的？看看他们的旅游计划和总结。他们把计划做成了电子杂志，很浪漫，很有爱。你为什么做这个呢？

李：给女朋友做的，她要来华东旅游，做这个很有感情。

主：曹宇做了一个PDF的计划，更详细。除了非常详细地介绍景点，还列出了需要带的各种物品，还为女生单独列出了一些东西。我们也会为出游列计划，但肯定没有这么细致。你们的计划这么好，是出于理科生的严谨？还是自己的爱好？

曹：这个，怕她们出事儿，呵呵。

主：为了照顾女朋友和外地同学，大家看到他们很细心、很有条理。聊了半天了，口渴了吧？我为你们准备了一份我亲自制作的饮料。

李：奶茶？

主：为什么会准备内蒙古的奶茶呢，特别说明一下，复旦、交大、同济的年级第一都是来自内蒙古的，来自一个城市、一个高中、一个班的。介绍一下高中的情况吧。

曹：我们高二分了文理后，专门把年级前三十名分成一个班，算是因材施教、开开小灶。

主：小强，你在这个班有什么感觉？

翟：自由、活泼，虽然学习压力大，但是气氛特别好，很舒服，比大学都快乐。

主：李欣你有一样的感觉吗？

李：嗯，我们是19班，外号火箭班，希望我们突飞猛进吧！

主：我们班当时也有外号，叫导弹（捣蛋）班，专门儿打击火箭班。（观众笑）

李：当时我们班非常团结、非常上进，没有"好学生"之间的钩心斗角。还记得在运动会上，我们虽然只有三个人，但是总分前八。

主：也就是说德智体全面发展。你们当时有什么有趣的活动或者团体吗？

李：我们有一个非常庞大的诗社，有三个成员。（笑）

主：幸甚所致，歌以咏志，有诗社肯定是性情中人。一会儿要现场给大家赋诗一首啊，风流才子们。那我想知道，喝着奶茶，肯定会想到家乡。你们的父母是什么职业？

翟：我的母亲是工程师，父亲是工人。

曹：父母都是工人。

李：父母都是工程师。

主：你看，那都是比较普通的家庭，都是收入比较稳定的家庭。从教育学的角度来讲，家庭教育是教育中最重要的。你们的家庭给你们带来最重要的是什么？

曹：习惯吧。

主：习惯，好的习惯，那这种好的习惯在你之后的学习生活中占了什么样的地位呢？

曹：非常重要的地位。

主：父母都不是大学生？那还培养出了一位非常优秀的尖子生。

李：我的家庭在当地来讲算是中产阶级，这样的家庭会比较平和，不会追求一夜暴富，只是希望生活体面、安逸。这算是我的基本的生活态度。

翟：我比较赞同，我觉得家庭给我最重要的还是习惯。

主：有一句话，叫习惯成自然，也有一句话叫把优秀变成一种习惯。优秀来自于平时的习惯，当优秀的点积累得越来越多，把优秀变成了习惯，这样的学生就是尖子生。那你看，你们从初中到大学，都是尖子生。我们对尖子生有固有的看法，那从你们自己来讲，觉得什么样的学生算是尖子生？

李：尖子生实际上是丰富多彩的（观众笑），尖子生不是一成不变的，其中有呆板木讷的人，但大部分人也是丰富多彩有爱好的，不是大家经常想的读死书、死读书的人。

主：李欣说得很好，你们这样的尖子生给别人的感觉就不一样。你们在高中时，文科的成绩好吗？

齐：很好。（观众笑）

主：很好，呵呵。那你们为什么作为理科学生会对社会科学如此感兴趣？或者这么感兴趣，为什么没有选择文科。

翟：选择理科是为了选择交大。当初参加保送考试，很遗憾没能去清华，所以立志一定要去交大。（观众笑、赞叹）

主：现场的大多是艺术类院校的同学，大家平常都是很羡慕尖子生的。

曹：尖子生也是普通人，一个群体里什么样的人都有。没有什么都强的人，在这种规则下，我是，在另一种规则下，也许我就不是。比如我来主持，你去研究芯片，可能咱们都废了（观众大笑）。人尽其才，物尽其用，什么样的人就应该放在什么样的位置。现在的教育体制，是一种规则，你走向社会之后要面对更多的规则，所以这样的尖子生会显得不同。任何人都是尖子生。

主：遵守规则，成为优秀的人。温家宝总理和钱理群老师，一个政治家一个教育家，都提到了对大学生的要求，那就是：仰望星空、脚踏实地。一个民族如果没有仰望星空的人，是没有未来的；一个民族如果没有脚踏实地的人，是没有历史和现在的。现在很多大学生觉得仰望星空不如打开台灯，很实用、很物质、很功利，一方面却又有自己不切实际的理想。那你们几个说到仰望星空和脚踏实地，有什么样的想法？或者说你们认为该怎样学习？

李：把我们三个请到这里讲学习，可能会把学习定义成课堂学习这样比较狭隘的定义，实际上，你干啥那么都是学习。比如这杯奶茶，你喜欢就可以到网上去查，这就不叫上网了，叫学习，因为你在获取知识。温家宝说仰望星空就是在我们学校说的（**主**：那你仰望了吗？）。仰望过，但是你写作业还是得打开台灯。人的时间是有限的，所以要一步一步走，理想才会实现。

曹：其实我不太赞同仰望星空这样的说法，光是看什么也看不到，人要有目标，但不用非常具体，但是可以让你朝着这个方向努力，实现它。

翟：学习不光在课堂上，我有时候也经常逃课。学习的途径非常广泛，信息社会，获取信息的渠道非常多，我比较喜欢在网上看维基百科，一个一个点下去，时间过得很快，学到不少。

主：听了你们的话，我知道仰望星空和脚踏实地是一样重要的。当你脚踏实地的时候你最好打开台灯，而不要仰望星空，一边仰望星空一边脚踏实地，肯定会撞上前面的大树。既然是尖子生来到我们的节目，我们设置了一个特别的环节，给你们来一个当堂测验。相当于一张试卷，有各种题型。

李：是抢答吗？

主：是必答。

(三个人谈对吃喝玩的感觉，讲出不一样的道理)

翟：我会选择出国，不论是就业还是学术，国外的环境会更好。

主：你会回来吗？

翟：买得起房就回来。

主：现在尖子生也为房子发愁，别南水北调回家以后连房子都没法儿疏通下水。

曹：其他吧，我直升博士，还有六年的学习时间，还是研究这个方向。毕业之后超出我的预期，很难说。

主：你刚才提到芯片，我们这些普通人听了之后最大的希望是像你们这样的尖子生赶紧把研究成果转化为生产力，我们国家现在还造不出英特尔这样的芯片。

李：我和曹是博友。直升博士，（马：哪所大学？）保送到清华大学。（热烈的掌声）

主：我们都很羡慕这样的结果，保送你肯定有面试，你怎么面试的？谈专业吗？

李：没有，闲扯。

主：我为什么要问这个问题呢，就是想告诉大家，越是学到高端越是注重积累，那你博士毕业可以南水北调吗？

李：没完工的话还是有机会。

主：填空题，为什么而读书？

李：为黄金屋和颜如玉读书。（热烈掌声）

翟：为自己而读书，人为自己着想才能为别人和国家着想，自己想不清楚，也不能为别人着想。

曹：为读书而读书，读书不光是学习，学习是不需要理由的。人，尤其是现代社会的人，必须要学习，这是一种本能。你可以很现实，为了舒适的生活、为了人类的进步，但是我更喜欢抽象的东西，在具体的东西之外，推动人学习的就是想要学习。比如相对论，没什么实用价值，为什么人在孜孜不倦，为什么国家和企业支持，就是因为人的求知欲，人的精神。

主：为读书、为自己，为黄金屋、为颜如玉。这哪一点都没有错，哪一点都很好，因为不论做到哪点，都是为别人、为父母、为家国、为天下读书；为中华之崛起而读书。让我们把掌声送给他们。

主：我们再看下一道题，名词解释，"尖子生"。今天我们的主题就是尖子生，我想你们三个刚进来的时候，大家可能会觉得你们是很普通的三个人，大家可能不会在人群中多看你们一眼，也不会记住你们的容颜。但是经过今天短短一段时间的介绍，大家对他们的印象可能已经非常深了。大家现在有没有对尖子生新的理解呢？今天的机会非常好，大家可以向他们提问，有什么想法都可以。

同学：你们高中的时候谈过恋爱吗？

（三个嘉宾迟疑了一会儿，曹宇和翟强都说没有）

主：那他们两个都说没有，你呢？

李：动过心。

主：没动过身是吧？我还要跟大家介绍一下，李欣同学的女朋友现在在东北财经，也是尖子生，是他的高中同班同学。即将来上海读研究生。（观众问那不就又不在一起了？）

主：这个属于……是命运，对吧？（观众笑）（大屏幕上展示李欣的篆刻作品，有藏书章和姓名章，李欣和女朋友的摆在一起）李欣刚才说的这个"刻"，是篆刻。

李：这个是我的，这个是她的。

主：哦，她的。刻一个需要多长时间？

李：如果算上选料，大概三四天。

主：大家看到，做工还是非常好的。李欣学习篆刻多长时间了？

李：半年多了。

主：看来尖子生就是尖子生。这个章，上面写着"静欣永远"。静心是一种心态，静心是一种境界。"静"和"欣"呢，也是一对情侣。希望你们呢，静欣永远，也希望我们，静心永远。我们回到问题，第二个名词解释，"完美主义"。在我们的印象里，尖子生都是比较完美主义的，你们会有这样的心态吗？

翟：上大学之前我是比较赞同的，但是上了大学，尤其是学了工科以后，对完美主义有了更深层次的理解。初中高中学习的东西是比较基础的、比较经典的、比较完美的、比较正确的，基本上没有错。到了大学以后，学了更深层次、比较前沿的东西，觉得我们工程类的东西要是想达到完美的话还得和人类的应用、人类的需求结合（另外两位嘉宾不住点头），像原来那样追求的话意义不大。

曹：现代科学对这个有新的解释，但我个人还是比较追求完美主义的。

主：嗯，能看得出来。

曹：呵呵，但是这个完美主义怎么理解呢，通常意义的完美呢，真正的完美是不存在的。我们所说的完美也在于抽象理解，也就是说现实生活中找不到这样的东西的。完美主义你不能把它当作一个目标，因为这个目标你实现不了。但是你可以把它当作生活中的一个态度，就是说一件事儿我能把它做到100，我就不把它做到99，这就是完美主义。也就是说自己认定的事情，就尽自己最大的能量把它做好，即使不如别人，但是也是自己的最好，这就是完美了。

主：能做的就千万别不做，做了就千万别回头，能做一百就别做九十九。这就是你对完美主义的理解。那李欣，我想知道比如你在学习、工作上很追求完美，你在个人生活上甚至是在谈恋爱的时候会追求完美吗？

李：会吧。

主：那她是一个追求完美的人吗？

李：她……其实这还是涉及对完美的定义。我比较同意曹宇的观点，完美不是一个客观的概念，不是一个分数，是做到自己的100分，即使客观上她可能是80分，对你来说就已经完美了，不管做什么都要尽力。

主：那我希望你们可以做到自己心中的100分，我们眼中的99分。这就是完美。

李：谢谢。

主：我们再来看，最后的答题，你们可以小组讨论"学习"。今天我们就是在讨论学习。西方教育学家的观点，教育分成三种，学校学习、家庭学习、社会学习。从你们刚才的谈话中，这三种学习都对你们影响很大，你们也都做了自己的阐释。很好的学校学习，你们是尖子生；很好的家庭学习，你们以家庭为骄傲；很好的社会学习，通过你们感染了别人、告诉别人好的电脑操作、好的旅游方式。曹宇啊，你的博客叫什么？

曹：哎哟，这个我还真忘了，经常换，大概一周换一次。

主：我比较喜欢最近的一个，忘了？他很幽默，知识就是力量是谁说的？（观众：培根）他的标题就是——知识就是力量，培根就是烤肉。

曹：我经常会想到一些比较有意思的话，我就会把它变成我的博客标题。

主：强烈建议你开微博。李欣，那你先谈谈学习吧。

李：就像刚才说的一样，学习还是一个大而化之的概念，曾经也是曹宇的QQ状态，叫"处处留心皆学问"。这就是一个学习的概念，你对生活，对你所做的事用心、留心，你每做一个事情在你心里留下印记，这样就算学习。

主：但是"处处留心皆学问"，我们往往觉得自己没有这样的能力，处处学问皆留心，这个太难了。

李：这一点我还是非常佩服曹宇同学的，"处处留心"能不能做到还是看你懒不懒，就是钻研和研究的精神，当然与科研是不一样的，对于生活的兴趣，对于生活向上、乐观的态度，如果你是一个爱生活的人，你就会对这些事情感兴趣，你就会热爱学习。

主：爱生活、爱学习，城市让生活更美好，学习让生活更美好。曹宇呢？

曹：我的看法和他们一样，学习在生活的各个角落都有，它不单单是一个动作、一个行为，它更主要的还是一个态度，就是说你能不能对你的生活感兴趣，或者说我们的生活中有各种各样不完美、不尽如人意的东西，那人能不能去发现它，知道到底是怎么回事儿，或者我能不能做出小小的改进，帮助他更好。就比如我买了杯子后，写了一篇论文，当然它不能发表只能自娱自乐，但这就是我的兴趣，我写那篇论文没有任何好处，不能投稿、发表，而且写的时候正是我期末考试的时候，我一边复习一边写论文，为了测试专门买了一个电子温度计，但是我觉得我很快乐。我能了解这个杯子怎样保温，我们有学过相关的课程，我从图书馆借了一本传热学的书，整个过程大概一个多星期，这就是一个学习的过程。

主：那我想问，像我们普通人、像现场的观众，大多来自艺术类学校，我们都会觉得学习专业知识是很有必要的，但是做其他方面的学习，对生活的学习，是不积极的。那你觉得怎样才能让我们有一个积极的态度、高昂的斗志，热情地对待学习？

曹：不管从事什么行业，学习都非常有用。

主：那你们每人用一句话，告诉大家学习有什么用。

（嘉宾正在思考，出现空场，主持人马上接话）

主：也许学习对我们来说就是掌握好专业的技能、提高专业素质，在今后的就业中有一个更好的结果，也许学习对我们来说就是考研时的努力、平常时的爱好，那你们认为学习对一个人最大的用处是什么？

李：我先说，学习可以让一个人成为一个更好的人。可以解释吗？还是就剩一句了？

主：当然，你可以解释。

李：人是社会关系的总和，你如何与人交往、如何与社会打交道都是一个学习的过程，不学习永远是孤立的个体。

主：学习让一个人成为一个更好的人，我觉得加上你"孤立个体"的理论，可以说，学习让"人"成为"人"。

翟：学习让人成为更丰富的人。不学习的话，知识、思想就会停留在某一阶段，那就会和社会的发展脱节，如果你能涉猎广泛一些，留心周围的细节，确实能够发现很多平时没有发现的地方，能够学到新的知识。

曹：学习能让人成为自己想做的人。你将来想成为一个什么样的人，你对自己有什么样的期许，那完全取决于你在这个过程中如何学习。

主：像小强说的，学习让人成为更丰富的人，我们可以看到，他们三个都是非常非常丰富的人。生活丰富多彩，思想非常活跃，正是通过学习，才让自己变成更丰富的人、成为更好的人，变成想成为的人。所以我觉得，如果我们想让自己成为一个丰富的人、一个好的人、一个想有作为的人，说得功利一点，一个有用的人，那我们就必须去学习。我想到一句话，曾子《大学》的开篇之语："大学之道，在明明德，在亲民，在止于至善。"去年全国范围开展了一场关于大学精神的讨论，我记得一位大学校长说得非常好："大学，乃大师之围也，非大楼之谓也。"也许我们在很艰苦的环境下能做出大的学问，也许我们在很好的环境下失去做学问的动力。所以这句话，学问的大道，在推广正确的道德，在于使人民维新，在于尽善尽美。这只是我对文字的解释，在你们心里一定有更好的解释。

翟：我对这句话的理解，上大学这三年多，对大学有了更深入的理解，"在明明德"我觉得大学就是一个很广泛的平台，可以允许你自由地学习更多的知识，通过学习哲学、历史方面人文的东西，可能对你的道德、思想有新的提高。

李：这句话本身什么意思我不是很懂，但也一样，三年多的大学生活，我觉得大学是一个自由的地方，没有人约束你、没有人给你指一条道路。也许有人说上大学没有用，专业可能也不对口，但大学是一个让人自由发展的地方，如果你有学习的习惯，就可以成为你想成为的人。哪怕你学了这个专业你想干别的，你也利用这个机会充实、提高自己，把自己变成更好的人。大学的作用是给你提供了这样的环境，但是你自己还是要探索。

主：对，外因通过内因起作用。

李：马哲学得不错。

曹：这个大学和我们现在说的大学概念不一样，但是说到意义又很相同。我们为什么要上大学？现在社会上往往把大学教育看成职业教育，大学是一个职业培养所，是一个通向更好工作、更高收入的中介机构。但是我觉得真正的大学精神的话就像这句话和刚才他们说的那样，是很自由很广阔的。

主：李欣的书架上有本书《哈佛女孩儿刘亦婷》，她当时是很多学生的偶像。后来刘亦婷毕业以后到了一家很好的企业，认识了自己的高管男友，加入了美国国籍，嫁给了现在的老公，如今是一个全职太太。央视十年前也做过一期节目，请了韩寒和几位尖子生，几位教育学家痛批韩寒。如今几位尖子生都在国外入了外国籍，韩寒在去年被评为最有良知的公共知识分子。你们怎么看这件事儿？

李：我还是比较喜欢韩寒的。

主：那你是不是想成为一个比较有良知的科技工作者？

李：虽然做不到像韩寒这样可以引领舆论，但我觉得在自己的领域内，还是可以坚持的。

主：小强是要出国，你怎么看刘亦婷。

翟：人的追求是没必要统一的，如果刘认为在哈佛读书、做全职太太很开心，那就无所谓了。那公共良知，就是要追求真理和自由。

曹：对于我来讲，韩寒的书我看过不少，写得很好。博客我也看过，写得不错，但是我不很赞同，他写的是对的，但是对的要有合适的场合和合适的表述方法。

主：我可以不同意你说的话，但是我坚决捍卫你说话的权利。其实我们每个人都会对自己的未来有一个打算，但是今天我们可以看到，虽然时代是在发生变化的。而一个尖子生，一个博学多才的、一个有理想有自我道德修养的尖子生，社会对他们的标准是不会改变的，即使是十年之后，我想你们也会在各自的领域取得非常非常好的成绩。那我们再来看最后一张图片。这是宋代一个学者讲的为学之人到底应该怎样为学。为天地立心，为生民立命，为往圣继绝学，为万世开太平。修身、齐家、治国、平天下，我们作为一个为学之人，就像他们讲的，学习不是短时间的，学习是一辈子的。从广度来讲学习可以是多方面的，从深度来讲学习可以是无穷的。我们为学就是为了为天地立心，为生民立命，为往圣继绝学，为万世开太平。当我们树立了这样的鸿鹄之志的时候，我想一切学习的技巧在我看来都不重要了，那我想今天在节目的最后，各位可以用一段话向各位观众来传达你们的学习态度，来传达我们今天的主题。从小强开始。

翟：我非常高兴能来参加这个节目，我觉得如果用这几句话作结尾，那这四条如果有一条能做到了，那你就不枉此生了。

主：有一条做到，学习的生命就不枉此生了。李欣。

李：学习，为自己也为别人，你追求了自己的美好，你周围和整个世界都会美好起来。

主：为自己也为别人。其实我还是想到那句话，这句话时刻提醒着我，就是毛泽东曾经说过：青年人要像早晨八九点钟的太阳。但是我觉得早晨八九点钟的太阳最重要的不是让自己很光亮、很耀眼，最重要的是要照亮别人。早晨八九点钟的太阳永远给别人希望、给别人温暖，也给别人力量。为自己也为别人学习。曹宇。

曹：现在很多人会把学习看作比较痛苦、至少是比较头疼的事情，我觉得没有必要把自己和学习对立起来，不要把学习放在一个敌人的位置，其实我们的生活就是一个学习的过程，学会把自己的生活变成一种学习。在生活的每个角落都要怀着一种好奇的、求知的心理，因为学习是自己的一种责任，这才是真的学习。我想起了苏联的一个女科学家，给她授奖的时候她说了三句话：说你想说的话，做你想做的事，成为你想成为的人。我觉得这就是学习的真正含义。

主：说你想说的话，做你想做的事，成为你想成为的人。通过今天的节目，我们似乎明白了该怎么说话、该怎么做事、该怎么做人。说自己想说的话，对别人、对社会有用的话；做自己想做的事，无害于别人、有利于社会的事；做自己想成为的人，一个真正的人，一个脱离低级趣味的造福世界的人，一个立心、利民、立德、利世的人。这样的人其实就是我们想成为的人，也是这个社会、这个时代所需要的人。我经常听到人们说一句话，我本平凡，我喜欢平凡。如果说十几年前"优秀是一种习惯"是我们的信条的话，那现在很多大学生的信条就是我本平凡，我喜欢平凡，我享受于这种平凡，而且现在越来越多的人把平凡归于一种光荣。但是今天听了三位的话，你们三个毫不平凡，你们很光荣。但是正确的光荣正确的人，是把一切光荣归于平凡，要知道平凡永远是平凡，但光荣也许永远不会平凡。那就让我们成为一个光荣

的人，之后把光荣归于平凡。感谢大家今天来到节目现场。

马聪同学的创作感言

大三上学期，专业主干课是访谈节目创作。说实话，早就知道是这种形式，一直不知道该怎么操持。总之，没底。从通过主持艺术概论、精品节目读解培养专业的眼光，到自选节目读解展示一学期的学习情况；从通过演播言语组织努力让自己做到能评、善问、会说，到听过演播空间处理培养在镜头前的素养。但无疑独立地创作一档完整的节目，尤其是访谈节目，是这些课程中难度最大的。

创作的准备要从选择嘉宾开始，最基本的要求是不能够选择同行、学长和大家都认识的身边人。作为社会活动不多的大学生，选择面其实比较窄。我最开始想到的是选择一位老魔术师，他曾多次登上春晚舞台，而且口才不错。因为我是班里第一个做访谈节目的同学，如果他能够来到节目现场，肯定能为全班的访谈节目创作起一个起点很高的头。但因为开学后课程安排时间上的不确定、魔术师又在北京，只能在固定的时间来上海，我又不确定他到底能否在我做节目那天空出一上午的时间。另外，考虑到魔术师比较大牌，我很难做到平等交流、高半头的主持状态，最后决定放弃选择这位嘉宾。我第二个想到的嘉宾是一位资深的媒体人，在央视工作多年、是多个大学的客座教授，这个想法产生后我用了很短的时间就否定了，原因也比较简单——无法驾驭。这样的嘉宾如果到了学校，会更像是来给大家上课的，这样就不像是一档访谈节目了。所以如果选择大牌的嘉宾，从节目的准备阶段就有很多不确定的因素，这样的话我很难操持好这个节目，最后我选择了放弃选择大牌嘉宾。一直到暑假的最后几天，我想到了现在的答案，那就是高校的尖子生。这个选择我是这样考虑的，第一，我有这方面的人际资源可供调动；第二，尖子生综合素质较高，不用担心说不出内容；第三，他们说出的内容贴近大学生生活，容易使大家产生共鸣。有了这样的想法，我把对象圈定在李欣、曹宇和翟强，他们都是我比较熟悉的人，其中李欣还是我从小一起长大的朋友。最主要的是，他们很特别。作为尖子生，他们分别是上海三所顶级高校的年级第一；他们从小就一直拔尖儿；他们又都很风趣幽默、善于言辞；他们和大家印象中的尖子生很不一样。我觉得我们选择嘉宾的时候要么是不普通的人，要么是普通人做了不普通的事儿。显然这几个尖子生属于后者，而且做了这么多不普通的事儿之后，他们这些人也变得不再普通。加上我们互相比较了解，很容易沟通，非常容易让对方了解到我自己的需要和要传达的东西，所以对这样的选择我还是很有信心的。

确定嘉宾之后就要确定节目的构思，其实这已经在确定嘉宾的时候有了比较明确的想法了，就是要让这几个看似平凡的大学生讲出他们不平凡的事迹。设计节目框架和采访提纲的时候，我把主要的精力放在了构建框架上，就像吴老师经常提到的——"画好格子往里填"。这样的话就可以设计好路线，在节目进行的过程中提问和谈话，只要不偏离路线、不脱离框架，就可以达到我的创作目的。在构思的过程中，我和嘉宾进行过一次谈话。这次谈话是在饭桌上进行的，这样气氛比较融洽，也不会拉开朋友间的距离。我只跟他们讲了两个大的问题，通过这个节目，我希望他们传达自己的学习观、通过我和他们的谈话传达出我的媒体观。在整个谈话中，我没有提到任何我可能问他们的问题，但我向他们要了比较详细的资料，要来了他们的各种类型的作品。

节目分成三块：第一，你们为什么不一样（不是大家理解的尖子生）；第二，你们如何学习；第三，怎样带动大家学习。这几块直接转换不会非常明显，会比较平，没有起伏。吴老师经常说，节目要有型，要注意形态。如果节目按照这几个板块一直进行下去，会显得节目的形态不够完整，也显示不出主持人的驾驭能力。于是我设计了几个小的动作，比如，你从第一块到第二块因为要引出学习经历、突出家庭教育的重要性，就准备了一杯特殊的饮料，这种饮料只有在他们的家乡才有。第二块到第三块，我设计了答题的环节，以随堂测试的方式让尖子生答题，通过他们对问题的回答谈他们对学习、对尖子生的理解，这样的话相当于只给他们一个或几个关键词，让他们更加发散、更加自由地谈论自己的感受。虽然是答题，但实际上还是主持人在提问，借着"尖子生"这个主题，借着谈学习这个框架，让他们回答各种题型的问题，凸显节目形态。

现在谈谈在运作过程中的情况。想到刚开始的时候，因为第一次面对摄像机，又是在灯光底下，他们一定会比较拘谨。在节目开始前，我让他们提前坐到了位置上，和他们聊着轻松的话题，观众和其他的工作人员也在自由地走动，嘉宾慢慢就习惯了这个新的环境。加上我们聊的都是同学间最轻松的话题，他们也慢慢有了谈话的欲望。节目刚刚开始后，主持人在这个阶段说一些比较轻松的话题，借着嘉宾的话开下玩笑，很好地调节了气氛。一方面缓解了嘉宾的紧张，一方面现场的观众也被吸引，而且融入节目中，出现了自觉的笑声、鼓掌、提问等现象，这样的话台上台下互动很好。通过几个问题使嘉宾逐渐进入谈话状态后，他们的回答会突出自己个性。比如李欣因为和我很熟，所以有时说一半的话，认为我明白就可以，这样的话大家不大容易明白，所以主持人一定要解释和补充，这又是很好的插科打诨的机会，所以和李欣的交流不仅没有让观众不知所云，反而使得现场的气氛非常活跃。曹宇比较能说、比较善说，而且喜欢讲抽象的东西，所以在这类问题上一定要让他第一个或者第三个答，能引出话头，又能很好地总结。翟强比较拘谨，而且比较实际，所以把实际的、短句类可以回答的问题交给他，同时回答抽象些的问题时把他放在当中，可以让观众也有所缓冲，让主持人更好地倾听，想好后面如何总结嘉宾的回答。这里想说的是，主持人在嘉宾回答完之后一定要有总结性的话语，总结上个话题，引出下个话题，不然会很突兀，也会显出主持人和这几个嘉宾相比之下的文化不足。所以说主持人的倾听非常重要，借着嘉宾的话说出嘉宾没能说出的话，总结嘉宾的话说出嘉宾想说的话，嘉宾高兴、观众兴奋、自主驾驭。

在之后总结的时候我会发现，节目前半段嘉宾的回答多以短句为主，篇幅也不长，随着节目的进行他们会放得比较开，越谈越丰富。所以也提醒我们，节目的前半段尽量要安排解释性、介绍性的问题，最主要的是让观众了解嘉宾。而节目的后半段再努力让嘉宾的观点升华，突出节目的主题。

学生解读一：

1. 高佳娃

马聪的访谈节目给我留下了很深刻的印象。节目进行了一个多小时，但直到结束的时候我才发现已经过去了这么长的时间，这种感觉不是意犹未尽，而是真的被几个优秀同学的话语吸引，忘了时间。对于马聪来说，我觉得他把自己节目的板块非常明确地设计出来，不同的板块谈论了不同的内容，但又同时归拢到"学习"的主题上。板块间的衔接非常流畅、自然，感觉不到生硬。

学生解读二：

2. 田原

一位嘉宾让我想起了我的高中同桌，这样的节目让我突然有了学习的动力，我觉得和这样同学多交流是一次非常好的机会。节目要有型，这种形式不是刻意的安排，而是从最初构思时就要考虑的节目内容。吴老师经常说"画好格子往里填"，像今天这档节目就画了很整齐的格子，这样再填内容，就显得有层次、有条理。

学生解读三：

3. 金璐

这档节目同时访谈了三个嘉宾，这其实属于一种主持人一对众的访谈，如何把话题分配给嘉宾、如何安排嘉宾的回答顺序，这都是需要考虑的。马聪在这一点上做得比较好，他在节目之前比较好地了解了嘉宾。根据不同人的性格特点、语言特点，问了不同的问题。同时，大部分问题三个人都要回答，马聪安排的顺序也非常合理，既保证了每个嘉宾都能说上话，又突出了嘉宾的不同个性和特长。

学生解读四：

4. 李艺晶

看了马聪的访谈节目，我第一个想到的还是吴老师经常说的那句话，"以全方位的主持意识，从富有形态感的节目出发，用最佳演播状态，走进融合的整体形象。"这档节目条理很清楚，每个板块、每个环节、每个话题都围绕主题展开，而且非常明确，最主要的是嘉宾之间的衔接非常的清晰自然。每个嘉宾说话之后马聪的短句点评，既总结了上面的内容，又引出了下面的内容，让我印象深刻。

第三节 无文本样态的喉稿节目创作
——解构主持人董卿在节目演播中的即兴主持

传必求通，功为胜道

一、传必求通——为传播而主持，有效的传播在于心灵的沟通

传必求通的涵盖就是通过主持人的"三程传播"而达到一个"有效沟通"的目的。

"三程传播"就是指主持人在大众传播中糅合人际传播而表现在口语传播上的这种传播过程。

"有效沟通"就是指主持人既要能发表自己的意见，又要能激发他人热忱的这种通连两方的有效沟通。

主持人在传播中会沟通就能吸引观众，就能征服观众。

传必求通是主持人的职业追求。

中央电视台节目主持人、上海戏剧学院 2007 级 MFA 在读硕士研究生董卿同学于 2006 年 12 月 31 日晚在钓鱼台国宾馆芳菲苑主持《欢乐中国行》——2007 年元旦特别节目的晚会上，遭遇了一个"零点敲钟"的特别情境——当晚会进行到夜里 11 点 57 分时，计划好的节目都流畅地演完了。下一个流程就该是"零点敲钟"了，此时《欢乐中国行》节目组资深导演通过耳麦向主持人董卿传来指令："现在距离敲钟还有三分钟的时间，请你救场！"此刻，董卿义不容辞，迈步登场。当走到台口演播桌前，

此刻耳麦里又传来一个年轻导演的指令:"董卿,不是三分半钟,是两分钟,是两分钟!"此刻,董卿在话筒前开始说话了,当她按照两分钟的时间在边说边想、边想边说快要结束时,耳麦里又传来那位资深导演的声音:"董卿,不是两分钟,还是三分钟,现在再填补一分钟,听我的!这是我的指令。"不允许质疑,不可能对话,董卿在边说边想、边想边说中,把刚刚准备好的一分半的串词又调整到再填补一分钟的最新指令上。

依据录像听写,一字未改,一字未动,记录成文,以飨读者。

金色三分钟

董卿: 谢谢,谢谢莫文蔚。亲爱的观众朋友们,您现在正在收看的是我们在钓鱼台国宾馆芳菲苑为您现场直播的2007年新年特别节目。今晚,我们将在这里共同迎来又一个新年。

刚才莫文蔚为我们带来了一首歌曲叫《忽然之间》。真的,忽然之间好像2006年就过去了,忽然之间好像2007年马上就要来到了。在回顾过去的这2006年的时候,我在想,我能想起来的绝大部分的记忆都是关于节目的录制。在中央电视台的舞台上,真的,得到了很多……得到了很多欢乐的笑,得到了很多感动的泪。当然,也有奔波的苦,当然更多的还是一份收获的满足。以前我总觉得,是我们在创造着快乐,然后把它传递给观众。但是慢慢地我感受到了,真正的天使,是那些从来就不吝啬掌声、从来就不吝啬关爱,一直以来在默默支持我们的观众朋友们。

所以现在我跟随《欢乐中国行》节目来到祖国各地,每到一个地方,虽然他们说的是不同的方言,但是却有着相同的热情,真的会让我们感到非常的快乐和满足。所以请允许我在这里借今天这样一个机会,向所有的观众朋友表达,我们——这些电视人对你们的感谢!我们想由衷地说一声,谢谢你们!(热烈的掌声)

(董卿走出演播桌,对观众深深一鞠躬……)

所以,在这样的一个夜晚,在这样一个彼此祝福的夜晚,我真的是怕时间不够长,不够将所有的祝福都送出;我也怕我们的祝福不够深,及不上你们对我们的那份真情;我也担心所有的礼物不够多,不够让所有关注我们的观众都有所收获。

那在这里我只能说,无论今晚,还是明晚,还是今后的每一天,我们所能做到的就是尽心尽力地在我们的工作岗位上去做出最好的节目，来回馈给你们，为你们带去更多的快乐。（欢呼声，口哨声，掌声）亲爱的观众朋友们，在我们的彼此问候当中，在我们的期盼当中，2007年马上就要来到我们的身边了。

导播告诉我说，（此时董卿用右手扶着耳中的耳机）现在距离2007年只有17秒的时间了，让我们一起来倒计时吧！

9、8、7、6、5、4、3、2、1（全场齐声）

新年快乐！新年快乐！（掌声、欢呼声）

从指令登场到钟声敲响，紧扣晚会主题，紧扣现场气氛，一气呵成，天衣无缝，言之有物，言之有情，前后贯通，上下呼应，场面沸腾，高潮骤起。现场不知情的观众无不为之叫好，现场知情的编导无不为之叫绝！董卿在主持迎接2007年的元旦晚会上创造了一个"金色三分钟"！

董卿创作的"金色三分钟"通体贯穿着"三程传播"。

董卿创作的"金色三分钟"整体达到了"有效沟通"。

——面对节目，主持人在大众传播中糅合人际传播而表现在口语传播上，让有限的时间产生心灵的沟通而达到有效的传播。

众所周知，大众传播首先是一种单向性很强的传播，大众传播缺乏有效的反馈渠道而使受众容易产生疏离感；大众传播也是属于一种制度化的社会传播，这种特殊性使各个国家都将大众传播纳入社会制度的轨道，也使大众传播带有明显的强制性和权威性。

众所周知，人际传播是个人与个人之间的信息传递，这种面对面传播的一个最大特点就在于互动性和直接性。人际传播面对面的直接性，也有利于情感的交流与信任感的建立。与大众传播相比，人际传播是一种非制度化的传播，这种传播关系的建立具有自发性、自主性和非强制性，是一种相对自由平等的传播活动。

众所周知，口语传播是一种最基本、最常用的传播方式，在大众传播和人际传播中都发挥着极重要的作用。在文字出现之前，口语传播是最主要的传播方式，在文字产生后，印刷媒介的大量扩散使口语传播丧失了其霸主地位，而当电子媒介特别是广播、电视的兴起，使口语传播再度复兴。

如果将三大传播的特征各归集一点，对于电视节目主持人来说，那就是：

——大众传播的当众性与导向性，人际传播的亲和力与个性化，口语传播的独特感与吸引力。

基于这一点，我们的电视节目主持人在大众传播中糅进人际传播面对面的直接性，糅进情感交流的信任感，糅进相对自由的平等感，糅进非语言符号的形象性，从而使富有口头性、说话性的口语传播更具有表现力和感染力而得以实现个性化的最佳传播效果，而得以实现为传播而主持，主持让传播更沟通，沟通让传播更大化的最高任务。

——董卿创作的"金色三分钟"出神入化地达到了"传必求通"。

二、功为胜道——主持是实践的艺术，成功的实践在于心智的功力

常言道：功到自然成。

词典释：功力为功夫和力量。

艺术理论大师朱光潜先生指出：艺术的本质是实践的。

中国传媒大学张颂教授指出：功力是指主持人在语言表达功夫上的一种有力度的能力。

深厚的职业功力是获得成功实践的根本路径与看家本领——功为胜道。

功为胜道就是指通过主持人面对语境运用"八语"在言语组织中实现成功实践的心智功力。

语境就是指主持人的语言活动环境，有物质性语境（比如情景和场合）和认知性语境（比如人对情景和场合的解读）两类。

"八语"就是由语感、语流、语体、语核、语点、语序、语形、语义[①]所构成。

"功为胜道"是主持人的职业功力。

金色的三分钟，洋洋洒洒近千字，董卿的功力何在？董卿面对语境是何以选择的？董卿又是何以运用"八语"进行言语组织的？

- **功为胜道的语境选释**

董卿面对的语言活动环境，从此时此刻来讲有二：

其一，"欢乐中国行"举办的迎新年特别节目马上就要进入"零点敲钟"的时段。

其二，主持人与嘉宾现场根据抽定的手机短信，每送给一位电视机前的观众朋友一份礼物后，就有一位歌手献上一曲歌。此刻正是送出最后一个礼品，由最后一位歌手莫文蔚唱完了歌名为《忽然之间》歌曲的时刻。

[①] 参考中国社会科学院语言研究所词典编辑室：《现代汉语大词典》，商务印书馆2005年版。

这就是董卿产生"金色三分钟"所面对的语境选择。

- 功为胜道的语核运用

要组织"敲钟"语，就要先抓"语核"。

何为"语核"？

——在头脑里即兴产生一种触发灵感的并在思路辐射中欲与两方面乃至多方面的人、事、物，勾连起口语表述关系而达到出智出彩的核心媒介。

董卿在头脑中抓出了"感恩观众、共创欢乐、辞旧迎新"这一紧扣语境的语核。

语核就是要独特，语核就是要超越一般的公共主题。有了语核，主持人的表述就不会节外生枝；有了语核，主持人的表述就能出智出彩。

语核不是写出来的，也许董卿当时头脑中还没有产生这样一句完整的话，但她脑海里至少冒出了"欢乐"这两个字。对于掌握了语核功力的优秀主持人来讲，她的出场就有了底气、就有了功力。

主持人拥有了语核的功力，就避免了常遭遇的尴尬——"心中无数"。

- 功为胜道的语点运用

有了语核就要抓"语点"。

何为"语点"？

——在面对客观存在语言环境里，为起到进一步深层次的交流沟通而由主持人主观感受并及时捕捉到新的口语表述的话语进行讲述与提问的切入点。这就是"语点"。

董卿抓住了莫文蔚刚刚唱完歌曲的歌名《忽然之间》这一紧扣语境的语点。这一语点是此时此刻的、是当下的，缩短了主持人与观众的心理距离，产生了主持人与观众的亲和力，特能吸引电视机前的观众，特具有现场感与现时性。

主持人拥有了语点的功力，就避免了常遭遇的尴尬——"无从谈起"。

- 功为胜道的语序运用

有了语核、语点，就要抓"语序"。

何为"语序"？

——语序就是指话语中的语句在话题中的先后次序。

人的独立思考是通过内部语言的组织而进行的。

主持人在打"腹稿"时，其内部语言便紧紧地在进行组织，这种"腹稿"便是一种简缩性的，不可能是缜密的，只能是一种框架。

语序在操作时，就是让主持人对话语的每个单元进行框架结构。

结构有一个古老的模式：开头、中间、结尾，我们称为"三段式"。

对于"三段式",主持人在叙述与对话中都可以用——合理的时空和话题的顺序而做发挥。

我们现在用图表将"三段式"进行时空对位:

空间:开头 —— 中间 —— 结尾
时间:过去时——现在时——将来时

我们从"三段式"的时空对位中可以看出三种话题的语序:

一种是从开头说起,为顺着说;

一种是从结尾说起,为倒着说;

第三种就是从中间开始说,然后往回溯再向前推,就像挑担子一样,中间挑着前头与后头,为挑着说。

这样我们就可以看出顺着说、倒着说、挑着说的话题顺序与时空关系勾连的"三段式"的思路结构:

顺着说——开头从过去时说起,然后中间说现在时,再说到结尾将来时;

倒着说——开头从将来时说起,然后中间说现在时,再说到结尾过去时;

挑着说——从中间现在时说起,然后说开头过去时,再说结尾的将来时。

在主持人的言语组织实际操作中,常用的是顺着说与挑着说。

我们更推介"挑着说",因为挑着说生动、活跃,有利于信息量加大,更能体现即兴表达的现场感与现时性。

——语序就是要入由时空关系所勾连出的"三段式"的大思路网线。

如果以董卿走出演播桌对观众深深一鞠躬为界的话,那这"金色三分钟"就分为上、下两个段落。面对着前一个"一分半钟"与后一个"一分钟"的段落,董卿的语序都选择了"挑着说"。

前一段"挑着说":

(现在时):谢谢,谢谢莫文蔚。亲爱的观众朋友们,您现在正在收看的是我们在钓鱼台国宾馆芳菲苑为您现场直播的 2007 年新年特别节目。今晚,我们将在这里共同迎来又一个新年。

(过去时):刚才莫文蔚为我们带来了一首歌曲叫《忽然之间》。真的,忽然之间好像 2006 年就过去了,忽然之间好像 2007 年马上就要来到了。在回顾过去的这 2006 年的时候,我在想,我能想起来的绝大部分的记忆都是关于节目的录制。在中央电视台的舞台上,真的,得到了很多……得到了很多欢乐的笑,得到了很多感动的泪。当然,也有奔波的苦,当然更多的还是一份收获的满足。

以前我总觉得，是我们在创造着快乐，然后把它传递给观众。但是慢慢地我感受到了，真正的天使，是那些从来就不吝啬掌声、从来就不吝啬关爱，一直以来在默默支持我们的观众朋友们。

（将来时）：所以现在我跟随《欢乐中国行》节目来到祖国各地，每到一个地方，虽然他们说的是不同的方言，但是却有着相同的热情，真的会让我们感到非常的快乐和满足。

（回到现在时的上半段结束语）：所以请允许我在这里借今天这样一个机会，向所有的观众朋友表达，我们——这些电视人对你们的感谢！我们想由衷地说一声，谢谢你们！

（董卿走出演播桌，对观众深深一鞠躬……）

后一段"挑着说"：

（现在时）：所以，在这样的一个夜晚，在这样一个彼此祝福的夜晚，

（过去时）：我真的是怕时间不够长，不够将所有的祝福都送出；我也怕我们的祝福不够深，及不上你们对我们的那份真情；我也担心所有的礼物不够多，不够让所有关注我们的观众都有所收获。

（将来时）：那在这里我只能说，无论今晚，还是明晚，还是今后的每一天，我们所能做到的就是尽心尽力地在我们的工作岗位上去做出最好的节目，来回馈给你们，为你们带去更多的快乐。（欢呼声，口哨声，掌声）亲爱的观众朋友们，在我们的彼此问候当中，在我们的期盼当中，2007年马上就要来到我们的身边了。

（回到现在时的下半段的结束语）：导播告诉我说，（此时董卿用右手扶着耳中的耳机）现在距离2007年只有17秒的时间了，让我们一起来倒计时吧！

9、8、7、6、5、4、3、2、1（全场齐声）

新年快乐！新年快乐！（掌声、欢呼声）

尽管面对编导三次"突变"的时间指令，董卿在两段即兴表述中，紧扣"感恩观众、共创欢乐、辞旧迎新"这一语核，上下贯通、全篇有机、一气呵成，完成话题。

语序（特别是"挑着说"）让言语组织快捷，让口语表达流畅，更有利于体现即兴表述的现场感与现实性。

掌握了语序的功力，就避免了主持人常遭遇的尴尬——"语无伦次"。

- **功为胜道的语形运用**

说完了语序，就必须要讲到"语形"。

既然语序是结构一个大思路的网，那么，语形就是结构一段遣词造句的形。

文章是写给人看的，而话语是说给人听的。

文章可以让人反复翻阅，而话语则让人一听而过，如何让一听而过的话语能给人留下深刻的印象，那"语形"便是主持人的一大功力了。

我们来看看董卿在"金色三分钟"里，能直接给我们留下深刻印象的大概要数这几个具有鲜明语形的句式了。

"真的，忽然之间好像2006年就过去了，忽然之间好像2007年马上就要来到了。""我在想，我能想起来的……""真的，得到了很多……得到了很多欢乐的笑，得到了很多感动的泪。""当然，也有奔波的苦，当然更多的还是一份收获的满足。""从来就不吝啬掌声、从来就不吝啬关爱，""虽然他们说的是不同的方言，但是却有着相同的热情，真的会让我们感到非常的快乐和满足。""我真的是怕时间不够长，不够将所有的祝福都送出；我也怕我们的祝福不够深，及不上你们对我们的那份真情；我也担心所有的礼物不够多，不够让所有关注我们的观众都有所收获。"

全篇的两个"忽然之间"、两个"当然"、两个"从来就不吝啬"、一个"我在想，我能想起来的"、一个"不同的"与"相同的"、三个"得到很多"、一连三个"怕不够"的语形句式，如一排排串雷响声入耳。

全篇四个"真的"铺排贯穿始终，如一颗颗火热的心真情实感、暖人心窝。

这就是语形的力量。

何为"语形"？

——语形就是指口语表达的语句结构形式，就是包括句式灵活与同义反复这两个重要组成部分相互之间的形式关系。

句式灵活是指口语的语句结构形式不像书面语那么完整和严谨；同义反复是指口语中相同的意思需要重复表达，而在重复时句式会有所变化。

句子要简短，句式要多变，同义反复要有韵律美和节奏感——这就是语形的特点和要求。

"金色三分钟"富有传神的灵活句式，"金色三分钟"富有情味的同义反复，让语形的形象性、生动性、感染性使观众的听觉感受产生深入感、深透感、深刻感——这就是语形的作用和魅力。

主持人拥有了语形的功力，就避免了常遭遇的尴尬——"索然无味"。

- 功为胜道的语义运用

同样，在我们讲到语形时，又必须要谈及语义。

何为"语义"？

——语义就是指正确理解并准确运用词汇意义的语言能力。

应该说，语形的关键是寻找到句式与词语的关系。我们在"金色三分钟"里，在通篇的鲜明的语形句式中，董卿运用词语的意义又都十分准确。如"不吝啬掌声，不吝啬关爱"、"欢乐的笑、感动的泪、奔波的苦"，特别是在一连三个"时间不够长、祝福不够深、礼物不够多"的句式中，董卿对应的是"不够将所有的祝福都送出"、"及不上你们对我们的那份真情"、"不够让所有关注我们的观众都有所收获"，其功力之好，不仅选择词语如此生动恰当，还能在选择词语的速度上如此快捷。董卿恰当地表述了所见所闻、所思所想、所情所感。

在演播中，特别是在即兴言语组织中，主持人表达时要告诉对方某种意思，传递某种信息。如果措辞不恰当，语句有歧义，那么观众不是发生误解，就会带来哄堂大笑。

主持人拥有了语义的功力，就避免了常遭遇的尴尬——"词不达意"。

面对语境，我们一连读解了语核、语点、语序、语形、语义五大功力，我们再来谈"八语"中的语感、语流、语体这三大功力。

- **功为胜道的语感、语流、语体运用**

何为"语感"？

——语感，不是指语言的感情色彩，而是指人对语言的感知和反应能力，这种感知能力是对语言的一种直觉度，一种敏感力。

在生活中，当某种事物呈现在眼前，通过听觉和视觉传入大脑时，你能否迅速而准确地释解其意，这就是对语言的敏感能力；

在交际中，当某种意念产生于脑海，你能否迅速地找到生动的话语，并使其连贯有序地表达出来，这就是对语言的感应能力。

主持人的言语组织，就要有这种一触即发的语感。

何为"语流"？

——语流，就是口语成线形结构的连贯顺畅的表达，是干净利落的，是不拖泥带水的。

在交际中，我们常见到有些人，尽管想用词精彩，想表达丰富，可说起话来慢慢吞吞，断断续续，这种人就缺少语流。说得绝对一点，"口吃"的人就没有语流。

主持人的口语表达，就要有这种连贯顺畅的语流。

客观地说，董卿的这段"迎新年、敲钟声"的结束语是预先打过腹稿的，因为主持是一门准备的艺术，这是任何一个职业主持人都会这样做的。

然而，面对编导的三次"突变"的时间指令，董卿在现场操作时要应变地填空这限制的时间，要在边说边想中、边想边说中，一气呵成，不露痕迹，又是如此地让人称好叫绝，这不能不说明董卿在长期的主持实践中拥有了语感和语流的高强功力。

语感是敏锐中明晰；语流是快捷中顺畅。

有语感的人，一般都有语流，但是，有语流的人未必都具有语感。像地摊上卖狗皮膏药的，尽管能口若悬河，但就是没有语感。

有语流的人通过训练，加上知识面的拓展与心理素质的调整，是最能够获得语感的。

语感和语流在口语表达中是相依相靠的，是密不可分的。

需要强调的是：

语感和语流既有着共同点，又有着各自的特点。

语感和语流有着一种天赋的灵性，有着一定的先天生理条件。有的人有，有的人少有。多练的会有，不练的永远没有。

那何为"语体"呢？

主持人为适应表达目的与任务的需要，对语言的使用有着特定的要求而形成一种当众播讲的语体，称之为"主持人节目口语体"[①]。

日常生活口语有着书面语言所没有的优点：自然而又朴实、灵活而又生动、通俗而又流畅、起伏大而又变化多、句子短小而又精练、声音抑扬顿挫、语气助词得体、情感色彩较浓——易于入耳；

书面语言有着日常生活口语所没有的优点：准确而又鲜明、庄重而又文雅、话题比较集中且有层次性、句子比较完整且有逻辑性、句式比较丰富且有连贯性——易于入脑。主持人节目口语体有着"两合三变"的特征。

纵观董卿的"金色三分钟"，既没有故作高难的晦涩词语，又没有轻飘随意的口头水词，经过"两合三变"，流畅加文采，生动加形象，通篇形成了——简练而不简单、平易而不平淡、通俗而不粗俗、轻松而不轻浮，既不文绉又不油滑；既源于日常生活口语又高于日常生活的口语；既能入耳又能入脑的主持人节目口语语体的整体主基调。

需要强调的是，尽管主持人节目口语体是属于后天的，但在"金色三分钟"里，足以看出董卿通过千锤百炼，练就了这种具有半本能的深厚功力。

我们可以看出，节目主持人口语传播中的语核、语点、语序、语形、语义以及语

[①] 吴郁：《主持人的语言艺术》，北京广播学院出版社1999年版，第127页。

体、语流、语感,恰好与语法科学对词、句的研究方法相似,但笔头文章是深思熟虑、反反复复写出来的,而口头文章是一触即发、一吐为快说出来的。所以,言语专家将其比喻为"思维的语法",思维的语法是主持人在构建口头文章时达到流畅中出文采的生成语法。

口语传播中的八语功力起初运用可能是理性的,后来变成了一种职业的用语习惯。八语功力在解读时是分述的,而在运用时是综合的。强意识、多积累、重实践,优秀节目主持人董卿就拥有了属于"八语"功力的职业用语习惯。这种用语习惯就是主持人对语言的一种文化驾驭,是对生成口头文章的一种文化自觉。

功为胜道——面对语境,主持人用语感、语流、语体来带动语核、语点、语序、语形、语义,心智的功力支撑着言语组织从而实现成功的实践。

功为胜道是主持人职业的功力。

——董卿创作的"金色三分钟"驾轻就熟地做到了"功为胜道"!

三、传必求"通"与功为胜"道"——心灵与心智链接的"通道"

传必求通——为是,

功为胜道——则何以为是。

传必求通是总体目标,是属于战略的;

功为胜道是具体手段,是属于战术的;

传必求通是主持艺术最本质的体现,

功为胜道是演播主人高本领的表现;

传必求通是主持意识支配下的自觉驾驭,

功为胜道是演播状态支撑起的自主实践;

传必求通引领着功为胜道,

功为胜道呈现出传必求通。

传必求通在于心灵的沟通,功为胜道在于心智的功力;拥有心智的功力才能达到心灵的沟通。

传必求"通"了,功为胜"道"了,这就是主持人与受众之间的心灵与心智链接的"通道"。

——传必求通、功为胜道,这是职业主持人终极的整体追求!

——解构董卿"金色三分钟"如是说。

思考题

- ▲ 何谓背稿、腹稿、喉稿？
- ▲ 为什么节目主持要以节目文本创作，特别是以半文本节目、无文本节目创作为抓手？
- ▲ 文本是个等级结构，文本是个整体性概念，有文本节目样态、半文本节目样态、无文本节目样态的表现特征是什么？
- ▲ 从董卿主持有文本节目创作的案例中，如何体验"串能形合、联有神韵"的内涵？
- ▲ 何为主持创作的拉延效应？
- ▲ 依照拉延效应的九个技法，自我设置文稿，对应拉延进行再创作。
- ▲ 从王冠主持的《快乐少年》节目中，谈谈胸有成竹、错落有致在节目主持创作上的作用。
- ▲ 从马聪主持的《名校尖子生》的节目中，谈谈胸有成竹、慧心秀口在节目主持上的作用。
- ▲ 从董卿"金色三分钟"的喉稿创作中，如何理解"用语感感受语境"，在"传必求通，功为胜道"中的重要性。

第八章 主持段子演练篇

有这样一个真实的故事：

2001年中国广播电视协会举办了——首届中国电视节目主持人新人奖大赛。杨伟光主席最终决定总决赛赛场在上海举行。

作为承办比赛的东道主东方电视台的领导提出了"上海没有选手参加比赛怎么办"？杨主席果断决定，上海作为中央直辖市，可立即自行推荐三名选手直接进入总决赛。

离总决赛只有五天时间。上海广电局在所属各台进行了推荐选拔。

结果，由上海戏剧学院电视系主持专业刚刚毕业而进入东方电视台的赵若虹同学在"社教类"的选拔推荐中意外落选。

作为曾任过赵若虹同学的主讲老师又是现场选拔赛的评委，考虑到诸多比赛条件，向全体评委进言，建议仍然由赵若虹参加"社教类"的比赛。理由是该生在班上的主持段子功底最扎实的——赵若虹终于走上了赛场。

当赵若虹面临着同班同学朱桢、王优嘉在第一场"综艺类"比赛中拿到两枚金奖后，她调整状况进入第二场"社教类"的赛场，结果，在来自全国近四十名选手中，她一举夺魁，获得"社教类"最佳女主持新人金奖。

现将赵若虹比赛后记录的文稿一并登载，一同分享：

"自我介绍"（30秒）

——我是19号，来自上海的赵若虹。我年龄不大，个头不矮，长得不丑，英文不赖。也许，我没有倪萍那样清脆动人的声音，但是，我有属于我自己的质朴和热情；也许，我没有王小丫那亲切迷人的笑容，但是，我有属于我自己的幽默和智慧；也许，我今天不一定能得奖，但是，我祝愿每一位选手好运。

[30秒钟，114个字的"自我介绍"。

[开头一句，用不能再少的简洁的话语，介绍了参赛号，介绍了名字，而"来自上海"四个字，多少引起了在场的评委、选手以及观众对作为东道主选手的注意；

［第二句，用四个"不大""不矮""不丑""不赖"的否定句式，巧妙地表明了自己"青春年少""身材修长""形象漂亮""英语优秀"，特显幽默灵巧，全句为四句同义同形排用。

［第三句用了三个"也许……但是"连接词，前二句用"比名人弱一些、自己也差不到哪里去"的思维，组织表达具有高明，第三句中前半句，既给自己留后路——"也许我今天不一定能得奖"，这是真话；后半句又说出了作为东道主选手的境界——"我祝愿每一位选手好运"，这是大家喜欢听的话，特显上海姑娘的精明与大气。

［全段结构是：一句"话"、四个"不"、三个"也许……但是"，句形鲜明、有力度。］

"辩论：专才与全才哪个重要"（1分钟）

——保尔修的是铁路，比尔·盖茨修的是信息高速公路——身处当今时代，对方辩友，请您告诉我们，您觉得谁重要？

比尔·盖茨所做的一切，代表了我们这个时代的先进文化前进的方向。他不仅改变了我们的生活方式，交流方式，还改变了我们文化创作的方式。

奥斯特洛夫斯基如果现在创作《钢铁是怎样炼成的》，定会选择比尔的软件来创作出保尔这个人物而不是用墨水和纸张。

每个时代都有属于自己的英雄，每个时代也有自己对于英雄精神的独特诠释，你能想象比尔·盖茨在结束一生的时候，为虚度光阴而感到羞愧，为碌碌无为而感到后悔吗？

专才与全才，对方辩友，此刻，你又选择哪条路呢？

［238个字，一分钟的辩论，

［借"专才"与"全才"这两个词、引出"保尔修的是铁路"与"比尔·盖茨修的是信息高速公路"之义，运用"三变"：把抽象的变成具体的，把静止的变成运动的，把内在性质的东西变成外观可感可见的，抓住了"路与路"的语核，贯穿全段，让观众乐于倾听易于感受。

［不直白简单地回答哪个重要，而亮出有内涵的高层面观点——每个时代都有自己对于英雄精神的独特的诠释，首尾呼应地说出——"专才与全才……此刻，你又选择哪条路呢？"不言而喻、意味无穷。］

"看片评述'豫园'"（1分半钟）

——漫步在豫园的街头，我发现豫园多的是"三老"：老街、老太和老外。

现在走上台来的,就是我在豫园碰到的一个老外,在上海住了7年,他说他最喜欢的,就是豫园。

(一位外国友人上台)

赵:你参观过豫园几次?

外:我每天都参观,因为我电脑的屏幕保护用的就是豫园图案。

赵:给我们一个你喜欢豫园的理由?

外:我喜欢它的多元文化。

赵:谢谢。

(外国朋友下)

其实,我喜欢豫园的理由和这位外国朋友一样:我喜欢它海纳百川的气度,我喜欢它与众不同的气息;我喜欢南翔的小笼包子和速溶咖啡,在同一个屋檐底下,如此和谐地诉说着两种文明的过去、现在和将来——这就是包容,这就是海派,这就是豫园,这,就是上海。

[224个字,一分半钟的对话及总结。

[概括出"三老",形象生动,用老街、老太来铺排,老外上台接受采访,独具匠心;

[四个"我喜欢",是四句排用,"小笼包子"和"速溶咖啡"极具体又精练地点出中西文化交融;

[四个"这就是",是四句同义、同形排用。有力地点出了"豫园代表了上海精华"这一主题。

"模拟主持·从'瘦身男女'谈减肥药的是非"(1分半钟)

——老时间、老地方,若虹又在《闲话两分钟》节目中与您见面了。

(拿出一个苹果)我手上的这个苹果,也许对您来说只是一个佐餐的水果,但是,对于电影《瘦身男女》的女主角来说,可能就是她一天的口粮。的确,在这个紧身衣裤"骨感美人"大行其道的时代,减肥,似乎已经成了一个我们不得不面对的话题。

于是乎市场上就有了各种减肥仪、减肥药,减肥产品林林总总、登台亮相,着实让生产这些产品的厂家大大赚了一笔。可消费者呢?一圈试下来,人没瘦多少,荷包倒是瘦了不少。

我就有一个朋友,十几年如一日,尝试了各种减肥产品,嘴里吃着药吧,身上也没闲着,腰上缠着减肥腰带,手指上缠着减肥绷带,血管里流着减肥药水,脚上还穿着减肥小鞋。这一圈试下来，人没瘦多少，倒是副作用一样都没少：从心律不齐到严重腹泻、神经衰弱，据说最近又得了严重便秘——这可倒好，为以后的长期减肥，打下了扎实的基础。

在这里，若虹警告您，减肥是件好事，吃减肥药呢，也确实是一种经济有效的减肥方式，只是千万不要把吃药当成吃苹果，想吃就吃，也千万不要把减肥当成减寿——我说的可是寿命的寿喔！

好了，关于减肥，今天就聊到这里，明天的节目，请跟我一起关注"全国首届主持新人奖的总决赛现场"。

[431个字，一分半钟。

[从话题的"瘦身男女"引用出一只苹果，借"苹果"引出"千万不要把吃药当成吃苹果"；

[从话题的"减肥的是是非非"引出"减肥产品的林林总总"，借"林林总总"引出"林林总总的减肥方法"；

中间段的"嘴上""身上""腰上""手指上""血管里""脚上"一连六个同义排用，让"林林总总"更具体、更形象、更生动；

["人没瘦多少、荷包倒是瘦了不少"，可谓同义正反句妙用；

["不要把减肥当减寿——可是寿命的寿喔！"又可谓是画龙点睛、神来之笔！

无独有偶，在2002年深圳举行的"青春之星"主持人大奖赛中，上海戏剧学院电视艺术系主持专业二年级学生陈竞同学在初赛就面临着即将淘汰的危险，参加评委工作的上戏老师建议评委们能否给陈竞同学一个复赛的机会，理由又是陈竞同学的主持段子功底在班上是最棒的。由于男选手相对较少，陈竞便进入复赛。

陈竞在复赛中，让评委们感到惊喜，陈竞在半决赛中，又展露了超群的才华，陈竞在三千多名选手中进入了最后十名选手的决赛并获得了亚军。（他的同窗学友王冠获得冠军、陈晓晨获得季军）

现将陈竞同学在"青春之星"主持人决赛中的发言内容记录成文供阅。

"自我介绍"

——我青春所以我自信，我自信所以我走上了"青春之星"的舞台。

站在这个既熟悉又陌生的舞台上，我此时的心情真的难以用简短的言语来概括。仿佛只有两张扑克牌最能代表我的心声——方块3是最小的一张，可它却代表着我的心态，因为我要用低调平和的态度面对眼前的一切，踏踏实实走好自己的路，不以物喜，不以己悲；而红桃9则是我一直以来追求的风格，可不是我花心，而是因为我希望和大家一起，用爱心去创造精彩，用真诚去分享快乐，并且这九颗红心不断提醒我，永远离十分差一步之遥。

说到这儿，我觉得比赛的意义其实远远超过了它的本身，对我来说，比赛就好像是一次旅行，二十多天一路走来，沿途我看到了不同的风景，也经历了心情的起起落落，可当我快要到达目的地的时候，却突然发现原来最美的都留在了路上，终点只是一个标识，终点又是一个新的起点。

"模拟主持"

节目类型：资讯娱乐类

播出形式：天气播报

节目名称：天气串串烧

——天气串串烧，资讯全掌握！朋友们，欢迎走进我们今天的天气串串烧，我是你们的气象播报员陈竞。

今天深圳的气温比较高，我的心情也和这天气一样非常的热情，非常热心，因为今天我们南国深圳迎来了一大批来自全国各地、有志于成为电视节目主持人的年轻朋友，他们今天晚上将在深圳电视台六百平方米演播大厅一比高下，争夺第三届"青春之星"电视节目主持人的最终比赛。

嗯！——看来不久之后我们的荧屏上又将出现许多新人新面孔了，我想这对于广大的电视观众来说应该是一件非常幸福的事情，不过开心归开心，陈竞在这还是要提醒您，今天深圳的最高气温达到38°，最低气温也有28°，所以，在强烈紫外线的照射下，您一定要注意防晒防中暑，可千万不要乐极生悲哦！

好，说完了深圳，我们再把目光投向素有东方巴黎之称的上海，上海今天的天气用四个字来概括那就是"非常糟糕"！

因为今天上海全天有大到暴雨，可以说给人们的出行带来了极大的不便，所以，陈竞要提醒那些即将去上海的朋友们，出门前请一定带上雨具。

但说到这啊！虽然上海的天气不怎么尽如人意，可是，你们知道吗？上海今天的娱乐温度可是非常的高，非常的烫手。因为今天晚上大陆、港台的许多演艺明星，像陆毅、任泉、赵薇、刘德华、张柏芝等，他们都会去上海，去干什么呢？去参加一个盛大的明星拍卖派对，每一位出席的明星都会拿出一件自己珍藏的物品参加竞拍，然后将拍卖所得全部捐赠给中国红十字总会，去帮助那些需要帮助的人，嗯，这么说来，明星们作为公众的榜样还真是值得大家去学习的。不是吗？

好了，天气串串烧，资讯全掌握，这一时段的信息就为您播报到这儿，气象播报员陈竞期待着在下一时段给您带来更多的内容。

"脱口秀：谈谈一个你熟悉的城市"

——没有高谈阔论，只有七嘴八舌，这里是喋喋不休脱口秀，大家好，我是今天的主讲陈竞。

在今天的节目当中，我和大家谈点什么呢？我想和您聊一座城市。——这座城市不算太繁华，但是很有特色；这座城市不算历史悠久，但很有文化底蕴；这座城市不算太北方，也不算太南方，那它到底是哪儿呢？它就是毛泽东笔下——"独立寒秋，湘江北去，橘子洲头"的长沙，你猜对了吗？

长沙这座城市自古以来就是湖湘文化的聚集地，马王堆西汉女尸的发掘地岳麓山里岳麓书院千年文化的传承都是最好的证明，不是吗？

"唯楚有才，于斯为盛"一直是我们的骄傲，而所谓"一方山水养一方人"也正是受着这千百年沉淀下来的文化熏陶，才孕育出了如此多的英雄人物历史豪杰。

但是，我想说到这儿，肯定有朋友要说了，过去的东西早已交还给了历史，不值一提，那现在的长沙又是一幅什么样的景象呢？

我要告诉您的是："鹰击长空，鱼翔浅底，万类霜天竞自由。"这里的鹰，代表着中国金鹰电视艺术节，因为通过长沙人的不懈努力，终于让这只展翅高飞的雄鹰落户长沙，使长沙城再一次成为世人瞩目的焦点，而鱼和自由则说明芙蓉园里竞朝晖，新一辈的长沙人蓄势待发，百花齐放。其实奥运湘军在国际赛场上为国争光的士气，第五届全国城市运动会在长沙成功举行的勇气，都能证明这一切。在我看来，城市是因人才变得美丽，一座城市不在乎它有多少名胜古迹、高楼大厦，而关键在于看它是否有人，又是否有传人，您说呢？

好了，没有高谈阔论，只有七嘴八舌，喋喋不休脱口秀，今天就和你聊到这儿，明天同一时间我们不见不散。

——艺术的本质是实践的，实践又是检验理论的标准。

第一节　节目主持段子案例

案例1：

青春小马泉州行，两岸选手一起赢。九号选手，上海代表队马聪。

• 点评：用两句顺口押韵的句式，紧扣现场语境，突出主题旨意，清晰交代参赛选手地名人名，一上场、一介绍，亲和可人，印象深刻。

案例2：

陈晓艳：海上生明月，天涯共此时。

刘哲源：海内存知己，天涯若比邻。

曹圣阳：八仙过海，各显神通。

陈晓艳：大家好，我是陈晓艳。

刘哲源：我是刘哲源。

曹圣阳：我是曹圣阳。

合：　　我们是上海代表队。

• 点评：巧抓地名，一人一句都含有"海"字，三人合说"我们是上海代表队"凸显团队精神，彰显三人智慧。

案例3：

梁茂星：大家好，我们是——

齐：　　上海代表队。

马　聪：我是马聪。

梁茂星：我是梁茂星。

胡梦莹：我是胡梦莹。

梁茂星：我们是星光熠熠上海队。

马　聪：一马当先到泉州。

胡梦莹：梦想舞台展身手。

• 点评：三位智用自我姓名中的一个字，并连说成一句充满自信、自强的词句，团队的亮相展现出一种让人信服的、集体的强势力量。

案例4：梁茂星

我志愿成为一名主持人，作为一名主持人，准确、动听的语言是需要的，灵动敏捷的思维是紧要的，一颗真诚的心是必要的，但我想最重要的还是像热爱生命一样热爱你所选择的事业，此时，我的比赛已经全部结束了，我的成绩已经是次要的了，能换来您真挚的微笑，才是最主要的，当然，一个鞠躬是不得不要的，谢谢！

● 点评：一口气七个"要"，其中，推排突出了对主持人"必要"的五个"要"，增强了语言的艺术之美，一个顺理成章的"成绩是次要的"表示出主持人心胸的谦虚之美；一个意想不到的"鞠躬不得不要"，造成了幽默诙谐的情调之美，从而达到了现场观众心甘情愿的拉票之美。

案例5：任巡

站在这个崭新的舞台上，任巡无疑是一个新人，面对着台下众多的新星们，我显得又平凡又普通，就像我手中的这条彩带一样，没有什么特别的地方，但是我想说的是，只要您肯用心，肯努力，即便是再普通的一根彩带也可以变成一朵小花（把手中的彩带一抽，就变成了一朵小花），绽放出全新的生命力。我知道对于我来讲，前面的道路还很漫长，但是我不会在乎前面道路中的未知数，因为我还年轻，我还有梦想，我将始终从舞台上汲取力量。

● 点评：借用一根彩带变成一朵花的小魔术，来寓意一个新人的主持梦想，让平铺直叙变成外观可见的，表达生动形象、立意新巧。

案例6：丁蕊

大家好，今天现场我给大家带来了两朵花，带花是因为我喜欢花，喜欢花是因为我的名字有花。我叫丁蕊，蕊是花蕊的蕊，蕊字当中有三个心，这三个心分别带有不同的花镜。第一个"心"所代表的是我对白兰花的喜爱。这个花来自我的家乡上海，洁白、芬芳，独具魅力的它当之无愧成为上海市花，喜爱白兰花就如同喜爱上海。另一个"心"所代表的是对莲花的喜爱，莲花是大家熟知的，是泉城济南的市花，"出淤泥而不染，濯清涟而不妖"，第一次见到它，我就喜欢上了它，喜爱莲花就如同喜爱济南。还有最后一颗"心"，这颗心就是丁蕊，作为新人第一次站在华东六省一市的舞台上，希望自己在接下来的表现中让在场的所有人乐得开心，园丁浇灌，心花开放。

● 点评：借用"花"引出名字中的"蕊"，让三"心"组成的花蕊，联想到家乡上海的市花白兰花，联想到大赛主办地济南的市花莲花，联想到现场观众的心花开放，可谓一蕊三放，含蓄委婉，令人回味。

案例 7：宋卿

大家好，我叫宋卿，一个来自上海的新疆男孩儿，今天我为大家带来了新疆戈壁沙漠的石头，别看它们粗糙普通，但却象征着新疆小伙儿独有的粗犷和刚强。如今，我已经是个上海人了，于是我也带来了浦江两岸的细沙。这圆润细小的沙子也代表了上海的精致与细腻。您看，这填满了石缝的细沙就如同上海的精致填满了我的生活。今天，来到了美丽的泉城济南，我更想用这趵突泉的泉水为我注入新的活力与精彩！现在，我想用这一满瓶沙、石、水祝福本届大赛圆圆满满，祝福每一位选手都满载而归，记住我，一个来自上海的新疆男孩儿宋卿！亚克西！

● 点评：引用"上海精致的细沙填满戈壁石缝"，借用大赛主办地"济南的泉水注入新的活力"，把上海的新疆男孩儿到济南参加大赛之事，生动形象而又有机地贯穿于一体，与丁蕊的表述有异曲同工之妙。

案例 8：杨浩

亲爱的观众朋友们，大家好，我是杨浩，今天我从上海世博会给您带来了一个礼物，就在我的手中，您看这张图片上的大烟囱，在上海世博会规划筹建的过程中本应该拆掉，但是经过工人们的巧手一变，它悄然成了一个能够实时监测世博园内气温的温度计，今天我也把它带到了比赛的现场，来给我们华东主持人大赛的现场测测温度，我先测右边的观众，让我听到你们的掌声在哪里（掌声响起），好，右边是36.5度，不是很高，那么左边的观众，你们的热情，你们的温度在哪里？好的，温度实时升高，如果我把它贴近我的心，那么温度骤然升高到了39度，可以说我的心是热血沸腾，因为我在参加华东六省一市主持人大赛，观众朋友更是热情高涨，相信在这样的氛围里，我们的大赛一定能够取得最大的成功。

● 点评：借世博会和谐塔大温度计，本身就是一个众所周知的热点话题，再借温度计测量现场观众的热情气氛，在嬉笑中，台上台下情绪融成一片，这是借物说事的妙招。

案例 9：任巡

聚焦社会纵横，点击时事经纬，欢迎大家在这个整点和我一起打开新闻地图，我

是任巡。

大家看我手中的这个三角形道具,是不是想起了中学时代数学课上的几何模型呢,那个时候老师就告诉我们三角形具有坚固的稳定性。那么今天就让我们来讲一讲"三角形"的故事。来,同我一起打开新闻地图。

首先我们将视线聚焦到中国台湾地区。受台风"莫拉克"巨大影响以来,台湾灾害应变部门今天表示,统计到25日下午6时为止,"莫拉克"台风造成全台共461人死亡、192人失踪、46人受伤。灾情可谓是牵动了全中国老百姓的心,在四川,8月26日上午,在全国最大的四川灾区儿童安置基地安康家园里,30个四川地震灾区的孤困儿童代表用积攒已久的零花钱向中国台湾灾区的小朋友献出了自己的一份爱心。一位四川小朋友说:"台湾是祖国妈妈的孩子,去年我们也受过灾,大家都来帮助了我们,现在台湾受灾了,我们也要帮助他们,让台湾的小朋友早日回到课堂!"同时,大陆启运的第二批活动板房已经从北京发出,预定22日晚9点抵达高雄港。祖国各地人民再次拧成了一股坚不可摧的力量,北京、台湾、四川,在地图上我们可以看出,它们构成了一个差不多对称的三角形,都说三角形有稳定性,咱们中华民族的凝聚力也是自然灾害所摧不垮、撼不动的。

感谢大家收看本期节目:每日动态,尽在新闻地图,下一时段我们再见。

• 点评:把中国台湾地区受灾、四川孤儿、困儿捐款和北京向高雄市赠送活动板房的三地新闻,在地图上找到这三地在地理位置上形成三角形这一视角,这本身就是一个奇思妙想,把地理上三角形的稳定性再引申到人们心理上的民族凝聚力,而选用三角形道具出场串联,使无形变成有形,使有形与无形结合,借物寓意,颇有神韵之感。

案例10:梁茂星

(拿着一张白纸,上有一黑点) 大家看我手上的这张纸,在这张纸上,您看到了什么?

(答:黑点!) 是啊,所有人都看到了纸上的这个黑点,但为什么,没有看到黑点意外更大的那一片白呢?很多时候,我们往往过分看重一些东西,而忽略了更多,就像比赛一样,除了胜利之外,其实精彩的还有很多很多,所以,我们今天上海队,要带给大家热情似火的红色、机智聪明的绿色、纯洁典雅的白色、活泼可爱的粉色和包容兼并的蓝色,我们上海队要将这方舞台变得绚丽多彩。

• 点评:一张白纸上有一个黑点,从看到一个黑点,到看到黑点以外更多的精彩,而体悟到生活的多彩,道具看似平淡,但独具匠心,妙不可言。

案例 11:梁茂星

生活小课堂,带您看清生活百态。大家好,我是茂星,九月一号刚过,不少地方开学了,不过上海的中小学生啊,都比别的学校晚开学一天,这是因为受到台风的影响,而且在开学的第一堂课上,三尺讲台讲述的是生存之道(展示"生存"二字),园丁们的爱花心切真是可见一斑,但是我不禁在想,是不是在给孩子们上生存这一课之前,先给身边那些大人们补一课,如何保护孩子。可千万记住,有推迟一天的就有推迟一周的(展示"生活"二字),大学课堂比中小学都晚开学一周,可是,在报道当天,茂星看到这样一个奇怪的现象,父亲搬行李,母亲交学费,爷爷搞卫生,奶奶买床垫,一家人都上阵了,孩子反而是最后一个到的。说实在的,儿行千里母担忧的这份心情固然可以理解,可再怎么,也不该到这步陪太子读书的境地。父母生养,那是产品,养育成人,那是作品,送进大学,为的是打造精品,精品怎能不懂生活呀。最后这俩字——生命,北川中学在停学了一年后,重新迎来了开学典礼,在升旗仪式上,老师教会了每一个学生要懂得感恩,懂得珍惜这重获的生命。我想,这些孩子们,一定会格外珍惜课堂,格外珍惜今后的每一天,这才是生命的意义。懂得生存,学会生活,珍惜生命,这样,咱们的校园才能够生机勃勃,咱们的未来,才能够生生不息。生活小课堂,下课。

• **点评**:把受台风影响小学生晚开学一天、大学比中小学晚开学一周和灾区中学生停学一年,这三个没有关联的事件组成一个话题,进行有机的表达,可谓是一个思维的大视角。借三个文字题板先后亮出"生存""生活""生命",可见,平中出奇、小中见大。提出"产品""作品""精品"的经典语段,让人回味无穷,立意深远,段子结束时不用"节目到此结束",而用干脆的"下课"两个字,既吻合节目名称"生活小课堂",又激起观众对下一次节目"上课"的期盼与兴奋点,可谓匠心独运,妙手偶得。

案例 12:曹圣阳

(手里拿着一份《功夫熊猫》的海报。)

观众朋友们好,欢迎收看《热点透视》。

我记得前两年在中国上映了一部美国动画片,叫《功夫熊猫》,片中疯狂迷恋功夫的熊猫,以其憨态可掬的样子,深受影迷喜爱。今天我们新闻的主角也是"功夫"熊猫,只是这里的"功夫"是"得来全不费工夫"的功夫。前不久,由卧龙中国保护大熊猫研究中心精心挑选的10只大熊猫从四川出发抵达上海，正式成为"世博熊猫"。那么为什么又称它们是功夫熊猫呢？正是因为熊猫，接待工作多得费工夫，各方关注高得费工夫，新闻报道忙得费工夫，人们期待等得费工夫。听说，10只世博熊猫每天吃的竹子是从上海佘山取回的新鲜嫩竹，看上去，习惯了川味儿的熊猫们对于"本帮味儿"的竹子并没有任何的不适应。现在啊，这些世博熊猫们正舒舒服服地在上海动物园享受着无比快乐的时光。

另外，这10只世博熊猫还有一个特殊的身份，它们都是汶川地震后出生的，历经劫难的它们，都有着不平凡的故事，我们先来看两个。（平平、安安）

选择10只震后出生的大熊猫作为世博熊猫，更让人觉得这一物种的珍贵，然而，一部分人对于熊猫的贪婪心态远没有消失，要应付这些人，世上的熊猫不论是租、是送、是卖，数量远远不够。我们要给熊猫以某种象征意义这无可厚非，但我们也要维护它们在大自然中生存的天然条件、履行我们的道德义务，明白熊猫在这个世上并不是为了取悦人类。这样看来，这10只世博熊猫，也是要以它们的存在让世界了解这个道理，不但养熊猫要费工夫，人类在对待理性的思考上，更要费工夫。

● 点评：主持人的看图说话，着实下了一番功夫，借动画片《功夫熊猫》引出正题"世博熊猫"，又由"功夫"转换到"费工夫"，再升华到"在人类理性思考上更要费工夫"，有趣、有味、入耳、入脑，借助熊猫图像，增强视觉效果，而运用言语组织更增强听觉效果，饶有兴趣，十分讨巧！

案例13：刘哲源

现场和电视机前的观众朋友们，大家好！

欢迎收看《源知原味》。我是哲源。来看我们今天的关键词——80后，这是一个什么样的词？

在很多人眼里，"80后"曾经是新鲜，是好奇，是热血沸腾，是年少轻狂，甚至冲动和鲁莽都是80后年轻的象征。

——请问今天到场的观众朋友们，有多少人是和哲源一样的80后。请举手示意一下！你好，请问这位朋友，你是八几年的？有好多人曾经评论咱们80后是"垮掉的一代"，对这个问题你是怎么看的？

可能很多80后会和这位朋友有一样的感觉，就是突然意识到自己已经不再青春年少，也不是无忧无虑的少年了。家庭的责任、生活的烦恼和工作的艰辛，一起压在了80后的身上。当我们小的时候，过的是没有电脑和综艺的童年；即将成家立业的时候，我们面临的却是高房价、高消费、就业难，被迫成了"房奴""车奴""卡奴"甚至"孩奴"，而且现在80后有相当一部分高学历低收入聚居群体，被人形象地称为"蚁族"。尽管80后现在面临着来自社会各方面的重大挑战，可是80后的兄弟姐妹们还是一如既往地拼搏奋斗着。

新中国六十周年的华诞，天安门广场盛大的阅兵式激励了十三亿国人。随着第一响礼炮，国旗护卫队擎旗手屈建光和他的战友们，不差毫厘地踢出了坚定的第一步。在这次阅兵中，我们还看到了在万米高空上首次亮相的歼击机女飞行员。她们以独特的巾帼魅力接受着祖国庄严的考验。可是大家知道吗，无论是代表国家形象的国旗护卫队还是首次亮相的女飞行员，他们的平均年龄都不过24岁，是一群地地道道的80后。

当灾难来临的时候，大部分80后都义无反顾地冲在了抗震救灾的第一线，用他们年轻的身躯筑起了中国的脊梁；北京奥运会上80后运动员的表现更是堪称完美，掀起了中国代表团的夺金狂潮。被国内外媒体称为"鸟巢一代"。

生于80年代的我们经历了改革开放的洗礼和升华，有着这么多令人自豪和骄傲的成绩。现在第一批80后已经30岁了。我们有理由相信，进入而立之年的80后一定会成为社会的中坚力量。让我们一起祝愿：80后，好运！

谢谢大家。今天的节目就到这里。

● **点评**：有限时间有效传播，短短两分钟段子，能把一个被多次谈论过的话题，主持得如此催人向上，主持人用自己80后的独特视角，用自己的亲身经历，用自己的亲眼所见，向观众描绘了80后充满青春活动而又激情四溢、艰苦奋斗而又努力向上的可爱形象，又一次用事实证明主持人语言信息的含金量对于节目主持成功与否的重要作用。整体语言表达化俗为雅，俗中出新。

案例14：刘哲源

各位现场和电视机前的观众朋友们，大家好！我是来自上海代表队的刘哲源。今天哲源来到现场给大家准备了三份礼物。话不多说，咱们现在就开始"送礼"，有想拿到第一份礼物的朋友，请您举手示意！

好的，恭喜这位第一个举手的朋友，您获得的这份礼物，名字叫作"勇气"。没错，站在咱们大赛的舞台上，每一位选手都需要有过人的勇气。有胆量站在这里展现自己，是走向成功的保证！

这第二份礼物，藏在第九排十二座的朋友的座位底下，请您看下您的礼物！（观众得到的是海宝）这第二份礼物，名字就叫作"运气"。恭喜您，送您一份我们上海世博会的吉祥物——海宝。

至于这第三份礼物，就在我的手中（展开卷轴），一个字"海"。在通往成功的路上，我们有了勇气，运气，当然还需要有像大海一样的大气！今天，哲源就把这三份礼物送给现场和电视机前的每一位朋友，祝你们圆圆满满，获得成功！

● 点评：用送礼作为悬念，第一个"礼品"听到的是勇气，给人以慧心的惊奇；第二个"礼品"得到的是海宝的运气，给人以舒心的惊喜；第三个"礼品"看到的是书有"海"字卷轴的大气，给人以赏心的惊叹。三"气"层层递进，足见主持人营造现场气氛的功力。

案例 15：宋卿

宋： 观众朋友大家好，欢迎收看我们这一期的"时空演播室"，我是主持人宋卿。随着现代科学技术的发展以及现代科技的广泛应用，电视界也是兴起了一场奇迹般的革命，从而诞生了我们的"时空演播室"。大家知道，前不久曹操的高陵刚被我国的考古学家发现，就在河南。我想请问一下现场的观众：曹操在你们心目中是一个怎样的人呢？

观众（小女孩儿）：我觉得曹操不是个好人。

宋： 谁有不同意见？

观众：我引用厦门大学易中天老师的话说："曹操是一个可爱的奸雄。"

宋： 我看啊，大家对曹操的评判都有着自己的观点，那么我们今天的时空连线就连线到了曹操。接下来就让我们听听他有什么想说的话，怎么样？

曹操：哎呀，怎么这么多人呢，吓死我了。这终于轮到我说话了是吧，我想说的话真是太多了。你说我曹操在这帝王之墓里沉睡了一千九百多年，我本以为终于可以安心地做个宅男了。可没想到，在我入土之后还有那么多与我为敌的东西。你说这老鼠磨牙，青蛙它讲梦话。你说可怜我要不是不能动弹，早把它们给……最可恨的就属那些盗墓狗贼，他们想趁我律师不在，瓜分我曹家家产。看见我这扇子没？眼熟吧，没错，问诸葛孔明借的。你们说我都穷成什么样了，我现在倒真羡慕起刘备孙权这俩老家伙了，至少他们现在过得比我安稳多了。刚才有人说我是奸雄，你说我怎么就成了奸雄了呢，我不是统一了魏国吗？我还花大力气兴修水利，我也重视农业，还懂得选拔人才，再说了，我做的那么多事你们怎么都忘了，再怎么说也是当代诗坛的一员猛将呀！人才呀！怎么能说我是奸雄呢！好了，不和你们说了，还有很多参观者要我接待呢，先走了啊！

宋： 刚才我们也听到曹操的话了，但其实曹操在位之时，也是为当时的农业水利作出了不小贡献，如今曹操之墓被今人开启，我们关心的是不是就仅仅围绕在曹墓真假之上，而忽略了一个帝王将相的伟业精神呢？

我们都应该珍惜古代文人墨客及英雄好汉为后世留下的点点滴滴，如今，怎样管理好这出土的历史墓葬并经营好后续的延伸发展，让其为当代带来好的效应才是最关键的。

正如有识之士指出，考古最重要回到对历史问题的追问和解疑，而不能仅仅满足于人们的猎奇需要，开发式考古只会导致不可预期的破坏。的确，曹墓的发掘固然是考古界的重大事件，但关键还应该注意保护性发掘，而绝不能以经济利益为首，以免剑走偏锋。

对此，若曹孟德泉下有知，不知他又会做何感想？好了，我们今天的时空连线就是这样，再见！

● **点评**：运用小品人物表演另辟蹊径，主持人与历史人物体现时空演播室穿越时空的特色，段子结束语"若曹孟德泉下有知，不知他又会做何感想"，声情并茂的铺垫，导出了一句风趣而智慧的结束语，这是神来之笔，既有上下呼应之感，又有对下期节目期盼之意。

案例16：钱隆

世界在眼前，我们在身边。

各位现场和电视机前的观众朋友们你们好，欢迎您和钱隆一起"向世界出发"！

今年是郑和下西洋604周年，那我们今天的节目也要追寻着郑和当年的航线，和您一起乘坐豪华邮轮，来一次特殊的寻宝之旅——带您一起去寻找2010年将要发生在我们身边的会让您或是骄傲自豪或是热血澎湃的几件大事！那还等什么呢，赶紧带着您的好心情，跟我出发！

604年前郑和是从苏州的刘家港开始了他的航程，而我们今天的起点离那里不远，我们的第一站就来到了中国的上海。提到2010年的上海，我相信大家都会脱口而出"世博会"！没错，这让本来就闻名世界的时尚之都更加增添了一份吸引全球目光的筹码，那么来到2010年的上海，我们当然就要发掘一下这里的宝物了！您看，我们找到的第一个宝物就是这个可爱的世博吉祥物"海宝"！"海宝"的名字朗朗上口，寓意"四海之宝"。这也和它身体的色彩呼应，符合中国民俗的吉祥称谓原则。正所谓"上善若水"，水是生命的源泉，吉祥物的主形态是水，它的颜色是海一样的蓝色，表明了中国融入世界、拥抱世界的崭新姿态。

海宝是中国2010年上海世博会的形象大使，您看，它正用热情的双臂、自信的微笑欢迎来自全球各地的朋友们。

接受过了海宝的邀请，我们带着小家伙浓浓的祝福继续上路，看看我们在2010的航线上还能发现什么宝物！那就让我们向下一个目的地——广州进发！

在2010年11月12日到27日这半个月里，第16届亚运会将在这里隆重举行。这次亚运会将秉持着"激情盛会，和谐亚洲"的理念，给全亚洲的人民送上一次精彩的体育盛宴！您知道吗，这次亚运会除了有28项奥运会比赛项目，还有14项非奥运会项目的正式比赛项目，其中包括新增设的围棋、武术、龙舟等中国传统项目。我们既然来到了2010年的广州，那么我们就不如在亚运赛场上来寻宝。您看，我找到了这五只可爱的小羊！它们就是广州亚运会的吉祥物！你知道它们叫什么名字吗？取名"阿祥""阿和""阿如""阿意""乐羊羊"，组成"祥和如意乐洋洋"，这五个小羊将亚洲人民带来"吉祥、和谐、幸福、圆满和快乐"的美好祝愿，也同时传达了本届运动会"和谐、激情"的理念。当然，咱还是要借着这个好彩头，希望咱们中国队能够多拿金牌！

咱的航程还要继续，不过这接下来的道比较远！咱要穿越太平洋，横跨印度洋，去南非转转！提到非洲，相信大家首先想到的是茫茫草原、狮子猎豹！不过，2010年的南非可有比狮子猎豹还引人的，大家说是什么？没错，世界杯！

第十九届世界杯足球赛将于2010年6月11日在南非的九座城市的十个球场举行，本届是首次在非洲举行的世界杯，共有来自世界各地的32支球队参加赛事。所以我找到的第三个宝物就一定在世界杯的球场上，您看，就是这只留着绿头发，穿着球衣的小豹子！它是南非世界杯的吉祥物——扎库米！我想问问现场观众，您知道这只小豹子的生日是哪天吗？

南非世界杯组委会告诉我们，这只小豹子扎库米出生在1994年6月16日。这是南非种族隔离政策宣告结束的日子。这一天同时也是南非的"青年节"。"扎库米"名字中的头两个字母ZA是南非官方语言中"南非"的缩写；后面的字母KUMI在许多非洲语言中的意思都是"10"，意味着南非世界杯举办的年份。多好的一届世界杯，可惜和咱中国队没什么关系！

伤心事不提了，因为咱在2010的航线上收获颇丰！您看，这8个吉祥物串起了

2010年的三件大事，虽然几个小家伙的相貌名字各不相同，但是都表达了同一个意思，希望活动成功，人民幸福！那我也就把这些美好的祝福送给现场观众！祝大家2010，一切都好！

好了，感谢现场朋友的光临，也感谢电视机前观众的收看，下期节目咱继续向世界出发！

● 点评：借用8个吉祥物，串起2010年的三件大事，词语顺序转换巧妙，让三分钟的段子，主持得有看点，有亮点，"说什么"很重要，"怎么说"更重要，思路决定出路。

案例17：梁茂星

望闻问切天下事，咱们一起来对症下药，大家好！欢迎收看今天的《对症下药》，我是今儿的主持人也是你们今天的主治医生茂星，咱们今天先来号一号这样一类人的脉（拉帘——富二代），富二代，您看，这就是社会上新出现的一个词，对于他呢，大家有什么看法（下台采访）。

富二代呢，不仅仅是物质层面的富二代，更应该是精神层面的富二代，但是啊，我们今天要来探讨这样一个问题，既然今天是号脉，我们来看看他们最近的病症又有哪些，有富二代大闹国足，富二代醉酒驾车，富二代飙车撞人，各种疑难杂症，您一定觉得不少吧，茂星啊，为其断症为这样一个词（拉帘——不堪重"富"），您注意了，这个富啊可是财富的富，不过话分两头说啊，富二代其中也有好的人群的，我们今天只是针对这些问题人群来对症下药，当然了，我们本着有病治病，没病预防的态度，那么这药是什么呢？您看（拉帘——为父为母），言简意赅啊，是父母两个字，中医讲究啊，治标还得治本，我们就从根源上来找找这问题，富二代之所以产生啊，对于富一代来说，是有着不可推卸的责任的，大家都知道李嘉诚李氏父子，你看李嘉诚是巨富了吧，他的儿子可谓是巨富二代，可是对于他们的教育呢，从小就是克勤克俭，所以他们从小就是坐公交车上学，住的还是三十年的老房子，甚至到国外读书的时候还是自己勤工俭学，等到在加拿大毕业创业的时候也是自己白手起家，只是得到了父亲的鼓励，却没有得到父亲物质上的支持，结果呢？非常成功，这样的故事对于天下的父母都是非常受用的，之所以叫人才人才，得先成人，再成才！好了，感谢大家收看今天的《对症下药》，咱们还是治病号脉，谢谢大家。

● 点评：如何把谈论话题上升到节目主持，必备的基本功在于找出形态，"富二代"是个老生常谈的话题，怎么谈论，怎么主持？该段子的场景设置，一张演播桌，座位上标有节目名称"对症下药"四个字,演播桌后面挂有一帘可拉动的幕布;结构铺排:1."号脉"富二代;2."对症"不堪重"富";3."下药"为父为母,三分钟设置三个段落呈现三个关键词,进行一次现场片段采访,在开场白提出问题,收场语提出结论"人才人才,先成人,再成才",有章有法、引人入胜、环环相扣、构思精巧。

案例18:双档主持梁茂星和刘哲源

(汽笛声,海浪声,唱着浦江号子出)

刘:说到上海,就是一个字,高!(唱)"我要飞得更高!飞得更高!"上海的高,是摩天大楼的高,高出了经济,高出了GDP;上海的高,是小姑娘鞋跟的高,高出了时尚,高出了韵味;上海的高,还是这大剧院门口台阶的高,高出了文化,高出了内涵。当然,我们上海还有一个高度(出姚明图像)。怎么样,我们上海就是一个字,高!

梁:要我说,上海还有一个字,快!(唱)"随风奔跑自由是方向!追逐惊雷和闪电的力量!"上海的快,快在轨道交通的四通八达,快出了便捷,快出了节奏;上海的快,是南京路街头步伐的快,快出了风尚,快出了品质;上海的快,快在国际艺术节交融的快,快出了文化,快出了气派。当然,还有咱们上海的速度,(出刘翔图像)。上海的舞步,就是一个字,快!

刘:都说上海是座美丽的城市,时尚繁华。

梁:都说上海是座美丽的城市,激越典雅……

刘:这是上海,

梁:这是上海,

合:这就是上海!

(浦江号子收)

● 点评:两人抓住核心思路"姚明的高度和刘翔的速度"展现了上海发展的速度和文化的高度,突出了上海是一座时尚繁华、激越典雅的魅力城市;开头,俩人喊着号子上场,渐弱渐强,结尾又喊着号子,渐强渐弱,首尾呼应,短短的两分钟把上海的特点、特色和特征,形象而又精练地展现在观众面前,韵味无穷。

案例19:王倩颖和梁茂星

梁茂星:我的家乡在山东。

王倩颖:我的家乡在上海。

梁茂星:都说一方水土养一方人,我发现五步一泉,三步一景的济南更是有着泉城之称。

王倩颖：一方水土养育一方人，我们上海的浦江之水不仅孕育了无数上海的儿女，更将四面八方的人们汇聚在了一起。因此，这也赋予了上海独有的海派气息。老式的石库门，是最能体现上海文化的历史缩影，一砖一瓦是百年上海的岁月沧桑，一草一木，透露着古老而绵长的氤氲气息。而如今的石库门，正接受着不同文化的洗礼，成为现代上海的新时尚。这就是上海，一座海纳百川，人才汇聚的城市。

梁茂星：如果说这上海是聚人才的地方，那么山东就是名副其实的人才出品地了，孔曰成仁孟曰取义，这孔孟两位圣贤可都出自山东，这山东人才就好像趵突泉的泉水一样喷涌而出。继承着渊源而博大的黄土地文明，把它传播向神州华夏的大街小巷。

王倩颖：2010年，世博会将要召开，到时候，上海将站在全世界的中心吸引着人们的到来。而我们上海也人将以全新的姿态迎接更多的挑战！

梁茂星：2009年山东将迎来全国体育运动会，到时候，中华健儿、体育人才将在齐鲁大地挑战出更高、更快、更强的体育精神，向全国人民飞出捷报，传出喜讯！向世界展现中华文化的魅力！俺是山东人！上海你好！

王倩颖：吾是上海人哦！山东你好！

合：　　 江山如此多娇，让和谐之美源远流长。

• 点评：俩人巧借"祖籍"，一者说出济南的泉水，一者说出上海的黄浦江水，描述城市的地理特点，折射出神州华夏的黄土地文明与国际大都市的文化魅力。听者动情、看者会意，相辅相成、相得益彰。

案例20：丁蕊和刘哲源

品人生酸甜苦辣，大家好，我是丁蕊。

我是哲源，欢迎您收看我们的人生百味。

刘：丁蕊呀，今天我们的节目就来一起说一说，上海田径之子、奥运冠军刘翔。

丁：最近这个阶段，刘翔这个名字好像已经很久没有出现在耳边了。

刘：对，但是最近，确认说，刘翔将献身亚运会的比赛现场。其实刘翔的人生就可以用酸甜苦辣来说了。

丁：哦？那哲源给我们说道说道。

刘：在2004年前的刘翔，初出茅庐，虽小有成就，但是还不为所有人所知。

丁：这个时候的他就犹如我手中的这杯柠檬水一样，酸中带点甜，但是果实是青涩的，他是不成熟的。

刘：没错，当2004年雅典奥运会的到来，12秒93这惊人的成绩，把刘翔推向了人生的高峰。五星红旗，冉冉升起，为我们中国拿到了第一枚奥运田径金牌。

丁：这个时候的刘翔就像我手中的这杯雪碧一样，给人晶晶亮、透心凉的一种沁心的雪碧。全国人民也像是吃了蜜枣一样，甜到了心里。

刘：而当2008年中国奥运会的来临，刘翔的退赛，无疑给人们的期盼一个重重的打击。

丁：黄连虽苦，但是也没有这苦瓜苦。这个时候的刘翔仿佛就像我手中的这杯苦瓜汁一样，从嘴里苦到了心里。

刘：刘翔的跌宕起伏，让我们确实体会到了何谓五味人生，那么经历过这么多的事情，现在的刘翔是什么味道呢？

丁：（把几种果汁倒在一起，尝一下）嗯，真的是用词语无法形容是什么味道，只能说是酸甜苦辣都全了。

刘：（也喝一口）真的是五味俱全。我们送走了奥运会，马上要迎来亚运会，我们的刘翔又将出现在比赛场地上，我想这个时候的刘翔该是成熟的、稳重的。总地来说，一句话：不管是大明星，

丁：还是老百姓，

刘：人生百味，

丁：百味人生！

● 点评：把一个人们耳熟能详的刘翔的故事，通过借用柠檬水、苦瓜汁、雪碧汽水，把刘翔成长的酸甜苦辣的形象呈现了出来，更升华到"人生百味，百味人生"的节目主题。

案例21：梁茂星、王倩颖、王嫣

梁茂星：大事小事天下事，我们一起来有事说事。今天早上的《泉城早报》登了这样一条消息：汉字委员会要进行汉字改革，有48个汉字要进行更变。而且一项之前的调查报告显示有百分之八十的人赞成文字改革。我们在这儿对于这个数字不妄加评论，但我想现场来做一个测试。我们看到这里有两个字，一个是茶字，一个是琴字，现在我想将台下的观众一分为

二来看看大家的想法。

（两位女主持走向观众）

王　嫣：我手里的是个茶字，在汉字改革中，茶字的一勾变成了一竖，我想问问我身边的这位男同胞，您觉得这样的改动好吗？

现场观众：这个改动我觉得可以接受，毕竟和以前也没太大区别，不影响我们的用字习惯。

梁茂星：好的，这位男士是支持的。看来只要是不影响我们的平时的用字习惯，汉字改革不管怎么改，都是受到大家支持的！我们来看看倩颖这边。

王倩颖：看来文字的化繁为简受到了大家的支持，那我手里的这个琴字，是把笔画里的这一提改成了一横，看起来好像也没什么太大的变化，我想问问这位女士，这个改动会影响到您平时的书写吗？

现场观众：我觉得没什么必要，而且还有点麻烦。改革应该是让文字变得更容易书写，现在这样反而让很多字都不伦不类，搞不清什么是对的了。

梁茂星：从这位女士的说法我们看到，别看只是一提一横，就像给我们的汉字做了整容术，但是面对的结果很有可能是面目全非，不伦不类。

王　嫣：我这边观众是赞成的。

王倩颖：我这边观众是不大赞成的。

梁茂星：从这里我们看到有赞成的也有不赞成的，我想汉字究竟要不要改革，还是要那些使用汉字、说汉字的老百姓们说了算。

● 点评：梁茂星、王倩颖、王嫣三人主持的题目叫"在现场"，抓住话题的什么视角？如何体现"在现场"的主持，这是三人三分钟主持的关键所在；梁茂星作为中心主持，提出了"有48个汉字需要变更"这一话题，王倩颖选用了"琴"、王嫣选用了"茶"，她们在现场进行了真实的调查，产生了台上台下的互动，梁茂星组织二人根据现场调查结果进行点评、叙述、议论，获得了主持人和现场观众彼此沟通的现场氛围与真实效果。结构紧凑、情绪饱满，完美地体现了《在现场》节目的主持宗旨，足显三人"在现场"的主持功力。

案例22：刘哲源、曹圣阳、陈晓艳

刘哲源：在我心中，我们上海是蓝颜色的！上海的蓝，是改革开放三十年，黄浦江激荡的蓝；上海的蓝，是步行街、明珠塔、城隍庙、金茂大厦璀璨的蓝；上海的蓝，还是我手中这个小家伙——海宝，它那活泼灵动的蓝。

而我们上海人的胸襟，更是一片湛蓝！天空越蓝，海水更蓝。现在，你无论在我们上海的哪个角落，都能够感受到我们上海浪漫、独特的蓝！

曹圣阳：在我心中，上海是红色的，不是别的红，是代表喜庆、祥和、威严的中国红。上海是革命斗争的圣地、是经济建设的前沿，奋发向前、一片火红。如今的上海，世博盛会红红火火地召开，深受国内外游客喜爱的中国国家馆，也是一片火红！上海欢迎您！

陈晓艳：在我心中，上海是绿色的。城市，让生活更美好。低碳、环保的理念深入人心，上海的环境更加优美，绿草如茵、春意盎然！更能代表热情的上海人民的，就是志愿者们灿烂的微笑，身着绿衣的志愿者无疑在今年成为上海的标志、中国的标志、世博的标志。绿色，给您带来上海的热情、上海的温馨。

合：阿拉上海，欢迎您！

● 点评：三人一个团队说家乡上海，视角定位在世博会，把大上海一下子就聚焦得很具体、很当下，借用色彩"蓝色、红色、绿色"，又多线条地把大上海表达得很时尚、很诗意，开首提示语"在我心中"让三段看似形散的各自描述，传出了神不散的整体神韵，全段段尾唯一一句"阿拉上海，欢迎您"采用合说，更显亲和、更有张力、更应题中之意。

案例23：马聪、胡梦莹、梁茂星

马：谁不说咱家乡好，

胡：谁都有家乡情！

梁：各位好，欢迎收看《家乡情》。其实说到家乡啊，每个人都能找到一种自己心中那份属于家乡的、独特的味道，这种味道就是自己对家乡的情感。那今天，说到我们的家乡上海，你们会想到哪种代表家乡的味道呢？

胡：说到上海的味道，我觉得那就是白玉兰的花香。在上海土生土长的张爱玲，她笔下的那些身着华服的上海女子，即使穿着再华贵的旗袍，也会从弄堂口老太的手中接过一朵玉兰，别在自己的胸前。如今啊，这玉兰花的花香，是飘过了老弄堂，又飘到了花园洋房；飘过了浦西的外滩，又飘到了浦东的世博园区。今天啊，这玉兰花来到了泉州、来到了比赛的现场、来到了梦莹的手中，您闻一闻，这玉兰花香不香？

梁：嗯，真香。

马：要我说啊，这玉兰花虽香，但不足以代表上海。我说这上海的味道，那是五香豆的香。长期居住在上海的大文豪鲁迅先生，他的笔下也多次提到过这五香豆。如今啊，这五香豆的香，是从百乐门的酒楼，飘到了新天地的茶楼；从和平饭店的宴会厅，飘到了明珠塔的旋转餐厅。今天啊，我也带了一包五香豆，来，您尝一尝，这正宗的上海五香豆，到底香不香？

梁：嗯。要我说啊，这玉兰花，真香；这五香豆，也是真香。您看看，在老弄堂看着新外滩，听着爵士乐，品着五香豆，再闻上这玉兰花香。古典的现代的、东方的西方的，交织在一起，融会在一起，这才是上海的味道，一个字儿——

合：香！

• **点评**：三人一个团队说家乡上海，出奇制胜地选择了"味道"这个视角，由中心主持人把左右二人选择的白玉兰的花香、五香豆的豆香，并借用历史名人张爱玲、鲁迅对于白玉兰和五香豆的偏好，主持人道出了上海这座城市百味皆具的特有的香。主持人的语言引导观众形成同步的联想思路，构成强烈的反差，形成鲜明的对比，产生上佳的艺术效果。

第二节 节目主持段子演练

电视节目主持人就是要讲述将要发生的事情，就是要讲述正在发生的事情，就是要讲述已经发生的事情……

电视节目主持人就是要引人入胜地讲述老百姓自己的故事，就是要引人入智地讲述平常人不平常的故事，就是要引人入趣地讲述老百姓爱看、爱听的故事……一句话，电视节目主持人就是要引人向上。

我们已经知道，语境是语言活动的环境；

我们同样知道，主持人面对语境有着六大主要相关方面：谈话对象的相关讲话内容、相关背景资料、相关性格特征以及现场氛围的相关环境空间和现场观众的相关心理需求。

在节目主持段子的演练中，我们借天、借地、借人来说事；我们借物件、道具、图片、小品、游戏来说事；我们借时间、色彩、形状、生肖、职业、年龄来说事；我们借生命、生活、情感、情操、将来、未来来说事——每次播选题的所说之事、所想之事、所做之事。

主持段子演练教学使节目主持基本功更精、更细、更实。

设置十个这样的主持段子,进行举一反三地演练。

十大主持段子演练方法

精彩亮相:

演练1. 一人30秒"自我介绍"。

演练2. 三人30秒"团队出击"。

演练3. 一人30秒"现场拉票"。

单人主持:

演练4. 一人1分钟"新闻365"——强调话题的角度与深度的关系。

演练5. 一人2分钟"你来评评理"——强调多话题的整合与表述的有机性。

演练6. 一人3分钟"社会大视角"——强调节目形态与话题铺排的内在关系。

双人主持:

二人2分钟

演练7. "魔方二人转"——强调二人之间提问与答问之间的交流关系。

演练8. "趣闻1+1"——强调二人之间叙事与悟事的沟通关系。

三人主持:

三人3分钟

演练9. "你我在现场"——强调中心主持与两人之间在现场的互动关系。

演练10. "锵锵三人行"——强调中心主持与两人之间话题转换的递进关系。

综合演练:主持一档访谈节目和综艺节目

双人动态主持(娱乐综艺节目)

通过学生自我创意、撰稿、组织,设置一档60分钟的游戏竞技、娱乐综艺节目,在演播室以单人主持样式组织现场同学配合参与并一次性摄录成带,尔后,双人主持当场轮换,驾驭每位同学每人两分钟的参与感与观后感表述,以培养学生在叙事与议论讲述中的控场能力并体现学生的节目创新意识和创造性思维能力。

单人静态主持(人物专访节目)

通过学生自我创意、撰稿、组织,设置一档50分钟的现场带观众的谈话节目,邀请真实嘉宾,当众动态主持。在现场一次性摄录成带后,主持人讲创作体会,同学们观带评论,并根据录像带将谈话节目记录成文再写出主持创作后感,与每位同学的千字文评论稿一并汇集成文案。既体现学生在提问与答问的对话中交流和沟通能力,又培养学生动脑、动嘴和动笔的综合能力,以强化主持人现场演播的行为表现。

第九章

媒介人格魅力篇

第一节　节目主持人与情感

人格素质与情感——真诚、真情、真挚。

主持人的人格魅力，必须以"真诚"作为第一支点。

主持人做节目，期期做，次次播。对于电视节目来说，我们并不苛求期期节目都是那么精致与无懈可击，但我们必须让观众时时感受到主持人每期每次主持的真诚。

杨澜当她主持《正大综艺》这样一个分量较重的节目时还只有22岁，那是靠什么来赢得观众呢？

杨澜曾这样说过："我不是演员，不会像演员那样表演，我面对的观众都是我最好的朋友，我发自内心的话，他们会接受的。"杨澜这一番话是发自内心的，是真诚的。

窦文涛的《锵锵三人行》一说就是好几年，说得中国香港与大陆的老百姓期期都想看，他又是靠什么来赢得观众呢？

窦文涛曾这样说过："我觉得我过去没做过什么，所以我把宝都押在《锵锵三人行》上了。"窦文涛的一句大实话付出了全身心的真诚。

也许有的主持人要说："我和那些嘉宾观众是第一次见面，怎么会真的真诚起来呢？"

只要主持人具备一颗对人真诚的心，一种营造真诚氛围的心理人格行为，去真诚沟通，去真诚听思，去真诚问答，就能"见面熟"。

也许有的主持人要说："节目天天做，很难保证期期都很真诚！"

要知道，真诚不仅仅是一种主持态度，更是一种人格修养，需要日久修炼，需要平素养成，何为主持大家，冰冻三尺，非一日之寒。

要真诚，不要伪真诚——

熟能生巧，熟也能产生"油"，驾轻就熟不是真诚；

习惯成自然，轻描淡写，故作老道，不是真诚；

使劲拿份儿，毕恭毕敬，表演热情，不是真诚；

假模假样，逢场作戏，故弄玄虚，不是真诚；

真诚是真情，真诚是真挚。

真诚待人，真情投入，真挚交流。

真诚、真情、真挚——关键在于主持人的内心真实感受，一种心悦诚服的感受，天天、年年、时时、处处、字字、句句地感受。

真诚是一种态度，真诚更是一种人格修养，真诚是人格魅力的第一素质。

第二节 节目主持人与情操

人格素质与情操——博爱、厚爱、深爱。

节目主持人是与一座城市在对话；

节目主持人是与整个社会在交流。

法国著名节目主持人玛露·贝朗治主持的《喂，玛露!》节目，听众遍布西欧、中东、北非和澳洲。节目每天凌晨1点到3点以现场直播形式播出。

每当玛露谈到主持节目创作体会时，她都动情地说："我并不是一个不知道累的人，我也不是不想爱惜身体，但想到我的听众有那么多忧愁烦恼，我的心情就不能平静，我要尽一切努力尽量帮助受众解决困难，给他们送去温暖和幸福。我热爱人生赛过爱我自己。"

博爱是人格魅力中的一个重要素质。

如果要在那些魅力四射的主持人身上找到共同点的话，那么，爱就是最大的共同点之一，这种爱便是人们常说的博爱。也许这不完全是主持人的本来面目，一旦站在媒体的高度，他们能如此受欢迎，毫无疑问正是因为有了"博爱"这一共同点。

讲述老百姓身边的故事，"下岗""求职"要关心，"造假""腐败"要鞭挞，来自社会最基层的观众，他们要在屏幕上看到自己最想知道的事，听到自己最想听到的声音；他们会把积压在心底的话向主持人倾诉，他们把主持人主持的节目当成沟通宣泄的一个重要渠道。

主持人的博爱是一种大智慧，博爱里面渗透着厚爱，博爱里面渗透出深爱。

体形丰腴的主持人张越，为了听到一个富起来后的新农民妇女的新困惑，她跋山涉水奔向远乡僻壤，汽车熄火了，她下车帮着推，泥泞小道车子不好开，她卷起裤管自己走；

身材清瘦的主持人崔永元，为了看到边防战士坚守哨卡的真实生活，他破冰踏雪奔向边陲营房，遇上了雪崩，便用车垫裹着躯体抗寒，坚持了十多个小时最终得到部队的营救。

因为有厚爱，他们受到人们的欢迎；

因为有深爱，他们才被人们所敬重。

对社会有着博爱，对观众有着厚爱，对手中的话筒有着深爱；

博爱、厚爱、深爱——因为有了爱，主持人才得以优秀。

第三节　节目主持人与情绪

人格魅力与情绪——平和、平等、平常。

人们往往把情绪与情感看作是同义词。

就本质来说，情绪和情感都是人脑对客观事物与主体需要之间关系的反映，是人的主观体验。

然而，二者又是有着各自的区别。

首先，情绪比情感更为广泛；其次，情感较为稳定、持久，很少受情境影响，而情绪常由一定情境所引起并随情境变化而迅速变化，常处于不大稳定状态。

人的一切心理活动都带有情绪色彩，而且更多的是从人的心境中显露出来。

主持人，更是如此。

当崔永元在谈到《实话实说》的创作体会时，特别感叹地说："谈话节目主持人是一个正常人，不是因为学问有多高，长得有多好看，地位有多高，家里有多少积蓄。就因为你是一个平民，有和他们一样的心态，和他们一样平等的对话，人家才选你做这件事儿。"

当崔永元在谈到当了主持人之后，生活中有哪些变化时，崔永元特夸耀地说："我当了主持人之后，我的生活没有任何变化，和以前一样，有非常好的心态，常人做的事我都可以做，我可以在夏天穿着大裤衩子抱着我闺女在长安街上走，一切都那么舒服。"

这就是《实话实说》主持人崔永元的心境,这种心境在崔永元表达情绪的人格特征中占据着主导地位,每一期的《实话实说》我们都感受到崔永元这种平和情绪状态的自我控制能力,对自己的情绪状态有着更强的控制能力是一种非常可贵的品质。[①]

一个优秀的主持人应该具有这种可贵的品质。

主持人不要觉得自己高人一等,把观众看成是一群无知的庸民;

老百姓喜欢的是不拿份儿的、不拿劲儿的、不摆架子的主持人。

平和的心境产生平等的交流;

平等的交流述说平常人家的家长里短。

平和、平等、平常——主持人要控制情绪状态,培养积极的心境,学会做心境的主人。

第四节 节目主持人与意志

人格魅力与意志——恒常心、自信心、求异心。

意志是为了达到一定的目的,自觉地组织自己的行动并与克服困难相关联的一种心理过程。[②]

在人的意志行动中表现出稳定的鲜明的心理特征叫意志品质。[③]

意志和意志品质基于人的人格。

大凡优秀的节目主持人都有某些相同的人格品质,这些人格品质展现出他们的意志特质:恒常心、自信心、求异心。

崔永元在《实话实说》中一说就是七八年。然而,当初《实话实说》开播不到七八期时,就碰到挫折,停播了一个月。也许是当初《实话实说》的节目形态不大被认可;也许是当初《实话实说》的主持风格不大被接受。但是,自信心推动着《实话实说》再次亮相。一经重新出炉,一炮打响,一路走红。当多人讨论型的《实话实说》稳定后,《实话实说》又推出像《奇迹》《父女之间》这样个案展示型的节目形态。求异心,又使《实话实说》节目的两种形态交替演播,相辉映,《实话实说》

[①] 沈德力、阴国恩:《非智力因素与人才培养》,北京教育科学出版社,第 121 页。
[②] 沈德力、阴国恩:《非智力因素与人才培养》,北京教育科学出版社,第 159 页。
[③] 沈德力、阴国恩:《非智力因素与人才培养》,北京教育科学出版社,第 166 页。

节目稳中有变，变中求新，独具特色，独领风骚。《实话实说》的主持人崔永元一直深爱着这个节目，也一直愿意把这个节目做下去，更表示要把这个节目一直做好。尽管后来崔永元因身体健康原因离开了节目组，但《小崔说事》的再度亮相，充盈着一种"誓将谈话节目进行到底"的气韵，这大概就是崔永元意志品质的一种恒常心吧！

当一个人确立了目标，考虑好了达到目标的途径步骤后，就可以按计划开始行动，这时，他的意志行动就由采取决定阶段进入到执行决定阶段，执行决定是意志行动的最重要阶段，因为你在执行决定中要求新创造，要达新目标。然而，人的意志行动不可能全部达到目的，有的时候，由于某种内部困难或外部困难，意志行动没有达到预期目的，这就是遇上挫折。[①]

一个人的自信心是他对待挫折态度的一个重要因素。

一个充满自信心的人，当他面临失败时，往往认为自己之所以遭受挫折不是因为自己能力不够或任务难度太大，而是由于自己努力不够或运气不佳，因此，他愿意再下一番功夫，再进行一次尝试，而不是将之放弃。

面对工作要有求异心，面对挫折要有自信心，关键要有对事业的意志上的恒常心。

一个演员在一部戏中可以立马走红；

一个优秀的主持人在一档节目中必须经过较长时期地出色表现才能得到观众的认同认可。

有两种怪现象：

一种是主持人在主持一档节目中没有打响就立马改换另一档节目，又遇上挫折就改头换面再跑到另一档节目匆匆亮相，结果什么都没主持好。

一种是主持人在一档节目中走红出名，就觉得什么样的节目主持都能胜任，一会儿主持综艺节目，一会儿主持谈话节目，而原先属于自己的那档节目开始滑坡，结果什么也没主持好。

主持人节目不属于短跑项目，节目主持人必须要有足够的意志去迎接长跑……

只有具备了恒常心，自信心才会有效，

只有具备了恒常心，求异心才能创造。

恒常心、自信心、求新心——一个立志把主持事业当作终身职业的节目主持人必须胸怀"三心"才能事业有成，才能事业永恒。

---

① 沈德力、阴国恩：《非智力因素与人才培养》，北京教育科学出版社，第118页。

第五节　节目主持人与自我

人格素质与自我——有我！无我！唯我！

每一个人都希望能够体现自我的魅力、美感和创造力。

作为人格心理结构的核心部分，人的自我，关系到作为一个人如何去使自己的人格或个性得到充分和谐地发展。

主持人以怎样的人格形象出现在受众面前，首先是以受众接受怎样的人格形象为前提的。

主持人必须有我，无我不对，唯我又走向了反面。

中央电视台节目主持人王小丫自主持《开心辞典》节目以来，人气直升，人缘极旺，任何一个参与到节目中的竞猜者，不管是赢家还是输者，在这位"考官"面前都得到一种心理上的满足。王小丫不瘟不火的准确提问，不多不少的插话垫托，不紧不松的应答期盼，不快不慢的平等沟通，使每一个竞猜者在现场都有一种被尊重、被接受的心理感受。胜者开心，败者也开心。因为王小丫心里装着观众（竞猜者）。如果你是一位竞猜者，你需要什么样的提问态度和竞猜氛围？王小丫想到了，王小丫做到了，《开心辞典》每一场最大的赢家是王小丫，因为，她在受众面前展示了一个健康人格的自我形象，而这个自我形象又同时被受众认同称道——王小丫是属于"有我"的。

同样是"竞猜益智"型节目，有些主持人照本宣科，按题诵读，对视无言，到时读秒，最后大喊一声："时间到，减去十分。"更有甚者，自己对竞猜题意都未搞懂，断句不断，破句连篇，语意不准，含混不清，让对方"丈二和尚摸不着头脑"，还自命不凡地说："继续请听下一道题。"整个现场冷冷清清，平平淡淡，索然无趣——这类主持人是属于"无我"的。

同样是"竞猜益智"型节目，有些主持人，画蛇添足，故弄玄虚，气浪连天，废话连篇，自以为很卖劲，现场更拿份儿，结果搞乱对方思考。更有甚者，无视竞猜者，轻视竞猜者，凭借着刚刚知道竞猜答案的"资本"，洋洋自得地说："这样的题目你都答不上来，真是太让人遗憾了。"让对方坐立不稳，哭笑不得，整个现场看似热热闹闹，其实观众与主持人的心理距离越拉越远——这类主持人是属于"唯我"的。

自我实现是人格魅力的一个重要组成部分。

马斯洛在人的"需求等级"排列中，把自我实现的需求排在最上层。

如果一个主持人要想成功地把握自我，就必须对自己实施最佳程度的控制，积极的自我概念就在于促进自我的健康发展，而不是自欺欺人的心理状态。

无我，就是在主持中失去了自我。

唯我，同样是在主持中失去了自我。

失去了自我，何谈价值的产生？何来魅力的体现？

主持人应该"有我"——要对"小我"负责，要对情感负责，要对情操负责，要对情绪负责，要对意志负责。

主持人应该"有我"——要对"大我"负责，要对真诚负责，要对博爱负责，要对平和负责，要对恒常心负责。

主持人在节目中具有独立的审美价值——要对"会说"负责，要对"善问"负责，要对节目负责，要对受众负责。

一句话，电视节目主持人既要做节目更要做人；要负责地做节目，更要负责地做人。

"人格魅力"我们不要孤立地看待它，而是要放在主持人创造新的审美价值的框架内观察；

"人格魅力"也已完全进入艺术范畴，是艺术表现力的超拔，因为它给我们的已不仅仅是审美的愉悦，而是灵魂的净化，是把人的精神境界引向崇高。

主持人不是主持神；

主持人首先要主持好自己。

电视节目主持人最后的较量是人格力量的释放；

精神无限，智慧无尽，魅力无穷……

著名电视人滕俊杰先生说过，一个优秀的节目主持人应把每一期节目都当成第一期节目来做，更应把每一期节目都作为最后一期节目来做。

我们所知道的美国电视节目主持人的开拓者沃尔特·克朗凯特先生，他在哥伦比亚广播公司的晚间新闻主持岗位上，从中年一直干到老年。他创造了"克朗凯特时代"；"沃尔特大叔"形象赢得观众之心，成了美国公众最受信任的人。

我们同样知道的美国黑人脱口秀女神奥普拉·温弗瑞，二十多年来，她的日间谈话节目，在美国国内每天有2000万名观众收看，同时向全世界132个国家播放，她的聪明与智慧激励并影响着世界上与她从未谋面的亿万人民每天收看她的节目。1998年，44岁的奥普拉·温弗瑞当选为美国最受推崇的女人并排名第二，仅次于美国第一夫人希拉里·克林顿。

我们所熟悉的北京电视台节目主持人田歌女士，自 90 年代起就在《荧屏连着我和你》谈话节目中担纲主持并得到北京市民的喜爱。十多年来，栏目名称不变，主持人不变，节目形态稳中求变，田歌连着你、我、他，节目一直雄踞榜首。

我们同样所熟悉的是中央电视台节目主持人汪文华，自打《曲苑杂坛》做起，一做就是十几年。从主持人到导演，到制片人，她全身心地想着老百姓，做着老百姓最喜欢的相声、曲艺、杂技、小品，她热情洋溢、她精益求精、她千方百计、她痴心不改，让曲苑之艺、杂坛之技，多姿多彩、经久不衰，让《曲苑杂坛》赢得了相当稳定的受众群。

电视节目主持人，是长期地、固定地、反复地为一个稳定的受众群每周、每天去做节目，去播节目。

斗转星移，天长地久，要靠艺术的较量，要靠技能的较量，而拼搏到最后，靠的是主持人人格魅力的较量。

一提到"人格"，有人就觉得有点空，甚至还感到有点悬。那我们就看看"大家"们是怎样谈论"人格"的。

哲学家认为：人格是真实的有理性的个人的本性，这一定义承认人格的真实性，同时也强调理性的属性，认为没有什么比具有理性的个体性的存在具有更高的尊严了。

社会学家认为：人格是决定人在社会中角色和地位的一切特性的综合，一般从社会的视角或文化的视角来规定，强调的是社会的有效性。

心理学家认为：人格是个人品质的集合，强调人的外显行为和内隐行为的统一。

词典的解释：指人的性格、气质、能力等特征的总和，指个人的道德品质，指人的能力作为权利、义务的主体的资格。

综观所说，一个人只有具备健全的人格，才能真正自觉地把美德外化为具体的言行，从而体现自身的价值观念。

对于主持人来说，在节目主持过程中的一举一动、一言一行都是其内在人格的自然外露。观众看节目的同时也在看主持人的生命体验及人格魅力。

一个优秀的节目主持人，不仅具备健全的人格，还能够站在媒体的高度，将自然人格与媒介人格完美地结合，最终实现主持人和节目的水乳交融的魅力。

节目主持人一旦在价值的坐标中迷失了自我的定位，就很难正确驾驭自己的人格方向。

高超的主持技巧可以使主持人成名一时，若没有健康的人格支撑，就不会有长久的真正成功。

健全的人格魅力必须要有健康的人格素质。

一个优秀的电视节目主持人健康的人格素质主要表现在：情感、情操、情绪、意志以及自我等方面。

优秀电视节目主持人白岩松一而再、再而三地强调，把"主持"缩小，把"人"放大。

主持人是聪明人。

每一个聪明人都在追求成功，然而，历尽尝试，许多人都失败了，只有少数人获得成功，这究竟是什么原因呢？

经过许多成功心理学家的研究发现：一个人事业上的成功，并不单纯是智力和能力的表现，更重要的是具有一种人格魅力和人格力量。

人格对于节目主持人的重要意义就在于人格魅力是主持人取得进步、获得成功的基石。

主持人追求成功需要职业的智力，需要口语的功力，而这种智力和功力又必须建立在人格魅力的这座基石上。

人格素质的真诚、自我、博爱、平和、恒常心构成了主持人的人格魅力。

白岩松曾动情地感叹，现在主持人被包装得很厚，而作为人的素质却很单薄。

单薄的基石只能使智力显得智弱，使功力变得缺力。

把"人"放大，就是把单薄变得厚实，把浮躁变得扎实，把虚傲变得真实；

把"人"放大，就是把狭隘变得大度，把势利变得大气，把低俗变得大雅。

把"人"放大了，主持人的人格力量就更大。

思考题

▲ 为什么说，节目主持人的人格魅力要以"真诚"作为第一支点？
▲ 请比较一下节目主持人的"有我""无我""唯我"的三者关系？
▲ 为什么说，节目主持人最后的较量是人格力量的释放？
▲ 对十大主持段子演练进行分别总结。

第十章

讲述中国故事篇

第一节 董卿全新讲述中国故事

节目主持人的《非常1+6》构建主持人节目
的《特别七层塔》
——从董卿的《朗读者》读开去

《非常1+6》——节目主持人的专业性

我们都知道社会上流传着这样一句话：专业的事情要交给专业的人去做；

我们也知道有这样两个与"播音与主持艺术"相关的社会组织：中国高等院校播音与主持专业教育协会和中国电视艺术家学会主持人专业委员会。

何为"专业"？

《新华词典》中解释：专业是指人类在社会科学技术进步、生活生产实践中，用来描述职业生涯某一阶段、某一人群用来谋生，长时期从事的具体业务作业规范。简而言之，专业是指职业人从事具体业务的作业规范。

那么，什么是节目主持人的专业？

主持人必须首先要建立起全新的"双专"意识理念，这"双专"意识理念就是指主持人要具有专业的技能和专门的知识；

"专业技能"的涵盖就是指主持人对节目的话题、场面以及自我的驾驭能力；

"专门知识"的涵盖就是指本频道内容的专项知识及其主持学理的结构知识。

之所以把"专业技能"与"专门知识"作为"双专"意识的理念提出，是因为在现实实践中存在着跛足的现象和认知上的误区。

关于"双专"意识中的——专门知识

我们的主持人习惯了把本该正常存在的专门频道,误称为专业频道,一代代地接过来,一波波地传下去,其结果有碍着传授双方的传播之道。

我们应该知道:由于窄播理论的诞生,不同的频道依据定位而选择了各自播出的内容门类,如财经类、体育类、生活类,这就成了观众所看到的不同内容门类的频道,这就是"专门频道"。

我们更应该知道:"专门频道"的主持人要拥有这个频道的"专门知识",这是必须的;但由于"专业频道"的误读,我们的主持人,往往把"专门知识"当成了主持人"专业"的全部甚至是唯一,这就成了误区。

主持人应拥有的主持学理的结构知识,包括"播音学""主持学""新闻与传播"以及文学、英语、哲学、美学、心理学、社会表演学等;

主持人应拥有的本频道内容的专项知识,比如体育频道的"田"与"径",大球与小球,音乐频道的古典与美声、民歌与通俗等。

需要强调的是:专门频道≠专业频道。

同样强调的是:从严格意义上讲主持人的专业频道是不存在的。

关于"双专"意识中的——专业技能

从哲学层面上讲,一个倾向会掩盖另一个倾向。正由于把"专门知识"当成了主持人专业的全部,而完整意义上的"专业"在主持艺术实践中变成了缺失,甚至缺席。

而今面对被网络培养的口味刁钻、思维不走寻常路、注意力又易于分散走神的受众,我们传统媒体培养的主持人,如果只靠字正腔圆和少得可怜的思想与见识,实在难以征服观众的心。

而今面对多屏时代融媒体的主持人,如何让节目做得好看爱听,如何让节目做得更有吸引力、感染力、征服力?我们确实应该花大力气"补课",否则我们的传播力与影响力便力有不逮,等于将网络空间拱手相让于形形色色的网红们而自己无所作为。

需要强调的是:新闻与传播教育是从美国起步并以其为国际潮流,1908年世界上第一个专门的新闻传播科系——密苏里哥伦比亚大学新闻系在美国成立,直到1996年美国有了近500所学校开设了新闻与传播学院,其培养目标已从"新闻专业"转向"传播通才"。

同样强调的是:当下中国的传播学院面对着一个共同的话题,那就是新传播环境下播音与主持艺术专业教育新变化！艺术教育的新变化就是由"知识传授"转向"能力塑造"。

——传播高手、沟通达人，这就是主持艺术培养的新目标和追求的新方向。

专门知识是智能的基础，专业技能是成功的阶梯。专门知识支撑着主持人专业技能的底蕴，主持人专业技能引领着专门知识的传播。主持人既要有专门的知识，还要有专业的技能，两者缺一不可。

——这就是"双专"意识理念的学术意义与实践意义之所在。

主持是门艺术但绝不是主持后面加上了"艺术"这两个字就自然而然地变成了艺术。

艺术是需要创造的，艺术创作是需要专业功力的。

叶昌前教授曾指出：不能说具备了一两门知识就可以做主持人，或者说以是否具有这些专门知识来衡量主持人的水平，这个理论的误区如果不打破，就不可能对主持人有客观和公正的认识。①

艾丰先生又强调，节目主持人的优势并不只在于有广博的知识，更确切地说，这些知识对于主持人来说，主要是起沟通工具的作用。②

各门艺术同出一源，其区别就在于每一门艺术的特定表现方法：

驾驭是主持人内部的组织与掌控；

演播是主持人外部的表达与沟通。

驾驭与演播是同体共存的，现场驾驭与现场演播是主持艺术在"双专"意识支配下的两大行为表现，也就是说由"专业技能""专门知识"而构建成的"双专"意识理念，在"主持"这门"艺术"创作中的行为表现就是"现场驾驭"和"现场演播"，这就是主持人的专业行为表现。

专业技能"强"则现场演播"精"；

专门知识"懂"则现场驾驭"活"。

需要提醒的是：这两大行为的相互关系是"双专并用"的；

更要提醒的是，这两大行为表现的专业标高就是"传必求通"的现场演播和"串能激活"的现场驾驭。

要你主持人干什么?！说白了，要您来主持，这节目就变活了，就让人爱听爱看了。

---

① 《电视研究》1999 年第二期。
② 艾丰"《话说电视节目主持人》，文化艺术出版社 1989 年版，第 163 页。

北京外交学院的前院长吴建民先生曾说过：会说话的国家与不会说话的国家大不一样，沟通不完全是一种知识的体现，沟通更多的是一种天赋和能力，而这种能力也是一种生产力。

"传必求通"的新标高就表现在——主持人在现场演播中，必须追求演播的沟通，主持人的传播是在大众传播中糅合人际传播而表现在口语传播上，传必求通就是要直指人心，直入人心，这样沟通了，主持人与受众便心心相通了；

"串能激活"的新标高就表现在——主持人在现场驾驭中，必须把驾驭的节目激活，串联是主持人驾驭节目的外部特征，主持人串联在一个个板块中，一个个单元间，一个个场面里，主持人让串联起来的整场节目产生新形象，让串联起来的整场串词富有高神韵。

那些只串不联的、生硬串联的、胡乱串联的，让观众觉得惨不忍睹；

那种四平八稳的、苍白平淡的、与内容不入调、与节目不合拍，让观众于心不安。

节目一经主持人串联就激活了节目，让老百姓爱看。

节目一经主持人传播就沟通起受众，让老百姓爱听。

定位是首位；

纲举才能目张。

"传必求通的现场演播"与"串能激活的现场驾驭"是"双专并用"的，是"双专"意识理念中的一个纲，一个"双专并用"的纲之举在节目主持创作中将引领这六个"双管齐下"的目之张。

双管齐下（1）{ 要腹有诗书气自华
要口有语智吐莲花

中央电视台主持人董卿成功主持了《诗词大会》《朗读者》后，报上、网上都用了苏轼的一句诗句来点赞，"腹有诗书气自华"，比喻只要饱读诗书，气质才华自然横溢且高雅光彩，难道能熟读唐诗就能在节目主持中有精彩的驾驭吗？难道能背诵宋词就能在节目主持中有精美的演播吗？对于节目主持人而言，还要对上另一句话，这就是"口有语智吐莲花"。

主持人在说话，老百姓也在说话，凭什么要听你主持人说话？！

现代哲学家王充曾这样说过："口则务在名言，笔则务在露文，高士之文雅，言无不可晓，指无不可睹。"

著名戏剧家老舍曾这样说过："我们应该有点石成金的愿望，叫语言一经我们的手就变了样儿,谁都能说,谁都又感到惊异,拍案叫绝。"

我们常说当主持人难,难就难在你是否拥有了主持的文才,你是否拥有了演播的口才,这可谓是难上加难。

——这就需要主持人的语智,这语智就是主持人"通智言慧"的语言活动。

智慧是一种辨析判断、发明创造的能力,是文化进程中独创的执行力。

主持人在流程中的流畅当属正常表现;

主持人在语流中的语智才是非常表达。

《美国脱口秀》一书中说道:"在美国那个信息过剩、娱乐过度发展的国度,人们并不缺信息和娱乐,而最关心的是什么?谁在说?说什么?怎么说?只有那些'快嘴'才会让老百姓感到可乐,只有那些名嘴才会引发老百姓的兴趣,只有那些'大嘴'才会让老百姓感到可信,只有那些"秀嘴"才会让老百姓感到可亲。"

如果有三大电视网播报同一题材内容的新节目,假设这三家电视网的规模相等,报道的准确性的广度又相同,那么是什么因素促使观众选择收看其中一个节目呢?这就要看主持人的语智了。

——既要"腹有诗书气自华",又要"口有语智吐莲花"。在节目主持创作中,主持人要双管齐下。

双管齐下(2){要有高出半个头创作状态的艺术质感
要有第三种语言口语传播的文学质地

大家都知道演员在剧中的创作身份是角色,而主持人在主持艺术实践中的创作身份便是节目的演播主人。

从严格意义上讲,主持人不完全等同于演播主人,主持人是一个职业的具体行当,演播主人是一个艺术的创作身份,这种创作身份,具有固定性,尽管主持人要跟观众面对面、心贴心,但在创作中必须要有"高出半个头"的创作状态,这样才能成为节目流程的主导者、节目节奏的主控者和节目沟通的主宰者。如果没有建立起"高出半个头"的主人身份,那主持人在主持艺术创作中,便使节目失去了艺术的质感。

从传统意义上讲,语言分书面语言和口头语言,而白岩松先生直言不讳地说:"我一直认为,我是第三种语言系统"。白岩松先生一直以为的第三种语言系统,也就是一种介于书面语和日常口语之间的言说体,要把日常生活口语与书面语言这两种形式的优点进行有选择的组合而产生有机性的融合,这就是言说体的"两合"特征。

把抽象的语言变成形象的,把静止事物变成活动的,把内在心里的活动变成外观可见的,这就是口语语体所具有的"三变"特征。主持人要拥有第三种语言系统,就是要拥有"三变两合"的语体用语习惯。"高出半个头"的创作身份就要说出属于这第三种语言的高出半个头的话，正如语言大师钱谷融先生所说："正是语感中的能捉摸不到的高性才使得言语活力取得了文学的质地。"

——既要有"高出半个头"创作状态的艺术质感，又要有"第三种语言"的口语传播的文学质地，在节目主持创作中，主持人要双管齐下。

双管齐下（3） { 要有话筒前会说善问能评的言语组织
要有镜头前会看善动能走的空间处理

主持人在操持节目流程的创作过程中，具体表现在两个方面：一方面，主持人在话筒前要具备演播言语组织的技能；另一方面，主持人在镜头前要具备演播空间处理的技能。

从口语传播的完整意义上说，它是由言语的组织和口语的表达这两个方面所组成，口语表达就是吐字发声，声情并茂，而言语组织就是遣词造句、妙语生辉，因为两者的关系就是有力的言语组织出有效的口语表达。

演播空间是主持人工作的场所，那属于电视节目主持人的"空间"又在哪里呢？

说白了——与摄像机面对面就是电视节目主持人的演播空间。

作为一个电视节目主持人要想在节目中与摄像机建立关系，在这面对镜头的演播空间处理中，让呈现在荧幕上的画面对受众产生吸引力、感染力，这样所产生的节目主持人的形象才能被观众所赞同，所喜爱。

演播言语组织与演播空间处理两者的关系是互为关联：

主持人话筒前的言语组织是在镜头前的空间处理中所进行的动态表达；

主持人镜头前的空间处理将使话筒前的言语组织更富有了演播的活力。

一个主持人的会说善问能评，便是一个主持人在话筒前的直接表达。也就是如何会说话，如何善提问，如何能评议；

一个主持人的会看善动能走，便是一个主持人在镜头前的动态处理。也就是如何会看镜头的对象感、如何善于让身躯动起来的态势语言、如何在空间背景中呈现出带关系的走动感。

演播言语组织是主持人在话筒前流畅中的心智的触发；

演播空间处理是主持人在镜头前是流动中空间的占据。

——既要有"话筒前会说善问能评的言语组织"，又要有"镜头前会看善动能走的空间处理"，在节目主持创作中，主持人要双管齐下。

双管齐下（4） { 要把有意思的话题做得有意义
要把有意义的话语说的有意思

主持人的工作千头万绪，而绕不过去的一条就是每期节目的选话题、做话题、说话题；

每一期节目都有新的话题，每一次采访都有新的嘉宾。节目期期做，采访次次问。为了避免老生常谈，落入俗套，为了避免浮光掠影，留于其表，而让节目做得富有新意，让采访不断问出富有新意的话题；要在叙述中有精辟的议论，要在提问中有精准的追问，要在主持中有出趣的表现，那主持人就要把有意思的话题做得有意义，要把有意义的话语说的有意思。

可以说，互联网时代的知识是基本配置，现在任何知识都可以轻而易举迅速获得。更重要的是，当今主持人做节目要从"知识"向"智慧"迈进，如何有意思？如何有意义？如何在有意思和有意义之间转换，这就是做节目的大智慧。

主持人有魔力把现场的嘉宾与观众，原来拘谨的变得不拘谨了，原来讲不出话的能讲出很好的话了，原来没有意思的语言显示出有意思来了，原来直入的过程变得闪发光彩，生气勃勃了，而观众也常常被他主持的场面所感染，被吸引到情境中去，感到贴近和亲切，由认同而产生心里极大的心理愉悦，把话题沟通得兴致勃勃、心心相印，把问题组织得趣味盎然，引人入胜①，这就是"有意思"与"有意义"转换间的魅力之所在。

——既要把"有意思的话题做得有意义"，又要把"有意义的话语说的有意思"；在节目主持创作中，主持人要双管齐下。

双管齐下（5）{要用信息能量强的词语去表达
要用信息能量强的画面去表现

谁都知道，医生与病人是医患关系，如果医患关系搞不好那就会带来意想不到的麻烦。那主持人与观众是什么关系？说话人与听话人存在着一种"传授关系"。一个是传播信息的人，一个是接受信息的人，如果这种传授关系搞不好，那就同样会带来意想不到的麻烦。

这种传授关系有两大特征：首先，传者总是在有限的时间给别人留下美好的第一印象，而受者总是在最短的时间想得到最重要的，也是最有用的信息。

对于传授主体的主持人来讲，该怎么办？那就是要用信息能量强的词语来表达，要用信息能量强的画面来表现。如何来感受信息能量强的词语呢？我们来听听这样一段话：

余秋雨先生对谢晋大导演进行评析时曾说过这样一段话："如果将20世纪分成前

---

① 江俊绪语引自《叶惠贤主持艺术论集》，上海三联书店1992年版，第32—33页。

后两半,要举出后半个50年中影响最大的一些中国文化人,那么即使把名单缩小到最低限度,谢晋导演的名字必在其中。"

而我们的主持人立马回应说上这样一句话:"余老师未评价任何一部作品的高下,而谢晋先生的人品伟大却尽在其中。"

话语中"作品"接应"人品"、对话中"尽在其中"对应"必在其中",让人当场获得强烈的感受,而事后又留下强烈的印象。

实践证明:用信息能量强的词语,不是在于词语叠加、修饰拗口、句式冗长,刻意装扮"亚学者"状,信息能量强的词语恰恰是让人"听得进""记得住""传得开""用得上"。

主持人对内容精准选择要有——角度、力度与温度。

主持人对表达精炼组织要有——共鸣点、共振点和共享点。

如何获得信息能量强的画面呢?

首先,电视节目的信息和思想是通过画面而呈现在观众面前的,那么信息结构的立体性已成了电视媒体在传播过程中的一个重要课题,电视节目信息的立体性,将要求最佳声画组合,如何自如地运用素材图像、同期声、画外音、音乐音响、字幕、图表、特技等综合化传播符号,对呈现在画面中的信息做全方位的再现,这种涵化后的综合符号的程度越高,电视画面的符号总体特征就越有特色,越发鲜明。

其次,电视节目往往有三条串联线,这就是主持人与人事叙述线、情理议论线以及场面娱乐线。

主持人娱乐手段的运用,有音乐、舞蹈、戏曲、小品、物件选择、道具设置、悬念铺排、情节故事、风趣语言、游戏活动等。场面娱乐线这些手段的运用,将决定着节目形态的吸引力与出彩性,这也是主持人用信息能量强的画面的一个厚实又富有活力的表现。

——既要用"信息能量强的词语去表达",又要用"信息能量强的画面去表现",在节目主持创作中,主持人要双管齐下。

双管齐下(6) { 要让没有刻画痕迹的形象形真而圆
要让出于完整个性的神韵神和而全

每当问及中央电视台主持人崔永元主持过什么节目时,大家异口同声地说是《实话实说》,这是事实,但这种回答至少给我们带来两种思考。

其一,崔永元先主持《实话实说》,后又主持过《小崔说事》《电影传奇》《小崔说立波秀》《谢天谢天你来了》以及上海台的《东方眼》,这先后六个节目,为什么大家异口同声都记住了《实话实说》？

其二，这六个节目的时间跨度，大概有20年，按常规，人们应该回答离时间最近的节目，为什么回答的恰是离时间最远的《实话实说》呢？

按理说，崔永元的《实话实说》节目是做得好的，那以后理应越做越有经验，越做越好，为什么观众认同的恰是最早的节目做得最好呢？

主持是门艺术，艺术是需要创造形象的，那么，从深层艺术的角度来讲，什么是严格意义上的节目主持人的形象呢？

用一种公式表示：

主持人的个体形象+节目的主体形象=节目主持人的整体形象；

这种整体形象的最高呈现就是节目主持人的个性演播形象——崔永元在《实话实说》中成功地创造了整体融合的节目主持人形象。

历来谈论和研究成熟的艺术形象不外两个方面：一是内在的成熟，一是外部的成熟。

形真而圆的标准就是说形象真实饱满且没有刻画痕迹。

神和而全的标准就是说不仅传神且所传之神是充分而完美的。

电视节目主持艺术的融合形象是主持人与节目"你中有我，我中有你"的融合，这种融合的形象是属于整体的，既是表现的艺术，又是表达的艺术，或者说是整体的表现表达的艺术。这种整体形象的融合是富有生气的。形象的表现要富有生气，语言的表达要富有生气，或者说富有生气的语言表达呈现出富有生气的形象表现，这种整体与生气就是个性①。

个性是主持人魅力的核心，语言是主持人个性展示最重要的手段，整体形象的表现是靠主持人个性化的演播状态所体现的，所以说，电视节目主持艺术是一门创造出主持人与节目整体融合的个性演播形象的艺术。

个性就是优秀事物的稳定性。

如今的主持人已经深切体会到，受者并非被动而是在积极地选择信息，其传播的过程就是一种富于情感的积极的认识过程，面对不同电视台的同类型节目，受众很可能会因对不同节目主持人的好感而选择频道。

电视造就了越来越感性化的受众，而受众的感性化造成对电视形象的追求：谁的魅力过人，谁就更吸引人，谁的魅力有过人的长久性，谁就更有吸引人的长效性。

值得提醒的是：能够得到观众称赞的主持人，以至达到无须附加，不可替代的主

---

① 朱国庆：《艺术原理》，中国美术学院出版社1994年版，第203页。

持人便是最棒的，最有能力的电视节目主持人便是电视节目主持艺术最形象的成熟体系。

值得思考的是：一旦这些主持人离开节目，一旦这些成熟的个性演播形象消失，随之节目便黯然失色以至节目的艺术生命跟着消亡，这就是电视节目主持人创作融合的成熟艺术形象的哲学。

值得肯定的是：一个电视台不可能人人都是主持大家，但一个成熟的电视台必须要有各类各路领军的主持大家，领悟电视节目主持艺术的真谛，去终极追求，那成熟艺术形象便一波波地成长起来，一个个地成熟起来。

——既要有"让没有刻画痕迹的形象形真而圆"，又要有"让出于完整个性的神韵神和而全"。在节目主持创作中，主持人要双管齐下。

"双专意识"的理念，涵盖"专业技能"与"专门知识"两者的关系是缺一不可；

缺一不可的"专业技能"与"专门知识"在节目主持创作中的行为表现是"现场演播"与"现场驾驭"。

现场演播与现场驾驭这两大行为表现在节目主持创作中的标高呈现就是"传必求通"与"串能激活"。

应该说明的是："传必求通的现场演播"与"串能激活的现场驾驭"在节目主持创作中的两者关系是"双专并用"的；

再要说明的是：双专并用的"传必求通的现场演播"与"串能激活的现场驾驭"是双专意识理念中的一个纲；

更要说明的是：一个"双专并用"的纲之举将在节目主持的创作中引领出六个"双管齐下"的目之张。

"非常1+6"的亮相，是节目主持艺术高点的一种提炼，一种概括。

"非常1+6"的表达是面对知识与技能、艺术与专业的一种整体梳理，是一种合规律的核心理念；

一个双专并用是个"纲"，是主持艺术专业的行为表现；

六个双管齐下是个"目"，是主持艺术专业的展现方法；

——这就是纲举目张

在"双专意识"理念中，"双专并用"的行为表现与"双管齐下"的方式方法将呈现出节目主持人与主持人节目"双全齐美"的主持理想。

——现象级、教科书级的《朗读者》节目的总制片人、总导演、主持人董卿的艺术实践就是一个经典的案例，又是一个完美的佐证。

《**特别七层塔**》——主持人节目的形态感

在搞赛、搞笑、搞闹节目霸屏的态势下，在过度娱乐，高度同质，强度奢华节目的环境中，董卿以总制片人、总导演的身份，主持亮出了既属于电视的又属于自己的《朗读者》节目。

《朗读者》返璞归真，回归电视本体

《朗读者》正本清源，寻求艺术神性

——静态美中尽显动态朗读魂

《朗读者》是董卿用"非常1+6"构建了一座"特别七层塔"

塔层一：一个朗读亭的设置，既开放了节目户外沟通的大门，又降低了参与节目的门槛，如同海选一样，增厚了读者资源。一个在静候朗读的长龙似排队的真实记录的镜头，一开头就引人入胜，一开启就拉开了《朗读者》节目的序幕而激发观众的兴趣。

塔层二：两块共六人各六分钟的采访，以及供《朗读者》当众表现的朗读厅的"厅中有室""门里有戏"的大布局，似磁铁般吸引观众而产生出从头到尾、从外到里的期盼感。

塔层三：三种在演播大厅中的站姿、坐姿与跪姿的采访样式及朗读样态，让场面处理得高低有别、错落有致，而让节目在流程中呈现出一种层次感和立体感，使得观众在朗读欣赏中始终保持着一种愉悦感。

塔层四：四种角度的反拍、侧拍、正拍以及大俯拍的镜头，如此反复而又重叠的聚焦在主持人迎接嘉宾、陪伴嘉宾、从采访室出门亮相，像明星走红地毯似的慢镜头处理，加之每段采访结束时压轴必用的神来之语"我们去朗读吧"，骤然增强了走在朗读大道上的仪式感，与朗读传播行为的崇高感，愈发产生受众到《朗读者》节目现场跃跃一试的参与感。

塔层五：五个上场门的前后左右方位的运用，让一个剧场大门口，两个楼梯进口，一个观众席入口，一个采访室的进出口，拓展了演播厅空间中的空间，而呈现了主持人与六位嘉宾及嘉宾群出场的新鲜感，同时又让前前后后众多的亮相富有了递进性的视觉张力，让观众面对变化多端的朗读空间，在心理上保持着一种好奇感。

塔层六：六位名人与普通人的朗读者的相间安排，让朗读变成了载体，让采访引出了故事，既让普通人的朗读感动人，又让名人的朗读吸引人，让名人与普通人的故事震撼人、鼓舞人,更让朗读艺术既雅俗共赏又雅俗各赏,让受众在观赏中、感受中获得一种满足感。

塔层七:七个节目的包装元素综合运用,表现在对片头、片尾、片花、标识、宣传片及演播室内外空间与主持人静动态的制作和选择上,节目包装成了《朗读者》节目形态的识别系统,也是《朗读者》节目最鲜明的表现特征而成了《朗读者》节目的符号感。

我们同样看到,主持人为每期节目的主题词,而演绎着每期节目不一样的又是精心设置的、富有艺术性的片头;

我们同样可以看到,世界一流钢琴演奏家与具有特色的吉他演唱者的片尾,以及片尾六位嘉宾的经典诗句的排列回放;

主持人精心穿着雅致而略带飘逸的淑女套装,穿梭在采访室、观众席、朗读厅的动态身影构成了《朗读者》节目气质的流动亮点;

主持人诚心把广告语"行有道达天下",用在每一轮的嘉宾环节之首,开场在说,收场又说,其广告语的含义,与社会广为流传的"读万卷书,行万里路"有异曲同工之意,既兑现了广告合约又起到了推广广告语的妙用。

朗读时,画中画的读本在自动翻卷,重点线在同步游画,就在嘉宾用情朗读时,更吸引受众用眼阅读,这匠心独运的风格画面在节目重复,重点呈现而成了《朗读者》与阅读者声声入耳、心心相印的标识经典。

朗读时,文房四宝、书桌茶椅的小道具设置,与大书楼背景墙的交替对应更换,让内外空间的景区组合互为借景而表现出属于节目特有的一派浓烈的书卷气;

——这些节目最外部的表现特征,形成了识别系统,使节目呈现出属于《朗读者》独家拥有的整体鲜明的形态感。

董卿在《朗读者》节目中,对空间处理认同得高,感受得深,表现得美,从而体现出在流动中对空间的占据,也只有这样才能证明主持人有了真正驾驭空间的演播力。

一位资深的老教授曾这样说:"电视对主持人的要求不仅仅在于审视敏感的高低,情绪强弱的把握,节律齐散的处理,流程张弛的驾驭,还要看他能否在荧幕上开拓一块空间,看他在这块空间中,怎样经营那属于自己的天地,看他在这块空间中,怎样去感受收视者的心灵,又怎样去沟通人类活动的舞台。当他在这块荧屏上站住了脚,并以新的形象开拓作为自己鲜明的标志而为观众所喜爱,我们才能够说,这位主持人具备了一个属于自己的真正空间——董卿在《朗读者》节目中做到了。

一位曾经干过演员，搞过摄像，当过记者的电视节目主持人曾这样说过："作为一个电视节目主持人，必须有驾驭你周围环境气氛的能力，如何在摄像机前得体的、主动的，不露声色地控制周围的情绪，以便更迅速，更准确地体现节目的原设计要求，这与记者的采访方法、谈话内容、一个动作、一个细节，都有着密切关系。应该说，这种驾驭现场周围环境的能力，源于舞台经验，运用到新闻采访之后，有了更鲜明的更实在的新内容，这对我后来当电视节目主持人所必须具备的驾驭整个节目的能力，是个很好的准备。"

——董卿在《朗读者》节目中做到了。

一位世界著名电视节目主持人在多种场合也曾这样说过："确有一种占据荧屏的素质，你出现在荧屏上，就在控制着观众的注意力，一些一流的从业人员、一流记者、一流撰稿人，没有坐在主持人的位置上，也就是因为他们没有吸引观众注意力的特质。如果你有这种特质，突然间你就会成为新闻从业人员中更有价值的一个组成部分，为什么呢？因为，更多的人会收看你主持的节目，主持人必须在荧屏上经受检验，是否具有吸引观众注意力的魅力。"

——董卿在《朗读者》节目中做到了。

朗读节目本属于静态之美，而集制片人、导演、主持人为一身的董卿，神奇般地让《朗读者》在富有独特形态感的动态中，用占据荧屏空间的能力与吸引观众注意力的魅力尽显主持魂。

董卿用了20年修炼了节目主持人的"非常1+6"；

董卿用了两年铸造了主持人节目的"特别七层塔"。

有人说，为什么当今观众都毫无痛感地望着主持人离去？是因为太多的主持人拿不出手；

我要说，一旦主持人拥有了"非常1+6"，那不仅是"拿得出手"而且是"要出手时就出手"，全新造出一座又一座"特别七层塔"！

第二节　再造语言，讲好中国故事

20年前，创造了中国一个电视时代的陈虻先生为标志性节目《东方时空》标出了一句石破天惊的定位语——"讲述老百姓自己的故事"。

15年前，创造了美国一个电视时代的制片人唐·休伊特先生在面对中国记者提问

《新闻60分钟》节目何以成功时答道——"是什么让我们的节目成功呢？就四个字：讲个故事。"

党的十八大以来，习主席反复强调要"讲好中国故事。"

• 讲好故事，讲好中国故事。何以成为"看家本领"？

讲好中国故事，重要的是解决好讲什么、怎么讲和怎样讲好的问题。

——讲什么？就是要把握时代脉搏、关注发展大势、聚焦两个一百年奋斗目标和中华民族伟大复兴的中国梦，把当代中国发展进步的主流展示好，把中国人民蓬勃向上的风貌展示好。

——怎么讲？就是要真实、生动、鲜活地讲，真实的故事最精彩，百姓的故事最生动，要坚持实事求是，不断改进创新，努力出新出彩，做到见人见事见思想见精神。

——怎样讲好？就是要走出办公室、走出高楼大厦，在路上，心中才会有时代，在基层，心中才会有群众，在现场，心中才会有感动，要深化"走转改"，多到基层一线，采写接地气、有温度的好新闻。

讲什么，怎么讲，怎样讲好。这里指明了道路，这里指出了门路！

讲好故事，讲好中国故事，这是时代的号角，这是时代的召唤。

在我国艺术教育领域中正在发生两件大事：

第一件是将艺术从它以前所归属的文学门类里分离出来而成为一个独立设置的学科。

第二件则是国务院学位委员会组织申报一级学科博士点，"艺术学"也在其列。

从这两个事件的背后，我们默默地看到这样一个真相：文字是把思想转化为文本著述，艺术是以图像、音调、姿态、影像等可视可听的媒介表现思想、观念和情感，两者的功能相同，只不过是表现形式不同而已。

著名学者曹意强先生在他的"艺术不是学术？"一文中指出："把所有的艺术类型附属于文学门类，不仅从学科性质上看还是从国际惯例上说，都是一个明显而可以立即纠正的错误。文学本来就是一门从文字媒介进行创作的艺术，它与美术、音乐、戏剧、舞蹈、影视等构成了人类的整体艺术，而用"文学"这个艺术的子类去主宰其他的全部内容，这不能不说是个奇怪的现象。

就这样，左右摇摆了多年的"播音与主持艺术"这个专业终于有了名正言顺之位、有了明媒正娶之日。

国家教育部2012年9月颁布的"普通高等学校本科专业目录"上，在"（13）学科门类：艺术学"下，在"（1303）戏剧与影视学类"中，在"表演戏剧学、电影学、戏剧影视学、广播电视编导、戏剧影视导演、戏剧影视美术设计、录音艺术"专业排位后标出了"（130309）播音与主持艺术"。

也就是说——"播音与主持艺术专业"归属于艺术学学科之门中的"戏剧与影视学"之类。

也就是说——在艺术学学科门类中以戏剧与影视学作为一级学科而播音与主持艺术便成了独立的二级学科。

这是专业学科的定位，这是国家教育部的认定。

有了门、类的学科从属定位，再看门、类的学科专业支撑。在"戏剧与影视学"类中，共有十四个艺术专业，如果用一个字来概括各艺术专业的特点的话，那表演艺术要会"演"、导演艺术要会"导"、戏剧艺术要会"写"、美术艺术要会"画"、录音艺术要会"录"，而播音与主持艺术就要会"说"。

主持艺术是一门综合性很强的艺术，但毕竟又不同于其他艺术形式而独具其内在特点：

主持艺术的根本属性是传播性，这传播的本质就是沟通性。

——让独特的艺术性为特定的传播性而产生特有的沟通性。

这独特的艺术性有四种涵盖：形象性是艺术的基本特征，情感性是艺术的血液，技能性是艺术的表现手段，创造性便是艺术的生命。

这特定的传播性是指大众传播的导向化和引领力、人际传播的个性化和亲和力以及口语传播的语体化和吸引力，这三者的相互关系就是在大众传播中糅合人际传播而表现在口语传播上。

这特有的沟通性就是要有善于发表自己意见的能力、要有巧于激发他人热忱的能力、要有易于产生受众认同的能力。沟通的所指是能通联双方，是能在有限时间里达到有效传播。

这就是：传而不通则无效，

　　　　传而能通则有效，

　　　　传而直通则高效。

• 播音与主持艺术专业要会说，怎么说？

原中央党校副校长李书磊教授在《学习时报》校刊上深刻指出："语言从来就不仅仅是映衬现实，它还塑造现实、塑造社会、塑造我们群体乃至多个个人的生存。对于一个人、一个政党、一个政权、一个民族来说，语言特别能体现他的质量、品格、气象与气数,你一张口就暴露了你是谁,想瞒都瞒不住。修改政治、改善生存必得从改善语言开始。"

李书磊教授著文的题目就是四个大字——再造语言。

李书磊教授不无遗憾地说:"在这种活跃的社会文化环境的映衬下,主流话语常常显出较为明显的党八股色彩,常常表现出一种自我封闭、自说自话的倾向,未能与纷至沓来的激荡不已的新思潮、新词汇形成充分的交流与碰撞,并在这种交流与碰撞中丰富、壮大自己。各级官员的公开言论常常是四平八稳、面面俱到的官样文章,大报大刊的文字也常常苍白贫乏,欠缺文气文采,常常是空洞的漂亮话而不是真正的漂亮文章。"

官员的官场上有顽固的"八股"出现:

主持人的现场中也有顽强的"八股"呈现:

这就是:常说的老话
　　　　正确的废话
　　　　漂亮的空话
　　　　严谨的套话
　　　　违心的假话

做主播的、做主持的,都是为了在做节目;

做串报的、做串联的、做采访的、做专访的、做对话的、做谈话的主播人与主持人都是在节目中共同担当着传播的任务。

你这个"人"在传播,他那个"人"也在传播,还有"这些个人"在传播,"那些个人"也在传播,结果就有这么几个人或就有一些人的"传播",让一群人或让一大群人喜欢听、喜欢看,产生这样的效果就是沟通。

——再造语言就是战胜八股顽症,就是为了传必求通。

中国传媒事业从纸质媒体到广播媒体、电视媒体,再到网络媒体,新的传媒载体层出不穷,使大众传播的相关定义被一再打破,传播方式、传播速度已打破了原有模式。

中国电视节目主持人传播样态的嬗变历程为我们清晰地划出三条线:

这就是:照稿播读录放的传统线
　　　　文本样态创作的基准线
　　　　动态纪实直播的标高线

从录播时代转向直播时代的过程中,主持人正经历着 从背稿到腹稿与喉稿的语用进阶期，主持人在直播常态化的创作中都是面临着现场的未知与现场的生成而掌控着现场的驾驭和现场的演播。

我们在动态纪实直播的标高线上又明晰地看出"两大一新"的新尺度：

这就是：重大突发事件的现场直播主持

　　　　　特大背景空间的多机演播创作

　　　　　新媒体主阵地的语体形象出新

这"两大一新"的新标高是对传统照稿播读的颠覆，是对主持人的一个全新挑战。

具有旗帜性的主持人白岩松在他的《一个人与这个时代》中，表述、表达了一段段让人深悟的话语。

白岩松深情地说："在上大学的时候，老师向我们传授主持人知识时，大多传送了这样一个观念，那就是真正的主持人应该采编播合一。十年间，有许多主持人是以此为追求目标的，他们主动采访，主动进机房编辑台上实现自己的想法，然后回到演播室播出自己的节目。可以肯定的是，这个采编播合一的理念，的确为中国主持人的进步提供了一定的理论参考。但如果从今天的观点来看，这是否就是个无懈可击的金科立律？"

白岩松深切地说，"'采'，的确是主持人的基本技巧，不具备这个素质就如同一个战士不会打枪一样。但问题出在'编'和'播'上。从电视这个大合作的媒体来看，'编'所要求的绝不是亲自上编辑台去编节目，而是主持人应该对整个节目拥有一套完整的编辑思路，在具体的主持和采访中实现这个思路，对于是否要上编辑台，很值得商议。在对时间和专业化要求越来越高的今天，不上编辑台而是拥有编辑思路，似乎更加科学和现实"。

白岩松进一步强调："尤其需要反思的是在'播'这个环节上，前期的中国主持人大多是由播音员转化过来的，他们拥有完美的声音，受过专业的播音训练，这是优点。但是作为主持人来说，这样一种语言方式无疑在自己和观众之间建起了一道无形的墙。"

白岩松更明确地指出："到了今天，主持人一个重要的任务就是要用一种人性化的表现方式拆掉这面无形的强，播音员和主持人是有很大区别的，除去相貌的差别，我们能在播音员身上感受到多少独特的个性魅力和亲切自然的人性状态？而个性魅力与亲切自然恰恰是节目主持人在表现形式上最重要的特征，首先是语言，我们应当学会说话。"

那主持人应该学会说什么话呢？

"两大一新"中的"新媒体主阵地语体形象出新"对主持人提出了更新的标高。

白岩松直言不讳地说："我一直认为，我是'第三种语言系统'，它既不是传统的八股文、官话、套话，也一定不是街头巷尾的大白话。我觉得要比现实生活中的语言稍微高一点，这才是传媒，尤其是广播电视传媒应该有的东西，人们也才愿意听。否则连我都听不出有什么深刻的意思，语言本身没有吸引力，没节奏，我听你干吗！"

白岩松一直认为的"第三种语言系统"，也就是在"两大一新"中一再强调的"语体新形象"。

因为口语语体是介于日常生活口语与书面语之间的一种语言，又称之为"言说体"。在受众接受的审美需求标准制约下：

要把日常生活口语与书面语言的这两种形式的优点进行有选择的组合而产生有机性的融合。这就是口语语体所具有的"两合"特征。

要把抽象的语言变为形象的；把静止的事物变成活动的；把内在心理的活动变成外观可见的，这就是口语语体所具有的"三变"特征。

——主持人"再造语言"就是要拥有"两合三变"的语体用语习惯。

——主持人"再造语言"就是要能讲实话、短话、新话。

● 关于"实话"——

一提到"实话"往往它与"真话"并列，它又和"实话"并联。也就是人们常说到的"要讲真话""要说实话""要实话实说"。

对于主持人而言，何为实话？又何以实说？

让我们来看看这汉字造意吧。

"實"为繁体字。"宀"空宝盖为与房屋和家有关。"貫"为古代钱币，一千枚为贯。"實"与"虚"相对，意为家底殷实，故而"實"引申为丰满、充满之意；

"宲"为异体字，"是"与"否"相对，意为一个实在的家，故而"宲"表示符合客观之实。

"实"为简体字。"头"为头脑，一者为家中首领、主人之意，二者为思维，表示精神，故而"实"表明家中被有头脑的主人操持打理且物质充实精神充满之说。

宲从简体"实"，异体"宲"，繁体"實"三者一字贯穿起来，"实"就是实指有头脑的主人把真事、正事做得充盈而又饱满。

我们常说的"实话实说"，对于主持人而言，不是任何事儿都可以拿到荧屏上播，也不是任何话儿都可以放在话筒前说。

正如白岩松所感受到的："我觉得永远没有所谓的真实记录，最后还是有选择性的，因此任何记录都达不到百分之百的客观和真实，而且也不是百分之百的真实客观都是你需求的，你还是要选择和你有关的东西。"

正如笔者在本书"收场语"中所提到"职业主持始终将传播性作为自己的本质特点"，并一再阐明主持人的传播是"在大众传播的导向性中糅合人际传播特有的个性"，而今笔者再三强调主持人的传播"不要把大众传播降低到人际传播的原生态。"

实话实说，对于主持人而言，实话要实说，关键是要实说什么样的实话?!

说——话，是内部语言生成外化的过程，让话生成为外化的"说"，这便需要有个言语选择的过程。

实话——实说，同样是内部语言生成外化的过程，让"实话"的生成到外化的"实说"这更需要有一个话语组织的过程。

言语的选择过程，话语的组织过程就是主持人对实话实说的充实过程。

实话就是具有最大公约数，又能被大多数老百姓所接受的话：

"实话"，不是干巴巴的话、冷冰冰的话、直白白的话；

"实话"，就应该不放大、不贬低、不缩小；

"实话"，不是自说自话、自娱自乐、自我宣泄；

"实话"，就应该是言之有物的话、言之有理的话、言之有情的话。

实话实说就是要有话好好说，不是一般的好说，而是好了还要好的"好好"说。

实话实说，就是有头脑的主持人在节目中要"实说"充满信息量的话，要"实说"充满含金量的话，这种充实后的"实话"，才是真正意义上具有真能量和正能量的"实话"。

——实话，就是一种让受者受用管用的话；

——因为，主持人讲实话最能温暖老百姓的心。

● 关于短话——

主持人的传播行为呈现在节目中的最大特点就是"有限时间的有效传播"。

我们来看看白岩松先生在《面对面》节目实践中的创作感言：

——在《面对面》中，它是在逼迫我有意识地在寻找一种训练。有的时候我也会跟我的同行强调这一点，就是你原来用五分钟才说清楚的事情，现在可不可以用三分钟把它说清楚，而且更有吸引力？用三分钟说清楚的这个节奏是什么？语言中浓缩的是什么？而且还不让人觉得累。那么接下来，三分钟说清楚的事情，能不能用一分钟说得更好。

——在《面对面》三四年里那三分钟的训练，对我来说，在电视上以实践锤炼语言达到了很大的作用。我觉得这是一个逐渐浓缩的过程，在这个行当里的人如果不思考语言本身，那我觉得死路一条。

主持人的播讲相对整体节目时长而言一般有20分钟、30分钟、40分钟、50分钟、60分钟以及综艺两小时、晚会四小时；

再相对主持人单个语言在整体节目时长中只占二分之一、三分之一、四分之一以至五分之一之长；

而相对主持人一次性地表达时长只有5秒钟、10秒钟、30秒钟、60秒中之短，最长的要算白岩松的《面对面》3分钟吧。

总之，在单位时段里讲的是短提问、短答问、短叙事、短议事的短话。

主持人的短话提问应该是大题小问又小中见大；

主持人的短话答问应该是言简意赅又丝丝入扣；

主持人的短话叙事应该是精炼流畅又直指人心；

主持人的短话议事应该是画龙点睛又令人回味。

正如大哲学家尼采大师所指出："提炼出一个短句，是在认知的支配下，由大清醒的情感与高浓缩的词汇而生成的一种高级文化。"

正如在"主持人创作方法"中提出的四大要领："节目要有形、主持要有态，关键怎么说，短评见功夫。"

——短话，就是大道至简，就是大义微言。

——要知道地球很大，但可以小说。

——因为主持人讲"短话"离老百姓最近。

• 关于新话——

主持人在流程中的流畅当属正常表现，

主持人在语流中的语智才是非常表达。

新话是跨越老话、套话之话语。四平八稳、面面俱到、苍白贫乏是与新话不合拍的、不入调的。

正如语言风格独树一帜的白岩松先生在实战中真切感悟道："很多人在回答问题时，他的第一个答案是放之四海而皆准的真理，很安全、很平稳，但如果你给对方机会说出第二个答案，那往往才是他个人的看法。""我自己跟学生说，你们觉得理科生是在搞发明的，文科永远面临发明新的文字组合。万有引力不用你再发现了，6000多个汉字在那里，你永远可以做出新的组合，每一次都是一个新的探险。"

正如原中央党校副校长李书磊教授再三强调："多讲些与当下话语体系对接的新话，让话语始终与时代发展同步，与社会节奏合拍，这些新话不只是几个新名词、新概念而已，如果我们的讲话仍然是搞自我封闭，躲在'城堡'与'围墙'里自说自话、自拉自唱，还一成不变地沿用老一套话语体系，就会与时代脱节，与当下大众话语体系脱钩。久而久之，我们的受众面就会萎缩，听众就会越来越少，就会演变成另类的曲高和寡，最终变成'自娱自乐'。所以，应当学会让我们的话语抹上一层流行色。当今又是个互联网时代，网络语言层出不穷，流行语不胫而走热词频现，面对这种形式和变化，我们的讲话应该是立足于 引导而不是一味迎合，但不迎合不等于不契合！"

如此重笔铺排两位专家的精湛论语，就是要证明"新话"之新的必要、紧要与重要。

白岩松先生所指出的"六千个汉字的新的文字组合"从某种意义上说，正如笔者在本书"口语表达与语形"章节中引用了郭贵春、胡瑞娜在《自然辩证法研究》中精彩论断所强调的："二十世纪的语言学转向实质上也就是语形学转向。"在这里被称为主持人四大口语功力之一的语形，就是指"汉语表达的词语、句子或短语的结构形式，就是包括句式灵活与同义反复这两个重要组成部分相互之间的形式关系。"

这就是：老百姓想得到的又说得出的话，你主持人说了——白说；
　　　　老百姓想得到的又说不出的话，你主持人说了——会说；
　　　　老百姓想不到的又最想听的话，你主持人说了——善说；
　　　　老百姓想不到又最不想听的话，你主持人说了——瞎说；

正因如此，面对主持人而言，白说的不少，瞎说的存在，会说的不多，善说的更少。

说出老百姓想不到的又是最想听的话，就是主持人最应该追求的新话。

——新话，让主持人的表达有一种生命的力量！

——新话直指人心最迷人。

——因为，主持人讲新话最接地气。

• 讲罢"再造语言"，再叙"中国故事"

柴静女士在她的《看见》一书序言中的第一句话就是："十年前，当陈虻问我如果做新闻要关心什么时，我说要关心新闻中的人。"

白岩松先生在他的《一个人与这个时代》一书中同样写到："新闻最核心的也在于人，我们之所以关注新闻，也是因为关注人，关注我们自己，关注人类的命运，所以人永远是最核心的那一部分。"

　　柴静曾推崇一位世界著名文学大师的一句话："也许我柴静的新闻观与别人的不大一样，我很喜欢海明威的一句话：新闻更像戏剧。"

　　白岩松也推介过美国著名主持人的一句话："华莱士在退休时候说，'我很荣幸，我给美国人讲了一辈子故事。'你以为讲故事这么容易吗？"

　　联想到在《主持艺术的表现方法与规律》中引用了杨澜女士的一段话语："新闻不是娱乐，但一定要有娱乐性，这种娱乐性就是引人入胜的本领。"

　　三位在圈内特有分量的主持人对"新闻"的独到见解，便自然而然地产生了"人与新闻"——"新闻与故事"——"故事与戏剧"的对应联想。

　　• 关于"人与新闻"——

　　新闻是什么？新闻最直白的解释就两个字"消息"。消息里的人与消息里的事、消息里的人中事与消息里的事中人及其生老病死之事、喜怒哀乐之情，便构成了新闻的全部。

　　主持人在新闻的传播中要表现出对人的人性的弘扬，对人生的关注，对人们的关怀并给予人们生命的感悟、生存的思考、生活的愉悦。

　　要把镜头对准普通的老百姓，要把镜头对准权力在握的政府官员，弘扬真善美、鞭挞假丑恶，把背景放大、把细节放大、把过程放大。

　　让荧屏上的"人"成为城里人、村里人每天都很关心的人、每天都很重视的事。

　　——人与新闻：新闻要把"人"放大。

　　• 关于新闻与故事——

　　新闻曾经给了我们这样的记忆："飞机飞没了""轮船沉没了""高铁出轨了""泥石流爆发了""湖水干涸了""孩子被拐了""洪水就要来了""气温将要下降了""哪个总统就要下台了""哪个头目又要上台了"……

　　从某种意义上讲，新闻就是正在发生的、已经发生的和即将发生的事情及其事态变故的一种动态过程。

　　主持人就是要讲述这种事故的缘故、起因。

　　主持人就是要讲述这种事故的故此、后果。

　　如果我们把"事故"的字序给变动一下，立马便变成"故事"两个字。这种变动就是一种事态变故的动态过程

　　——职业主持人就是要把"事故"内化成为"故事"。

　　大家都知道，传统新闻报道必须有缺一不可的要素：五个"W"。

主持人（传统版）：有这样一则故事：

  从前有座山，何时（when）

  山里有座庙，何地（where）

  庙中有位小和尚，何人（who）

  他每天下山挑水吃，何事（what）

  后来来了位小和尚，何人（who）

  他俩每天抬水吃，何事（what）

  再后来又变成三位和尚时，何人（who）

  他们却没有水喝了，何事（what）

  这是怎么回事呢？何故（why）

  请看大屏幕，何故（why）

  （三个和尚互相推诿，谁也不想去挑水的画面）

后来新闻界又出现一种新观念，认为：5个W之外，还应该增加一个新闻要素"H"（如何——how）提出了新闻六要素的说法：

主持人：（升级版）：在今天的嘉宾席上我们请来了水利局的局长和民间文学社的社长，在话题讨论之前，请两位先看大屏幕。如何（how）

近几年在新闻要素的不断嬗变中又有人提出："意义"是新闻要素中的第七要素，由五个W+H+M组成，第七个要素的"意义"是议论出来的。

主持人：（再升级版）：看了大屏幕，作为主持人我在想，如果每个人轮流值班挑水或两个人轮流交叉抬水，三个和尚每天都可以喝上水。为什么在寺庙里会出现赖在床上不起又互相指责、互相推诿的现象呢？他们三个人身体都是棒棒的，为什么就没有一个人敢于担当呢？这现象是不是在我们的团队里似曾相识呢？这问题究竟出在哪呢？我想我们每个人心中自有答案。意义（meaning）

这真是：深入浅出是通俗，浅入深出是雅俗。

我们可以看出：七个要素的前六个要素是指事物现象，这属于叙事；

我们更应该知道：七个要素的最后一个要素是指在发展过程中表现出来的事物本质及这件事实的实际意义，这便是"议论"

——新闻与故事：议论让叙事有意义。

• 关于故事与戏剧——

俗话说：人生如戏，戏如人生。

主持人做节目就是让老百姓好看、爱听；而戏剧手段的运用则让节目更好看、更爱听；

文学大师托尔斯泰在《论戏剧创作》中指出："戏剧创作的基本要素，即：结构、戏剧演出的对象的现实主义、对话的艺术、演出时间感和观众听众的热情。"

英国剧作家威廉·阿契尔在《剧作法》中指出："说戏剧的实质是'激变'，也许是我们所能得到的一个最有用处的一个定义。一个剧本在或多或少的程度上，总是命运或环境的一次急剧发展的激变，而一个戏剧场面，又是明显地推进着整个根本事件向前发展的那个总的激变内部的一次激变，我们可以称戏剧是一种激变的艺术。"

成功的主持人总是在节目"总的激变内部"推进着一次又一次的激变。这种推进着一次又一次的激变"行为"，就是主持人在节目中的"现场驾驭"。比如《新闻周刊》节目、《新闻1+1》节目、《面对面》节目、《艺术人生》节目、《非诚勿扰》节目、《中国好声音》节目。

英国戏剧家汉米尔顿在其著作《戏剧是什么》中提道："'故事'一词，其意义极为显眼。故事是一串为因果律所连接而向着预定的顶点进行的事实之论述。"

新华字典中简明地解释道："故事"是真实的用做讲述对象的事情，有连贯性、富吸引力、能感染人。

成功的主持人都在节目中向着预定的定点，用真实与真情进行论述。这种为"因果律"所连接的"一串""论述"就是主持人在节目中的"现场演播"。比如白岩松、康辉、董卿、撒贝宁、王宁、孟非、程雷、陈蓉、施琰、汪涵……

主持人懂得要在节目中如何错落有致、如何跌宕有序、如何变化有机、如何张弛有度。

主持人知道要在节目的什么时候起承转合、什么时候承上启下、什么时候矛盾冲突、什么时候推进高潮。

戏剧让故事好看、好听；

戏剧让故事有戏、有味。

作为独立的二级学科的播音与主持艺术以戏剧影视艺术为一级学科，这专业对位、上下通达；这学科支撑、互为生辉。

——故事与戏剧：戏剧让主持更精彩。

• 富有个性的"再造语言"就是让主持人创造性地"讲好中国故事"。

美国评论家赫曼教授指出："一个故事如何被叙述亦是那个故事的一部分。同样的故事可以说得好也可以说得坏，也可以说得不错或极其伟大。这全看是谁在说故事。"

伴随着自媒体时代的来临，微博、微信以及各大网站侵袭着观众的脑筋、神经，受众的审美要求越来越高。

不管"互联网+"加什么，主持人不靠唱、不靠画、不靠跳，靠把话说得好、把话好好说，把话说得好上再加好，这便是千条万条"+"的头一条。

这就是：主持人与人说废话，这便是无术，

主持人与人说人话，这只是技术，

主持人与人说神话，这才是艺术。

技术和艺术在某种层面上的区别就是：技术是可以量化又是可以统一的，而艺术则是富有个性的，更需要创造的。

再造语言是富有个性的。讲好中国故事是需要创造的。

对于老百姓来说，写字是技术；书法是艺术。

对于主持人来讲，说话是技术，话说是艺术。

是技术就可以速成，是艺术一定要千锤百炼。

主持人既是知性的，又是感性的，更是神性的。

人们会从心底感叹一声："这话，神了！"

神话就是实话、短话、新话，

神话就是最能温暖人心的话，

神话就是离老百姓最近的话，

神话就是最能接上地气的话。

——神话总是在人间。

——神话让人听得进、记得住、传得开、用得上。

主持人要想让自己在节目中的传播与电视文化同步进行时，就必须要找到一种属于艺术的姿态。

中国的主持人不缺方向，缺的是方法。

主持的艺术要艺术地主持。

——内容为王、形态为大、语智为上。

再造语言，讲好中国故事：

——我们要引人入胜地讲好老百姓自己的故事，

——我们要引人入趣地讲好平常人的不平常故事，

——我们要引人入智地讲好老百姓爱听爱看的故事，

一句话：再造语言，讲好中国故事，我们需要艺术的智性力量！

再造语言·讲好中国故事（一）白岩松

• 《新闻周刊》新闻节目

河南市中心修建新建主干道，一天接一天先后蹋了十五个坑。小车陷进去了，公交车陷进去了，连抢修车也陷进去了。人们都义愤填膺、异口同声：这又是一个豆腐渣工程。

我却要说，不！我不同意这个观点。

如果说就陷了两三个坑，可以说它是豆腐渣工程，而今连续陷了十五个大坑，再说它是豆腐渣工程这样定性真可谓对豆腐渣工程的亵渎。而今我们应该叫它豆腐脑工程，而这个"脑"——就是老百姓烦恼的"恼"。

为了面子而没有里子，反没了面子。

丢了面子又不去填补里子，反而没面子。

但愿这不是拍拍桌子就了事，抓作风这么多年了，这是实实在在的大事啊！

再造语言·讲好中国故事（二）董卿

• 《春节联欢晚会》综艺节目

谢谢，谢谢莫文蔚。

当你老了，头发白了，还有没有人还爱着你苍老的皱纹，我真希望每一个人在面对这个问题的时候，心中都能有一个肯定的答案。

接下来我要向大家介绍一对相依相伴的母子，我们一起来看大屏幕，右手边这位小伙子叫朱清章，是内蒙古包头的一位煤矿工人，左边这位是他的母亲韩福珍，这两张照片拍摄于 1975 年，也就是在 1975 年的冬天，妈妈韩福珍因为突发脑溢血成了植物人。

从此，照顾母亲的重担便落在了朱清章的肩上。喂饭、煮药、擦洗身子、换洗尿布，日复一日，年复一年，朱清章早就知道韩福珍并不是他的亲生母亲，他只是这个家庭领养的孩子，他依然不离不弃，尽心尽力，直到青丝变成了白发。直到 31 年后的一天，妈妈终于睁开了眼睛！（掌声）

今天我们把这样一对用爱创造了奇迹的母子也请到了节目的现场，让我们掌声欢迎他们！

这位就是朱清章朱大哥，这位是韩妈妈。您坐韩妈妈，您不用站起来，坐着。韩妈妈耳朵不太好，但是身子骨挺硬朗的。朱大哥，现在看到妈妈能够和咱们观众朋友一起坐着看春晚了（韩妈妈站起，现场掌声）看上去特别精神是不是！

您看妈妈现在能够和大家伙儿一起观看春晚了，您是不是觉得特别欣慰啊？（朱清章：我是世界上最幸福的人，因为89岁的老妈妈还在，我还能继续尽孝。）

说得好，农历新年很快就要到了，有什么愿望吗？（朱清章：我希望我的妈妈再多活上30年，我希望能够每天拉住妈妈的手出去遛弯儿。）

妈的手抱着我们，牵着我们，这一辈子用尽全力养育我们，妈妈的手是这世界上最温暖的一双手，只是这双手也会老啊，老得布满了皱纹，失去了力气，老得终有那么一天，我们可能再也碰触不到了，所以，是不是让我们都拉起妈妈的手，告诉她，我们爱您，告诉她，有我们在呢，一定让您过一个安心的踏实的晚年，妈妈，祝您健康、长寿、平安、幸福！

（拉起妈妈的手）歌曲响起……

再造语言·讲好中国故事（三）孟非

- 《南京零距离》新闻节目

我个人认为中国人要"汉语言能力测试"这纯粹是瞎折腾，折腾老百姓。除了能给某些人带来利益之外，我看不出有什么价值。

所有的人考英语四六级都是为考而考，为了拿证书而考，为了拿文凭而考，为了考公务员而去考。考过之后全部忘在脑后，那些考过四六级的人有几个能用英语对话？根本毫无实际用处。

有些人在有了"汉语言四六级考试"以后，必然会在社会上成立很多培训机构，什么考试费、报名费、补课费，由此产生一个利益链条。恐怕很多热衷于此道的人都是看中了考试经济会给他们个人、小团体、某些人带来的利益。真的有这个必要吗？

我个人觉得，这里边最滑稽的一个逻辑是什么？就是要扭转"重英语轻汉语"的这种不正常的现象，他们才搞的这个汉语能力测试。大家琢磨这事有多滑稽，我想请问，重英语的这个现象是怎么出现的？是谁造成的？是那些大学生、考公务员的人疯了吗，闲的没事干了吗，是自虐去学习、学英语，然后折腾出一个考试吗？英语四六级考试是他们自己想出来的吗？

它折磨了多少人，然而确实又没有多大的实际效果。如果认为这种重英语的这种现状存在，或者他们认为这种现象不正常，要扭转这种现象做法很简单，这太简单了，你就取消英语四六级测试，不就完了吗？而不是去搞一个，这个英语四六级考试是重英语了，哦，那我们再来一个汉语的四六级测试，有必要这样做吗？

这个逻辑的荒唐就像你左边牙疼，去看大夫，说我左边牙太疼了，大夫说没事儿，我把你右边的也给你搞疼，这就平衡了吗？别折腾了，干点正事吧！

再造语言·讲好中国故事（四）陈蓉

● 《幸福魔方》访谈节目

有一种爱情叫无缘，有一种爱护叫成全，在爱情面前，我们没有输、没有赢，只要我们争取过。

这对年轻人太让我们感动了，我们能够理解大家的心情，但是从现阶段的严格意义上来说，他们是一对恋人，我们是应该祝福这对恋人的，毕竟他们目前在一起。我其实很感谢这三个年轻人，这里没有输赢，我们看到的只有对爱情的坚持和执着，我觉得你们给我们诠释了怎样的爱情才是美好的，在爱情面前我们该做什么。

我之前说有一份爱情叫无缘，可能无缘的爱情就像闪电一样，绚烂之极但却无法照耀一生，真正长久的爱情，它是可以照耀人们一生的，希望你去寻找属于你的能照耀你一生的爱情。我们祝福你们。

再造语言·讲好中国故事（五）汪涵

● 《我是歌手》综艺节目

对于一个节目主持人在这么大一场直播当中，一个顶尖级的歌手一个顶梁柱一样的歌手，突然间宣布退出接下来的比赛，我想应该是摊上事儿了，甚至是摊上大事儿了。

但是说实话，我的内心一点儿都不害怕，因为一个成功的节目有两个密不可分的主体，除了这个舞台上的七位歌手之外，还有电视机前的亿万观众和现场的这么多的观众。我之所以不害怕是因为你们还真诚地踏踏实实地坐在我的面前，我还可以从各位期待的眼神当中读到你们对接下来每一位要上场的歌手，他们即将演唱歌曲的那一份期许。我还可以从各位的姿态当中可以感受到你们内心的那种力量，这个力量足够给所有的歌手，会有千万个掌声要送给他们。不信，你听。（掌声）

这是我要说的第一层意思。第二层意思我想表达的是，我虽然不同意楠哥的一些观点，但是我誓死地捍卫您说话的权利。所以刚才我由话筒听到那一段的时候，我并没有试图打断您要说的话，虽然我可以这么做。其实每一位歌手来到这个舞台，他都有权利选择我来或者是不来。

当然，您自然也有权利选择在您认为是对的时刻，依着自己认为对的那个心情做出你要离开的这个决定，所以我相信我们应该尊重一个成熟男人在这一刻做出的决定。

当然，我们在这里提出一个希望和请求，就是希望您以一个观众的身份继续坐在这个地方，来看你最爱的弟弟妹妹们向歌王的舞台进军，我也相信我们现场的 500 位

大众评审已经做好了准备，用掌声来接纳这位不期而至的观众，不信，你听。（掌声）

接下来对于我个人而言，一个主持人，我在台上不可能有这么快的反应速度，也不可能有这么大的权利，来重新调整接下来因为楠哥的退出而要改变的比赛的规则。因为有一个歌手要退出，所以比赛规则都要做相应的改变，所以有请导播在这一刻给我放三到五分钟的广告，我要跟我们的制作团队跟我们的领导一起商量，怎么来进行节目上的和赛制上的相应的调整。

再造语言·讲好中国故事（六）白岩松、欧阳夏丹

- **《两会1+1》新闻节目**

演播室主持人欧阳夏丹：

各位好！这里是正在为您直播的两会特别节目《两会1+1》，今天节目一开始一共有两个瞬间，一个正能量，一个是负能量。咱们还是先来看看正能量的吧，它是来自一位盲人委员杨佳，一起来听听看。

（画面）**正能量：** 盲人委员杨佳政协发言

欧阳夏丹： 杨佳给人的感觉非常的优雅，也非常的自信，如沐春风，而且据说是历届的政协全体大会上，第一位走上讲坛去做大会发言的盲人。在她走上这个讲台的过程当中，全场就已经响起了一片热烈的掌声，接下来我要问一问我的搭档岩松，当时就在现场，我相信这样的掌声给她，不仅仅因为她是一位盲人。

白岩松： 当时我也非常非常感动，因为我跟杨佳也非常熟，过去在打交道的时候总是跟她在一起会感觉如沐春风，那今天当她走上这样一个讲台的时候格外的不寻常，因为这是，你想想刚才你也说了，这是政协历史当中，记忆里头第一个走上大会发言的盲人委员。而且请注意她不是作为比如说盲人的代表或者怎么样，她是九三学社代表的高级知识分子来发言。

那马上也让我想到另外的一个问题，比如说目前的中国，其实残障人士八千多万，那么她在我们总人口的比例当中占到6%左右。那么我们可以去想在我们整个的代表和委员当中，能够代表残障人士成为代表和委员是否到了这样的比例，谁帮助他们参政议政？那我觉得这个问题呢的确值得我们去思考，因此更要给类似杨佳这样的委员，而且阳光灿烂的委员去点一个赞。

好多人都会感觉她今天发言的主要内容就是讲正能量，其实，她本身不就是最让人温暖的，一个正能量吗？

主持人： 没错，那说完了正能量，岩松，赶紧给我们说说今天负能量的事，因为我看你今天一整天都是气冲冲的，怎么回事？

（画面）负能量：谁在人民大会堂抽烟？

白岩松：没错，因为一个细节让我非常非常的觉得不能忍。为什么呢？我不能忍是因为别人也没忍，这个在人民大会堂开会的时候，就这几天的时间里头，我两次去洗手间，去洗手间开这个蹲坑的那个位置，一开门第一次的时候看见，呦！里头有一个烟头，而且有浓浓的烟味。当时我就有点蒙，因为谁都知道今年的两会实行的是严格控烟，绝对不可以。其实平常的时候人民大会堂的洗手间里也绝对不会让抽烟的，但是因为那是第一次我看到，因此当时我觉得这可能是一个极偶然极偶然的事件，因此也就没吱声。

但是今天下午我又去的时候，一开门，又看见蹲坑里头有一个烟头，被我发现的比率是100%，虽然只有两次，因此我回来之后就赶紧去找到了相关的工作人员。因为从种种迹象表明那会儿是工作人员最忙的时候，几乎不太可能，因此如果之前的那次你分不清是代表和委员，今天肯定也是一个委员抽的这个烟，我去跟工作人员聊的时候，他们也这样摇着头，还跟我讲了其他有一些代表委员不太讲究素质的一些细节，我在这就不多说了。

咱们回到抽烟的本身，我想不要说代表，或者说是委员，一个公民，那么应该遵守法律和法规，在人民大会堂的洗手间里头抽烟是一种什么样的现象？今天我就想起一句话叫"小不忍则乱大谋"，可能具有了另外的含义。怎么说呢？在小处都不能忍耐自己的那一点点瘾，在谋国家大略方针的时候您能去谋好吗？

不过在这还是希望这只是一个极偶然的事件，要给我的代表委员的同行们鞠一躬，拜托忍一忍。

主持人：我觉得岩松接下来的几天，你还可以特意到厕所里去看一看，你自己就是一个稽查小分队，也希望今天能够有更多的代表和委员们收看我们这一期节目，因为从前年开始我们就一直在说这个事，到今年呢也希望代表委员们能够好好地管一管自己的手，管一管自己的嘴，给大家营造一个真正的无烟两会的环境。

接下来走进我们今天的声音环节，其实从前天开始，在政协的全体大会上就陆陆续续有很多的委员上台进行传统的8分钟发言了。其中也不乏一些很生动、很精彩的段落，那接下来的节目当中，我们将会着重的来关注和梳理这三天以来的政协8分钟。

（画面）"八分钟"的发言

主持人：可能很多的委员都想上台做这个大会发言，因为在这样的一个平台上自己的声音能够被更多的人听到，应有更加广泛的传播力和影响力，那岩松这几年的时间你观察下来，不变的可能是这个时长的限制，8分钟，变化的是什么呢？

白岩松：我觉得变化的可能用四个"解"来说了，哪四个解呢？就最初的时候是解放，因为1949年政协开会的时候就有这个大会发言，包括毛泽东讲了18分钟。但是后来在"文革"期间整个就都停了，1983年的时候是邓颖超把它又重新解放回政协当中。

那么接下来的时候它很重要的一个职责，大会发言的时候很解惑，很多的常识，很多的背景，很多详细的调查，让大家有"啊，原来是这么回事！"去了解。

那这两年大家可能格外的注意，媒体特别愿意放大全会的时候很多委员的这样一个发言。为什么呢？他特解气，因为里头的顺口溜，一些民间的现象和他们的观察，现场的笑声和掌声不断，有很多人，这是多好的单口相声啊。

但是现在呢？在解气了一段时间之后，注意到，今天就有好几位委员在我身边就说，还似乎有一些不满足，因为觉得如果仅仅是解气的话，相声演员也能做。那么要委员的话不仅要解气，更重要的是要有解决，也就是解决之道。我想这个挑战多大啊？因为你要是不能够又解气，同时又解决的话，可能听的人都去解手了。

主持人：所以这个语言的表达形式只是第一个层面，接下来更加重要的层面是给我们带来的更多的解决之道。

思考题

▲ "双专意识"理念的实践意义是什么？

▲ 为什么说"传必求通"与"串能激活"是现场演播与现场驾驭的两大行为表现的新标高？

▲ 在节目主持创作中，"双专并用"与"双管齐下"包含哪些具体内容？

▲ "讲好中国故事"——主持人何以需要艺术的智性力量？

后论

主持人是节目文本样态的创作者

文本是个等级结构，文本是个整体性概念。

节目文本样态"是由语言的与非语言的、视觉的与听觉的等异质的记号系统构成的综合性的整体结构"①。电视栏目制作群体围绕制片人的意图，依据编导对节目的设置和铺排，使摄像、灯光各个部门执行的任务，都要针对主持人形象气质、风格特点以及主持任务的整体框架进行创作，都要集中体现在主持人对现场驾驭与现场演播的终端表现过程上，而主持人在终端表现的过程中，所面对的节目文本无非是在三大样态中进行创作：有文本样态的背稿节目创作、半文本样态的腹稿节目创作、无文本样态的喉稿节目创作。所以主持人是节目文本样态的创作者。

主持人面对节目文本（背稿、腹稿、喉稿）的三大样态，既要体现出"现场驾驭"和"现场演播"这两大行为表现的专业底线，更要呈现出"串能激活"与"传必求通"这一主持艺术的创作标高。

串能激活——活灵巧现；

传必求通——通慧言智。

主持人一经开口，受众就爱听；

主持人一旦出场，节目就好看。

——好听、爱听、好看、爱看，这就是我们党多年倡导的"喜闻乐见"。

——主持人是节目文本样态在现场驾驭和现场演播中呈现出"串能激活"与"传必求通"的创作者。

——这就是"主持艺术"工程的内核所在；

——这就是"节目主持"课程的全部涵盖。

为传播而主持，为沟通而主持，主持让传播更大化。

复旦大学新闻学院教授叶昌前先生在中央电视台核心刊物《电视研究》上著文指

---

① 载于张仲年：《戏剧导演》"代序"，中国戏剧出版社，第3页。

出:"主持人在节目中的独自站立是否需要专业化来支撑?而什么样的专业才能支配主持人的传播行为和传播思想呢?主持人不是谁想当谁就能当,尽管目前有不少主持人拥有传播以外的专业知识,但不能说具备了一两门知识就可以做主持人,或者以是否具有这些专业知识来衡量主持人的水平,这个理论的误区如果不打破,就不可能对节目主持人有一个客观而公正的认识。不管是什么类型的节目,也不管是什么样的主持人,大抵如此。主持人不是一个专业化角色,主持艺术是一种专门行为,主持人的专门化体现在——为传播而主持。"①

《人民日报》著名高级记者艾丰先生在《话说电视节目主持人》中著文指出:"我认为节目主持人虽要具备许多素质,但最重要的是沟通和引导的才能。节目主持人当然应该具备多方面的才能和多方面的知识。可实事求是地讲,你某方面的知识总不可能超过某方面的专家。因此节目主持人的优势,并不只在于有广博的知识,更恰切地说,这些只是对于节目主持人来说,主要的是起'沟通'工具的作用。他的真正优势在于沟通的优势。你是经济理论家,但你并不见得善于把理论深入浅出地告诉公众,而我能。你不见得懂得当前在哪一点上最容易同群众沟通引起共鸣,不见得知道以什么方式同群众沟通最好,而我知道。我有本事,用简单、平易的提问、对话,把你的谈话引上广大观众最感兴趣的轨道。甚至节目主持人可以这样自诩:凡事经我介绍,就增加了它的可信度和传播的范围。沟通和引导能力是很有魅力的素质。好的节目主持人,更重要的沟通作用,表现在他本人同观众之间的沟通。有时并不在于他自己将很多话让人家接受,更重要的是一种心理上的沟通。采访对象——节目主持人;节目主持人——观众。这是一个沟通的链条。"②

主持是一门传播的职业。

一提到"传播",人们往往都锁定在"大众传播"这一层面上,然而对于电视节目主持人来讲仅仅笼统地提出大众传播是不够全面的。

我们要说主持艺术是一门综合性很强的艺术,但毕竟又不同于其他艺术形式而独具其内在的特点,从完整意义上讲,主持人的传播涵盖三层传播——这就是在大众传播中糅合人际传播而表现在口语传播上。

这传播的实质就是沟通,沟通是门艺术,沟通的本意就是使两方都得到通联,而电视节目主持人的沟通从完整意义上具有三大能力——这就是既要有发表自己意见的能力,又要有启发他人热诚的能力,更要有产生现场受众认同的能力——沟通就是主持人大文化。

---

① 载于《电视研究》1999年第2期。
② 艾丰:《话说电视节目主持人》,文化艺术出版社1989年版,第163页。

后 论 | 主持人是节目文本样态的创作者

主持人最根本的任务就是沟通人与人、民族与民族之间的文化理解，是沟通另一种文化的过渡音符，是一种文化的衔接。

主持人是人类心灵传播与沟通的使者。

主持的艺术、艺术的主持。

著名学者余秋雨先生在上海戏剧学院零九届艺术硕士董卿的毕业作品汇报会上，从学术角度提出了当代电视节目主持人所面对的一大难题，以及如何跨越的两大难关。

面对的一大难题[①]：

其实电视节目主持人，是古代伟大的思想家无法想象的一个思想角色，是一个没有界定话题又需要没有界定受众的、汪洋大海般的现实中的掌舵者，要对于这件事投入自己的生命，这几乎在人类历史上无法想象，他们不曾遇到过，这是在我们的时代才遇得到的特殊人群。遇到这些，我们有过一些转折，开始的时候，我们很容易把自己扮演成共同话语的代言人，扮演成无限定的广大受众的喜怒哀乐的代言人，借用他们的嘴、眼神、表情倾吐共同的声音，那个时候，我们也喜欢这样的主持人，但他们和现在的董卿一类人比起来，有相应的局限，在发展中，主持人要渐渐唤醒自己，投入自己，这个过程很难，因为假如过于自我化，那么多的受众怎么能接受，因此他们经历了一个非常复杂的探索，只有那么几个人奇迹般地完成了一个美学原理：以个体的生命扛起了无法想象的集体话语，难度很大。这是一种扮演，要成为集体化的个体承担者，承担后还没有丢掉自己的个人魅力，这是一个戏剧学上的大而难的课题。

主持人要跨越的一个难关[②]：

有些主持人拼命在学问、知识上武装自己，让我们一听就感觉不应是他的，觉得是他当晚背的，为何董卿也有很多知识却没让人有此感觉？她越过了这个难关，很多主持人都还没越过此难关，因为他们把自己打扮成了"亚学者"，可能他们自己就是学者，但当成为主持人的时候，这种感觉要洗掉，要对每一点从自己嘴里出来的知识，投入自己的生命，投入自己的感情，他所准备的要比说出来的多出来好几倍。

主持人要跨越的又一个重要难关：

有些主持人整天埋头在节目主持中搞得很忙乱，这是不需要的，他们应该面对固定的自己设定好的观众，设定好一个观众群体——中上水平的观众，这是主持人要越过的一个重要难关，关键是如何唤醒自己。在我的接触中，包括很多省台的主持人，人们在评论一个有名的女主持人的时候，往往会分类成诸如"淑女型""才女型"或

---

① 《上海戏剧学院学报》2009 年 4 月 21 日。
② 《上海戏剧学院学报》2009 年 4 月 21 日。

者"辣女型",但很难对董卿做这样的评判归类,理由在于,对自己对号入座的分类,这其实是上了低层评论家的当,真正优秀的人一定不进入这个陷阱,在此意义上,其实她是无限的,心态是放松的,只有获得一个等级后,什么都可以,应该是这样的。优秀的主持人紧紧把握住了自己,把握住了自己最美的和民间沟通的那个方位,而不是仅仅把自己归类、挖掘某种素质,不要一头扎在自己不成熟时候的风格定位。大家要注意,风格过于强调,他一定不是"大家"①。

《节目主持》是主持与播音专业的一门主干课程,掌握节目主持的十个要素、掌握了十个主持段子的演练方法,在单人静态主持(人物专访节目)、双人动态主持(娱乐综艺节目)的综合演练中,强化"双专"意识,强化"1+6"理念,这就是初学者进行节目主持创作必需的、必要的,又是实用的、实效的基本功。功到自然成,只有拥有了扎实的功力,才会有无尽的创造力;只有获得了一个等级,才能在节目主持中游刃有余,来去自由。

"我们的优秀节目受欢迎的原因很多,从根本上说,是由于观众看到了一种真正的电视文化,电视文化从某种意义上来说是一种主持人文化,但愿我们的荧屏上能出现更多能充分发挥电视文化优势的节目,出现更多富有魅力的电视节目主持人。"②

我们已迈进"全媒体时代":全程媒体、全息媒体、全员媒体、全效媒体;

我们正推进融媒体深度发展,台网并重、移动优先、迎接数字化、拥抱数字化。

——守正创新、有"融"乃强。

所以,我们有理由以一种文化的自觉使传播成为一种独立的文化,而让观众看到一种真正的电视文化;

所以,我们有理由在主持艺术的实践中,让一个个创造性的节目凸显着一个独树一帜的主持理想并跳荡着一个独具匠心的艺术境界。

用心传播中国声音……

用爱讲好中国故事……

再版于上海戏剧学院建院七十周年
暨主持专业建立二十周年之际

---

① 《上海戏剧学院学报》2009 年 4 月 21 日。
② 叶惠贤:《今夜星辰》,上海三联书店 1992 年版,第 3 页。